간추린
헌법 으뜸편 – 기본권론

constitutional law -basic right

허완중

박영사

머리말

'간추린 헌법소송법'에 이어 '간추린 헌법 으뜸편 – 기본권론'을 펴낸다. 조만간 '간추린 헌법 버금편 – 헌법총론과 국가조직론'도 출간하여 헌법 전반을 간결하게 정리하는 작업을 마무리 지으려 한다. '간추린 헌법소송법'과 마찬가지로 이 책은 이미 출판한 '헌법 으뜸편 – 기본권론'의 내용을 강의에 필요한 범위에서 그리고 변호사시험을 비롯한 각종 시험에서 출제되는 범위에서 추리고 요약한 것이다. 한 학기 강의에서 전달할 수 있는 양으로 줄이면서도 각종 시험에 대비하는 데 부족함이 없도록 충분한 내용을 담고자 하였다. 그래서 강의용 교재로는 물론 수험서로도 사용할 수 있을 것이다. 학설은 간략하고 명료하게 설명하면서 중요한 판례를 가능한 범위에서 모두 담으려고 하였다. 다만, 각종 시험에 출제될 만한 판례가 너무 많아서 예상보다 책의 분량이 늘었다. 설명은 짧고 쉽게 하여 기본서를 참조하지 않고 이해할 수 있도록 노력하였다. 원고는 2021학년도 1학기 헌법 2(기본권론) 강의를 진행하면서 조금씩 작성한 것을 모으고 정리하여 마련하였다. 새로운 내용을 자유롭게 작성하는 것보다 기존 내용을 요약하는 것이 절대 쉬운 일이 아님을 다시금 느꼈다.

어느새 박영사에서 여섯 번째 책을 출판한다. 변함없이 출판을 허락해 주시는 안종만 회장님과 안상준 대표님, 갖은 부탁을 들어주시고 궂은일을 도맡아 해주시는 이영조 팀장님과 이후근 대리님, 편집과 교정의 수고로움을 묵묵히 감내해주신 양수정 님과 표지를 예쁘게 꾸며주신 이미연 님께 고마움을 전한다.

2021년 8월
여전한 코로나 19의 기승으로 말미암아 서서히 지치는 마음에
살며시 바람 숨은 햇살이 비추는 날이 곧 오길 빌며

허완숭

차례

제1장 기본권 일반이론

제2장 개별기본권론

제3장 기본의무론

제1장

기본권 일반이론

간 추 린 헌 법 으 뜸 편

제1장 기본권 일반이론

제1절 기본권의 개념

Ⅰ. 기본권과 기본권관계

인간은 다양한 관계를 맺으면서 살아간다. 인간이 우주라는 시공간 속에서 어떤 방식으로든 서로 영향을 주고받는다면 모두 관계라고 부를 수 있다. 인간이 맺는 다양한 관계 중에서 법을 매개로 형성되는 관계가 법관계이다. 법관계 중에서 가장 중요한 것은 법단계의 최상위에 있는 헌법을 중심으로 형성되는 헌법관계이고, 그중에서도 헌법의 존립목적인 기본권과 관련하여 나타나는 기본권관계이다. 기본권은 개인이 국가 안에서 가지는 지위를 규율하는 모든 헌법규범을 말한다. 지위는 관계 속에서만 발생하고 기본권은 국가를 전제로 하는 실정법적 개념이다. 그러므로 기본권은 개인과 국가의 관계를 전제한다. 헌법 제10조 제2문은 "국가는 개인이 가지는 불가침의 기본적 인권을 확인하고 이를 보장할 의무를 진다."라고 하여 기본권과 관련된 권리의무관계를 규정한다. 즉 개인은 기본(적 인)권이라는 권리가 있고, 국가는 이러한 권리를 확인하고 보장할 의무를 진다.

Ⅱ. 인권과 기본권의 개념적 구분

인권과 기본권은 일반적으로 그 존재의 인정근거와 그 효력근거가 실정법인지 아닌지(혹은 자연법인지)에 따라 구분된다. 인권은 말 그대로 인간의 권리, 곧 모든 인간이 그가 인간이기만 하면 단지 인간이라는 이유만으로 누리는 권리이다. 인권은 국가 이전에 천부적으로 이미 있는, 전국가적인 권리이고, 국가입법을 통해서 규정될 필요도 국가권력이 그 효력을 담보할 필요도 없는 초실정적으로 효력이 있는 권리이다. 즉 인권은 자연권이다. 이에 반해서 기본권은 국가의 기본법인 헌법이 실정법적으로 보장하는 실정적 효력이 있는 권리를 말한다. 다시 말해서 기본권은 국가라는 공동체를 전제로 하여 국내적으로 작용하는, 즉 헌법에 규정되어 국가공권력이 효력을 보장하는 국민의 기본적 권리를 가리킨다. 기본권은 그 존재와 효력 모두 실정법질서가 보장한다는 점에 특색이 있다.

Ⅲ. 인간의 권리와 국민의 권리의 구별

헌법이 규정하여 보장하는 권리를 인간의 권리와 국민의 권리로 분류하는 것은 주로 그 주체 범위와 관련된다. 즉 헌법적 권리가 자기 국민에게만 부여되는 것인지 아니면 외국인에게도 부여되는지에 따라 주체 범위를 표시하려고 헌법적 권리를 인간의 권리와 국민의 권리로 나눈다. 인간의 권리는 모든 인간에게 귀속되는 권리(모든 사람의 권리)를 말하고, 국민의 권리는 해당 국가 국적이 있는 사람만 누리는 권리(한국인의 권리)를 가리킨다.

Ⅳ. 국가의 의무를 통해서 변형된 인권인 기본권

관철 가능성을 전제하지 않는 인권을 보장하려고 국가를 창설하면, 인권은 국가와 관련하여 보장을 문제 삼게 된다. 이러한 보장에서 국가의 의무가 나타난다. 따라서 인권은 국가에 보장의무를 부여한다. 이러한 보장의무는 헌법에 규정되어 확정된다. 이러한 점에서 국가의 인권

보장의무는 헌법을 통해서 부여된다. 이러한 국가의 인권보장의무 중 구체적 의무에서 개인이 행사할 수 있는 주관적 권리가 발생한다. 이 권리가 곧 주관적 권리로서 기본권이다. 이러한 과정을 거쳐 인권이 헌법을 매개로 국가법질서 안에서 기본권이라는 이름으로 정착하여 보장된다. 그러므로 국가에 의무를 부과하는 인권과 국가의 의무에서 도출되는 기본권은 국가의 의무를 매개로 연결된다.

Ⅴ. 자유와 권리 그리고 기본적 인권의 의미

1. 헌법전에서 사용하는 용어

1948년 헌법을 제정할 때 '기본권'이라는 용어를 헌법전에 수용하지 않고, '국민의 권리와 의무'라는 표제 아래 '자유'나 '권리'라는 용어를 사용하였다. 이러한 전통은 현행 헌법에도 이어져 '국민의 권리(와 의무)'(제2장 표제), '국민의 자유와 권리'(제37조)라는 용어가 사용된다. 한국 헌법은 '기본권'에 가까운 용어로서 1962년 이래로 (1962년 헌법 제8조, 1980년 헌법 제9조, 1987년 헌법 제10조 제2문) 제2장 국민의 권리와 의무 첫머리에 단 한 차례 '(불가침의) 기본적 인권'을 쓴다. 법률 차원에서는 1988년 8월 5일 제정된 헌법재판소법에서 '기본권'이라는 용어를 직접 사용한다[제68조 제1항 제1문에서 '헌법상 보장된 기본권', 제75조 제2항에서 '(침해된) 기본권', 같은 조 제3항에서 '기본권(침해)의']. 국가인권위원회법 제2조 제1호에서는 '인권'을 "헌법 및 법률에서 보장하거나 대한민국이 가입·비준한 국제인권조약 및 국제관습법에서 인정하는 인간으로서의 존엄과 가치 및 자유와 권리"로 정의한다. 헌법에 의하여 체결·공포된 조약과 일반적으로 승인된 국제법규가 국내법과 같은 효력이 있다는 점(헌법 제6조 제1항)에서 (비록 국제관습법이 포함되기는 하지만, 이는 일반적으로 승인된 국제법규에 포함될 수 있으므로) 이러한 인권 개념은 실정성을 강조한다. 따라서 이러한 인권 개념은 일반적으로 논의되는 초실정적 인권 개념과는 다르다. 인권을 제도적으로 보장하려는 목적을 고려한 타협으로 볼 수 있다. 그리고 이러한 인권 개념은 헌법을 통한 보장에만 국한하지 않고 법률을 통한 보장도 포함한다는 점에서 '기본권'보다도 더 넓은 개념이다.

2. 자유와 권리의 의미

헌법전에서는 헌법이 보장하는 모든 헌법적 권리를 총칭하는 용어로 '(넓은 뜻의) 권리'를 사용한다. 이 '(넓은 뜻의) 권리'는 '자유'와 '(좁은 뜻의) 권리'로 구성된다. '자유'는 '인권에서 직접 유래하는 헌법적 권리'를 총칭한다. 따라서 자유는 국가에 선재하는 개인의 헌법적 권리로 파악된다. 여기에는 자유권과 평등권이 포함된다. '(좁은 뜻의) 권리'는 '인권에서 직접 유래하지 않는 헌법적 권리'를 총칭한다. 따라서 '(좁은 뜻의) 권리'는 국가를 전제로 인정되는, 즉 국가가 있어야 비로소 보장되는 헌법적 권리들을 포괄한다. 그래서 이러한 권리들은 원칙적으로 국가의 구성원인 개인에게 귀속되고 국가에 선재하지 않는다. 여기에는 참정권, 청구권적 기본권, 사회권이 포함된다.

3. 기본적 인권의 의미

기본적 인권은 헌법이 보장하는 모든 권리, 즉 헌법이 열거한 권리들(제10조~제36조)은 물론 헌법이 열거하지 않은 권리들(제37조 제1항)을 포함한다. 헌법이 열거하지 않은 권리도 헌법이 열거한 헌법적 권리에 버금가는 헌법적 중요성을 인정받고 보장 필요성이 인정되면 헌법 제37조 제1항을 통해서 보장받을 수 있다. 헌법재판소는 "헌법에 열거되지 아니한 기본권을 새롭게 인정하려면, 그 필요성이 특별히 인정되고, 그 권리내용(보호영역)이 비교적 명확하여 구체적 기본권으로서의 실체 즉,

권리내용을 규범 상대방에게 요구할 힘이 있고 그 실현이 방해되는 경우 재판에 의하여 그 실현을 보장받을 수 있는 구체적 권리로서의 실질에 부합하여야 할 것이다."이라고 한다(헌재 2009. 5. 28. 2007헌마369).

4. 기본적 인권의 준말인 기본권

헌법전에서 사용하는 자유와 권리 그리고 기본적 인권의 관계를 정리해 보면, 기본적 인권 = (넓은 뜻의) 권리 = 자유(자유권 + 평등권) + (좁은 뜻의) 권리(자유권과 평등권 이외의 모든 헌법적 권리: 참정권 + 청구권적 기본권 + 사회권)라는 등식이 성립한다. 따라서 기본권은 기본적 인권의 준말이다.

제2절 기본권의 역사

Ⅰ. 헌법전사

1. 구한말 미국의 천부인권론 소개

1884년 3월 8일 한성순보 제14호의 미국지략속고(美國誌略續稿)에서 미국 독립선언문을 소개한 논고부터 서양의 인권론이 도입되었다. 박영효는 1888년 무자상소에서 인민의 평등을 주장하면서 사람은 변할 수 없는 권리[통의(通義)]가 있다고 하였다. 이때 권리는 자기 생명을 보존하고 자유를 구하며 행복을 추구하는 것이라고 하였다. 그리고 정부는 백성이 인권을 보전하려고 만들었으므로 정부가 이러한 뜻에 어긋나면 이를 변혁하고 새 정부를 세울 수 있다고 하여 저항권사상을 표현하였다. 유길준은 서유견문 제4편 인민의 권리에서 인간의 권리를 설명하였다. 그는 천부인권론을 주장하면서도 인민주권과 저항권에 관한 부분만은 언급을 회피하고 구체적인 인권도 법률 범위 안에서만 보장된다고 하여 법률에 따른 제한을 인정하였다. 미국에서 정상적인 대학공부를 마친 서재필은 미국의 인권론을 직수입하여 소개하였다. 그는 1896년 4월부터 1898년 5월까지 2년여 동안 독립신문 논설을 집필하였다. 그는 국가는 국민을 위해서 존재한다는 것을 강조하고 인권론에서 추상적으로만 설명하지 아니하고 인권을 보장할 수 있는 재판기구 설립을 강조하고 사법부개혁을 주장하였다.

2. 대한국 국제

1899년 8월 17일에 나온 대한국 국제는 최초의 성문헌법이다. 그러나 근대적 의미의 헌법이라기보다는 고유한 의미의 헌법으로서 군주주의를 확립하여 황제권을 강화하는 것에 중점을 두었다. 따라서 여기에는 기본권조항 없이 신민의 도리만 강조하였다.

II. 대한민국 임시정부 헌법

서구의 인권사상이 헌법적 형태로 등장한 것은 1919년 대한민국 임시정부 헌법을 통해서 시작되었다. 1919년 3·1 혁명 결과로 1919년 4월 11일 탄생한 대한민국 임시정부 임시의정원은 대한민국 임시정부 수립과 동시에 대한민국 임시헌장을 제정하였다. 대한민국 임시헌장은 대한민국의 인민은 남녀·귀천과 빈부의 계급이 없고 일체 평등하고(제3조), 신교·언론·저작·출판·결사·집회·신서·주소·이전·신체와 소유의 자유를 향유하며(제4조), 대한민국의 인민으로 공민 자격이 있는 자는 선거권과 피선거권이 있다고(제5조) 규정하고, 1919년 9월 11일 대한민국 임시헌법(제1차 개헌)은 제2장 인민의 권리와 의무에서 대한민국의 인민은 신교의 자유, 재산의 보유와 영업의 자유, 언론·저작·출판·집회·결사의 자유, 서신비밀의 자유, 거주이전의 자유라는 자유를 법률 범위 내에서 향유하고(제8조), 법률에 의(依)치 아니하면 체포·사찰·신문·처벌을 수(受)치 아니하는 권, 법률에 의치 아니하면 가택의 침입 또는 수색을 수치 아니하는 권, 선거권과 피선거권, 입법부에 청원하는 권, 법원에 소송하여 그 재판을 수하는 권, 행정관서에 소원하는 권, 문무관에 임명되는 권 또는 공무에 취(就)하는 권이라는 권리가 법률에 의하여 있다(제9조)고 규정하였다. 1925년 4월 7일 대한민국 임시헌법(제2차 개헌)에서는 기본권조항이 사라졌다가, 1927년 3월 5일 대한민국 임시약헌(제3차 개헌) 제3조에 "대한민국의 인민은 법률상 평등이며 일체의 자유와 권리를 가진다."라고 규정하고, 1940년 10월 9일 대한민국 임시약헌(제4차 개헌)도 제2조에 "대한민국의 인민은 일체 평등하며, 또한 법률의 범위 내에서 자유 및 권리를 가진다."라고 규정하여 기본권조항을 추상적으로 두었다. 그리고 1944년 4월 22일 대한민국 임시헌장(제5차 개헌)은 제2장 인민의 권리 의무에서 대한민국의 인민은 언론·출판·집회·결사·파업과 신앙의 자유, 거주·여행과 통신·비밀의 자유, 법률에 의하여 취학·취직과 부양을 요구하는 권리, 선거와 피선거의 권리, 공소·사소(私訴)와 청원을 제출하는 권리, 법률에 의(依)치 않으면 신체의 수색·체포·감금·심문 또는 처벌을 받지 않는 권리, 법률에 의치 않으면 가택의 침입·수색·출입제한 또는 봉폐를 받지 않는 권리, 법률에 의치 않으면 재산의 몰수·추세를 받지 않는 권리라는 자유와 권리를 향유한다고 하고, 제7조는 인민의 자유와 권리를 제한 또는 박탈하는 법률은 국가의 안전을 보위하거나 사회의 질서를 유지하거나 공공이익을 보장하는 데 필요한 것이 아니면 제정하지 못한다고 하였다.

Ⅲ. 정부수립준비기(이른바 미군정기)의 기본권

1945년 8월 15일 일본의 무조건 항복으로 한국은 해방되었다. 그리고 1945년 9월 8일 미군이 38도선 이남 지역에 진주하여 1945년 9월 12일에 미군정청을 조직하여 한국인의 기본권을 보장하기 시작하였다. 1945년 10월 9일 미군정법령 제11호는 대일항쟁기(이른바 일본강점기)의 각종 악법을 폐지하고 차별을 금지하고 죄형법정원칙(죄형법정주의)과 적법절차원칙을 도입하였다. 1946년 2월 16일에는 합법적 재판 없는 처벌을 금지하고, 1946년 11월 7일에는 주 48시간 근로를 규정하고 초과근로 시에는 초과수당을 주되 주 60시간을 넘지 못하게 하였다. 1948년 3월 20일에 제정된 법령 제176호는 형사소송법을 개정하여 불법구속에 대한 인민의 자유권을 보장하였다. 여기서는 구속영장제도와 구속이유 통지, 변호사선임권, 피의자와 변호인의 접견교통권 보장, 국선변호인제도, 구속적부심사제도, 보석에 관한 권리 보장 등을 규정하여 미국식 적법절차를 도입하였다. 나아가 1948년 4월 7일에는 하지 중장이 '조선인민의 권리에 관한 포고'를 발표하였다.

Ⅳ. 대한민국 헌법 시대의 기본권

1. 1948년 헌법

1948년 헌법은 기본권을 최초로 헌법에서 보장한 점에 의의가 있다. 그러나 이 기본권규정은 기본권을 천부인권으로 보지 아니하고 실정헌법의 권리로 보았고, 각 기본권에는 법률유보조항을 두어 법률에 따라서 기본권을 제한할 수 있는 체제를 갖추었으며, 사회권목록을 두었다. 자유권으로는 평등권, 신체의 자유, 거주·이전의 자유, 통신의 자유, 신앙과 양심의 자유, 언론출판집회결사의 자유, 학문과 예술의 자유, 재산권, 근로자의 단결권, 단체교섭과 단체행동의 자유를, 수익권으로는 교육을 받을 권리, 근로의 권리, 근로자의 이익분배균점권, 노령, 질병 기타 근로능력 상실로 인하여 생활유지 능력이 없는 자가 국가의 보호를 받을 권리, 혼인의 순결과 가족의 건강을 보호받을 권리, 청원권, 재판청구권, 무죄된 형사피고인의 보상청구권, 공무원파면청구권, 국가 또는 공공단체에 대한 손해배상청구권을, 참정권으로는 공무원선거권, 공무담임권을, 법률유보 없는 기본권으로는 신앙과 양심의 자유, 학문과 예술의 자유를 각각 규정하였다. 그리고 제28조에서 "국민의 모든 자유와 권리는 헌법에 열거되지 않은 이유로써 경시되지 아니한다. 국민의 자유와 권리를 제한하는 법률의 제정은 질서유지와 공공복리를 위하여 필요한 경우에 한한다."라고 규정하여 기본권제한입법의 한계를 명시하였다. 재산권을 제한할 때는 상당보상을 하도록 하였다.

2. 1960년 헌법

4·19 혁명 이후에 제정한 1960년 헌법은 개별적 법률유보조항을 삭제하고 기본권의 본질적 내용 훼손을 금지하였으며 자유권의 천부인권성을 강조하였다. 그리고 언론출판집회결사에 대한 허가와 검열을 금지하고 정당의 자유로운 활동과 보호를 규정하여 기본권을 더 강하게 보장하였다.

3. 1962년 헌법

5·16 군사쿠데타 이후에 제정한 1962년 헌법은 기본권규정을 정리하고 생존권 보장, 인간의 존엄과 가치 보장에 관한 원칙규정이 신설되었다. 옛 헌법에 규정되었던 근로자의 이익분배균점권과 불법행위를 한 공무원의 파면청구권은 삭제되었고, 신체의 자유와 관련하여 고문 금지

와 자백의 증거능력제한규정이 추가되었고 직업선택의 자유와 인간다운 생활을 할 권리가 새로 규정되었다. 재산권을 제한할 때 정당보상을 하도록 하였다.

4. 1972년 헌법

1972년 헌법은 일반적 법률유보조항 이외에 거의 모든 기본권에 별도의 개별적 기본권법률유보조항을 두고 기본권의 본질내용침해금지조항을 삭제하여 기본권을 실정권으로 전락시켰다. 그리고 신체의 자유에 관한 규정을 개정하여 강제노역과 보안처분은 법률에 의하지 아니하고는 할 수 없도록 하고 긴급구속 범위를 확대하였으며 구속적부심사청구권과 사인에 의한 구속에서 구제청구권을 삭제하고 자백의 증거능력제한규정을 삭제하여 신체의 자유를 약화하였다. 그리고 재산권의 공용수용·사용·제한에 따른 보상은 법률에 의한 보상으로 변경하였고, 국가배상 청구와 관련하여 군인·군속·경찰공무원 등에게는 이중배상을 금지하였으며, 근로3권 보장을 법률로써 제한할 수 있도록 하였다. 언론·출판의 자유의 검열제·허가제 금지조항을 삭제하고 국가안전보장을 위하여 필요한 때도 기본권을 제한할 수 있도록 하였다. 재산권을 제한할 때 보상을 법률에 유보하였다.

5. 1980년 헌법

1980년 헌법의 기본권규정은 1962년 헌법의 기본권규정 수준으로 복귀하는 바탕 위에 새로운 기본권을 추가하였다. 즉 개별적 기본권법률유보조항을 삭제하였고 기본권의 본질적 내용의 침해금지조항을 부활시켰다. 그리고 행복추구권, 사생활의 비밀과 자유, 평생교육에 관한 권리, 환경권 등을 신설하였고 연좌제 금지와 구속적부심을 부활시켰으며 무죄추정원칙 등을 규정하여 신체의 자유를 강화하였다. 재산권을 제한할 때 보상은 이익을 정당하게 형량하여 법률로 정하도록 하였다.

6. 현행 헌법

현행 헌법은 1980년 헌법의 기본권규정에 몇 개의 새로운 기본권을 추가하고 개별적 법률유보를 줄임으로써 기본권을 더 충실히 보장한다. 새로운 기본권으로는 형사피의자의 형사보상청구권, 형사피해자의 국가구조청구권, 노인·여자·청소년의 복지권, 쾌적한 주거생활권 등이 있고, 적법절차조항 채택, 체포·구속 시 이유 고지제와 변호인의 조력을 받을 권리 고지제, 구속적부심사 청구범위 확대 등으로 신체의 권리가 확대되었다. 그리고 근로자의 최저임금제, 사회보장 확충 등으로 사회권도 강화하였다. 재산권을 제한할 때 보상은 정당한 보상을 하도록 하였다.

제3절 기본권의 기능

Ⅰ. 기본권의 양면성

기본권에 관한 헌법규정은 프로그램규정, 국가목표규정, 헌법위임규정이나 입법위임규정, 제도보장규정, 주관적 권리규정의 여러 가지 유형으로 나뉜다. 한국 헌법은 특히 그 기본권목록 가운데 주관적 권리 성격이 부여되기 어려운 (기본권적) 규정을 포함한다. 따라서 어떠한 기본권규정이 어떠한 성격, 특히 주관적 권리성을 포함하는지는 일반적으로 대답할 문제가 아니고 개별 기본권규정마다 별개로 따져보아야 할 문제이다.

기본권규정에서 주관적 권리와 더불어 다른 어떤 내용이 도출될 수 있는지가 독일 헌법학계에서는 '기본권의 양면성'·'기본권의 2중성'이라는 이름 아래 꾸준히 논의되었고, 현재는 학설과 판례에서 정착 단계에 있다. 기본권규정도 헌법규정으로서 객관적 법규범임을 부인할 수 없다. 그런데 기본권규정 내용이 어떤 개인에게 주관적 권리를 부여하는 것으로만 소진되어야 할 필연적인 이유는 없다. 그리고 모든 기본권규정에서 같은 성격의 내용만 도출된다고 보아야 하는 것도 아니다. 기본권규정 자체도 다양한 형식을 띤다. 따라서 개별 기본권규정을 각각 구체적으로 검토하여 각각의 규정에서 도출될 수 있는 내용이 무엇인지를 살펴보아야 한다. 예를 들어 헌법재판소는 기본권규정에서 제도보장(헌재 1999. 4. 29. 96헌바55)이나 기본권보호의무(헌재 1997. 1. 16. 90헌마110등)를 도출한다.

II. 헌법규범으로서 기본권

기본권(규범)은 법학적 관점에서 법규범이다. 법규범 그 자체로서 기본권(규범)은 다른 모든 법규범처럼 수범자에게 지키라고 요구한다. 기본권(규범)이 명령하는 법적 효과는 수범자에게 원칙적이고 규범적이며 엄격한 구속력을 담는다. 이때 수범자에는 개인과 국가 모두 포함된다. 여기서 국가는 집행부와 사법부는 물론 입법부와 지방자치단체를 아우르는 모든 국가기관을 포함한다. 따라서 모든 국가권력은 기본권(규범)에 구속된다. 오늘날 기본권 보호가 헌법의 목적이라는 점에는 의문이 없다. 기본권을 존중하고 보호하는 것은 헌법이 조직한 국가기관의 본질적인 의무이다(헌재 1996. 2. 29. 93헌마186). 이러한 점에서 기본권(규범)은 단순한 강령(프로그램 규정)이 아니라 강제적인 법이다. 그리고 기본권(규범)은 헌법의 존립목적이라는 점에서 헌법의 핵심적 내용이다. 따라서 기본권(규범)은 실질적 헌법의 본질적 내용이다. 또한, 한국 헌법전이 이를 수용하여 보장한다는 점에서 기본권(규범)은 형식적 헌법의 일부이다. 그러므로 기본권(규범)은 성문헌법 일부로서 모든 법규범과 국가행위에 우선하는 효력적 우위가 있다. 즉 기본권(규범)은 헌법규범이다.

Ⅲ. 기본권규정의 주관적 내용(주관적 권리로서 기본권)

주관적 권리로서 기본권은 국가가 스스로 기본권이라는 법규범에 구속된다는 점에 바탕을 둔다. 즉 객관적인 법규범은 법적 의무와 그에 상응하는 주관적 권리의 근거가 된다. 따라서 누군가 주관적 권리가 있으면 늘 이 권리를 보장하는 기본권(규정)이 효력을 갖는다. 기본권이 헌법규범으로서 그 수범자(국가)를 구속할 때, 개인은 이를 통해서 법적 지위를 가지게 된다. 즉 기본권이 국민을 위해서 국가를 구속함으로써 개인에게 이익이 발생하고, 이를 개인 자신에게 귀속시키기 위해서 권리가 요구된다. 따라서 기본권은 개인에게 자기 이익을 관철하기 위한 권리로 나타난다. 즉 기본권(규정)에서 도출되는 주관적 권리는 '기본권주체가 기본권(규정)이 보호하는 자기 이익을 위해서 국가에 일정한 행위, 즉 작위, 부작위, 수인, 급부 등을 요구할 수 있는 기본권(규정)이 인정한 힘'이라고 정의할 수 있다. 헌법재판소는 헌법상 보장된 기본권을 '헌법이 직접 국민에게 부여한 주관적 권리, 즉 국민의 국가에 대한 헌법적 권리'라고 한다(헌재 2001. 3. 21. 99헌마139등). 이러한 주관적 권리를 인정하는 의의는 ① 개인(국민)과 국가의 대등관계 형성, ② 기본권의 사법(司法)적 관철, ③ 기본권 제한에 대한 헌법적 근거 요구이다. 그리고 주관적 권리는 보호규범이론을 따르면 ① 당사자를 객관적으로 보호하는 기본권규정이 있어야 하고, ② 객관법적 기본권규정이 기본권주체를 보호하려는 목적이 있어야 하며, ③ 보호받는 자는 자신의 보호를 객관법적 기본권규정을 근거로 사법적으로 관철할 수 있어야 인정된다.

  기본권(규정)에서 도출되는 주관적 권리는 법적 구조에 따라 방어권, 급부청구권, 결정참가권, 법적 지위의 4가지로 나눌 수 있다. 방어권은 개인의 소극적 지위로서 국가에서 벗어나는 자유를 가리킨다. 급부청구권은 개인의 적극적 지위로서 국가를 통한 자유를 말하는데, 여기서는 어떠한 조건에서 기본권이 국가에 행위의무를 지우는지가 문제 된다. 개인이 기본권을 근거로 국가의 (새로운) 보호를 요구할 수 있을 때 기본권에서 급부청구권이 생긴다. 결정참가권은 개인의 능동적 지위로서 국가 안에서 자유이면서 국가를 위한 자유이다. 주의할 것은 어떤 기본권(규정)에서 단순히 이 중 하나만 도출되는 것은 아니라는 점이다. 즉 하나의 기본권(규정)에서 4가지 주관적 권리가 모두 도출될 수도 있고, 그중 몇 가지만 도출될 수도 있다. 따라서 이를 기준으로 기본권을 분류할 수는 없다. 다만, 기본권의 주된 주관적 권리가 무엇인지를 기준으로 하여 각각의 기본권을 특징지을 수는 있다.

Ⅳ. 기본권규정의 객관적 내용

1. 의의와 내용

  기본권규정은 기본권의무자를 구속하는 객관적 법규범이다. 기본권규정은 객관적 법규범 중에서도 가장 우위에 있는 헌법규범이므로 헌법을 중심으로 형성되는 국가질서를 지배한다. 따라서 기본권규정은 행정법과 형법 같은 공법 영역은 물론 민법과 상법을 비롯한 사법 영역에도 효력을 미친다. 기본권규정의 객관적 내용은 개방성과 불확정성을 특징으로 한다. 이러한 기본권규정의 객관적 내용은 다양한 규범적 내용을 수용할 수 있을 정도로 높은 탄력성이 있고, 기본권적 자유의 환경 변화에 동태적으로 적응할 수 있게 한다. 기본권규정의 객관적 내용을 발견함으로써 기본권의 내용을 질적으로 보강하고, 그 인적 범위를 확장하며, 새로운 기본권의 내용을 실현하기 위한 절차, 조직 혹은 제도적 장치를 기본권이 보장하는 것 등의 헌법적 효과가 발생한다. 기본권규정의 객관적 내용은 국가의 행위나 결정 여지를 제한하는 법규범(소극적 권한규범)과 법을 해석하고 형성하며 보충하는 기준으로서 작용한다. 기본권규정의 객관적 내용에는 제도보장과 기본권(규정)의 객관법적 내용이 있다.

2. 제도보장

(1) 의의

제도보장이란 역사적·전통적으로 확립된 기존 제도 자체의 본질적 내용을 입법권의 침해에서 헌법(률)적으로 보장하는 것을 말한다. 제도보장에서는 역사적으로 형성되어 역사적·전통적인 것으로 인정된 실정 헌법의 요소가 문제 된다. 그러나 헌법과 기본권의 역사가 짧은 한국에서는 헌법이 보장하는 제도를 한국 헌법사만을 기준으로 역사적·전통적으로 확립된 것으로 인정하기가 쉽지 않다. 따라서 한국 헌법상 제도보장은 한국 헌법사를 기준으로 인정할 수 있는 것뿐 아니라 헌법보편사적 관점에서 역사적·전통적으로 확립된 제도 중 헌법원리와 조화로울 수 있는 것도 포함하여야 한다.

(2) 한국 헌법이 규정한 제도보장의 종류

헌법재판소가 제도보장을 명시적으로 인정한 예로는 제23조에 따른 사유재산제도 보장(헌재 1999. 4. 29. 96헌바55)과 제31조에 따른 의무교육제도(헌재 1991. 2. 11. 90헌가27)가 있고, 제7조 제2항과 관련하여 직업공무원제(헌재 1997. 4. 24. 95헌바48), 제21조에 관련하여 언론(헌재 1991. 9. 16. 89헌마165), 제31조 제4항과 관련하여 교육의 자주성, 전문성, 정치적 중립성(헌재 1995 9. 28. 92헌마23), 제36조 제1항과 관련하여 혼인과 가족(헌재 2002. 8. 29. 2001헌바82), 제117조 제1항과 관련하여 지방자치제도(헌재 1995. 3. 23. 94헌마175)에 관해서 제도보장에 관한 표현이 발견된다.

(3) 법적 성격

제도보장은 객관적 제도를 헌법에 규정하여 해당 제도의 본질을 유지하려는 것이다. 따라서 그 목적은 헌법제정권자가 특히 중요하면서도 가치가 있다고 인정하여 헌법적으로도 보장하고 싶은 국가제도를 헌법에 규정함으로써 앞날의 법발전, 법형성의 방침과 범주를 미리 규율하려는 것이다(헌재 1997. 4. 24. 95헌바48). 즉 제도보장은 객관적 제도를 입법자의 자유로운 처분에서 보호하려고 이를 헌법률적으로 특별히 보장한 것이다.

(4) 내용

제도의 구체적 내용은 헌법이 허용하는 범위 안에서 입법자가 구체화한다. 하지만 헌법적 제도보장으로서 보장되는 핵심부분은 입법자가 침해할 수 없다. 즉 보호되는 영역과 보호되지 아니하는 영역이 구분된다. 이러한 점에서 제도보장은 가변적 보장이다. 이때 헌법적으로 보장되는 부분은 제도의 본질적 내용이다. 제도의 본질적 내용은 역사적으로 형성된 제도의 전형적이고 특징적인 것으로 볼 수 있는 본질적인 구성부분을 말한다.

제도보장은 1차적으로 입법권, 특히 법률 제정을 통한 침해에서 제도를 보장한다. 즉 입법자가 법률로써 제도를 폐지하거나 그 핵심적 내용을 침해할 수 없게 하는 것에 제도보장의 본질이 있다. 따라서 헌법개정권자는 제도보장을 배제할 수 있다. 그리고 제도보장은 입법권뿐 아니라 집행권과 사법권에 대해서도 보호된다. 즉 집행권과 사법권은 헌법과 법률이 형성한 제도보장에 구속되어 이를 침해할 수 없다.

제도보장은 단순한 강령(프로그램)이 아니라 객관적 법규범이므로(헌재 1997. 4. 24. 95헌바48) 직접 재판규범으로 적용될 수 있다. 따라서 제도보장은 법관을 구속한다. 그러나 제도보장은 주관적 권리가 아닌 객관적 법규범이므로 이를 직접근거로 개인이 사법기관에 소를 제기할 수는 없다.

(5) 기본권 보장과 제도보장의 전통적 구별

	기본권 보장	제도보장
보장 대상	주관적 권리	객관적 제도
보장 성격	선국가적 권리 보장	국가내적 제도 창설
보장 정도	최대한 보장	최소한 보장 (헌재 1997. 4. 24. 95헌바48)
재판규범성	인정	인정
헌법소원심판 청구 근거	인정	부정
헌법개정권 기속	인정(자유권의 본질적 내용에 한함)	부정

(6) 제도보장에서 도출되는 주관적 권리와 제도보장의 관계

기본권적 제도보장에서 제도가 침해되면 동시에 보장되는 기본권을 주장하여 헌법소송을 제기할 수 있다. 비기본권적 제도보장에서도 주관적 권리가 도출될 때가 있다. 이 주관적 권리는 제도보장을 위해서 있는 것으로 제도보장에 예속된다. 이 주관적 권리는 기본권규정에서 도출되는 권리가 아니므로 헌법상 기본권이 아니라고 본다면 이 주관적 권리가 침해될 때는 헌법소송이 아닌 행정소송을 제기하여 구제받아야 한다. 반면 이 주관적 권리는 법률상 권리가 아니고 헌법규정에서 도출되는 권리이므로 기본권(유사)적 권리로 본다면 이 주관적 권리가 침해되면 헌법소송을 제기할 수 있다.

3. 기본권(규정)의 객관법적 내용

(1) 법의 해석과 적용에 관한 기준(기본권의 방사효)

방사효는 기본권규정이 모든 법영역에 대한 명령의 의미로 작용하여야 한다는 영향력을 가리킨다. 여기서 기본권은 헌법적 기본결정으로 이해된다. 그러한 측면에서 기본권은 모든 법영역에 방사된다. 공권력을 행사하는 기관이 법의 해석과 적용에 관한 재량이 있다면 그 범위에서 전체 법질서에 방사되는 기본권이 적용되어야 한다. 만약 기본권을 주관적 권리로만 본다면 기본권은 국가의 객관적 의사라고 볼 수 있는 입법행위의 산물인 법의 적용과 해석에 영향을 미칠 수 없고, 개인과 국가의 관계가 아닌 개인과 개인의 법관계에도 영향을 미칠 수 없다. 즉 기본권의 방사효는 행정법 및 형법과 같은 공법 영역뿐 아니라 사법 영역에도 미친다. 특히 일반규정과 그 밖의 가치개방적 규정을 기본권 지향적으로, 즉 기본권을 침해하는 결과가 나타나지 않도록 해석하여야 한다. 기본권의 방사효는 때에 따라 강도와 범위가 달라지므로 이에 관한 기준을 설정하는 것이 문제 된다.

(2) (기본권적 법익에 대한) 국가의 보호의무(기본권보호의무)

① 의의

전통적으로 국가가 기본권을 침해하였다. 국가가 기본권 침해의 중요한 주체임에는 지금도 변함없다. 하지만 국가만 기본권을 침해하는 것은 아니다. 사인도 기본권을 침해할 수 있다. 기본권을 침해받는 기본권

주체에게는 누가 기본권을 침해하는지는 중요하지 않다. 그리고 일방의 기본권 행사가 상대방의 기본권에 대한 침해나 침해위험이 될 수도 있다. 이러한 침해나 침해위험에 대해서도 기본권주체의 기본권은 보호되어야 한다. 이러한 범위에서 (기본권의 침해나 침해위험을 일으키는) 기본권 행사는 한계에 부딪힌다. 따라서 기본권은 국가의 침해를 금지하는 전통적 기능뿐 아니라 국가에 대한 보호 명령이라는 기능도 아울러 있다(헌재 1997. 1. 16. 90헌마110등). 여기서 방어권 이외에 기본권보호의무가 문제 된다.

기본권보호의무란 기본권적 법익에 대한 국가의 보호의무로서 기본권이 보호하는 법익을 기본권주체인 제3자의 위법한 제약에서 보호할, 즉 그 제약을 예방하거나 그로 말미암은 피해 발생을 방지할 국가의 의무를 말한다. 기본권보호의무는 동등한 기본권주체의 기본권 영역을 서로 확정하고, 그렇게 확정된 영역에서 다른 기본권주체의 행위나 영역에서 나오는 기본권적 법익에 대한 위험을 억제하여 각 기본권주체가 자기 기본권을 원만히 행사할 수 있도록 법질서를 형성·유지할 국가의 의무를 뜻한다. 기본권보호의무 때문에 국가는 기본권을 침해하는 위치에만 있는 것이 아니라 기본권주체인 제3자에게서 개인의 기본권을 보호할 적극적 보호자의 위치에도 서게 된다.

② (기본권적) 방어권과 기본권보호의무의 비교
(ⅰ) 인정근거

방어권은 개인의 주관적 권리이지만, 기본권보호의무는 개인의 주관적 권리를 도출하는 근거로 작용하는 객관법적 국가과제이다. 즉 방어권은 기본권의 주관적 측면에서 문제가 되지만, 기본권보호의무는 기본권의 객관적 측면에서 문제가 된다. 물론 기본권보호의무에서도 보호청구권이라는 주관적 권리가 도출된다. 하지만 기본권보호의무에서 문제 삼는 것은 먼저 국가가 국민을 위해서 무엇을 하여야 한다는 의무적인 측면이다. 방어권도 국가의 침해금지의무에 상응하는 권리인데도 그 의무적인 측면을 잘 거론하지 않는 것은 방어권 논의의 중점이 주관적 권리이기 때문이다.

(ii) 기본권관계의 구조

방어권과 기본권보호의무는 기본권적 법익을 보호한다는 점에서는 마찬가지이다. 그러나 방어권은 사인과 국가의 관계에서 개인의 자유를 문제 삼지만, 기본권보호의무는 사인 서로 간의 관계에서 개인의 안전을 문제 삼는다. 즉 방어권은 국가의 침해에 대해서 자유, 즉 개인의 소극적 지위를 보장하여 국가 활동을 억제하지만, 기본권보호의무는 국가 활동을 억제하는 것이 아니라 오히려 국가에 적극적 지위를 매개해 준다. 방어권에서 보호법익은 국가가 일정한 요건을 충족하지 않으면 제약할 수 없는 소극적 의미로 이해되지만, 기본권보호의무에서 보호법익은 국가가 제3자의 제약에서 온전하게 보전하여야 하는 적극적 의미로 이해된다.

(iii) 국가의 지위

방어권과 기본권보호의무 양자의 수범자는 국가이다. 그러나 방어권은 기본권(규정)이 부여하는 권리이지만, 기본권보호의무는 기본권(규정)이 부과하는 의무이다. 그리고 방어권에서는 국가가 위험원이지만, 기본권보호의무에서 위험원은 제3자이고 국가는 제3자가 유발하는 기본권적 법익에 대한 위법한 제약을 막아야 하는 보증인적 지위에 있다. 헌법재판소는 "국민의 기본권에 대한 국가의 적극적 보호의무는 궁극적으로 입법자의 입법행위를 통하여 비로소 실현될 수 있는 것이기 때문에, 입법자의 입법행위를 매개로 하지 아니하고 단순히 기본권이 존재

한다는 것만으로 헌법상 광범위한 방어적 기능을 갖게 되는 기본권의 소극적 방어권으로서의 측면과 근본적인 차이가 있다. 즉 기본권에 대한 보호의무자로서의 국가는 국민의 기본권에 대한 침해자로서의 지위에 서는 것이 아니라 국민과 동반자로서의 지위에 서는 점에서 서로 다르다."라고 한다(헌재 1997. 1. 16. 90헌마110등).

(iv) 내용과 실현

방어권은 일정한 요건을 갖춘 때를 제외하고는 기본권적 자유에 대한 국가의 모든 제약을 금지하는 것을 내용으로 하지만, 기본권보호의무는 기본권적 법익을 보호하기 위해서 효과적인 모든 수단을 투입하라고 요구하는 것은 아니다. 즉 기본권보호의무는 어떠한 수단을 선택할 것인지에 관해서 입법자에게 폭넓은 재량을 부여한다. 그리고 방어권은 개인과 국가의 단선적 관계를 형성하지만, 기본권보호의무는 사인(피해자)－국가－제3자(가해자)의 3각관계를 형성한다. 특히 사인의 기본권을 제약함으로써 국가의 보호의무가 이행될 때 대립하는 사인의 기본권이 국가에 서로 충돌하는 기능 수행을 요구한다. 즉 피해자의 기본권은 국가에 적극적 행위를 요구하지만, 가해자의 기본권은 국가의 활동에 대해서 방어적 작용을 한다. 이러한 특성 때문에 방어권에서는 헌법이 직접 효력을 미치지만, 기본권보호의무는 일반적으로 법률을 매개로 실현된다.

③ 인정근거

헌법재판소의 법정의견은 헌법 제10조 제2문을 기본권보호의무의 근거로 들고(헌재 1997. 1. 16. 90헌마110등), 소수의견은 헌법 전문, 헌법 제10조, 제30조, 제37조 제1항을 기본권보호의무의 근거로 든다(헌재 1997. 1. 16. 90헌마110등 재판관 김진우, 재판관 이재화, 재판관 조승형의 위헌의견).

④ 발생요건

기본권보호의무가 발생하려면 (ⅰ) 기본권이 보호하는 법익에 대해서
(ⅱ) 사인인 제3자가 (ⅲ) 위법하게 (ⅳ) 위해를 가하였거나 위해를 가
할 객관적인 위험이 있어야 한다.

(ⅰ) 기본권이 보호하는 법익

기본권보호의무는 자유권이 보호할 수 있는 모든 법익과 관련하여
발생할 수 있다. 즉 기본권보호의무는 모든 자유권에 공통된 기능이다.
사회권은 생활에 필요한 재화의 정의로운 분배를 통한 자유 보장을 목
표로 하여 동태적 성격을 띠지만, 기본권보호의무는 기존 법적 지위를
사인의 위해에서 보존하는 것이라서 보수적·정태적 성격을 띤다. 따라
서 사회권의 내용이 되는 사회적 급부는 기본권보호의무의 적용대상 밖
에 있다. 기본권이 보호하는 자유는 국가와 관계되는 영역에서 문제 되
고, 사인 서로 간에는 현실적 불평등이 그대로 투영되는 결과를 동반하
는 사적 자치가 지배한다. 따라서 인간의 존엄과 관련된 평등 같은 인
격의 핵심적 영역을 제외하면 원칙적으로 평등권은 기본권보호의무의
적용대상이 되지 못한다. 헌법재판소는 주로 사인인 제3자에 의한 개인
의 생명이나 신체 훼손에서 문제 된다고 한다(헌재 2009. 2. 26. 2005헌
마764등).

기본권보호의무는 객관적 보호 형식을 취하므로 기본권적 법익 중
개인의 주관적 법익이 아닌 객관적 법익을 보호한다. 즉 기본권보호의
무는 구성요건 차원에서 기본권주체인 개인에게서 추상화한다. 따라서
개인의 기본권(향유)능력, 기본권행사능력, 법적 관련성의 문제는 기본
권보호의무 판단에서 무의미하다. 즉 주체가 불분명하거나 확정되지 않

거나 없을 때도 국가는 기본권보호의무를 지고 이를 이행하려고 다른
사람의 기본권을 제한할 수 있다.

(ii) 사인인 제3자

기본권보호의무는 기본권적 법익을 보호하므로 사인인 제3자는 기본
권주체이어야 한다. 헌법재판소도 기본권보호의무는 기본권적 법익을
기본권주체인 사인에 의한 위법한 침해나 침해위험에서 보호하여야 할
국가의 의무라고 한다(헌재 2009. 2. 26. 2005헌마764등). 헌법재판소는
재일한국인 피징용부상자의 일본국에 대한 보상청구권에 관한 헌법소
원에서 국가의 구체적 작위의무를 부정하였다(헌재 2000. 3. 30. 98헌
마206). 자연력이 기본권적 법익을 침해할 때도 국가가 각종 방재대책
을 마련할 의무를 진다. 하지만 이때 국가는 재해를 방지하기 위한 조
직적·기술적·사실적 힘을 보유하는 주체의 지위에서 의무를 진다. 따
라서 사인 사이의 기본권 영역에 대한 조정자로서 활동하는, 기본권보
호의무에서 문제가 되는 국가의 지위와는 구별하여야 한다. 그리고 외
국 공권력이 기본권적 법익을 침해할 수 있다. 그러나 외국 공권력은
헌법의 기본권이 구속하는 대상이 아니라는 점에서 헌법의 기본권이 구
속하는 국가권력에 대해서 기본권을 주장할 수 있는 기본권보호의무와
문제 상황이 다르다. 기본권주체 스스로 일으키는 자초위해도 기본권보
호의무의 문제로 보려는 견해가 있다. 하지만 이때는 3각관계가 아닌
국가와 행위자 사이의 양극관계를 형성하고, 궁극적으로 기본권의 방어
권적 측면에서 파악된다는 점에서 근본적으로 다르다.

(iii) 위법한 제약

기본권보호의무가 발생하려면 사인이 기본권적 법익을 이미 침해하
였거나 침해할 위험이 있어야 한다. 여기서 침해는 기본권적 법익에 대

한 위법한 제약을 말하고, 이때 제약이란 기본권적 보호법익에 대한 불리한 작용을 뜻한다. 기본권적 법익에 대한 제약이 있다고 해서 바로 기본권보호의무가 발생하는 것은 아니고, 그것이 위법하여야 한다. 제약행위의 위법성에 관한 판단기준은 법률이 아닌 헌법이 제공한다. 기본권보호의무는 사인의 고의나 과실이 없어도 위법성만 있다면 문제가 될 수 있다. 즉 사인이 고의나 과실 없이 목적하지 않은 제약이 발생하여도 그 제약이 위법한 것이라면 기본권보호의무가 발생한다. 기본권보호의무는 침해가 실제로 발생할 때는 물론 기본권을 효과석으로 보호하기 위해서 그러한 침해가 합리적으로 예상될 때, 즉 가해의 객관적 위험이 있을 때도 발생할 수 있다. 위험원인 사인이 가해를 의도하였는지나 주관적으로 인식하였는지는 중요하지 않다. 그러나 그러한 침해나 침해위험은 사인에게 귀속될 수 있어야 한다. 위험 정도는 법적 효과와 관련될 뿐이므로 기본권보호의무 발생과는 관련이 없다.

⑤ 내용
(ⅰ) 수범자

국가의 모든 기관(입법·집행·사법·지방자치단체)이 수범자가 된다. 다만, '1차적으로는' 입법자를 구속하므로 입법자에 기본권보호의무를 이행할 우선적 책임이 있다. 따라서 헌법의 기본권보호의무는 원칙적으로 행정기관이나 법원이 보호조치를 취할 권한의 직접근거가 되지 못한다. 국가가 기본권적 법익 보호를 위해서 취할 수단 선택과 관련하여 입법자에게 재량이 주어진다. 하지만 ⓐ 기본권보호법률이 없으면 적합하고 충분한 법률제정의무가 부과되고, ⓑ 기존 기본권보호법률이 기본권보호의무를 충족시키지 못하면 대체법률을 만들거나 해당 법률을 개선할 의무가 있다. 행정기관과 사법기관은 입법자가 제정한 법률을 집행하고 적용할 때 기본권규정에서 나오는 보호기능을 존중하여야 한다

(기본권규정의 방사효).

(ii) 보호 정도 - 과소보호금지원칙

기본권보호의무 목적은 기본권적 법익의 효과적인 보호이다. 기본권 보호의무는 국가의 행위의무를 포함한다. 하지만 기본권보호의무는 국가의 보호조치가 있어야 한다는 것만을 결정한다. 기본권보호의무 목적은 다양한 수단을 통해서 달성될 수 있다. 따라서 국가는 기본권보호의무를 어떻게 이행할 것인지에 관해서 형성 재량이 있다. 그러나 국가의 형성 재량도 한계가 있다. 국가가 적절한 보호조치를 하였는지는 과소보호금지원칙을 통해서 심사된다. 과소보호금지원칙은 국가가 기본권이 보호하는 법익을 보호할 때 헌법이 요구하는 최소수준 이상의 보호를 제공하여야 한다는 헌법원칙이다. 헌법재판소도 과소보호금지원칙을 기본권보호의무 이행과 관련하여 심사기준으로 채택하였다(헌재 1997. 1. 16. 90헌마110등). 헌법이 요구하는 최저한의 보호수준을 일반적·일률적으로 확정할 수는 없다. 이는 개별 사례에서 ① 관련 법익의 규범서열과 종류, ② 그 법익에 대한 침해나 침해위험의 종류, 근접도, 크기, ③ 자율적 자기보호 가능성 등을 비교형량하여 구체적으로 확정하여야 한다. 헌법재판소는 국가가 국민의 기본권적 법익을 보호하기 위해서 전혀 아무런 보호조치를 취하지 않거나(진정입법부작위), 국가가 취한 보호조치가 기본권적 법익을 보호하기에 명백하게 전적으로 부적합하거나 불충분할 때(불충분입법, 부진정입법부작위)만, 즉 입법자의 기본권보호의무에 대한 명백한 위반이 있을 때만 국가의 기본권보호의무 위반을 확인할 수 있다고 하였다(헌재 1997. 1. 16. 90헌마110등).

⑥ 보호청구권

(ⅰ) 인정근거

ⓐ 기본권 보장의 목적은 인간의 존엄성 보장, 즉 개인의 자율성 보장이고, ⓑ 기본권이 보장하고자 하는 인간의 자율성과 자기목적성은 국가의 보호의무에 상응하는 주관적 권리를 인정할 때 더욱더 효과적으로 관철될 수 있다. 방어권은 침해자를 보호하는 기능을 수행하고 보호청구권은 피해자를 보호하는 기능을 수행한다. 따라서 만약 보호청구권이 부정되면 방어권적 기능민을 수행하는 기본권은 사인 사이에 기본권을 침해할 특권이 될 것이다. 그에 따라 국가에서 국민과 사회세력이 자유 공간을 확대하면 할수록 그리고 헌법적인 국가의 자유 제한성이 축소되면 될수록 사적 침해 위험이 증대할 것이다. 따라서 기본권보호의무가 기본권과 연결되면, 이러한 기본권보호의무를 관철할 주관적·법적 지위를 보장하기 위해서 보호가 필요한 개인에게 보호청구권을 부여하여야 한다. 이때 보호청구권의 내용은 최소한의 보호수준이 될 것이다.

(ⅱ) 관철방법(헌법소원심판)

보호청구권은 법률상 권리가 아니라 헌법규정에서 도출되는 기본권(유사)적 권리이다. 이러한 보호청구권이 주어져야 비로소 사인은 국가의 기본권보호의무 위반을 사법적(司法的) 수단을 통해서 직접 다툴 수 있다. 특히 헌법소원심판은 기본권 침해를 요건으로 하는 점에서 이러한 보호청구권은 국가의 기본권보호의무를 직접근거로 하여 헌법소원을 제기할 때 필수적이다.

(3) 국가조직과 절차 형성의 기준

기본권은 (기본권의 내용과 그에 관한 법적 효과를 규율하는) 실체적 권리이므로 기본권규정과 기술적인 헌법상 조직편이나 행정법상 조직 및 절차규정은 직접적인 관계는 없다고 종래 생각하였다. 그러나 한국 헌법상 몇몇 기본권은 명백히 절차적 기본권이어서(예를 들어 헌법 제27조의 재판청구권) 조직법 및 절차법과 관련된다. 그리고 조직법과 절차법이 기본권을 실현하는 데 이바지하지만, 기본권 자신도 기본권의 실현과 보장에 이바지하는 조직법과 절차법에 영향을 미친다. 실체적 권리를 규정한 기본권은 기존 기본권 실현을 위한 조직법과 절차법의 형성도 국가의 과제로 지운다. 따라서 기본권은 실체적 권리로서 형성되어야 할 뿐 아니라 조직적·절차적인 보호도 요구한다. 이러한 점에서 기본권은 그 실현을 위한 조직법과 절차법의 적용뿐 아니라 그것을 넘어서 조직과 절차의 형성에도 영향을 미친다. 조직과 절차는 실체법을 보조하는 기능뿐 아니라 자유를 보호하는 기능도 있다. 조직과 절차에 관한 기본권규정의 효과는 먼저 관계되는 법규정과 관련하여 방사효의 변종으로서 설명된다. 개인의 기본권에 대한 침해를 방지하는 조직적인 그리고 절차합치적인 보호 대책이 완비되어야 비로소 기본권적 법익을 반복적이고 효과적으로 보장할 수 있다는 인식에 기인한다. 국가조직과 절차 형성의 기준으로서 기본권은 불확정적이거나 동적인 성격이 있는 목표에 봉사한다는 점에서 역사적·전통적으로 형성된 정적인 제도 보장을 내용으로 하는 제도보장과 다르다. 그리고 국가조직과 절차 형성의 기준으로서 기본권은 확정적인 내용을 담은 것이 아니라 기본권을 충실히 실현하려고 합리적 범위 안에서 형성할 윤곽질서형성의무를 국가에 부여하는 것이므로 여기서 바로 주관적 권리를 도출하기는 어렵다.

V. 주관적 내용과 객관적 내용의 관계

기본권을 주관적 내용과 객관적 내용으로 나누어 이해할 때 객관적 내용은 주관적 내용을 강화하거나 보완한다. 기본권의 객관적 내용은 개인의 지위를 확정하고 한정하며 보장함으로써, 즉 개인을 공동체에 편입시킴으로써 공동체의 법질서를 형성한다. 이러한 범위 안에서 기본권의 객관적 내용과 주관적 내용은 서로 보완하고 강화한다. 이러한 점에서 주관적 내용과 객관적 내용은 별개의 내용이 아니라 서로 밀접한 관련이 있다.

제4절 기본권주체

Ⅰ. 자연인

1. 기본권(향유)능력

자연인인 국민은 누구나 기본권 향유의 주체가 된다. 국민이란 대한민국 국적이 있는 모든 사람을 가리킨다. 이때의 국민에는 미성년자나 심신상실자, 행위무능력자, 수형자 등을 모두 포함한다. 기본권(향유)능력(기본권보유능력, 기본권주체능력)은 기본권 향유의 주체가 될 수 있는 능력을 뜻한다. 기본권(향유)능력은 형법의 자격정지를 통해서도 박탈할 수 없다. 다만, 근로3권(헌법 제33조)처럼 기본권의 성질에 비추어 기본권(향유)능력이 제한될 때가 있다.

기본권(향유)능력은 민법의 권리능력에 대응할 수 있다. 그러나 기본권(향유)능력이 민법의 권리능력과 반드시 일치하는 것은 아니다. 즉 민법에서는 사망한 사람의 권리능력은 전적으로 부정되고, 태아도 출생을 전제로 인정될 때를 제외하고는 권리능력이 원칙적으로 부정되지만, 헌법에서는 사망한 사람도 명예권 등에서는 기본권주체가 될 수 있고, 태아도 원칙적으로 생명권 등의 주체가 된다. 그리고 정당과 같이 민법의 권리능력 없는 사단이 특정 기본권을 누릴 수 있는 능력을 갖추는 때도 있다. 자연인인 국민의 기본권(향유)능력은 원칙적으로 제한이 없다.

2. 기본권행사능력

(1) 개념과 제한

기본권행사능력은 기본권주체가 독립적으로 자기 책임 아래 기본권을 행사할 수 있는 능력을 말한다. 기본권(향유)능력이 있는 사람은 모두 기본권의 주체가 되지만, 기본권주체 모두가 기본권의 행사능력이 있는 것은 아니다. 기본권행사능력은 기본권(향유)능력을 전제로 이를 실제로 행사할 조건을 갖추었는지를 판단하여, 그 조건이 충족되었을 때 인정된다. 기본권행사능력은 모든 기본권에서 문제가 되는 것이 아니라 인간의 행위 가능성을 보호하는 (그래서 별도의 행사가 필요한) 기본권(예를 들어 언론·출판의 자유, 직업의 자유, 결사의 자유, 재판청구권, 선거권 등)에서 문제가 되고, 특정 법익이나 상태를 보호하는 (그래서 별도의 행사가 필요하지 않은) 기본권(예를 들어 생명권, 사생활의 보호, 명예권 등)에서는 문제 되지 않는다. 기본권행사능력에서는 특별한 능력이나 자격이 요구되는지가 아니라 일반적 능력에 미달하는 사람의 기본권 행사를 어떻게 다룰 것인지를 문제 삼는다.

기본권행사능력은 민법의 행위능력에 대응할 수 있다. 그러나 민법상 행위능력이 제한되는 미성년자도 기본권의 행사능력은 널리 인정된다. 이러한 점에서 양자는 반드시 일치하는 것은 아니다. 기본권행사능력은 ① 기본권의 성격상 제한될 때(예를 들어 미성년자가 일정한 기본권을 행사할 수 없을 때)와 ② 실정법에서 기본권행사능력 자체를 제한할 때[예를 들어 거주·이전의 자유 제한(민법 제914조)]에 제한된다. 나이에 따른 피선거권 제한(예를 들어 헌법 제67조 제4항, 공직선거법 제16조)은 피선거권을 행사하는 데 일반적인 판단능력 이외에 다른 능력이 요구된다고 보기 어려우므로 전속적인 능력 문제라고 보기 어렵다. 따라서 이를 일반적으로 기본권행사능력 문제로 보고 있으나, 기본권 제한 문제로 보아야 한다.

(2) 미성년자

미성년자는 만 19세 미만의 사람을 말한다(민법 제4조). 결혼하면 미성년자가 성년으로 의제되는 것은 사법관계에 한하므로(민법 제826조의 2) 기본권과 무관하다. 미성년자는 정신적·육체적으로 미성숙하므로 기본권행사능력을 옹글게(완벽하게) 갖출 수 없다. 미성숙한 미성년자 본인의 판단을 따르면 미성년자 본인의 이익에 어긋날 수 있기 때문이다. 미성년자의 기본권행사능력 보유 여부는 해당 기본권에 포섭되는 행동이 법률행위를 구성하는지 아니면 자연적인지에 따라 판단되어야 한다. ① 법률행위적 행동이라면 사법규정에 따라 판단하여야 한다. 즉 기본권 보호영역이 법률행위능력과 관련이 있으면, 예를 들어 재산권과 직업의 자유는 사법규정에 따라 기본권행사능력 보유 여부를 판단하여야 한다. 그러나 ② 그 외의 자연적 행동은 사실상 정신적·육체적 성숙도에 따라 당사자마다 개별적으로 기본권행사능력 보유 여부를 판단하여야 한다.

Ⅱ. 태아와 사자의 기본권주체성 - 기본권주체성의 시기와 종기

1. 인간의 기본권적 보호기간

사람은 살아있는 동안에 권리의 주체가 된다. 이는 기본권도 마찬가지이다. 즉 사람은 출생하여 사망할 때까지 기본권을 누릴 수 있다. 하지만 오늘날에는 완성된 사람이라고 볼 수 없는 상태, 즉 출생 이전의 상태(태아)나 사망 이후의 상태에서도 기본권주체가 될 수 있는지가 문제 된다.

2. 인간(생명)이 시작되는 시점

수정되고 나서 14일까지는 초기배아, 수정되고 나서 15일부터 56일 사이를 배아, 그 이후 출생하기 전까지는 태아라고 한다. 초기배아, 배아, 태아는 신체활동이 불가능하고 독자적인 정신활동도 할 수 없으므로 기본권주체가 되는 것은 불가능하다. 그러나 예외적으로 태아에게도 기본권을 인정할 필요가 있을 수 있다. 예를 들어 인간과 연속선상에 있는 초기배아, 배아, 태아의 생명과 신체, 건강을 보호하지 않으면 결국 인간의 생명과 신체, 건강은 보호받지 못하므로 초기배아, 배아, 태아의 생명과 신체, 건강은 보호받아야 한다. 생명권은 다른 기본권의 전제가 된다는 점에서 인간이 시작되는 시점은 생명이 시작되는 시점으로 볼 수 있다. 생명의 시기는 각 기본권에 따라 달리 결정될 수 있다[예를 들어 민법(전부노출설)이나 형법(진통설)]. 대법원은 인간의 생명은 잉태된 때부터 시작되는 것이고 회임이 된 태아는 새로운 존재와 인격의 근원으로서 존엄과 가치를 지닌다고 하여 잉태된 때, 즉 자궁에 착상한 때를 생명의 시기라고 본다(대법원 1985. 6. 11. 선고 84도1958 판결). 헌법재판소는 모든 인간은 헌법상 생명의 주체가 되며, 형성 중의 생명인 태아에게도 생명에 대한 권리가 인정되어야 하므로 태아도 헌법상 생명권의 주체가 된다고 한다(헌재 2008. 7. 31. 2004헌바81). 그러나 헌법재판소는 초기배아는 기본권주체성을 인정하기 어렵다고 한다(헌재 2010. 5. 27. 2005헌마346).

3. 인간(생명)이 종료되는 시점

인간이 종료되는 시점, 즉 생명이 종료되는 시점은 전통적으로 심장사를 기준으로 삼았다. 그러나 ① 의학 발달로 심폐기능을 인위적으로 연장할 수 있게 되면서 심장사라는 기준이 애매해졌고, ② 뇌사 판정을 받은 사람은 다시 소생할 수 없고 일정 시간이 지나면 틀림없이 심장사에 이르므로 뇌사가 확실한 사망기준이며, ③ 장기이식을 하려면 심장사 기준은 문제가 있다는 점에서 뇌사가 새로운 사망기준으로 제시된다. 하지만 뇌사를 사망기준으로 인정하기에는 ① 뇌사 개념 자체가 아직 확실하게 정립되지 않았고, ② 장기이식과 관련하여 뇌사 인정이 악용될 수 있으며, ③ 형법상 생명에 대한 피해자 승낙이 인정되지 않고(형법 제252조), ④ 뇌사가 죽음에 관한 한국 정서와 맞지 않으며, ⑤ 생명권의 절대 보호에 어긋난다는 문제점이 있다.

사자는 이미 사망하여 모든 신체적·정신적 활동이 없는 상태이다. 따라서 생명권을 비롯한 각종 기본권의 주체로 인정하기 어렵다. 그러나 인격권은 사후에도 침해될 수 있다. 이때 사자의 기본권을 인정하면 사자 자신은 그러한 기본권을 행사할 수 없다는 점에서 어떻게 보호할 것인지가 문제 된다. 사자의 기본권 보호는 입법으로 구체화하여야 한다. 그리고 사자의 유족은 침해자를 상대로 민사소송을 제기할 수 있다. 사자도 기본권이 인정되는 범위에서 헌법소원심판을 청구할 수 있다. 이때 실제 헌법소원심판 청구는 사자의 대리인이 행사한다. 사자의 기본권 침해와 밀접한 이해관계가 있는 사람도 헌법소원심판을 청구할 수 있다.

Ⅲ. 외국인의 기본권주체성

1. 외국인의 개념

외국인은 대한민국 국적이 없는 사람을 뜻한다. 헌법 제2조는 국민이 되는 요건을 법률에 위임하고, 국적법은 대한민국 국민이 아닌 사람을 외국인이라고 한다(제3조 제1항). 외국인에는 외국국적자, 무국적자 그리고 개별 법령에 따라 외국인으로 취급될 수 있는 복수국적자가 포함된다. 재외동포라도 외국국적이 있는 사람은 외국인이다(헌재 2000. 8. 31. 97헌가12).

2. 기본권주체성 인정 여부

한국 헌법에서 기본권은 자연법적 연원이 있고, 그것이 헌법에 실정 화하였다고 하여 본래 성격이 바뀌지 않는다(이른바 자연법적 권리설). 따라서 성질상 자연법적·인권적 성격의 기본권에 관한 한 원칙적으로 외국인에게도 기본권주체성이 인정되어야 한다. 그리고 헌법 제6조 제2 항의 "외국인은 국제법과 조약이 정하는 바에 의하여 그 지위가 보장된 다."라고 하여 법적 지위에 관한 상호주의원칙을 규정하므로 성질상 국 민의 권리에 해당하는 기본권도 상호주의원칙에 따라 외국인의 기본권 주체성이 인정될 수 있다. 특히 헌법 제10조 제2문은 기본적 인권의 주 체를 국민이 아닌 개인으로 규정하는데, 개인은 국민뿐 아니라 외국인 도 아우른다. 헌법재판소는 국민과 유사한 지위에 있는 외국인도 기본 권의 주체가 될 수 있다고 하면서(헌재 1994. 12. 29. 93헌마120), 단순히 '국민의 권리'가 아니라 '인간의 권리'로 볼 수 있는 기본권에 대해서는 외국인도 기본권의 주체라고 한다(헌재 2007. 8. 30. 2004헌마670).

3. 외국인에게 인정되는 기본권의 범위

(1) 일반적 기준

어떤 기본권이 외국인에게도 인정되는지에 관한 기준은 해당 기본권 의 성질과 상호주의이다. 기본권의 성질에 따라 판단하면, ① 성질상 인 간의 권리라고 할 수 있는 기본권(주로 자유권과 평등권)과 ② 사법절차 적 기본권(재판청구권 등)에서는 외국인도 주체가 될 수 있다. 상호주의 에 따라 판단하면 예를 들어 사회권, 청구권적 기본권 등이 인정될 수 있다(다만, 이때는 기본권으로 보장되는 것이 아님을 주의하여야 한다). 헌법재판소는 "인간의 존엄과 가치, 행복추구권은 대체로 '인간의 권리'로서 외국인도 주체가 될 수 있다고 보아야 하고, 평등권도 인간의 권리로서 참정권 등에 대한 성질상의 제한 및 상호주의에 따른 제한이 있을 수 있을 뿐"이라고 한다(헌재 2001. 11. 29. 99헌마494).

(2) 정치적 망명권

한국 헌법에는 망명권에 관한 규정이 없어서 이를 헌법상 권리로 보기 어렵다. 그리고 정치적 망명권이 세계인권선언 제14조에 규정되고 이에 관한 국제조약이 있기는 하지만, '시민적 및 정치적 권리에 관한 국제조약'에 정치적 망명권이 규정되지 않은 것에서도 알 수 있듯이 국제적 인권의 최소기준에 포함되지 않고 개별 국가가 정할 수 있는 권리이다. 한국은 1992년 12월 3월 '난민의 지위에 관한 1951년 협약'과 '난민의 지위에 관한 1967년 의정서'에 동시 가입하였다. 그리고 '난민의 지위에 관한 1951년 협약'과 '난민의 지위에 관한 1967년 의정서' 등에 따라 난민의 지위와 처우 등에 관한 사항을 정하려고 난민법을 제정하였다. 또한, '범죄인 인도법'(제8조)은 정치적 성격이 있는 범죄이거나 그와 관련된 범죄인이면 범죄인을 인도하여서는 아니 된다고 규정하고, 출입국관리법 제16조의2는 지방출입국·외국인 관서의 장은 선박 등에 타고 있는 외국인이 난민법 제2조 제1호에 규정된 이유나 그 밖에 이에 준하는 이유로 그 생명·신체 또는 신체의 자유를 침해받을 공포가 있는 영역에서 도피하여 곧바로 대한민국에 비호를 신청하면 그 외국인을 상륙시킬만한 상당한 이유가 있다고 인정되면 법무부 장관 승인을 얻어 90일 범위 안에서 난민임시상륙허가를 할 수 있다고 규정한다. 따라서 정치적 망명권은 법률상 권리로 볼 수 있다. 대법원은 "본국에서 정치범죄를 범하고 소추를 면하기 위하여 다른 국가로 피난해오는 경우에는 이른바 정치범불인도의 원칙에 의하여 보호를 받을 수 있으며 이는 국제법상 확립된 원칙이라 할 것이다."(대법원 1984. 5. 22. 선고 84도39 판결)라고 하여 정치범불인도의 원칙에 국제관습법 지위를 인정한다.

(3) 참정권

외국인에게 지방선거권을 법률로 부여할 수 있다. 공직선거법 제15조 제2항 제3호를 따르면 19세 이상으로서 선거인명부작성기준일 현재 영주의 체류자격 취득일 후 3년이 지난 외국인으로서 해당 지방자치단체의 외국인등록대장에 올라 있는 사람에게 그 구역에서 선거하는 지방자치단체 의회의원과 장의 선거권을 부여한다. 그러나 외국인에게 지방피선거권을 법률로 부여할 수 없다.

(4) 청구권적 기본권

청구권적 기본권은 실체적 기본권을 보장하려는 기본권이므로 외국인의 실체적 기본권을 보호하는 데 필요하면 국민과 동등하게 인정된다. 다만, 재산권적 성격이 아울러 있는 국가배상청구권은 상호주의원칙에 따라 인정되고(국가배상법 제7조), 형사보상청구권도 상호보증이 있는 때만 인정된다(범죄피해자구조법 제10조). 그리고 국내에서 재산권을 누리는 외국인은 해당 재산이 수용·사용·제한되면 손실보상청구권이 인정된다.

(5) 사회권

사회권은 국가의 재정력을 바탕으로 한 급부를 내용으로 하므로 자국민에게 부여되는 것이 원칙이다. 하지만 예외적으로 법률이 정하면 외국인도 주체가 될 수 있다(사회보장기본법 제8조 참조). 그러나 인간다운 생활을 할 권리의 최소한 내용과 같은 개별 사회권의 보장내용 가운데 인권적 성격이 있는 부분에 한해서는 외국인에게도 인정되어야 한다.

4. 재외동포

재외동포는 재외국민과 외국국적동포로 나뉜다. 재외국민은 대한민국 국민으로서 외국의 영주권을 취득한 사람이나 영주할 목적으로 외국에 거주하는 사람이다('재외동포의 출입국과 법적 지위에 관한 법률' 제2조 제1호). 재외국민은 일반 국민에 준하여 일정한 혜택을 받는다. 재외국민은 출입국할 때 국민에 준하여 입국하고, 국내금융기관 이용, 부동산 매각대금 송금, 의료보험 혜택 등을 받을 수 있다('재외동포의 출입국과 법적 지위에 관한 법률' 제10조, 제12조, 제13조, 제14조). 외국국적동포는 대한민국 국적을 보유하였던 사람이나 그 직계비속으로서 외국 국적을 취득한 사람 중 대통령령이 정하는 사람이다('재외동포의 출입국과 법적 지위에 관한 법률' 제2조 제2호). 외국국적동포도 일정한 조건에서 국민으로서 받는 혜택을 누릴 수 있다. 외국국적동포는 재외동포체류자격으로 2년간 체류할 수 있고, 그 기간 연장도 가능하며, 재입국허가가 없이 자유롭게 출입국할 수 있다. 그리고 자유롭게 취업 기타 경제활동을 할 수 있고 토지의 취득, 이용, 보유와 처분이 가능하다('재외동포의 출입국과 법적 지위에 관한 법률' 제10조, 제11조).

5. 북한 주민

헌법 제3조 영토조항의 규범력을 전적으로 부인할 수 없고 남북관계는 민족적 특수관계로 이해하여야 하므로 북한 주민은 대한민국 영토 안에 거주하는 국민으로 보아야 한다. 설사 북한법 규정에 따라 북한 국적을 취득하였더라도 조선인을 부친으로 하여 출생하였다면 그러한 사람도 1948년 헌법 공포와 동시에 대한민국 국적을 취득한 것으로 보아야 한다(대법원 1996. 11. 12. 선고 96누1221 판결). 따라서 북한 주민도 한국 헌법상 대한민국 국민으로서 기본권주체가 된다. 다만, 북한 지역에 헌법의 규범력이 사실상 미치지 못한다는 점을 고려하여 기본권은 법률에 따라서 특별한 제한을 받을 수 있다.

Ⅳ. 법인, 그 밖의 단체의 기본권주체성

1. 법인, 그 밖의 단체의 의의

법인은 법률이 권리능력을 인정한 단체나 재산을 말한다. 법인은 사적 자치 원칙이 적용되는지에 따라 사법인과 공법인으로 나뉘고, 그 소재지에 따라 국내법인과 외국법인으로 구별한다. 그 밖의 단체는 권리능력이 없는 단체나 재산을 아우른다. 그 밖의 단체도 법인과 마찬가지로 그 밖의 공법단체와 그 밖의 사법단체 그리고 그 밖의 국내단체와 그 밖의 외국단체로 분류된다.

공법인과 사법인의 구별기준으로 ① 준거법, ② 설립방법, ③ 향유권리의 성질, ④ 목적, ⑤ 국가적 사무나 통치작용 여부 등이 주로 논의된다. 종래 지배적 견해는 법인의 설립이나 관리에 국가의 공권력이 관여하면 공법인이고, 그 밖의 법인은 사법인이라고 한다. 그러나 공법인과 사법인을 획일적으로 구별하는 학설은 '중간적 영역의 법인'이 등장하면서 난관에 봉착하므로, 획일적인 기준에 따르기보다는 구체적인 문제와 관련하여 적절한 기준을 종합적으로 고려하여 공법인과 사법인을 구별하여야 한다. 헌법재판소는 축산업협동조합중앙회와 축산업협동조합(지역별·업종별 축산업협동조합)의 특성을 따르면, 이들은 공법인적 성격과 사법인적 성격을 함께 갖춘 중간적 성격의 단체인 것은 분명하나, 먼저 지역별 축산업협동조합은 그 존립목적과 설립형식의 자주성에 비추어 보면, 오로지 국가의 목적을 위해서 존재하고 국가가 설립하는 공법인이라기보다는 사법인에 가깝다고 할 수 있고(헌재 1991. 3. 11. 90헌마

28), 축산업협동조합중앙회는 지역별 축산업협동조합과 비교하면, 회원의 임의탈퇴나 임의해산이 불가능한 점 등 그 공법인성이 상대적으로 크지만, 이로써 축산업협동조합중앙회를 공법인이라고 단정할 수는 없고, 이 역시 그 존립목적과 설립형식의 자주적 성격에 비추어 사법인적 성격을 부인할 수 없다고 한다(헌재 2000. 6. 1. 99헌마553).

2. 기본권주체성 인정 여부

법인을 설립하여 법인 형태로 하는 활동도 결국 인간의 활동양식 가운데 한 가지이고 오늘날 법인은 자연인보다 더 큰 활동과 역할을 수행한다. 그리고 법인은 일종의 결사체로서 궁극적으로는 자연인의 이익에 봉사한다. 따라서 자연인이 개인적으로 영위하는 활동양식과 마찬가지로 때에 따라서 기본권을 보호할 필요성이 있어서, 기본권의 성질이 허용하기만 한다면 법인에도 해당 기본권의 주체성을 인정하여야 한다. 특히 자연인에게 고유한 특성인 정신적·신체적 속성을 전제로 하는 (이른바 인신전속적인) 기본권 외에는 널리 법인에도 기본권주체성이 인정된다. 즉 자연인에게 고유한 정신적·신체적 속성을 전제로 하는 기본권인 인간의 존엄과 가치, 생명권, 신체를 훼손당하지 아니할 권리, 인신의 권리, 양심의 자유 등은 법인에 인정될 수 없으나(헌재 2012. 8. 23. 2009헌가27), 평등권, 종교의 자유, 학문의 자유, 언론·출판의 자유, 집회·결사의 자유, 직업의 자유, 재산권과 사법절차적 기본권 등은 법인에도 인정된다. 재단법인도 해당 법인이 목적재산에 대한 출연자의 의사영속성을 보장하여 자연인의 기본권 행사를 쉽게 하고 촉진하므로 기본권주체성이 인정된다.

헌법재판소는 법인격 유무와 상관없이 단체로서 실체가 있는 한 독자적인 기본권주체성을 인정한다. 즉 헌법재판소는 사죄광고결정에서 법인도 인격권의 주체라고 인정한 바 있고(헌재 1991. 4. 1. 89헌마160),

민법상 비영리사단법인인 한국영화인협회에 기본권주체성을 인정한 적이 있다는(헌재 1991. 6. 3. 90헌마56) 점에 비추어 법인의 기본권주체성을 긍정하는 견해에 서 있다. 다만, 영화인협회 내부의 한 분과위원회인 감독위원회에 대해서는 단체로서 실체가 없다고 하여 기본권주체성을 부인한 바 있다(헌재 1991. 6. 3. 90헌마56).

3. 공법인의 기본권주체성

공법인은 국가목적을 달성하려고 국가가 설립한 공법상 법인이다(헌재 1996. 4. 25. 92헌바47). 공법상 사단법인인지는 ① 목적(구성원의 이익 도모 여부), ② 설립·해산의 자유(자주성, 자발성 여부), ③ 구성원의 지위(가입·탈퇴의 자유), ④ 재원조달방법, ⑤ 인사의 자율성(대표자 선출 등)을 기준으로 판단한다.

기본권은 공권력에 대한 개별 국민의 관계에 관한 것이다. 그래서 국가는 기본권의 수범자일 뿐이고, 국가 자신이 기본권의 관여자가 되거나 수익자가 될 수는 없으며, 더 나아가서 국가는 기본권주체도 될 수 없다(이른바 동일성논거나 혼동논거). 헌법재판소도 "국가나 국가기관 또는 국가조직 일부나 공법인은 기본권의 '수범자(Adressat)'이지 기본권의 주체로서 그 '소지자(Träger)'가 아니고 오히려 국민의 기본권을 보호 내지 실현해야 할 '책임'과 '의무'를 지니고 있는 지위에 있을 뿐이다."(헌재 1994. 12. 29. 93헌마120)라고 하여 공법인의 기본권주체성을 부정한다. 그러나 개인의 지위를 겸하는 국가기관과 관련하여 법조항이나 공권력 작용이 넓은 뜻의 조직 영역 안에서 공적 과제를 수행하는 주체의 권한이나 직무 영역을 제약하는 성격이 강하면 그 기본권주체성이 부정되지만, 그것이 일반 국민으로서 국가에 대해서 가지는 헌법상 기본권을 제약하는 성격이 강하면 그 기본권주체성을 인정할 수 있다. 문제 되는 기본권의 성격, 국가기관으로서 수행하는 직무와 제한되는 기본권의 밀접성과 관련성, 직무상 행위와 사적인 행위의 구별 가능성 등을 종합적으로 고려하여 개인의 지위를 겸하는 국가기관의 기본권주체성을 판단하여야 한다(헌재 2008. 1. 17. 2007헌마700).

공법인도 스스로 '기본권적 이익'을 누리면 '기본권적 가치'를 실현하여야 하는 의무와 조화로울 수 있는 범위 안에서 기본권주체가 될 수 있다. 공법인이 국가에 대해서 광범한 독자성과 조직법상 독자성이 있으면서 기본권적 보호영역이 공법인에 직접 귀속되면 공법인도 기본권의 주체가 될 수 있다. 예를 들어 국·공영 언론기관이 방송의 공성성을 확보할 필요성이 있는 때이다. 그리고 사법절차적 기본권을 행사하여야 할 필요가 있는 때도 기본권주체가 될 수 있다. 헌법재판소는 "다만 공법인이나 이에 준하는 지위를 가진 자라 하더라도 공무를 수행하거나 고권적 행위를 하는 경우가 아닌 사경제 주체로서 활동하는 경우나 조직법상 국가로부터 독립한 고유 업무를 수행하는 경우, 그리고 다른 공권력 주체와의 관계에서 지배복종관계가 성립되어 일반 사인처럼 그 지배하에 있는 경우 등에는 기본권 주체가 될 수 있다. 이러한 경우에는 이들이 기본권을 보호해야 하는 국가적 기능을 담당하고 있다고 볼 수 없기 때문이다."라고 한다(헌재 2013. 9. 26. 2012헌마271).

4. 그 밖의 단체 기본권주체성

법인의 기본권주체성을 결정하는 표준으로서 사법상 권리능력 유무는 문제가 되지 않는다. 따라서 사단법인과 재단법인뿐 아니라 법인격 없는 사단과 재단도 성질상 법인이 누릴 수 있는 기본권의 주체가 될 수 있다. 따라서 법인격 없는 사단과 재단도 대표자의 정함이 있고 독립된 사회적 조직체로서 활동한다면 기본권주체성이 인정된다(헌재 1991. 6. 3. 90헌마56).

(1) 정당

정당은 구성원과 독립하여 그 자체로서 기본권주체가 될 수 있다(헌재 2008. 12. 26. 2008헌마419등). 정당은 먼저 정당활동의 자유를 포함한 정당의 자유를 누린다(헌재 2004. 12. 16. 2004헌마456). 그리고 정당의 법적 성격이 민법상 권리능력 없는 사단이므로 기본권의 성질이 허용하는 한 정당은 기본권의 주체가 될 수 있다. 그러나 정당에 포함된 공적 성격 때문에 일반적인 권리능력 없는 사단보다는 더 많은 제한을 받을 수 있다. 헌법재판소는 정당이 선거에서 기회균등권의 주체가 된다는 것을 인정하고(헌재 1991. 3. 11. 91헌마21), 정당의 재산권 주체성도 인정한다(헌재 1993. 7. 29. 92헌마262).

(2) 대학교

법인인 서울대학교와 인천대학교를 제외하고 국립대학교는 정부조직법 제4조 부속기관의 일종인 교육훈련기관으로서 종래 행정법이론상 영조물이다. 그리고 사립대학교는 대학교를 운영하는 법인의 산하기관으로 본다. 그러나 대학교는 법인격 없는 사단으로서 기본권주체가 될 수 있다. 헌법재판소는 (법인이 되기 전에 서울대학교 설치령에 따라 설치된) 서울대학교를 영조물로 보고도 기본권의 성질상 학문의 자유와 대학의 자치를 인정할 수 있다고 하여 대학의 사단적 성격을 특별히 검토하지 않았다(헌재 1992. 10. 1. 92헌마68등).

제5절 기본권의 효력(기본권의무자)

I. 기본권의 효력의 의의

기본권의 효력은 기본권규정의 구속력이 미치는 적용범위를 말한다.

적용범위에는 시간적 범위와 장소적 범위 그리고 인적·물적 범위가 있다. 기본권의 시간적 범위와 장소적 범위는 일반적인 헌법의 효력(적용범위)과 같아서 특별히 문제 되지 않는다. 그러나 인적·물적 범위에는 많은 논란이 있고, 더욱이 헌법현실 변화로 중요한 문제로 떠오른다. 따라서 기본권의 효력이라고 하면 일반적으로 기본권의 인적·물적 범위를 가리킨다. 이러한 기본권의 효력은 그 대상에 따라 대국가적 효력과 대사인적 효력으로 나뉜다. 기본권의무자는 자기 행위에서 기본권 구속을 당하는 자를 말하는 것으로서 원칙적으로는 모든 공권력 주체를 말한다.

Ⅱ. 기본권의 대국가적 효력

기본권의 대국가적 효력(수직적 효력, 공권력 주체의 기본권적 구속)은 기본권이 개인과 국가의 관계에서 작용하는 구속력을 말한다. 기본권은 먼저 국가권력에 대해서 효력이 있다. 즉 기본권은 국가권력을 구속한다. 헌법 제10조 제2문은 "국가는 개인이 가지는 불가침의 기본적 인권을 확인하고 이를 보장할 의무를 진다."라고 규정하여 국가권력이 기본권에 구속됨을 표현한다.

Ⅲ. 기본권의 국고적 효력

1. 국가가 (활동)형식을 선택할 자유

국가가 공적 과제를 수행할 수단은 여러 가지가 있다. 오늘날에는 국가 과제가 더욱더 다양해지면서 이를 위한 수단도 다각적으로 모색된다. 국가에는 공적 과제를 줄 뿐이고 그것을 수행하기 위한 수단은 강제되지 않는다. 그러므로 국가는 다양한 수단 중에서 가장 적합한 수단을 선택하여 공적 과제를 수행할 수 있다. 이러한 수단은 주로 공법적 형식을 취하지만, 때때로 사법적 형식을 취할 수도 있다.

2. 행정의 사법관계에 기본권의 구속력이 미치는가?

① 공법형식을 취함으로써 받는 기본권 제한을 회피하려고 행정주체가 '사법으로 도피할' 위험성이 있고, ② 국가의 사법적 활동도 사인의 사법적 활동과는 달리 공적 과제를 수행하려는 수단이며, ③ 비록 국가의 일정한 임무 수행을 위해서 사법형식을 이용하더라도 그것이 필요한 것일 수는 있으나 기본권에서 벗어나는 자유를 뜻하지는 않는다. 그리고 ④ 국가나 공법인은 행정의 사법관계 영역에서도 일반 국민의 대리인이고, ⑤ 헌법이 구성한 국가기관이 헌법 밖에 있을 수 없으며, 어떠한 때라도 사인처럼 마음대로 할 권리는 없다. 또한, ⑥ 행정과제를 적절하게 수행하기 위해서 자유권 구속에서 벗어날 수 있는 국고적 과제는 없다. 즉 행정에 필요한 유연성과 능률성은 국고행정이 기본권에 구속될 때도 충분히 충족할 수 있다.

따라서 ① 행정사법 영역에서 사법적 수단을 이용하기는 하지만, '공적 목적 달성을 위한 것이 분명하므로' 기본권의 구속력을 인정하여야 한다. (순수한) 국고관계 중 ② 조달행정작용은 공적 목적과 관련되므로 기본권의 구속력이 미친다고 보아야 한다. 그러나 ③ 영리작용은 국가가 기업의 의사 결정을 지배하거나 실질적으로 영향을 미칠 정도로 기업활동에 참가할 때만 기본권의 구속력이 미친다고 보아야 한다. 국가가 주주 지위에는 있으나 기업의 의사 결정에 영향을 미칠 수 없을 때까지 기본권의 구속력이 미친다고 볼 수는 없다.

3. 행정의 사법관계에 대한 기본권구속력의 성질

행정의 사법관계에서는 행정법상 처분으로 인정할 수 없고 공법관계가 아니므로, 그 구제는 민사소송 형식을 취할 수밖에 없다. 따라서 민사법원 법관이 행정의 사법관계에 대한 위법성을 판단할 때 기본권을 근거로 할 수 있는지가 문제 된다. 주로 문제가 되는 것은 국가의 수의계약에 따른 평등권 침해 여부이다. 이때 국가에 사인과 같은 지위를 인정한다면, 일반적으로 사인 사이의 계약에서 나타나듯 계약의 자유 중 상대방결정의 자유에 따라서 누구를 계약상대방으로 결정하여도 평등권 침해 문제가 발생하지 않아야 한다. 하지만 현실적으로 이러한 때에 평등권 침해를 인정할 수 있다. 국가는 헌법국가가 형성된 이후로 사적 자치에 따라 활동하는 개인의 통일체가 아니라 이미 주어진 목적과 가치가 정당화하는 법적으로 구성된 공동체이기 때문이다. 헌법이 조직한 국가는 사인처럼 임의적인 자유가 없다. 국가는 활동의 기본적인 동기를 사적 효용성이 아니라 공익에서 찾고, 단지 그러한 근거에서만 대부분 고권적 수단으로 획득한 재정력을 사경제활동에 사용하는 것을 정당화한다. 따라서 국가는 어떠한 때도 옹근(완벽한) 사인이 될 수 없다. 그리고 이때 국가는 기본권의무자로서 기본권관계에서 당사자의 지위에 있는 것이지, 기본권주체의 지위에 있는 것이 아니다. 즉 이때도 국가에 대한 개인의 관계가 문제 된다. 게다가 기본권의 대국가적 효력도 기본권의 대사인적 효력과 마찬가지로 직접 적용할 수 있을 뿐 아니라 간접 적용할 수도 있다. 결국, 국고적 효력에서 기본권이 국가를 구속하는 것은 기본권의 대사인적 효력이 아니라 기본권의 대국가적 효력 때문이다.

Ⅳ. 기본권의 대사인적 효력

1. 기본권의 대사인적 효력 문제 배경

과거에는 군주로 대표되는 국가권력이 주로 개인의 자유를 침해하였다. 따라서 이에 대한 방어로서 기본권의 대국가적 효력이 주로 문제되었다. 20세기에 들어서면서 사회적 세력이 국가에 버금가는 기본권에 대한 위협 요소로 등장하였다. 즉 사회적 세력의 기본권 침해가 빈번하고 치명적인 것으로 나타났다. 이에 따라 기본권 보장을 요구하는 전형적인 기본권 침해 상황이 사인과 국가의 관계 이외에 사인 서로 간의 관계에서도 나타났다. 침해당하는 당사자 처지에서는 국가 침해이건 사회적 세력 침해이건 차이가 없다. 따라서 국가의 침해에 대해서 방어할 필요가 있는 것과 마찬가지로 사인, 법인, 그 밖의 단체가 기본권을 침해하는 것에 대해서도 방어하여야 비로소 기본권이 충실하게 보장될 수 있다. 이러한 이유로 종래 대국가적 효력과 더불어 기본권의 대사인적 효력을 인정할 필요성이 생겼다.

2. 기본권의 대사인적 효력 개념

개인의 개인에 대한 기본권관계에서 기본권의 효력을 문제 삼는 것이 기본권의 제3자적 효력이다. 기본권의 제3자적 효력은 기본권이 사인 서로 간의 관계에서 작용하는 구속력을 말한다. 즉 사인과 사인의 관계에 기본권을 적용할 수 있는지, 적용할 수 있다면 어떠한 형식으로 적용하는지를 논의하는 것이 기본권의 제3자적 효력 문제이다. 이때 제3자는 개인(기본권주체)과 국가 이외의 사인(기본권주체)을 뜻한다. 그리고 개인의 개인에 대한 기본권관계에서 문제가 되는 기본권의 효력을 기본권의 대국가적 효력과 대비하여 기본권의 대사인적 효력이라는 이름으로 부른다. 또한, 기본권의 대국가적 효력이 상위에 있는 국가(공권력)와 하위에 있는 국민(개인) 사이에 미치는 것으로 수직적인 것이지만, 기본권의 제3자적 효력은 대등한 관계인 국민(개인)과 국민(개인) 서로 간의 관계에 기본권이 효력을 미치는지를 묻는 것이므로 기본권의 수평적 효력이라고 부르기도 한다.

3. 기본권의 대사인적 효력 문제구조

기본권의 대국가적 효력은 기본권관계 중 국가에 대한 개인의 관계에 해당한다. 이와 비교해서 기본권의 대사인적 효력은 개인에 대한 개인의 관계이다. 따라서 기본권의 대국가적 효력에서 국가는 기본권의무자로서 기본권관계의 직접적인 당사자로 나타난다. 하지만 기본권의 대사인적 효력에서는 국가가 개인과 개인 사이의 관계를 조정하고 해결하는 보호자의 지위에 있다. 즉 기본권의 대국가적 효력 문세에서는 기본권관계가 국민과 국가라는 양극 구조로 나타나지만, 기본권의 대사인적 효력에서는 사인과 사인의 양극 외에 국가까지 3각관계가 된다.

기본권의 대국가적 효력이 문제가 될 때는 기본권(규정)의 수범자인 국가와 기본권주체인 개인이 대립하는 구조이므로 기본권의 최대보장이라는 헌법 정신에 따라 국민의 기본권을 가능한 범위에서 넓게 보장해주는 방향으로 결정한다. 즉 국가는 국민에 대한 관계에서 기본권적 보호를 받을 수 없다. 이에 반해서 기본권의 대사인적 효력에서는 기본권을 조정하는 지위에 있는 국가 아래 두 기본권주체가 대립하는 형국이므로 어느 일방의 기본권을 절대적으로 우선하거나 상대방의 기본권을 옹글게(완벽하게) 배제할 수 없다. 기본권주체 사이의 관계에서 기본권이 일방에게 유리하게 작용하면, 상대방에게는 부담되게 작용한다. 따라서 두 기본권주체의 기본권이 부딪히는 상황에서 어느 일방의 기본권을 처음부터 간과하는 판단은 받아들일 수 없다. 그러므로 양 당사자의 기본권을 최적으로 조화롭게 실현하는 접점을 찾아야 한다. 즉 어느 한 기본권의 최대보장이 아니라 (충돌하는) 두 기본권의 최적보장이 문제 된다. 이러한 이유로 기본권의 대사인적 효력 문제에서는 기본권의 대국가적 효력 문제와 달리 신중하게 접근할 필요가 있다.

그리고 기본권이 사인 서로 간의 관계에 직접 적용된다면 기본권주체를 기본권의 의무주체로 만들게 될 것이라는 점을 명심하여야 한다. 이는 기본권을 날 것 그대로 사법관계에 적용할 수 없고, 최대한 순화하여서 사적 자치와 조화를 이룰 수 있도록 하여야 한다는 것을 뜻한다. 따라서 기본권의 대사인적 효력 문제를 해결할 때도 이점을 무시할 수 없다.

4. 학설과 판례

(1) 효력부정설

독일의 전통적 이론은 기본권의 대사인적 효력을 원칙적으로 인정하지 않았다. 즉 사인 서로 간의 법률관계에는 기본권의 효력이 원칙적으로 미치지 않는다고 보았다. 그 근거는 다음과 같다. ① 기본권의 대사인적 효력은 기본권의 일반적 전통과 개념에 어긋난다. 본질적으로 대국가적 방어권인 기본권은 국가권력만을 구속한다. ② 기본권의 대사인적 효력을 인정하더라도 독일 기본법 제9조 제3항과 같은 명문 규정이 있어야 한다. ③ 헌법제정자는 사인 간의 법률관계에 대한 규율권이 없다. ④ 헌법제정자는 명시적으로 기본권의 대사인적 효력을 인정하지 않았다. ⑤ 독일 기본법 제19조 제4항은 단지 공권력의 권리 침해만을 말한다. ⑥ 독일 기본법 제1조 제3항은 입법권, 집행권과 사법권을 구속한다고 명시적으로 규정할 뿐이지 사인을 구속한다고 규정하지 않았다. ⑦ 기본권을 사법관계에 적용하면 사법이 붕괴한다.

(2) 직접적용설

기본권은 공권력에 대한 주관적 공권뿐 아니라 사인에 대한 주관적 사권도 함께 부여하므로 구태여 사법상 원칙조항과 같은 매개물을 통할 필요 없이 직접 사인 서로 간의 법률관계에도 적용된다는 견해이다. 이설은 전체 법질서의 통일성을 강조한다. 즉 헌법은 최고법이므로 모든 법은 헌법의 기초 위에서만 그리고 헌법의 테두리 안에서만 타당하고, 사법도 여기서 예외일 수 없다고 한다. 기본권이 사인 서로 간에 직접 적용된다고 하여 모든 기본권이 사법질서에서 효력이 있는 것이 아니라 헌법의 명문 규정상이나 기본권의 성질상 사인 서로 간에 직접 적용될 수 있는 기본권만이 직접 효력이 있다고 한다.

(3) 간접적용설

사인 간의 사적인 법률관계를 규율하는 것은 우선은 사법이고, 사법 영역에서는 강행규정이 지배하는 공법 영역과는 달리 사인 간의 자유로운 의사 합치를 먼저 존중하는 사적 자치의 원칙이 지배하므로, 공법인 헌법상 기본권규정을 사법관계에 직접 적용하면 사법의 고유성이나 사법의 독자성이 상실될 우려가 있다고 보고, 기본권은 사법의 일반조항을 매개로 일반조항 해석기준으로 작용함으로써만 간접적으로 사인 서로 간에도 적용될 수 있다는 견해이다. 이 학설을 따르면 기본권은 1차적으로는 국가권력에 대한 국민의 방어적 권리로서 주관적 공권이지만, 그와 더불어 공동생활의 기초가 되는 원칙규범이나 객관적인 질서의 요소도 된다. 이러한 원칙규범적 성격이나 객관적 질서의 요소로서 지니는 성격 때문에 공·사를 불문하고 모든 생활영역에 효과를 미치는 이른바 방사효과(放射效果: Ausstrahlungeffekt)가 있다. 기본권의 방사효과 때문에 신의성실원칙, 권리남용금지원칙, 선량한 풍속 유지, 불법행위 금지 등을 규정한 사법상 일반조항을 해석할 때 그 내용이 기본권적 가치로 채워져서 사인 서로 간의 법률관계에 적용되어야 한다는 것이다.

(4) 미국의 국가행위의제이론

미국에서는 사정부이론 관점에서 사인의 특정한 행위를 국가행위로 간주하여 헌법규정(수정 제14조의 평등보호조항)을 사법관계에 직접 적

용하는 이론구성을 한다. 이를 국가유사이론이나 국가행위의제이론
(state action doctrine)이라고 한다.

(5) 판례

대법원은 영업의 자유를 제한하는 약정의 효력에 관한 판시에서
"······ 본건 공약이라 함은 피고가 사단법인 대한환경위생협회 서울지
부 미용분과위원회에서 협정한 요금 및 공휴일을 준수함과 동시에 종업
원의 유인고용을 하지 않을 것을 약정하고, 위 사항을 위반할 때에는
위약금 10000원을 원고에게 지급한다는 내용으로 그 약정내용이 피고
의 영업상 자유의 제한에 관한 약정을 무기한 허용함은 피고의 법률상
지위에 중대한 제한을 부과하는 것으로서 이와 같은 약정은 제한을 받
는 자가 언제든지 일방적으로 해약할 수 있다고 해석함이 타당하다."라
고 해서 헌법상 직업선택의 자유와 관련해서 약정(계약)의 내용을 수정
하는 해석을 한 바 있다(대법원 1964. 5. 19. 선고 63다915 판결). 그리고
대법원은 "헌법상의 기본권은 제1차적으로 개인의 자유로운 영역을 공
권력의 침해로부터 보호하기 위한 방어적 권리이지만 다른 한편으로 헌
법의 기본적인 결단인 객관적인 가치질서를 구체화한 것으로서, 사법
(사법)을 포함한 모든 법영역에 그 영향을 미치는 것이므로 사인간의
사적인 법률관계도 헌법상의 기본권 규정에 적합하게 규율되어야 한다.
다만 기본권규정은 그 성질상 사법관계에 직접 적용될 수 있는 예외적
인 것을 제외하고는 사법상의 일반원칙을 규정한 민법 제2조, 제103조,
제750조, 제751조 등의 내용을 형성하고 그 해석기준이 되어 간접적으
로 사법관계에 효력을 미치게 된다. 종교의 자유라는 기본권의 침해와
관련한 불법행위의 성립 여부도 위와 같은 일반규정을 통하여 사법상으
로 보호되는 종교에 관한 인격적 법익침해 등의 형태로 구체화되어 논
하여져야 한다."라고 하였다(대법원 2010. 4. 22. 선고 2008다38288 전원

합의체 판결).

5. 기본권의 대사인적 효력 작용방식

(1) 직접 적용되는 기본권

① 인간의 존엄(헌법 제10조 제1문 전단)

인간의 존엄에 대해서는 어떠한 차별도 인정할 수 없다. 그리고 인간의 존엄은 포기할 수 없으므로 개인이 국가나 사인에 대해서 자기의 존엄을 침해하도록 허용할 수 없다. 따라서 사법관계에서도 인간의 존엄을 침해하는 행위는 모두 헌법 위반이 된다. 이러한 까닭에 인간의 존엄은 사법관계에 직접 적용할 수 있는 기본권이다.

② 행복추구권(헌법 제10조 제1문 전단)?

행복추구권은 다른 자유권과 마찬가지로, 성질에 비추어 직접 적용할 수 있는 기본권이라고 볼 수 없다.

③ 근로3권(단결권, 단체교섭권, 단체행동권: 헌법 제33조)

근로3권은 근로자가 노동조합을 조직하여 단체행동이라는 실력을 배경으로 사용자와 단체교섭을 할 수 있는 권리를 규정한 것이므로 원칙적으로 국가가 아닌 사용자에 대한 근로자의 권리를 인정한 것이다. 따라서 근로3권은 성질에 비추어 사법관계에 직접 적용된다.

④ 언론·출판의 자유(헌법 제21조 제4항)?

헌법 제21조 제4항은 "언론·출판은 타인의 명예나 권리 또는 공중도덕이나 사회윤리를 침해하여서는 아니된다. 언론·출판이 타인의 명예나 권리를 침해한 때에는 피해자는 이에 대한 피해의 배상을 청구할 수 있다."라고 규정한다. 이 제2문의 규정내용에 착안하여, 언론·출판의 자유라는 기본권에 대해서만 특별히 직접적인 대사인적 효력을 헌법 스스로 인정한 것으로 보는 견해가 있다. 그러나 헌법 제21조 제4항의 손해배상청구권규정은 기본권 침해에 대한 구체적 구제방법을 법률에 유보하는 현행 헌법의 기본권제한체계에 비추어 민법의 불법행위책임규정을 염두에 두고 규정한 것이다. 따라서 이 조항은 언론·출판의 자유의 대사인적 효력을 인정한 조항이라고 볼 수는 없다.

⑤ 환경권(헌법 제35조)?

국민에게 환경보전의무가 있다고 하여 바로 환경권이 직접적인 대사인적 효력이 있다고 결론짓기는 어렵다. 그리고 환경권이 사법관계에서 중요한 의미와 기능이 있다는 것은 사실이지만 사권성이 한 층 더 강한 재산권이나 가족과 혼인에 관한 권리 등을 직접 적용할 수 있다고 하지 않는 점에서 사권성을 환경권이 직접 적용될 수 있는 근거로 삼기 어렵다.

⑵ 성질상 사인 사이에 적용될 수 없는 기본권의 종류

기본권의 성질에 비추어 국가만을 수범자로 하면 제3자는 기본권에 관여할 수 없다. 이러한 기본권은 사인에 대한 관계에서는 적용할 수 없으므로 기본권의 대사인적 효력을 인정할 수 없다. 국가를 상대방으로 하여서만 주장할 수 있는 기본권에는 사법절차적 기본권[헌법 제12조의 고문을 받지 아니할 권리와 불리한 진술거부권(제2항), 영장제시요구권(제3항), 체포·구속이유를 알 권리(제5항), 변호인의 도움을 받을 권리(제4항과 제5항), 구속적부심사청구권(제6항)과 헌법 제27조의 재판청구권, 형사피해자의 재판절차진술권과 헌법 제28조의 형사보상청구권 등], 청구권적 기본권[청원권(헌법 제26조), 형사보상청구권(헌법 제28조), 국가배상청구권(헌법 제29조), 범죄피해자의 구조청구권(헌법 제30조) 등], 참정권

[선거권(헌법 제24조), 공무담임권(헌법 제25조), 국민투표권(헌법 제72조, 제130조 제2항)], 소급입법의 참정권 제한과 재산권 박탈 금지(헌법 제13조 제2항) 등을 들 수 있다.

제6절 기본권의 보호영역과 제약

Ⅰ. 기본권의 보호영역(보호내용, 보호범위)

1. 개념

(1) 기본권의 보호영역

개별 기본권에 특유한 사항적·내용적 범위를 기본권의 보호영역(보호범위)이나 기본권의 구성요건이라고 한다. 기본권의 보호영역은 기본권규정이 보호하는 생활영역, 즉 기본권규정이 삶의 현실 가운데서 보호대상으로 잘라내는 단면을 가리킨다. 보호영역은 제약의 대상으로서 제한을 통하여 축소될 수 있으므로 잠정적으로 보호되는 개별 기본권의 최대영역이다.

(2) 기본권 행사

기본권 행사는 기본권의 보호영역 안에서 하는 행동(태도)을 말한다. 기본권 행사는 작위(적극적 태도)뿐 아니라 부작위(소극적 태도)도 포함한다. 그리고 단순히 처한 상태를 뜻하기도 한다. 이처럼 기본권 행사는 가능한 한 넓게 이해되어야 한다.

(3) 기본권 보장

기본권은 그 보호영역 안에서 주관적 권리와 객관법적 효과(제도보장과 객관법적 내용 등)를 보장한다. 기본권 보장은 기본권이 법적으로 구성한 보호작용(효과)을 뜻한다. 기본권 보장은 기본권의 보호영역과는 구별된다. 예를 들어 평등권은 기본권으로서 보장되지만 대상자에 대한 차별만을 문제 삼으므로 보호영역은 문제 되지 아니한다.

2. 보호영역 확정

기본권 문제 해결은 보호영역 확정과 동시에 시작된다. 개인이 어떠한 기본권을 원용(주장)할 수 있는지는 그의 태도가 어떠한 기본권의 보호영역 안에 속하는지에 의존하기 때문이다. 기본권의 보호영역은 개별 기본권에 따라 별도로 확정되어야 한다. 서로 다른 행동을 하나로 묶어주는 공간적인 것으로 이해하지 말고, 기능·역할·주제를 중심으로 보호영역을 파악하여야 한다.

기본권의 보호영역은 개별 기본권규정 해석을 통해서 정해진다. 개별 기본권규정에서 보호영역은 객관적이고 예견할 수 있게 확정되어야 한다. 기본권의 보호영역은 문제 되는 기본권 하나만을 고립시켜 보지 말고, 다른 기본권은 물론 그 밖의 헌법규정과 함께 체계적으로 종합고찰하여 일반적으로 확정하여야 한다. 보호영역의 일반적 확정은 다른 기본권이나 그 밖의 헌법규정을 체계적으로 함께 고려할 때 밝혀진다. 따라서 충돌하는 다른 기본권이나 그 밖의 헌법적 법익이 그 보호영역에 대한 제약을 정당화하는 것과 구별하여야 한다.

보호영역과 제한은 상호 관련되므로 보호영역에 대한 제한을 살펴보아야 비로소 보호영역을 확정할 수 있을 때도 있다. 즉 기본권이 무엇을 보호하는지를 물어야 할 때도 있다. 보호영역 범위와 제한 범위는 비례관계에 있다. 즉 보호영역이 넓게 설정될수록 제한의 폭은 넓어지고, 보호영역이 좁게 설정될수록 제한의 폭도 좁아진다. 다만, 보호영역이 좁게 설정되면 법익형량이 보호영역 확정단계에서 이루어져서 보호영역이 상대화하여 어떤 행위가 보호영역에 속하는지를 명확하게 판단하기 어려워진다. 그리고 비례성원칙이 적용되는 기본권 제약의 정당성 심사에서 보호영역 확정보다 더 엄격한 통제가 이루어진다는 점에서 기본권을 충실하게 보장하려면 보호영역을 되도록 넓게 확정하여야 한다. 구체적으로 보호영역에 포섭되지 못한다는 것은 (다른 보호영역에 포섭되지 않는다면) 헌법상 기본권적 보호를 받지 못한다는 것인데, 이는 헌법 제37조 제2항을 비롯한 일반적인 기본권 제한의 법리뿐 아니라 개별 기본권에 특유한 제한 법리가 적용할 수 없다는 것을 뜻한다. 그로 말미암아 기본권 위헌심사는 보호영역 해당 여부로 단순화하고 심사강도는 약해져 심사의 투명성과 명확성, 일관성, 엄격성 등을 확보하기 어려워진다. 이는 필연적으로 기본권 보호 약화로 이어질 수밖에 없다.

Ⅱ. 기본권 제약

1. 개념

(1) 기본권 제약

기본권 제약은 기본권의 보호영역에 속하는 개인의 행동(태도)을 전부나 일부 저지하는 것을 말한다. 기본권 제약은 개별적으로(행정처분, 판결 등)나 일반적으로(법률, 법규명령, 자치법규 등) 가능하다.

(2) 기본권 구체화

기본권 구체화는 선존하는, 즉 이미 존재하는 보호영역에 아무런 영향을 미치지 않을 때로서, 국가가 보호영역에 포함되는 개인의 행동(태도)을 저지하려고 하지 아니하고, 오히려 개인이 기본권을 실현하고 행사할 수 있도록 그러한 행동(태도)을 가능하게 해주는 것을 가리킨다. 기본권 구체화는 기본권실현적 구체화와 기본권 형성을 아우른다. 기본권실현적 구체화는 입법자가 기본권 내용을 행사할 수 있도록 법률을 만드는 것을 말한다. 기본권 형성은 입법자가 기본권 내용을 법률로 확정하는 것을 가리킨다. 기본권실현적 구체화는 참정권과 청구권적 기본권에서, 기본권 형성은 재산권과 사회권에서 주로 이루어진다. 입법자가 기본권을 구체화하고 형성할 수 있다는 것이 그가 기본권을 처분할 수 있다는 것은 아니다.

(3) 기본권 제한과 기본권 침해의 구별

기본권 제약이 정당성을 부여받으면 기본권 제한이고, 법적 한계를 넘으면 기본권 침해라고 한다. 즉 합법인 기본권 제약이 기본권 제한이고, 위법인 기본권 제약이 기본권 침해이다.

2. 제약 확정

(1) 고전적 제약 개념의 4기준

먼저 ① (기본권)제약(행위)은 목적적이어야 한다. 그래서 제약은 국가작용의 목적적·의도적 결과이어야 한다. 다른 목표를 지향한 국가적 행위의 의도되지 않은 결과는 제약이 아니다. 다음으로 ② 제약은 직접적이어야 한다. 즉 제약은 직접적인 국가작용의 결과이어야 한다. 국가적 행위의 의도는 있었으나 간접적인 결과는 제약이 아니다. 그리고 ③ 제약은 법적 효력 있는 법적 작용이어야 한다. 따라서 단순한 사실적 효력이 있는 작용은 제약이 아니다. 끝으로 ④ 제약은 명령·강제로 지시되고 관철되는 것이어야 한다. 따라서 일방적인 명령과 강제로써 지시되거나 관철되지 않으면 제약이 아니다.

(2) 현대적 제약 개념(제약 개념 확장)

고전적 제약에 해당하는 국가적 행위는 당연히 제약에 해당한다. 그러나 개인에게는 국가기관이 어떠한 목적을 위해서 어떠한 형태로 기본권에 영향을 미치는지는 중요하지 않다. 그리고 헌법의 궁극적 목적이 기본권 보장인 점에 비추어 기본권 제약 범위를 이렇게 좁게 보는 것은 문제가 있다. 현대적 의미의 제약은 기본권의 보호영역에 속하는 행동 (태도)을 개인이 할 수 없게 만드는 모든 국가적 행위를 말한다. 제약은 기본권의 보호영역에 속하는 행동(태도)을 개인에게 불가능하게 만드는 모든 국가적 행위로서, 그것이 목적적이든 의도되지 않은 결과이든, 직접적이든 간접적이든, 법적이든 사실적이든, 명령·강제로써 이루어지든 불문한다. 다만, 제약은 공권력의 귀책적 행위에서 나온 것이어야 한다.

제7절 기본권 제한

I. 기본권 제한의 의의

1. 기본권 제한의 개념

기본권 제한이란 기본권 제약이 있을 때 이를 일정한 한계(제한의 한계) 안에서 헌법이 정당화하는 것을 말한다.

2. 기본권 제한의 과제(법적 정서 필요성)

한 개인의 기본권, 다른 개인의 기본권, 국가적 과제 모두 헌법이 보호가치를 인정하여 보호한다. 따라서 기본권과 기본권 사이나 기본권과 공익 사이에서 발생하는 갈등은 이미 헌법내재적이다. 이러한 갈등을 해결하려고 헌법은 직접적으로나 간접적으로 법률에 위임하여 기본권과 기본권을 제약하는 다른 법익을 실제적 조화의 관점에서 정서함으로써 양 법익 모두가 주어진 상황에서 최대한의 유효성이 있을 수 있는 질서를 형성·유지하고자 한다.

3. 기본권 제한 대상

자유란 성질상 한계가 없어서 자유권만 기본권 제한 대상이 된다는 견해가 있다. 그러나 자유권을 포함하여 모든 기본권을 헌법이 보장하고, 그 헌법적 보장은 공익과 충돌할 때 제한될 수 있음을 전제하므로 (기본권의 상대성) 모든 기본권은 제한 대상이 된다. 헌법 제37조 제2항도 기본권 제한 대상을 "국민의 모든 자유와 권리"라고 규정한다. 다만, 자유권 가운데도 성질상 제한이 불가능한 자유권(예를 들어 인간의 존엄과 가치, 내면적·정신적 자유)은 제한 대상이 될 수 없다.

Ⅱ. 기본권의 내재적 한계

기본권규정에서 보호대상으로 규정한 영역(구성요건) 자체에 한계를 그어서, 일정한 활동을 그 대상에서 배제하여 버리는 것이 기본권의 내재적 한계이다. 한국 헌법에서도 기본권내재적 한계를 인정하는 견해가 있다. 헌법재판소도 "개인의 성적 자기결정권도 국가적·사회적 공동생활의 테두리 안에서 타인의 권리·공중도덕·사회윤리·공공복리 등의 존중에 의한 내재적 한계가 있는 것"이라고 하여 내재적 한계를 인정한 적이 있다(헌재 1990. 9. 10. 89헌마82). 그러나 한국 헌법은 일반적 법률유보를 둠으로써 법률유보가 없다는 의미의 절대적 기본권을 인정할 수 없다. 즉 국민의 모든 자유와 권리는 법률로써 제한할 수 있다(헌법 제37조 제2항). 따라서 독일에서 절대적 기본권 제한을 위해서 구성된 기본권의 내재적 한계이론을 도입할 실익이 없다.

Ⅲ. 헌법유보(헌법직접적 기본권 제한)

1. 개념과 유형

헌법유보는 헌법 스스로 개별 기본권에 제한을 명시하는 것을 말한다. 이를 달리 헌법(자체)에 의한 기본권 제한, 헌법직접적 기본권 제한, 헌법적 한계 등으로 부르기도 한다. 헌법유보에는 일반적 헌법유보와 개별적 헌법유보기 있다. 일빈적 헌법유보는 헌법이 직접 기본권 일반에 대해서 제한을 규정한 것을 말한다. 개별적 헌법유보는 헌법이 특정 기본권에 대해서 제한을 규정한 것을 말한다. 한국 헌법에는 일반적 헌법유보에 해당하는 규정은 없다.

2. 특성

헌법유보에는 ① 독자적 제한근거를 설정할 때와 ② 법률유보를 통한 기본권 제한을 완화하여 더 강한 법률상 제한을 가능하게 할 때가 있다. 따라서 헌법유보에 근거한 제한법률은 법률을 통한 헌법유보 확인이지 새로운 기본권 제한을 창설하는 것이 아니다. 헌법유보는 기본권 제한의 한계가 아니라 기본권 제한의 헌법적 근거이다. 따라서 헌법유보는 기본권 제한을 더 쉽게 하고, 그에 따라 그에 대한 합헌성도 법률유보보다 완화하여 심사하여야 한다.

헌법 제37조 제2항은 모든 기본권 제한에 대해서 법률을 요구하고, 헌법유보에서는 헌법이 제한 요건을 구체적으로 규정하지 않아서 기본권이 과도하게 제약될 위험성이 있으며, 헌법유보에도 법치국가적 예견가능성은 보장되어야 하므로 헌법유보에도 법률을 통한 구체화가 필요하다. 헌법 제37조 제2항은 기본권을 제한하는 모든 법률에 적용되어야 하므로 이는 헌법유보를 법률로 구체화할 때도 적용되어야 한다.

3. 헌법상 예

독자적 제한근거를 설정하는 것으로는 정당의 자유에 대한 헌법직접적 제한인 헌법 제8조 제4항이다. 헌법 제21조 제4항을 언론·출판에 대한 헌법직접적 제한이라는 견해도 있다. 헌법재판소는 헌법 제21조 제4항은 표현의 자유에 따르는 책임과 의무를 강조하는 동시에 표현의 자유에 대한 제한 요건을 명시한 규정이고, 헌법상 표현의 자유의 보호영역 한계를 설정한 것으로 볼 수 없다고 한다(헌재 2012. 11. 29. 2011 헌바137). 그러나 헌법 제21조 제4항은 내재적 한계라거나 개별적 헌법유보로 보아 보호영역을 확정하는 기준으로 이해할 수는 없고, 이는 헌법 제37조 제2항의 일반적 법률유보에 대해서 특별가중요건을 규정한 것으로 이해하여야 한다. 헌법 제23조 제2항을 재산권의 헌법직접적 제한으로 보는 견해도 있다. 그러나 제23조 제2항은 재산권에 대한 입법적 제약의 헌법적 근거를 마련함으로써 재산권을 상대화한다. 이는 재산권의 제한규정이라기보다는 내용한계형성규정과 결합함으로써 기본권제한적 법률유보가 아니라 의무유보의 일종으로 보아야 한다.

가중적으로 기본권을 제한하는 것으로는 헌법 제29조 제1항 국가배상청구권 주체의 헌법직접적 제한인 헌법 제29조 제2항이 있다. 헌법 제33조 제2항을 헌법 제33조 제1항 근로3권 주체의 헌법직접적 제한으로 보는 견해도 있다. 그러나 헌법 제33조 제2항을 공무원인 근로자에 대해서 근로3권을 인정하되 '법률이 정하는 자'를 제외한 공무원의 근로3권을 제한할 수 있다는 취지로 해석하여 개별적 법률유보로 보아야 하고, 이 조항을 근거로 규정된 법률조항의 합헌성을 심사할 때는 헌법 제37조 제2항의 기본권제한요건을 적용하여야 한다.

Ⅳ. 법률유보(헌법간접적 기본권 제한)

1. 개념과 종류

법률유보는 입법권자가 제정하는 법률에 따라서나 법률에 근거하여 기본권을 제한할 수 있는 헌법적 근거를 말한다. 법률유보는 헌법간접적 기본권 제한, 헌법의 위임을 받은 법률에 의한 제한이라고도 부른다. 법률유보는 개별 기본권조항에 법률유보조항을 두는지 혹은 모든 기본권에 적용할 수 있는 법률유보가 일반적으로 규정되는지에 따라 개별적 법률유보와 일반적 법률유보로 나뉜다. 법률유보는 일정한 제약요건의 부가 여부에 따라 다시 '단순법률유보'와 '가중법률유보'로 분류한다. 단순법률유보는 입법자가 일정한 요건의 제약 없이 개별 기본권을 제한할 수 있을 때를 말한다. 그에 반해서 가중법률유보는 헌법이 명시한 일정한 요건에 따라서만 기본권을 제한할 수 있을 때를 말한다. 가중법률유보에서 헌법제정자는 입법자가 법률로 제한할 특별한 요건이나 목적을 규범화하지만, 헌법유보는 헌법제정자 스스로 기본권으로 보장되는 한계를 규정하므로 양자는 구별된다.

2. 기능

법률유보는 역사적으로 군주의 자의적인 집행권 행사에서 시민사회를 보호하는 기능을 수행하였다. 군주가 사라지고 국민주권에 바탕을 둔 민주주의가 보편화하고 나서 법률유보는 집행권이 기본권을 제한할 때 법률의 수권을 요구함으로써 기본권 침해를 예방하는 역할을 담당하였다. 그러나 이때 법률의 수권은 구체적인 방법이 아닌 수권 여부만을 요구하였고, 입법부가 무분별하게 행정입법에 기본권 제한을 위임하여 기본권이 집행권 침해에서 효과적으로 방어될 수 없었다. 이에 따라 기본권 행사에 관한 모든 본질적인 결정은 입법부가 집행부에 위임하지 말고 스스로 하여야 한다는 본질성이론이 확립되었다. 그러나 본질성이론이 기본권 보장을 강화하려는 것이라고 하여 비본질적 제한을 집행부에 맡길 수 있다고 이해되어서는 안 된다. 오히려 기본권 제한뿐 아니라 국가의 조직·절차·급부·이행에 관한 모든 분야에 걸쳐 본질적인 기본방침은 입법부가 하여야 하는 것으로 이해되어야 한다. 이제 법률유보는 기본권 제한과 직접 관련이 없는 사항이라도 국가의 본질적 규범에 속하는 사항은 의회가 스스로 결정하여야 한다는 의회유보로 발전하였다. 헌법재판소도 "오늘날 법률유보원칙은 단순히 행정작용이 법률에 근거를 두기만 하면 충분한 것이 아니라, 국가공동체와 그 구성원에게 기본적이고도 중요한 의미가 있는 영역, 특히 국민의 기본권실현에 관련된 영역에 있어서는 행정에 맡길 것이 아니라 국민의 대표자인 입법자 스스로 그 본질적 사항에 대하여 결정하여야 한다는 요구까지를 내포하는 것으로 이해하여야 한다(이른바 의회유보원칙)."(헌재 1999. 5. 27. 98헌바70)라고 하여 법률유보를 의회유보로 이해한다. 그런데 헌법재판소는 법률유보원칙 준수는 기본권과 관련하여 국가 행정권의 기본권 침해가 문제 되는 때에 요청되는 것이지 기본권규범과 관련 없는 때까지 적용되어야 하는 것은 아니라고 한다(헌재 2010. 2. 25. 2008헌바160).

3. 헌법사적 고찰

대한민국 임시헌장(1944년 4월 22일 대한민국 임시정부 헌법 제5차 개헌) 제7조에서 "인민의 자유와 권리를 제한 혹 박탈하는 법률은 국가의 안전을 보위하거나 사회의 질서를 유지하거나 공공이익을 보장하는 데 필요한 것이 아니면 제정하지 못함"이라고 하여 법률유보조항을 두었다. 1948년 헌법에서는 개별적 법률유보를 두고, 제28조 제2항에서 "국민의 자유와 권리를 제한하는 법률의 제정은 질서유지와 공공복리를 위하여 필요한 경우에 한한다."라고 하여 기본권제한입법의 한계를 명시하였다. 1960년 헌법은 일반적 법률유보를 두었고, 1972년 헌법은 개별적 헌법유보와 일반적 법률유보를 아울러 두었으며, 1980년 헌법은 일반적 법률유보를 두었다. 현행 헌법은 제37조 제2항에 일반적 법률유보를 규정하고 몇 개의 개별적 법률유보규정도 있다.

4. 일반적 법률유보(헌법 제37조 제2항)

일반적 법률유보란 모든 기본권을 적용대상으로 하는 법률유보를 말한다. 헌법 제37조 제2항은 모든 기본권을 제한할 근거조항으로서 일반적 법률유보에 해당한다. 그리고 이 조항은 기본권을 제한하는 법률이 지켜야 되는 목적적 한계, 형식적 한계, 내용적 한계 그리고 방법적 한계를 밝히므로 기본권제한입법의 한계규정도 된다. 헌법재판소도 헌법 제37조 제2항은 기본권제한입법의 수권규정인 동시에 기본권제한입법의 한계규정이라고 한다(헌재 1990. 9. 3. 89헌가95). 그러나 엄격하게 말하면 헌법 제37조 제2항은 일정한 조건 아래에서만 기본권제한입법을 허용해 주는 '제한적 수권'규정이라고 보아야 한다.

5. 개별적 법률유보

(1) 개념

개별적 법률유보란 특정한 기본권을 적용대상으로 하는 법률유보를 말한다. 이는 다시 단순법률유보와 가중법률유보로 나뉜다. 단순법률유보는 직접 법률에 의하거나 법률에 근거하여 기본권을 제한하는 방식이고, 가중법률유보는 이렇게 제한하는 법률에 일정한 목적과 방법 등의 요건을 부가하는 방식이다.

(2) 존재 여부

① 헌법 제12조 제1항 제2문은 법률로 신체의 자유를 제한할 수 있다고 규정할 뿐 아니라 적법절차를 부기하므로 신체의 자유에 대한 개별적 법률유보에 해당한다. ② (ⅰ) 헌법 제23조 제1항 제2문은 내용과 한계를 함께 규정하는데, 굳이 제한 대신 한계라는 용어를 쓴 것은 이 조항이 기본권제한규정이 아닌 내용형성규정임을 명확히 밝힌 것으로 볼 수 있다. 특히 독일 기본법과 달리 일반적 법률유보인 헌법 제37조 제2항이 있는 한국 헌법에서는 헌법 제23조 제1항에서 제한의 근거를 찾을 이유도 없다. 따라서 헌법 제23조 제1항 제2문은 재산권에 대한 형성적 법률유보로 보아야 한다. (ⅱ) 헌법 제23조 제3항은 보상을 전제로 재산권을 법률로써 제한하도록 함으로써 헌법 제37조 제2항보다 엄격한 조건 아래에서 재산권을 제한하도록 하므로 개별적 법률유보에 해당한다. 다만, '공공필요'라는 요건 아래에서 재산권을 제한할 수 있도록 함으로써 그 해석 여부에 따라 실체적 요건을 강화하거나 완화하는 면도 있다. ③ 헌법 제33조 제3항은 주요방위산업체의 특성에 비추어 여기에 종사하는 근로자의 단체행동권을 법률로써 제한하거나 인정하지 않을 수 있다는 것이다. 따라서 헌법 제33조 제3항은 개별적 법률유보로 보아야 한다.

6. 개별적 법률유보와 일반적 법률유보의 관계

개별적 법률유보는 헌법 제37조 제2항의 일반적 법률유보 때문에 실익이 크지 않다. 헌법 제37조 제2항이 규정하는 국가안전보장, 질서유지와 공공복리라는 개념은 매우 포괄적이어서 여기에 포섭될 수 없는 때는 거의 있을 수 없기 때문이다. 그러나 ① 개별적 법률유보를 살펴보면 헌법 제12조 제1항 제2문처럼 새로운 요건을 부과하여 기본권 제한을 엄격하게 하려는 때도 있고, ② 헌법 제33조 제3항과 같이 특정

범위에서 기본권 제한을 쉽게 하려는 때도 있다. 전자는 일반적 법률유보 적용을 제한하는 의미가 있고, 후자는 일반적 법률유보 적용을 완화하는 의미가 있다. 그리고 ③ (공공필요를 공공복리보다 넓다고 해석할 때) 실체적 조건을 완화하면서도 보상을 전제로 함으로써 제한을 엄격하게 하도록 하는 헌법 제23조 제3항처럼 한쪽에서는 기본권 제한을 완화하면서 다른 쪽에서는 기본권 제한을 엄격하게 하는 때도 있다.

7. 기본권제한적 법률유보와 구별되는 다른 유형의 법률유보 – 기본권구체화적 법률유보

법률유보는 헌법제정자가 기도한 목적에 따라 기본권제한적 법률유보와 기본권구체화적 법률유보로 구별할 수 있다. 기본권제한적 법률유보는 입법자에게 기본권을 제한하는 권한을 부여하는 것이고, 기본권구체화적 법률유보는 입법자에게 기본권의 보호영역을 형성하거나 확정하는 권한을 부여하는 것이다. 기본권구체화적 법률유보에는 기본권형성적 법률유보와 기본권실현적 법률유보가 있다. 기본권(내용)형성적 법률유보는 입법자에게 기본권의 내용을 확정하도록 수권하는 것을 말한다. 기본권형성적 법률유보는 재산권과 환경권 그리고 대부분의 사회권에서 볼 수 있다. 기본권실현적 법률유보는 입법자에게 기본권 내용을 행사할 수 있게 하는 법률을 제정하도록 하는 것을 말한다. 참정권과 청구권적 기본권의 법률유보가 기본권실현적 법률유보에 해당한다.

V. 기본권 제한의 특별한 유형

1. '특별공법관계(이른바 특별권력관계)'를 근거로 한 기본권 제한

특별공법관계(이른바 특별권력관계)는 특별한 공법적 목적을 달성하는 데 필요한 범위에서 포괄적으로 일방이 상대방을 지배하고 상대방은 복종하는 관계이다. 과거에 국민과 국가의 관계를 권력관계로 보아서 일반 국민과 국가의 관계를 일반권력관계로, 일반 국민보다 국가와 긴밀한 관계가 있어 국가와 특별한 관계에 놓이는 국민과 국가의 관계를 특별권력관계로 각각 불렀다. 이러한 특별권력관계이론은 19세기 후반 독일 입헌주의 아래에서 의회가 군주의 권력을 제한하는 반대급부로서 군주가 의회와 의회 의사인 법률을 통한 통제에서 자유로운 행정 영역을 보장해 주려고 탄생하였다. 오토 마이어(O. Mayer)를 따르면 행정의 일정 영역에는 기본권이 효력을 미치지 못하고(기본권 배제), 국가 침해를 다툴 수 없으며(사법심사 배제), 법이 규율하는 것이 아니라(행정의 법률적합성 배제) 행정규칙의 합목적성이 규율하는데, 이렇게 강화한 종속관계를 특별권력관계라고 불렀다. 오늘날 국민과 국가의 관계를 권력관계, 즉 일방적 지배복종관계로만 보는 데는 무리가 있으므로 특별공법관계라고 부르는 것이 타당하다.

특별공법관계(이른바 특별권력관계)는 법률규정에 따라서 성립하기도 하고, 상대방 동의를 통해서 성립하기도 한다. 전자는 병역의무자의 군입대, 법정전염병환자의 강제입원, 수용자의 교도소 수감 등이 있다. 후자에는 공무원복무관계, 국공립학교재학관계, 국립도서관 이용 등과 같은 임의적 동의와 학령아동의 초등학교 취학 등의 의무적 동의가 있다. 특별공법관계(이른바 특별권력관계)는 목적 달성(국공립학교 졸업 등), 관계 탈퇴(공무원 사임 등), 권력주체의 일방적 행위(퇴학처분 등)로 소멸한다.

특별공법관계(이른바 특별권력관계)에는 국가나 지방자치단체에 대한 포괄적 근무관계인 공법적 근무관계, 공법적 영조물을 이용하는 관계인 공법적 영조물 이용관계(예를 들어 국공립학교, 국공립도서관, 국공립병원의 이용관계, 교도소재소관계), 공공조합과 그 조합원의 관계인 공법적 사단관계, 공공조합, 특허기업자나 국가에서 행정사무 수행을 위임받은 이른바 공무수탁인이 국가의 특별한 감독을 받는 관계인 공법적 특별감독관계가 속한다.

국가의 목적 달성을 위해서 일정한 관계가 유지되고 기능하여야 한다. 그리고 그러한 특정목적을 달성하기 위해서 특별한 의무가 부과되거나 권리가 제한될 필요성이 요구되었다. 그래서 특별공법관계(이른바 특별권력관계)의 필요성이 인정되었다. 헌법 제7조와 제29조 제2항, 제33조 제2항, 제78조는 공무원복무관계, 제31조는 학교재학관계, 제12조와 제13조, 제27조, 제28조는 교도소재소관계, 제27조 제2항과 제39조, 제110조는 군인복무관계를 각각 규정한다.

현대 민주적 · 법치국가적 국가에서 법률유보, 기본권, 사법심사가 부정되는 특별공법관계(이른바 특별권력관계)를 인정할 수는 없다. 그러나 국가에서 공무원제도, 학교제도, 군대제도, 행형제도 등의 특별한 제도는 필요하다. 이러한 제도를 유지하거나 이러한 제도의 목적을 달성하기 위해서 특별한 제도마다 개별적인 고유한 질서가 요청된다. 그래서 특별공법관계(이른바 특별권력관계)의 전면 부정은 불가능하다. 따라서 특별공법관계(이른바 특별권력관계)에도 법치국가원리를 적용하여 기본권 제한의 한계를 적용하되 한계 일탈 여부 심사에서, 특히 비례성심사에서 완화한 기준을 적용할 것이 요구된다. 이러한 점에서 특별공법관계(이른바 특별권력관계) 문제는 기본권 제한의 예외적 허용 여부 문제가 아니라 제한 정도(에 대한 엄격성) 문제로 보아야 한다. 대법원(대법원 1982. 7. 27. 선고 80누86 판결)과 헌법재판소(헌재 1995. 12. 28. 91헌마80)도 특별공법관계(이른바 특별권력관계)에 기본권 제한의 한계가 적용된다고 한다.

2. 국가긴급권 규정에 따른 기본권 제한

(1) 국가긴급권 행사에 따른 기본권 제한

헌법이 규정한 정상적인 절차와 수단으로 제거할 수 없는 국가 존립이나 공공 안녕질서에 대한 심각한 위험에 직면하는 이른바 국가긴급사태를 해결하려고 국가긴급권을 인정하는 것은 불가피하다. 이러한 까닭에 국가긴급권 행사에 따른 기본권 제한은 헌법 자체를 수호하려는 것이다. 기본권은 헌법 핵심을 이루므로 이러한 국가긴급권 행사에 따른 기본권 제한은 궁극적으로는 기본권보호수단이기도 하다. 국가긴급권은 헌법 보호를 위해서만 행사되어야 하고 국가긴급권이 발동되어야 할 국가비상사태는 일시적인 헌법장애상태와 다르다. 그러므로 헌법에 국가긴급권의 발동기준과 내용 그리고 한계를 상세히 규정하여 국가긴급권 남용이나 악용 소지를 제거할 필요가 있다. 국가긴급권 행사가 오·남용되면, 곧 국가긴급권이 헌법질서를 수호하려는 목적이 아닌 다른 목적을 위해서 사용되면 저항권을 행사할 수 있다. 국가긴급권이 본래 목적에 따라 행사되어도 그것이 비례성원칙에 어긋나게 행사되어 국민에게 수인할 수 없는 손해를 발생시켰다면 사후에 정당한 보상이 이루어져야 한다. 국가긴급권 행사에 따른 기본권 제한은 법률이 아닌 법률의 효력이 있는 대통령의 명령으로 기본권을 제한하므로 기본권 제한의 형식적 요건을 배제한다. 이러한 점에서 국가긴급권 행사에 따른 기본권 제한은 기본권 제한의 예외적 유형에 해당한다.

(2) 긴급재정경제명령이나 긴급명령에 따른 기본권 제한

긴급재정경제명령과 긴급명령은 법률의 효력이 있으므로 헌법 제37조 제2항의 요건 아래에서 기본권을 제한할 수 있다. 긴급재정경제명령권은 "최소한으로 필요한 재정·경제상의 처분을 하거나 법률의 효력을 가지는 명령을 발할 수 있"는 권한이므로 그에 맞추어 재산권, 근로3권, 직업의 자유 등과 같은 경제적 기본권과 그에 관련되는 기본권만을 제한할 수 있다. 그와 비교해서 긴급명령에 따라서 제한될 수 있는 기본권은 그러한 제한이 없다.

긴급재정경제명령권이나 긴급명령권을 행사하여 기본권을 침해하였는지는 (ⅰ) 이러한 국가긴급권 행사가 헌법 제76조의 요건에 따라 발동되었는지, (ⅱ) 헌법 제37조 제2항이 요구하는 기본권 제한의 한계를 준수하였는지라는 두 가지 방향에서 검토되어야 하고, 양자 모두 합헌적인 것으로 평가될 때만 정당한 제한으로서 인정된다. 그러나 헌법재판소는 "긴급재정경제명령이 아래에서 보는 바와 같은 헌법 제76조 소정의 요건과 한계에 부합하는 것이라면 그 자체로 목적의 정당성, 수단의 적정성, 피해의 최소성, 법익의 균형성이라는 기본권제한의 한계로서의 과잉금지원칙을 준수하는 것이 되는 것"이라고 판시하여 국가긴급권이 적법하게 행사되면 다시 과잉금지원칙을 검토할 필요가 없다는 견해를 취한다(헌재 1996. 2. 29. 93헌마186).

(3) 계엄에 의한 기본권 제한
① 계엄법 제9조 제1항의 문제점
헌법 제77조 제3항은 '비상계엄이 선포된 때에는 법률이 정하는 바에 의하여 영장제도, 언론·출판·집회·결사의 자유에 관하여 특별한 조치를 할 수 있다.'라고 규정하고, 계엄법 제9조는 이에 더하여 헌법에 규정되지 않은 거주·이전의 자유 또는 단체행동권 제한도 함께 규정한다. 헌법 제77조 제3항을 예시적 조항으로 보아 명시적으로 규정하지 않은 기본권에 대해서도 특별한 조치를 할 수 있으므로 계엄법 제9조는 합헌이라는 예시설과 헌법 제77조 제3항을 한정적 열거조항으로 보고 헌법에 비상계엄 선포 시 제한할 수 있는 것으로 특별히 규정하지 아니한 기본권에 대해서 계엄법이 그 제한 가능성을 확장하는 것은 기본권 보장 측면에서 위헌이라는 한정적 열거설이 대립한다. 예외규정은 엄격히 해석하여야 한다는 법원칙에 따라 헌법 제77조 제3항을 한정적 열거 규정으로 보는 것이 타당하다. 다만, 헌법 제77조 제3항을 열거조항으로 보더라도 계엄법 제9조가 바로 위헌이 되는 것으로는 볼 수 없고, 일반적인 기본권 제한 법률유보 규정인 헌법 제37조 제2항에 따른 기본권 제한으로서 정당화할 수 있는지를 별도로 검토하여야 한다. 비상계엄이 선포되었을 때 비상계엄이 선포될 정도의 상황에서는 특히 거주·이전의 자유나 단체행동에 관해서 제한이 필요할 수 있다는 점을 고려하면, 헌법 제37조 제2항의 제한 한계와 관련하여 큰 문제는 없다. 따라서 계엄법 제9조를 근거로 제77조 제3항에서 규정한 것 이외의 기본권을 제한할 때도 헌법 제37조 제2항의 한계를 일탈하지 않는 한 헌법에 합치한다. 결론적으로 계엄법 제9조는 헌법에 합치한다.

② 계엄법 제12조 제2항의 문제점

계엄이 해제되면 해제된 날부터 모든 행정사무와 사법사무는 평상상태로 복귀하고(계엄법 제12조 제1항), 비상계엄 시행 중에 군사법원에 계속 중이던 재판사건 관할은 비상계엄 해제와 동시에 일반 법원에 이관함이 원칙이다. 그러나 대통령이 필요하다고 인정하면 군사법원의 재판권을 1개월 이내에 한하여 연기할 수 있다(계엄법 제12조 제2항). 대법원 다수의견은 헌법 제77조 제3항이 "비상계엄이 선포된 때에는 법률이 정하는 바에 의하여 … 법원의 권한에 관하여 특별한 조치를 할 수 있다."라고 규정한 점에 비추어 비상계엄 해제의 효력발생시기에 관한 사항도 법률에 위임한 것으로 보고, 계엄법 제12조 제2항 단서가 비상계엄 해제의 효력을 단계적으로 발생하도록 하여 일반 법원 재판권 복귀의 효력을 일시 연기한 것은 헌법 위임에 따른 것으로 합헌이라고 한다(대법원 1985. 5. 28. 선고 81도1045 판결). 그러나 이러한 해석은 헌법조항을 지나치게 확장 해석하여 국민의 기본권을 침해하는 것으로 따를 수 없다. 국가긴급권에 관한 엄격해석 원칙에 비추어 보면, 헌법 제77조 제3항의 취지는 '비상계엄이 선포된 때에', 즉 비상계엄이 선포되어 그 효력이 존속하는 동안만 법률로써 미리 정한 특별한 조치를 할 수 있다는 뜻이라고 해석된다. 그러므로 비상계엄 선포의 효력이 상실되고 나서 이러한 특별한 조치를 하거나 이미 한 조치를 연장한다는 것은 헌법 제77조 제3항에 저촉된다. 따라서 계엄법 제12소 제2항 단서는 헌법 제77조 제3항의 규정에 어긋난다. 그리고 계엄법 제12조 제2항 단서는 과잉금지원칙에 어긋나서 군사법원의 재판을 받지 아니할 권리도 침해한다.

③ 국가긴급권 행사와 사법심사 가능성

국가긴급권에 의한 기본권 제한에 대한 사법심사 가능성과 관련하여 (i) 정치문제는 정치에 관계되는 문제이고 이러한 문제는 재량행위이므로 사법심사에서 제외된다는 재량행위설, (ii) 정치문제는 성질상 헌법상 입법기관이나 집행기관에 맡긴 사항이므로 권력분립원칙에 비추어 사법권 관여가 허용되지 않는다고 하는 권력분립설, (iii) 정치문제가 사법심사 대상에서 제외되는 것은 법원이 다른 국가기관의 고도의 정치성 있는 행위에 관여하는 것을 스스로 자제하기 때문이라는 사법부 자제설 등을 근거로 부정하는 견해가 있다. 대법원은 과거에는 "대통령이 제반의 객관적 상황에 비추어 그 재량으로 비상계엄을 선포함이 상당하다는 판단하에 이를 선포하였을 경우, 그 행위는 고도의 정치적, 군사적 성격을 띠는 행위라고 할 것이어서 …… 그 선포가 당연무효의 것이라면 모르되 사법기관인 법원이 계엄선포의 요건의 구비 여부나 선포의 당·부당을 심사하는 것은 사법권의 내재적인 본질적 한계를 넘어서는 것이다."(대법원 1981. 2. 10. 선고 80도3147 판결)라고 한데서 알 수 있듯이 소극적 태도를 보였다. 그러나 최근에는 "대통령의 비상계엄의 선포나 확대 행위는 고도의 정치적·군사적 성격을 지니고 있는 행위라 할 것이므로, 그것이 누구에게도 일견하여 헌법이나 법률에 위반되는 것으로서 명백하게 인정될 수 있는 등 특별한 사정이 있는 경우라면 몰라도, 그러하지 아니한 이상 그 계엄선포의 요건 구비 여부나 선포의 당·부당을 판단할 권한이 사법부에는 없다고 할 것이나, 비상계엄의 선포나 확대가 국헌문란의 목적을 달성하기 위하여 행하여진 경우에는 법원은 그 자체가 범죄행위에 해당하는지의 여부에 관하여 심사할 수 있다."(대법원 1997. 4. 17. 선고 96도3376 판결)라고 하여 통치행위에 대한 사법심사 가능성을 한정적으로 인정한다. 헌법재판소는 금융실명제와 관련한 대통령의 긴급재정경제명령에 대한 헌법소원사건에서 고도의 정치적 결단에 따라서 하는 국가작용이라고 할지라도 그것이 국민의 기본권 침해와 직접 관련이 있으면 헌법재판소 심판 대상이 된다고 하여 적극적인 견해를 취한다(헌재 1996. 2. 29. 93헌마186). 국가긴급권이 다른 국가작용과 비교해서 강한 정치적 성격이 있다는 점은 인정되지만, 모든 국가작용은 국민의 기본권을 존중하여야 한다는 점을 고려하면, 국가긴급권 행사가 국민의 기본권 침해와 직접 관련이 있으면 이에 대한 사법심사를 긍정하여야 한다.

제8절 기본권 제한의 한계

I. 기본권 제한의 한계

1. 형식적 한계

기본권은 정당한 절차에 따라 성립한 '법률로써' 제한할 수 있다. '법률로써'는 '법률에 의하여'와 '법률에 근거하여'를 포괄한다. 따라서 기본권 제한은 직접 법률에 의하거나 법률에 근거를 둔 법규명령이나 조례에 따라서만 가능하다.

(1) 법률에 의한 기본권 제한

'법률에 의하여'란 법률이 직접 기본권을 제한하는 것을 말한다. 여기서 법률은 형식적 의미의 법률, 즉 국회가 헌법과 법률이 정한 절차를 따라 법률 형식으로 제정한 법규범을 뜻한다. 그리고 법률에는 법률과 같은 효력이 있는 법규범, 즉 법률대위명령(긴급재정경제명령과 긴급명령: 헌법 제76조) 국회 동의가 필요한 조약(헌법 제6조 제1항과 제60조 제1항), 법률의 효력이 있는 일반적으로 승인된 국제법규(헌법 제6조 제1항)도 포함된다. 그러나 법률유사적 효력만 있는 관습법은 법률에 속하지 않는다.

(2) 법률에 근거한 기본권 제한

① 의의

'법률에 근거하여'는 법률이 법규명령이나 조례에 기본권 제한을 위임하는 것을 뜻한다. 권력분립원칙이나 법치국가원리를 따르면 국민의 기본권에 관한 사항은 법률 형식으로 규율하는 것이 원칙이다. 그러나 이 원칙을 예외 없이 관철하는 것은 사회현상이 갈수록 복잡하고 다양해지는 현대국가 실정에 비추어 사실상 불가능할 뿐 아니라 실제에 적합하지도 않다. 따라서 기본권 제한에 관한 사항을 법규명령이나 조례에 위임하는 것은 불가피하다(헌재 1996. 2. 29. 94헌마13).

② 위임 한계

법규명령은 행정기관이 헌법에 근거하여 국민의 권리·의무에 관한 사항을 규정한 것으로, 대국민적 구속력이 있는 법률하위의 일반적·추상적 규범이다. 법규명령은 (ⅰ) 수권(위임입법)근거가 형식적 법률에 있고, (ⅱ) 수권법률에 구체적 범위가 정해질 때 제정될 수 있다. 어떤 법규명령이 위임 근거가 없어서 위헌이었더라도 나중에 법률이 개정되어 위임 근거가 부여되면 그 때부터는 그 법규명령은 합헌이 된다. 그리고 법률 위임에 따른 합헌인 법규명령이 법률 개정으로 위임 근거가 없어지게 되면 그 때부터 그 법규명령은 헌법에 어긋나게 된다. 따라서 법령의 위임 근거 유무에 따른 유효 여부를 심사하려면 법률 개정 전·후에 걸쳐 모두 심사하여야만 그 법규명령의 시기에 따른 위헌 여부를 판단할 수 있다(대법원 1995. 6. 30. 선고 93추83 판결). 만약 수권이 불확정적이어서 그것이 어떤 때 어떤 의도로 행사될 지, 위임입법에 어떤 내용이 있을지 예측할 수 없으면 위임 한계를 일탈한 것이다. 법률에서 명시적으로 규정된 제재보다 더 가벼운 것을 하위 규칙에서 규정하더라도 만일 그것이 기본권 제한적 효과를 지니게 된다면, 이는 행정법적 법률유보원칙 위배 여부에도 불구하고 헌법 제37조 제2항에 따라 엄격한 법률적 근거를 지녀야 한다(헌재 2007. 11. 29. 2004헌마290).

(ⅰ) 포괄적 위임 금지: 포괄적 위임은 입법권 자체의 포기를 뜻한다. 따라서 포괄적 위임은 할 수 없고 구체적 범위를 특정하여 위임하여야 한다. (ⅱ) 국회의 전속적 입법사항 위임 금지: 헌법이 법률로만 규율하도록 한 사항은 집행부에 위임할 수 없다. 이러한 사항에는 국적 취득 요건(헌법 제2조), 죄형법정원칙(죄형법정주의: 헌법 제12조 제1항), 조세의 종목과 세율에 관한 사항[조세법률원칙(조세법률주의): 헌법 제59조] 등이 있다. 그러나 이러한 사항의 위임 금지 요구는 개별적인 때에 따라 그 정도를 달리 보아야 한다. (ⅲ) 처벌규정 위임 문제: 구성요건 측면에서 구체적·객관적으로 행위유형을 법률로 명시적으로 규정하여 놓

고, 이를 좀 더 세부적으로 구체화하기 위한 내용 위임만 허용된다. 최고 한도에 관해서 법률이 명시하고, 그 한도 안에서 위임하면 처벌 한도도 위임할 수 있다. 헌법재판소는 "처벌법규의 위임은 특히 긴급한 필요가 있거나 미리 법률로써 자세히 정할 수 없는 부득이한 사정이 있는 경우에 한정되어야 하고 이러한 경우일지라도 법률에서 범죄의 구성요건은 처벌대상인 행위가 어떠한 것일 것이라고 이를 예측할 수 있을 정도로 구체적으로 정하고 형벌의 종류 및 그 상한과 폭을 명백히 규정히여야 한다."(헌재 1991. 7. 8. 91헌가4)라고 한다. (ⅳ) 재위임 문제: 전면적인 내용의 재위임은 수권법 내용을 변경하여 권한을 주는 법률 취지에 모순되므로 허용되지 않는다. 그러나 해당 명령에서 대강적인 내용을 규정하여 모법에서 위임한 사항을 구체화하고, 다시 더 세부적 사항을 하위법령에 재위임하는 것은 가능하다(헌재 1996. 2. 29. 94헌마13). (ⅴ) 본질적 사항 위임 금지: 법률은 본질성이론을 따라 의회입법을 통해서 반드시 스스로 규율하여야 할 모든 본질적 사항에 관해서는 위임할 수 없다. 이러한 사항은 국민의 기본권 실현과 밀접한 관련이 있어서 법규명령보다는 법률을 통한 보장이 필요하기 때문이다.

③ 위임입법의 헌법적 근거

헌법 제75조는 "대통령은 법률에서 구체적으로 범위를 정하여 위임받은 사항과 법률을 집행하기 위하여 필요한 사항에 관하여 대통령령을 발할 수 있다."라고 하여 대통령이 위임명령과 집행명령을 제정할 수 있음을 규정한다. 그리고 헌법 제95조는 "국무총리 또는 행정각부의 장은 소관사무에 관하여 법률이나 대통령령의 위임 또는 직권으로 총리령 또는 부령을 발할 수 있다."라고 하여 총리령이나 부령의 근거를 제시한다. 이때 헌법 제95조에도 제75조의 '구체적으로 범위를 정하여'란 제한은 마찬가지로 적용된다. 위임입법이 국회규칙, 대법원규칙(헌재

2014. 10. 30. 2013헌바368), 헌법재판소규칙, 중앙선거관리위원회규칙일 때도 마찬가지이다. 이러한 규정은 위임입법 근거를 마련함과 동시에 그 한계를 제시하고, 법률의 명확성원칙을 행정입법에 관해서 구체화한 특별규정이다. 위임입법은 법률이나 상위명령에서 구체적으로 범위를 정하여 위임받은 사항에 관해서 법규의 성질이 있는 일반적·추상적 규범을 정립하는 것을 뜻하는 것으로서, 형식적 의미의 법률(국회입법)에는 속하지 않지만 실질적으로는 행정의 입법으로서 법률과 같은 성질이 있는 법규정립이라서 권력분립원칙이나 법치국가원리에 비추어 반드시 구체적이며 명확한 법률 위임이 필요하다(헌재 1993. 5. 13. 92헌마80). 그런데 포괄위임금지는 법규적 효력이 있는 행정입법 제정을 주된 대상으로 하고, 이는 자의적인 제정으로 입법부의 권한이나 의무를 침해하고 국민의 자유와 권리를 침해할 가능성을 방지하고자 엄격한 헌법적 기속을 받게 하려는 것이므로, 법률이 행정부가 아니거나 행정부에 속하지 않는 공법적 기관 정관에 특정 사항을 정할 수 있다고 위임하면 권력분립원칙을 훼손할 여지가 없어서 자치입법에 해당되는 영역으로 보아 자치적으로 정하도록 하는 것이 바람직하다. 따라서 법률이 정관에 자치법적 사항을 위임하면 헌법 제75조와 제95조의 포괄위임금지원칙이 원칙적으로 적용되지 않는다(헌재 2001. 4. 26. 2000헌마122).

④ 위임 형식

법률에서 하위법령에 위임할 때는 법규명령이나 총리령·부령 형식으로 하는 것이 원칙이다. 의회의 입법독점주의에서 입법중심주의로 전환하여 일정한 범위 안에서 행정입법을 허용하게 된 동기는 사회적 변화에 대응한 입법수요 급증과 종래 형식적 권력분립원칙으로는 현대사회에 대응할 수 없다는 기능적 권력분립론에 있다. 이러한 점을 고려하여 헌법 제40조와 헌법 제75조, 제95조의 의미를 살펴보면, 헌법이 인정하는 위임입법 형식은 예시적인 것으로 볼 수 있다. 그것은 법률이 행정규칙에 위임하더라도 그 행정규칙은 위임된 사항만을 규율할 수 있으므로, 국회입법원칙과 상치되지도 않는다. 다만, 형식 선택에서 규율밀도와 규율 영역 특성이 개별적으로 고찰되어야 한다. 입법자가 상세하게 규율할 수 없는 영역이라면 집행부에 필요한 보충을 할 책임이 인정되고, 극히 전문적인 식견에 좌우되는 영역에서는 행정기관의 구체화 우위가 불가피할 수 있다. 그런데 법규명령에 대해 행정절차법은 입법예고, 예고된 입법안에 대한 의견제출 기회, 공청회 개최 등의 제도를 두나, 고시나 훈령 등 행정규칙의 제정·개정·폐지에 관해서는 아무런 규정을 두지 않는다. 그리고 법규명령은 법제처 심사를 거치고(대통령령은 국무회의에 상정되어 심의된다) 반드시 공포하여야 효력이 발생되지만, 행정규칙은 법제처 심사를 거칠 필요도 없고 공포 없이도 효력을 발생한다. 이러한 차이점으로 말미암아 법률이 입법위임을 할 때는 대통령령·총리령·부령 등 법규명령에 위임함이 바람직하고, 고시와 같은 형식으로 입법위임을 할 때는 적어도 행정규제기본법 제4조 제2항 단서에서 정한 바와 같이 법령이 전문적·기술적 사항이나 경미한 사항으로서 업무 성질상 위임이 불가피한 사항에 한정되고, 그러한 사항이라도 포괄위임금지원칙상 법률 위임은 반드시 구체적·개별적으로 한정된 사항에 대하여 하여야 한다(헌재 2004. 10. 28. 99헌바91).

⑤ 위임입법 한계로서 작용하는 "구체적으로 범위를 정하여"

헌법 제75조는 법률에 미리 대통령령으로 규정될 내용과 범위의 기본사항을 구체적으로 규정함으로써 집행권의 자의적인 법률의 해석과 집행을 방지하고 의회입법원칙과 법치국가원리를 실현하려는 것이다. "구체적으로 범위를 정하여"는 법률에 대통령령 등 하위법규범에 규정될 내용과 범위의 기본사항이 가능한 한 구체적이고도 명확하게 규정되어서 누구라도 해당 법률 자체에서 대통령령 등에 규정될 내용의 대강을 예측할 수 있어야 한다는 것을 말한다(헌재 1991. 7. 8. 91헌가4).

⑥ 예측 가능성 유무를 판단하는 기준

(ⅰ) 예측 가능성 유무는 해당 특정조항 하나만으로 판단할 것은 아니고 관련 법조항 전체를 유기적·체계적으로 종합 판단하여야 하고, (ⅱ) 각 대상법률을 성질에 따라 구체적·개별적으로 검토하여야 한다. 따라서 법률조항과 법률의 입법취지를 종합적으로 고찰할 때 합리적으로 그 대강을 예측할 수 없으면 위임입법 한계를 일탈하였다고 보아야 한다(헌재 1994. 7. 29. 93헌가12).

⑦ 위임의 구체성과 명확성 요구 정도 그리고 위임 필요성

위임의 구체성과 명확성 요구 정도는 그 규율대상의 종류와 성격에 따라 달라진다. (ⅰ) 특히 처벌법규나 조세법규와 같이 국민의 기본권을 직접 제한하거나 침해할 소지가 있는 법규에서는 구체성과 명확성의 요구를 강화하여 그 위임의 요건과 범위가 일반적인 급부행정법규보다 더 엄격하게 제한적으로 규정되어야 한다. 하지만 (ⅱ) 규율대상이 지극히 다양하거나 수시로 변화하는 성질의 것이면 위임의 구체성과 명확성 요건을 완화한다(헌재 1991. 2. 11. 90헌가27). 위임조항에서 위임의 구체적 범위를 명확히 규정하지 않더라도 해당 법률의 전반적 체계와 관련 규정에 비추어 위임조항의 내재적인 위임의 범위나 한계를 객관적으로 분명히 확정할 수 있다면 이를 일반적이고 포괄적인 백지위임에 해당한다고 볼 수는 없다(헌재 1997. 12. 24. 95헌마390). 그리고 법률이 일정한 사항에 관해서 직접 규정하지 않고 하위법령에 위임하려면 예측 가능성과 함께 위임 필요성이 인정되어야 한다. 전문적이고 기술적인 사항을 규율하는 때와 변화하는 상황에 즉각적인 대응이나 탄력적

인 규율이 필요한 때는 위임 필요성이 커진다(헌재 2016. 7. 28. 2014헌
바158등).

⑧ 조례에 대한 위임 정도

지방자치단체의 전권능성에 비추어 보면, 일반적인 조례 제정에서 법
률 위임은 필요하지 않다(헌법 제117조 제1항, 지방자치법 제28조 본문).
그러나 헌법 제37조 제2항이 말하는 법률은 엄연히 국회가 제정한 형식
적 법률을 상정히는 것이지 조례까지 포함하는 것으로 볼 수 없다. 따
라서 기본권을 제한하는 조례는 법률 위임이 있어야 한다(지방자치법 제
28조 단서). 그러나 (i) 조례 제정자인 지방의회는 선거를 통해서 그
지역적 민주적 정당성이 있는 주민의 대표기관이고, (ii) 헌법이 지방
자치단체에 포괄적인 자치권을 보장하는 취지로 볼 때, 기본권을 제한
하는 조례에 대한 법률 위임은 일반적·포괄적 위임으로 충분하다(헌재
1995. 4. 20. 92헌마264등). 다만, 벌칙규정인 조례에는 죄형법정원칙(죄
형법정주의)상 개별적·구체적 위임이 필요하다.

⑨ 위임한계 유월 여부 판단

법률이 특정 사안과 관련하여 하위법령에 위임하면 그 하위법령이
위임 한계를 준수하는지를 판단할 때는 해당 법률규정의 입법 목적과
규정 내용, 규정 체계, 다른 규정과 맺는 관계 등을 종합적으로 살펴야
한다(대법원 2012. 12. 20. 선고 2011두30878 전원합의체 판결). 특히 하
위법령에 규정된 내용이 위임한 범위 안에 있는지를 판단할 때는 해당
특정 법령조항 하나만 가지고 판단할 것이 아니라 관련 법령조항 전체
를 유기적·체계적으로 고려하여 종합적으로 판단하여야 한다. 수권법
령조항 자체가 위임하는 사항과 그 범위를 명확히 규정하지 않더라도
관련 법규의 전반적 체계와 관련 규정에 비추어 위임받은 내용과 범위

의 한계를 객관적으로 확인할 수 있다면, 그 범위 안에서 규정된 하위법령조항은 위임입법 한계를 벗어난 것이 아니다(헌재 2018. 5. 31. 2015헌마853). 법률의 위임규정 자체가 그 의미 내용을 정확하게 알 수 있는용어를 사용하여 위임 한계를 분명히 밝히는데도 하위법령이 그 문언적의미의 한계를 벗어났다든지, 위임규정에서 사용하는 용어의 의미를 넘어 그 범위를 확장하거나 축소함으로써 위임 내용을 구체화하는 단계를벗어나 새로운 입법으로 평가할 수 있다면, 이는 위임 한계를 일탈한것으로 허용되지 않는다(대법원 2012. 12. 20. 선고 2011두30878 전원합의체 판결).

⑩ 포괄위임금지원칙과 명확성원칙의 관계

일반적으로 법률에서 일부 내용을 하위법령에 위임할 때 위임을 둘러싼 법률규정 자체에 관한 명확성 문제는, 그 위임규정이 하위법령에위임하는 내용과는 무관하게 법률 자체에서 해당 부분을 완결적으로 정하는지에 따라 달라진다. 즉 법률에서 사용된 추상적 용어가 하위법령에 규정될 내용과는 별도로 독자적인 규율 내용을 정하려는 것이면 별도로 명확성원칙이 문제 될 수 있다. 그러나 그 추상적 용어가 하위법령에 규정될 내용의 범위를 구체적으로 정하면 명확성 문제는 결국 포괄위임금지원칙 위반 문제로 포섭될 것이다(헌재 2011. 12. 29. 2010헌바385등).

(3) 법률에 대한 법치국가적 요청
① 일반적 법률일 것(일반성)

법률이 일반적이어야 한다는 것은 법률이 특정의 사람이나 사항에적용되는 것이 아니라 불특정의 사람이나 사항을 일반적으로 규율하여야 한다는 것을 뜻한다. 이에 따라 개별법률이나 처분적 법률은 금지된다. 이러한 개별법률이나 처분적 법률의 금지는 법 앞의 평등에서 도출된다(헌재 1996. 2. 16. 96헌가2등). 개별법률은 전적으로 구체적인 때나 특정의 수범자만을 대상으로 하는 법률이다. 이와 비교해서 일반적 법률은 특정의 법적 효과와 결합한 구성요건을 일반적으로 규정하고, 추상적인 효력이 있는 표현에 따라 불확정다수에게 효력을 미친다. 하나의 규정이 고찰 대상인 사안의 특성상 그 이후의 사건을 포착하는 데 적합하다면 그것만으로 개별법률이라고 볼 수 없다. 하나의 구체적 사안에 관한 법률이더라도 다른 관점에서는, 즉 수많은 신뢰사를 고려하여 일반적인 효력이 있는 때도 있다.

헌법재판소는 처분적 법률을 행정적 집행이나 사법적 재판을 매개로 하지 아니하고 직접 국민에게 권리나 의무를 발생하게 하는 법률, 즉 자동집행력이 있는 법률이라고 정의한다(헌재 1989. 12. 18. 89헌마32 등). 그러나 처분적 법률의 본질은 일반적 법률이 보편적 정의 추구라는 목적이 있는 것과 비교하여 구체적인 목적(정치적 · 경제적 · 사회적 · 문화적 목적)에 관한 수단이라는 점에 있다. 따라서 처분적 법률은 반드시 자동집행력이 있어야 하는 것은 아니다. 결국, 처분적 법률은 일반적 · 추상적 법률과는 달리 개별적 · 구체적 사항을 규율하는 법률, 즉 입법자가 구체적인 사안과 관련하여 특정의 구체적인 목적을 실현하려고 제정한 법률을 말한다. 처분적 법률에는 (ⅰ) 일정 범위의 국민만을 대상으로 하는 개별인법률, (ⅱ) 개별적 · 구체적인 상황이나 사건을 대상으로 하는 개별사건법률, (ⅲ) 시행기간이 한정된 한시적 법률의 세 가지 유형이 있다. 고전적 권력분립이 현대적 · 기능적 권력분립으로 바뀌고, 평등원칙에서 평등은 상대적 평등을 뜻하는 것으로 합리적 근거가 있는 차별을 허용하므로, 처분적 법률은 권력분립원칙 및 평등원칙과 모순되지 않는다. 헌법재판소도 "비록 특정법률 또는 법률조항이 단지 하나의 사건만을 규율하려고 한다 하더라도 이러한 차별적 규율이 합리적인 이유로 정당화될 수 있는 경우에는 합헌적일 수 있다. 따라서 개별사건법률의 위헌여부는 그 형식만으로 가려지는 것이 아니라, 나아가 평등의 원칙이 추구하는 실질적 내용이 정당한지 아닌지를 따져야 비로소 가려진다."라고 하여 합리적인 이유가 있으면 처분적 법률은 허용된다고 한다(헌재 1996. 2. 16. 96헌가2등).

② 명확성원칙

명확성원칙은 집행부가 법률에 근거하여 국민의 자유와 재산을 제약할 때 법률이 수권 범위를 명확하게 확정하여야 하고, 법원이 공권력 행사를 심사할 때는 법률이 그 심사기준으로서 충분히 명확하여야 한다는 것을 말한다. 명확성이 없는 법률은 일정한 법률목적 달성에 필요한 범위를 벗어나서 과도하게 기본권을 제약하므로 위헌이 된다. 명확성원칙은 법적 안정성을 요소로 하는 법치국가원리의 한 표현으로서 기본적으로 모든 기본권제한입법에 요구된다. 규범의 의미내용에서 무엇이 금지되는 행위이고 무엇이 허용되는 행위인지를 수범자가 알 수 없다면 법적 안정성과 예측 가능성은 확보될 수 없게 되고, 법집행 당국의 자의적 집행을 가능하게 하기 때문이다(헌재 1990. 4. 2. 89헌가113).

법률이 명확한지는 그 법률이 수범자에게 그 의미내용을 알 수 있도록 공정한 고지를 하여 예측 가능성을 주는지와 그 법률이 충분한 의미 내용을 담고 있어서 그것을 해석·집행하는 기관의 자의적인 법해석이나 법집행이 배제되는지, 다시 말하면 예측 가능성과 자의적 법집행 배제가 확보되는지에 따라 이를 판단할 수 있다. 그런데 법률의 의미내용은 그 문언뿐 아니라 입법목적이나 입법취지, 입법연혁 그리고 법규범의 체계적 구조 등을 종합적으로 고려하는 해석방법을 통해서 구체화한다. 그러므로 결국 법률이 명확성원칙에 어긋나는지는 이러한 해석방법을 통해서 그 의미내용을 합리적으로 파악할 수 있는 해석기준을 얻을 수 있는지에 달려 있다(헌재 2018. 2. 22. 2016헌바401).

　법률의 명확성원칙은 입법자가 법률을 제정할 때 일반조항이나 불확정개념을 사용하는 것을 금지하지 않는다. 수권법률의 명확성에 관한 요구는 규율대상의 특수성, 수권법률이 당사자에게 미치는 기본권 제한 효과에 따라 다르다. 즉 다양한 형태의 사실관계를 규율하거나 규율대상이 상황에 따라 자주 변화할 것으로 예상한다면 규율대상인 사실관계의 특성을 고려하여 명확성을 엄격하게 요구할 수 없다. 다른 한편, 기본권 제한 효과가 진지하면 할수록 수권법률의 명확성은 더욱 엄격하게 요구되어야 한다. 일반적으로 법률해석을 통해서도 행정청과 법원의 자의적인 법적용을 배제하는 기준을 얻을 수 없다면 그 수권법률은 명확성원칙에 어긋난다고 보아야 한다.

　법적 명확성 요청이 구성요건과 법적 효과 등이 모두 서술적으로 규정되어야 함을 뜻하지 않는다. 그러나 먼저 (ⅰ) 법률을 적용하는 법관이 보충적인 가치판단을 통해서 그 의미내용을 확인할 수 있어야 한다. 그리고 그 결과 법을 해석·집행하는 기관의 자의적인 법해석이나 법집행을 배제할 수 있으면 어느 정도 추상적인 표현을 사용하였더라도 명확성원칙에 어긋나지 않는다. 다만, 해석자의 자의적인 판단에 따라 해석 내용이 좌우될 정도로 법문이 불명확하여서는 아니 된다. 이에 관한 판단에서는 법의 문언뿐 아니라 입법목적과 입법취지 그리고 법규범의 체계적 구조 등이 종합적으로 고려된다. 다음으로 (ⅱ) 수범자인 국민 측에서 법문이 사회의 평균인이 그 뜻을 이해하고 위반에 대한 위험을 알 수 있어야 한다. 일정한 신분과 직업이나 지역에 거주하는 사람에게 한정하여 적용되는 법령은 그 사람들 중의 평균인을 기준으로 명확성 여부를 판단하여야 한다(헌재 2012. 2. 23. 2009헌바34).

　죄형법정원칙(죄형법정주의)은 처벌하고자 하는 행위가 무엇이고, 그에 대한 형벌이 어떠한 것인지를 누구나 예견할 수 있으며, 그에 따라 자신의 행위를 결정할 수 있게끔 구성요건을 명확하게 규정하라고 요구한다. 그러나 처벌법규의 구성요건과 형벌을 단순한 의미의 서술적인 개념에 따라서 규정하여야 하는 것은 아니고, 처벌법규의 구성요건이 다소 광범위하여 어떤 범위에서는 법관이 보충적인 해석을 하더라도 그 점만으로는 헌법이 요구하는 처벌법규의 명확성에 배치되는 것은 아니다. 처벌법규의 명확성이 어느 정도 명확하여야 하는지는 일률적으로 정할 수 없고, 각 구성요건의 특수성과 그러한 법적 규제 원인이 된 여건이나 처벌 정도 등을 고려하여 종합적으로 판단하여야 한다(헌재 1994. 7. 29. 93헌가4등). 건전한 상식과 통상적인 법감정이 있는 사람이 그 적용대상자가 누구이고 구체적으로 어떠한 행위가 금지되는지를 충분히 알 수 있도록 규정된다면 죄형법정원칙(죄형법정주의)의 명확성원칙에 어긋나지 않는다. 그렇게 보지 않으면 처벌법규의 구성요건이 지나치게 구체적이고 정형적이 되어 부단히 변화하는 다양한 생활관계를 제대로 규율할 수 없기 때문이다(헌재 1998. 7. 16. 97헌바23). 따라서 처벌법규에서 어느 정도의 보편적이거나 일반적인 뜻을 지닌 용어를 사용하는 것은 부득이하다고 할 수밖에 없다. 그리고 해당 법률이 제정된 목적과 다른 법률의 연관성을 고려하여 합리적인 해석이 가능한지에 따라 명확성의 요건을 갖추었는지를 가릴 수밖에 없다(헌재 1996. 12. 26. 93헌바65).

③ 신뢰보호원칙

(ⅰ) 신뢰보호원칙의 의의

법치국가의 중요한 구성부분인 법적 안정성의 객관적 요소는 법질서의 신뢰성, 항구성, 법적 투명성과 법적 평화이다. 법적 안정성의 주관적 측면을 이루는 신뢰보호원칙은 이와 내적인 상호연관관계에 있다(헌재 1996. 2. 16. 96헌가2등). 신뢰보호원칙은 국가공권력 행사에 대한 개인의 보호가치 있는 신뢰가 있으면 이를 보호하여야 한다는 원칙을 뜻한다. 신뢰보호원칙은 법치국가원리의 파생원칙으로서 헌법의 보편적 원칙이므로 모든 공권력이 준수하여야 한다. 헌법재판소는 "신뢰보호의 원칙은 법치국가원리에 근거를 두는 헌법상의 원칙으로서 특정한 법률에 의하여 발생한 법률관계는 그 법에 따라 파악되고 판단되어야 하고, 과거의 사실관계가 그 뒤에 생긴 새로운 법률의 기준에 따라 판단되지 않는다는 국민의 신뢰를 보호하기 위한 것이나(헌재 1996. 2. 16. 96헌가2등 참조), 사회환경이나 경제여건의 변화에 따른 정책적인 필요에 의하여 공권력 행사의 내용은 신축적으로 바뀔 수밖에 없고, 그 바뀐 공권력 행사에 따라 발생한 새로운 법질서와 기존의 법질서와의 사이에는 어느 정도 이해관계의 상충이 불가피하므로 국민들의 국가의 공권력행사에 관하여 가지는 모든 기대 내지 신뢰가 절대적인 권리로서 보호되는 것은 아니라고 할 것이다(헌재 1993. 5. 13. 92헌가10등; 1994. 4. 28. 91헌바15등; 1995. 3. 23. 93헌바18등 참조)."(헌재 1997. 7. 16. 97헌마38)라고 한다.

신뢰보호원칙은 법치국가원리의 요소인 법적 안정성에서 도출되므로 신뢰보호원칙은 모든 공권력 영역에 적용된다. 이에 따라 입법부에서는 법률에 대한 신뢰 보호로, 집행부에서는 행정행위에 대한 신뢰 보호로 그리고 사법부에서는 기판력 문제로 각각 구체화한다. 헌법재판소도 "신뢰보호원칙은 법률이나 그 하위법규 뿐만 아니라 국가관리의 입시제도와 같이 국·공립대학의 입시전형을 구속하여 국민의 권리에 직접 영향을 미치는 제도운영지침의 개폐에도 적용되는 것이다."(헌재 1997. 7. 16. 97헌마38)라고 하여 신뢰보호원칙이 입법에 국한되는 원칙이 아님을 밝힌다.

(ii) 법률에 대한 신뢰 보호

신뢰보호원칙에서 특히 중요한 것은 시간적인 요소이다. 일정 법률의 효력 아래에서 발생한 법률관계는 그 법에 따라 파악되고 판단되어야 하며, 개인은 과거의 사실관계가 사후적으로 새로운 기준에 따라 평가되지 않을 것이라고 신뢰할 수 있어야 한다. 그러므로 법치국가적 요청으로 나타나는 신뢰보호원칙은 무엇보다도 소급효가 있는 법률과 밀접하게 관련된다. 구체적으로 어떤 법률이 이미 종료된 사실관계에 예상하지 못하였던 불리한 결과를 가져오는지 아니면 현재 진행 중이나 아직 종료되지 않은 사실관계에 작용하는 때인지에 따라 헌법적 의미가 달라진다(헌재 1996. 2. 16. 96헌가2등). 따라서 신뢰보호원칙을 국민과 입법자의 관계에 적용한 것이 바로 소급효 금지의 원리이다.

(iii) 법률에 대한 신뢰 보호의 헌법적 근거

법치국가원리는 한국 헌법에서도 이념적 기초가 됨과 동시에 헌법을 총체적으로 지배하는 지도원리로서 헌법의 기본원리이다. 법치국가원리는 헌법의 각 조항을 비롯한 모든 법령의 해석기준이 되고 입법권의 범위와 한계를 제시하는 것으로서 입법의 기준이 된다. 따라서 법치국가원리의 요소인 법적 안정성에서 도출되는 신뢰보호원칙은 헌법상 명문 규정 존재 여부와 관계없이 당연히 헌법상 인정된다. 그리고 한국 헌법은 제13조 제1항에서 신체의 자유에 관하여 소급제한을 금지하고, 같은 조 제2항에서 특히 참정권과 재산권의 소급박탈을 헌법적으로 금지한다. 나아가 헌법 제59조는 조세법률원칙(조세법률주의)을 채택하여 소급과세를 금지한다. 즉 헌법은 신뢰보호원칙의 입법영역 적용인 소급입법 금지 원칙을 신체의 자유, 재산권과 참정권 영역에 명시하여 인정한다. 헌법재판소는 대체로 법적 안정성설을 취하는 것으로 보인다(헌재 1995. 10. 26. 94헌바12). 그러나 소급입법에 따른 재산권 침해에 관해서는 기본권인 재산권에서 신뢰보호원칙을 도출하는 것으로 보인다(헌재 1995. 7. 21. 93헌가14).

(iv) 입법유형

법률의 시간적인 적용범위에 관해서 입법자는 일반적으로 세 가지 방법으로 입법대상을 규율할 수 있다. 먼저 ⓐ 좁은 뜻의 소급효가 있는 법률, 즉 과거에 대해서 효력이 있는 법률이고, 다음으로 ⓑ 앞날을 향해서 효력을 발생하지만, 이미 지난날에 발생한 법관계에도 작용하는 법률이며, 끝으로 ⓒ 전적으로 앞날에 발생하는 법관계에만 적용하는 법률이다. ⓐ가 진정소급효가 있는 법률에 해당되고, ⓑ는 부진정소급효가 인정되는 법률이며, ⓒ는 계획보장법률에서 문제가 된다.

(v) 법률에 대한 신뢰 보호의 적용영역

합헌적인 법률뿐 아니라 위헌법률 존속에도 신뢰 보호가 부정되지 않는다. 위헌으로 결정된 법률도 위헌결정이 내려지기 전까지는 합헌으로 취급되기 때문이다(헌재 2006. 3. 30. 2005헌마598). 다만, 신뢰 보호는 법률의 위헌 여부에 따라 차등된다. 즉 위헌법률에 대한 신뢰는 합헌법률에 대한 신뢰보다 보호 정도가 낮다.

법률에서 신뢰보호원칙이 문제 되는 때는 그 적용 당사자에게 불리한 때에 한한다. 당사자에게 유리하게 법률을 개정하면서 해당 개정법률을 당사자에게 소급 적용할 수 있게 하는 것은 신뢰보호원칙에 어긋나지 않는다. 그리고 입법자가 법률을 유리하게 개정하면서 이를 개정전 행위나 사실에 소급 적용되도록 할 것인지는 입법자의 입법형성권에 속한다. 따라서 유리한 신법을 소급 적용하지 않아도 신뢰보호원칙에 어긋나지 않는다(헌재 1995. 12. 28. 95헌마196).

소급효가 있는 법률이 당사자의 신뢰를 침해하면 기본권 침해가 되는 것이 일반적이다. 그러나 한국 헌법은 개별 기본권을 구체적으로 규정하고 기본권은 아니지만, 제도보장 등에서 도출되는 주관적 권리도 보장한다. 그리고 신뢰보호원칙은 기본권의 보호영역 밖에도 적용된다. 따라서 헌법이 금지하는 소급효가 있는 법률인지를 판단할 때 반드시 기본권 침해를 요구하면 그 법률이 어떠한 기본권을 침해한 것인지를 불필요하게 검토하여야 할 수도 있고 신뢰보호원칙의 적용범위가 부당하게 축소될 수도 있다. 따라서 신뢰보호원칙을 적용할 때 기본권 침해를 요건으로 볼 필요는 없다. 헌법재판소도 소급효 금지 원칙을 적용할 때 기본권 침해를 별도로 요구하지 않는 것으로 보인다(헌재 1989. 12. 18. 89헌마32등).

조직규범이나 절차규범은 그 조직이나 절차 자체가 해당 규범에 따라 형성되므로 그 규범이 소급 적용될 여지가 없다. 그래서 일반적으로 조직규범이나 절차규범에서는 소급효가 있는 법률 문제가 발생하지 않는다. 공소시효를 사후에 연장하는 것과 같이 그 제도 자체가 절차법인지 실체법인지 자체가 불명확하고 그로 말미암아 이익이 박탈된다면 그 규정이 절차법이라고 하여 소급효 금지 원칙을 적용하지 않을 수는 없다. 이러한 때는 공소시효제도로 말미암아 당사자의 이익이 침해되므로 사후에 공소시효를 연장하는 법률을 적용할 때 소급효 금지 원칙이 해석기준이 되어야 한다.

(vi) (진정)소급효와 신뢰 보호

법률의 공포시행 이전에 그 효력을 발하거나 시행 이전의 사태를 대상으로 사후의 법을 적용·집행하는 것이 소급입법이다. 진정소급입법은 이미 지난날에 완성된 사실관계나 법관계를 규율하는 소급입법이다. 이러한 진정소급효가 있는 규범의 일반적 특징은, 제한·확정된 수범자의 범위에 대한 사후적인 제약을 규범 '목적'으로 한다는 것이다.

원래 국민은 현행법에 따라 어떤 행위를 하면서 원래 그 법률에서 정하는 법적 효과가 생길 것이라고 신뢰하는데, 만일 입법자가 사후적으로 소급입법을 제정하면 이러한 신뢰는 근본적으로 침해된다. 따라서 이러한 소급입법은 신뢰보호원칙에 따라서 원칙적으로 금지되는 것은 당연하다. 헌법재판소도 "기존의 법에 의하여 형성되어 이미 굳어진 개인의 법적 지위를 사후입법을 통하여 박탈하는 것 등을 내용으로 하는 진정소급입법은 개인의 신뢰보호와 법적 안정성을 내용을 하는 법치국가원리에 의하여 헌법적으로 허용되지 아니하는 것이 원칙"(헌재 1996. 2. 16. 96헌가2등)이라고 한다.

헌법재판소는 특단의 사정이 있으면, 즉 기존 법을 변경하여야 할 공익적 필요는 심히 중대하지만, 그 법적 지위에 대한 개인의 신뢰를 보호하여야 할 필요를 상대적으로 정당화할 수 없으면 진정소급입법이 예외적으로 허용될 수 있다고 하면서 ㉠ 국민이 소급입법을 예상할 수 있었던 때, ㉡ 법적 상태가 불확실하거나 혼란스러웠거나 하여 보호할 만한 신뢰 이익이 적은 때, ㉢ 소급입법에 따른 당사자의 손실이 없거나 아주 경미한 때, ㉣ 신뢰 보호 요청에 우선하는 심히 중대한 공익상 사유가 소급입법을 정당화하는 때를 그 예로 든다(헌재 1996. 2. 16. 96헌가2등). 대법원은 "납세자의 신뢰가 합리적 근거를 결여하여 이를 보호할 가치가 없는 경우, 그보다 중한 조세공평의 원칙을 실현하기 위하여 불가피할 경우 또는 공공복리를 위하여 절실한 필요가 있는 경우에 한하여 법률로써 그 예외를 설정할 수 있다."(대법원 1983. 4. 26. 선고 81누423 판결)라고 하여 소급입법 금지의 예외를 인정한다.

(vii) 부진정소급효와 신뢰 보호

부진정소급입법은 이미 지난날에 시작하였으나 아직 완성되지 아니하고 진행 과정에 있는 사실관계나 법관계를 규율대상으로 하는 소급입법을 말한다. 부진정소급입법은 원칙적으로 허용되지만 소급효를 요구하는 공익상 사유와 신뢰 보호 요청 사이의 교량과정에서 신뢰 보호 관점이 입법자의 형성권에 제한을 가한다.

법치국가적 신뢰 보호는 기본권 범주에서도 고유한 의미가 있다. 따라서 새로운 규정을 지난날에 발생한 사실관계에 확대하여 적용하는 것이 헌법적으로 허용되는지의 관점에서 신뢰 보호는 독자적인 기준으로 판단되어야 한다. 그러나 이러한 기준은 너무 추상적이어서 구체적 사안의 실제심사에서 아무런 기준을 제시해 주지 못하여 자의적 판단을 가져올 수 있다. 따라서 구체적으로 (가) 보호가치 있는 신뢰가 있는지, (나) 공익이 이러한 새로운 규정의 확대적용을 요구하는지, (다) 법률의 존속이익과 공익상 법률개정이익을 비교 형량하여 구체적일 때 어떠한 법익이 우위를 차지하는지를 순서대로 심사하여야 한다. 헌법재판소는 국가가 입법행위를 통해서 개인에게 신뢰 근거를 제공할 때 입법자가 자신의 종전 입법행위에 따라서 어느 정도로 구속을 받는지, 다시 말하면 법률 존속에 대한 개인의 신뢰가 어느 정도로 보호되는지에 관한 주요 판단기준으로 법령 개정의 예측성과 유인된 신뢰 행사 여부를 제시한다. 먼저 법령 개정의 예측성과 관련하여 법적 상태 존속에 대한 개인의 신뢰는 그가 어느 정도로 법적 상태 변화를 예측할 수 있는지나 예측하였어야 하는지에 따라 상이한 강도가 있는데, 일반적으로 법률은 현실상황 변화나 입법정책 변경 등으로 언제라도 개정될 수 있으므로 원칙적으로 이에 관한 법률 개정은 예측할 수 있다고 보아야 한다고 한다. 다음으로 유인된 신뢰 행사 여부와 관련하여 개인의 신뢰이익에 대한 보호가치는 ① 법령에 따른 개인의 행위가 국가가 일정 방향으로 유인한 신뢰 행사인지, ② 아니면 단지 법률이 부여한 기회를 활용한 것으로서 원칙적으로 사적 위험부담의 범위에 속하는 것인지에 따라 달라지는데, 만일 법률에 따른 개인의 행위가 단지 법률이 반사적으로 부여

하는 기회 활용을 넘어서 국가가 일정 방향으로 유인한 것이라면 특별
히 보호가치가 있는 신뢰이익이 인정될 수 있고, 원칙적으로 개인의 신
뢰보호가 국가의 법률개정이익에 우선된다고 볼 여지가 있다고 한다(헌
재 2002. 11. 28. 2002헌바45).

④ 입법(자의)구상에서 체계정당성

체계정당성은 법규범 서로 간에는 규범구조나 규범내용에서 서로 상
치되거나 모순되어서는 아니 된다는 것을 말한다(헌새 1995. 7. 21. 94헌
마136). 입법자의 자의를 금지하여 규범의 명확성, 예측 가능성 및 규범
에 대한 신뢰와 법적 안정성을 확보하기 위해서 체계정당성이 요구된다
(헌재 2004. 11. 25. 2002헌바66). 체계정당성은 국가공권력에 대한 통제
와 이를 통한 국민의 자유와 권리 보장을 이념으로 하는 법치국가원리
에서 도출된다(헌재 2004. 11. 25. 2002헌바66). 체계정당성 요청은 같은
법률에서는 물론 다른 법률 사이에서도 존중되어야 하므로 규범통제는
불가피하다. 이때 다른 법률 사이의 관계는 수직적인 관계이든 수평적
인 관계이든 상관없다. 따라서 상·하규범 사이의 통제와 동등규범 사
이의 규범통제, 신·구규범 사이의 규범통제 등이 입법기능에서 반드시
선행되거나 병행되어야 한다. 체계정당성 위반은 그 자체로 헌법 위반
으로 귀결되는 것이 아니라 비례성원칙이나 평등원칙 위반을 시사하는
징후에 불과하다(헌재 2004. 11. 25. 2002헌바66). 따라서 체계정당성을
위반한다고 하여 바로 위헌은 아니고, 비례성원칙이나 평등원칙과 같은
일정한 헌법규정이나 헌법원칙을 위반하여야 비로소 위헌이 된다(헌재
2004. 11. 25. 2002헌바66). 그래서 헌법의 규정이나 원칙 위반 여부를
판단하면 체계정당성 위반 여부는 별도로 판단하지 않는다(헌재 2020.
2. 27. 2015헌가4). 입법의 체계정당성 위반과 관련하여 그러한 위반을
허용할 공익적인 사유가 있다면 그 위반은 정당성이 인정될 수 있어서

입법상 자의금지원칙 위반이 아니다. 나아가 다양한 입법의 수단 가운데서 어느 것을 선택할 것인지는 원래 입법의 재량이라서 체계정당성 위반을 정당화하는 합리적인 사유 존재에 관해서는 입법의 재량이 인정된다. 결국, 이에 관해서 입법의 재량을 현저히 일탈한 것이 아니면 위헌 문제가 생기지 않는다(헌재 2004. 11. 25. 2002헌바66).

2. 목적적 한계

기본권의 법률유보에서 헌법제정권자가 달성하려는 궁극적인 목적은 기본권을 최대한 존중하면서도 헌법이 보호하는 그 밖의 법익, 기본원칙, 제도 등을 기본권적 가치와 조화롭게 할 수 있는 방법을 입법권자에게 모색시킴으로써 헌법적 가치를 전체적으로 그리고 통일적으로 실현하려는 것이다. 따라서 입법자는 기본권을 제한하는 법률을 제정할 때 헌법이 제시하는 목적을 존중하여야 한다. 국가안전보장이나 질서유지는 소극적인 개념이지만, 공공복리는 적극적인 개념이다.

(1) 국가안전보장

국가안전보장은 국가 독립, 영토 보존, 헌법과 법률의 규범력 유지, 헌법기관 유지를 뜻한다. 헌법재판소도 "헌법 제37조 제2항에서 기본권 제한의 근거로 제시하고 있는 국가의 안전보장의 개념은 국가의 존립·헌법의 기본질서의 유지 등을 포함하는 개념으로서 결국 국가의 독립, 영토의 보전, 헌법과 법률의 기능, 헌법에 따라 설치된 국가기관의 유지 등의 의미로 이해될 수 있"다고 한다(헌재 1992. 2. 25. 89헌가104). 국가안전보장은 외적 안전으로 이해될 수 있다. 외적 안전은 외부 위협을 제거하여 국가의 존립과 질서를 유지하는 것을 말한다. 한국 헌법은 1948년 헌법부터 1962년 헌법까지는 기본권 제한 요건으로서 질서유지와 공공복리만 규정하였고, 국가안전보장은 질서유지에 포함되는 것으

로 이해하였다. 그러나 1972년 헌법에서 국가안전보장을 기본권 제한
요건으로 분리해 규정하여 현재까지 이어진다. 이러한 헌법사에 비추어
국가안전보장은 대내적 질서를 의미하는 질서유지와 구별되어 외부에
서 국가질서를 지키는 것을 말한다.

(2) 질서유지

질서유지는 사회적 안녕질서를 말한다. 질서유지는 국가안전보장과
구별되이 국가 내부질서를 유지하는 것을 말한다. 여기에는 경찰법적
의미의 공공질서도 포함된다. 질서유지는 내적 안전으로 이해될 수 있
다. 내적 안전은 국가 내부에서 공공질서를 형성하고 유지하여 내적 평
화를 확보하는 것을 말한다. 내적 안전은 개인의 자유와 권리 행사를
위한 전제이다. 내적 안전의 핵심 과제는 자유와 권리 행사를 위협하고
침해하는 모든 형태의 제약행위에 대한 대응이기 때문이다. 내적 안전
에는 물리적 안전과 법치국가적 안전이 포함된다.

(3) 공공복리

공공복리는 사회공동체의 상호이익, 즉 국민 공동 이익을 말하는 것
으로 사회국가적 개념이다. 따라서 공공복리 내용은 사회적 정의 이념
에 따라 결정되어야 한다. 추상적인 사회적 정의 원칙은 언제나 있지만,
그 구체적 내용은 언제나 같은 것으로 있는 것이 아니라 구체적 상황에
따라 바뀐다.

3. 방식적 한계 — 비례성원칙

헌법 제37조 제2항은 '필요한 경우'에 기본권을 제한할 수 있다고 규
정한다. '필요한 경우'란 보호하려는 구체적 법익을 위해서 다른 방법으
로는 달성할 수 없는 때를 말하고, 기본권을 제한할 때도 그 제한은 최

소한도에 그쳐야 한다는 것을 말한다. 곧 '필요한 경우'란 기본권을 제한할 때 비례성원칙을 지켜야 한다는 것을 헌법에 명문으로 규정한 것이다. 비례성원칙은 경찰행정법에서 비롯하였다. 비례성원칙은 법치국가원리, 더 근본적으로는 공공의 이익을 보호하는 데 불가피한 한도 안에서만 공권력이 제한할 수 있다는 기본권의 본질 자체에서 도출된다. 헌법재판소는 과잉금지원칙을 비례성원칙과 같은 것으로 보면서 그 요소로서 목적의 정당성, 방법의 적정성, 피해의 최소성, 법익의 균형성을 든다(헌재 1990. 9. 3. 89헌가95). 헌법재판소가 (입법)목적의 정당성을 비례성원칙의 요소로 드는 것은 한국 헌법이 제37조 제2항에서 "국가안전보장·질서유지 또는 공공복리를 위해서"라는 명문 규정을 두기 때문일 것이다.

그러나 비례성원칙은 목적과 수단의 관계를 심사하는 모든 기준을 아우르는 것으로 이해하여 과잉금지원칙과 과소보호금지원칙, 나아가 자의금지원칙 등을 포함하는 상위개념으로 이해하는 것이 비례성원칙의 기본개념에 대한 충실성과 개념 구별의 용이성이라는 측면에서 타당하다. 즉 목적과 수단 사이에 합리적 비례관계에 있어야 한다는 비례성원칙의 본뜻을 살려서 비례성원칙을 기본권 제한과 관련하여 목적과 수단의 관계를 심사하는 모든 기준을 아우르는 개념으로 이해하는 것이 바람직하다. 그리고 헌법 제37조 제2항의 '필요한 경우에 한하여'에서 오로지 과잉금지원칙만 도출된다고 볼 수 없다. 제한되는 기본권이 '자유권'에 국한되는 것이 아니라 '자유와 권리'이고, 기본권은 국가의 적극적 작위뿐 아니라 소극적 부작위를 통해서도 제한될 수 있기 때문이다. 또한, 비례성원칙은 목적과 수단의 관계를 전제로 한다는 점에서 과잉금지원칙에 목적의 정당성은 포섭될 수 없다. 결국, 목적의 정당성은 별도로 심사되어야 하고, 과잉금지원칙은 수단의 적합성, 최소제약성(필요성), 법익균형성(상당성)으로 이루어진다고 보아야 한다. 참고로 과잉금지원칙의 내용은 구체적으로 확정되거나 고정되지 않아서 개별 기본권의 본질과 기본권규정, 기본권관계의 유형 등에 맞게 채워 넣어야 하는 백지규범이다.

(1) 입법목적의 정당성

목적의 정당성은 국민의 기본권을 제한하는 입법은 그 목적이 헌법과 법률의 체계 안에서 정당성을 인정받으라고 요구한다. 이때 정당성은 그 자체의 목적이 정당하여야 할 뿐 아니라 헌법에 규정된 다른 헌법이념·헌법원리와도 배치되어서는 안 된다는 것을 뜻한다. 헌법 제37조 제2항은 이러한 기본권 제한 목적으로 국가안전보장, 질서유지, 공공복리를 든다.

(2) 수단의 비례성(과잉금지원칙)

과잉금지원칙은 수단의 적합성, 최소제약성, 법익균형성을 포함한다.

① 수단의 적합성

수단의 적합성(방법의 적절성)은 법률이 규정한 수단이 법률이 추구하는 목적을 달성하는 데 유효할 것을 요구한다. 수단의 적합성에서는 입법목적과 제약수단의 관계만 판단한다. 이때 입법자가 선택한 수단이 입법목적을 달성하는 데 이바지하는지(효과가 있는지)만 판단한다. 수단이 반드시 가장 효과적이거나 가장 적합하여야 하는 것은 아니다. 즉 입법목적을 옹글게(완벽하게) 달성하라고 요구하는 것이 아니고, 입법목적을 부분적으로 실현할 때도 적합성 요건은 충족될 수 있다. 사안이 너무 복잡하거나 전문적이어서 목적과 수단 사이의 관련성에 관한 판단이 어려우면 입법자의 판단을 존중하여야 한다. 즉 입법자의 판단이 잘못되었음을 증명하지 못하면 수단의 적합성은 부정되지 않는다. 따라서 일반적으로 사법통제는 수단이 입법목적을 달성하는 데 '명백하게 부적합한지'에 국한된다. 다시 말하면 의도된 목적 달성을 어렵게 하거나 목적 달성에 아무런 효과가 없을 때만 수단은 부적합하다. 이러한 점에서 적합성 요구는 최적화명령이 아니다.

입법자가 입법목적을 달성하려고 적합한 수단을 선택할 때 그러한 판단은 미래예측적 성격이 있다. 그래서 입법자는 법률효과를 판단할 때 재량이 인정되고, 그에 따라 이러한 판단에 대한 사법통제는 제한된다. 이러한 입법자의 재량은 법적 규율대상의 특성과 입법자의 정확한 판단 가능성, 관련 법익의 의미에 따라 달라진다. 선택된 수단이 입법목적을 달성하는 데 적합하여야 함은 당연하지만, 그 수단이 목적 달성을 위해서 유일무이한 것일 필요는 없다. 국가가 어떠한 목적을 달성하는 것이 하나의 수단만으로 가능할 수도 있지만, 여러 가지 수단을 병과하여야 할 때도 있기 때문이다. 물론 여러 가지 수단을 병과할 때 그 모두가 목적에 적합하고 필요한 한도 안의 것이어야 한다(헌재 1989. 12. 22. 88헌가13). 하지만 위헌 여부 판단에서는 원시적 위헌뿐 아니라 후발적 위헌도 문제가 된다는 점에서 위헌판단 시점은 법률 제정 시점이 아니라 법률 적용 시점이 기준이 되어야 한다.

② 최소제약성

최소제약성(필요성)은 기본권을 제약하는 수단을 선택할 때 최소한으로 제약하는 수단을 선택하라고 요구한다. 따라서 선택한 수단보다 기본권을 덜 제약하면서 같은 결과나 더 나은 결과를 얻을 수 있다면 최소제약성 요건은 충족되지 않는다. 즉 입법대안이 선택된 수단만큼 혹은 그 이상 효율적으로 입법목적을 달성하면서 기본권을 제약하지 않거나 선택된 수단보다 덜 기본권을 제약하면 최소제약성 요건에 어긋난다. 여기서는 최소제약성이라는 용어와 달리 제약이 최소한인지를 심사하지 않는다. 이러한 점에서 최소제약성 심사를 "목적을 달성하기 위하여 달리 될 제약적인 수단이 없을 것인지 혹은 입법목적을 달성하기 위하여 필요한 최소한의 제한인지를 심사하기 보다는 '입법목적을 달성하기 위하여 필요한 범위 내의 것인지'를 심사하는 정도로 완화"하는 헌법재판소 판례(헌재 2005. 10. 27. 2003헌가3)는 문제가 있다. 헌법재판소가 침해의 최소성이라는 이름 아래 기본권을 필요 최소한도로 침해하는지를 판단하는 것은 이러한 용어에 관한 오해와 더불어 침해의 최소성과 법익의 균형성을 별도로 심사하지 않고 함께 심사하는 관행노 한 몫하는 것으로 보인다.

비교대상이 되는 대안은 입법자가 본래 선택한 수단과 같은 정도의 효과, 즉 같은 정도의 입법목적 달성을 전제한다. 이는 단순히 기본권을 제약당하는 개인의 이익이 얼마나 적은지에만 초점을 두지 않는다는 것이다. 입법대안을 찾을 수 없으면 최소제약성은 충족된다. 최소제약성은 당연히 수단의 적합성을 전제한다. 입법대안은 같거나 더 효율적이어야 하므로, 더 많은 대가를 요구하여서는 아니 된다. 기본권을 최소한으로 제약하는 수단을 확정할 때 그 제약이 관련자에게 미치는 효과뿐 아니라 일반에 미치는 불이익도 함께 고려하여야 한다. 최소제약성에서는 제약의 임의성이나 필수성(헌재 2007. 5. 31. 2007헌바3), 원칙－예외 관계(헌재 1994. 7. 29. 93헌가4등), 인적·사항적 적용범위 제한 가능성(헌재 2007. 3. 29. 2005헌바33), 완화책 존재 여부(헌재 1998. 12. 24. 89 헌마214등) 등을 주로 심사한다.

최소제약성 요건을 충족하는 복수의 수단이 있을 수 있으므로, 최소제약성 요건 충족 여부를 판단할 때 입법자에게 평가 여지가 주어진다. 따라서 기본권을 최소한으로 제약하는 다른 수단이 명백하게 확인되면 그 법률적 규율이 최소제약성을 충족하지 않는다고 판단할 수 있다. 기본권 제한은 기본권 행사 '방법'에 관해서 할 수도 있고, 기본권 행사

'여부'에 관해서 할 수도 있다. 최소제약성 관점에서 입법자는 기본권을 덜 제약하는 기본권 행사 '방법'을 규제하여 입법목적을 달성할 수 있는 지를 먼저 시도하고, 이러한 방법으로 입법목적 달성이 어려우면 그다음 단계인 기본권 행사 '여부'를 규제하여야 한다(헌재 1998. 5. 28. 96헌가5). 수단의 적합성 정도가 같으면 제약 정도가 가장 적은 수단이 최소제약성을 충족하고, 제약 정도가 같으면 적합성 정도가 가장 큰 수단이 최소제약성을 충족한다.

③ 법익균형성

법익균형성(좁은 뜻의 비례성, 상당성)은 수단이 달성하려는 목적과 상당한 비례관계에 있을 것을 요구한다. 즉 일반을 위해서 달성하고자 하는 이익보다 제약되는 개인 희생이 더 커서는 안 된다. 법익균형성은 제약이 추구하는 목적과 관련이 있어야 한다는 것, 제약이 전체 평가에서 적절하고 (따라서) 관련자에게 수인을 기대할 수 있어야 한다는 것을 전제한다. 여기서 기본권 제약이 개인에게 초래하는 피해와 그 제약을 통해서 추구하는 목적이 올바르게 형량되고 양자가 균형을 이루어야 한다. 제약되는 기본권적 법익의 중요도, 기본권 제약 정도와 이것을 정당화하는 사유의 비중, 수단을 통해서 촉진되는 법익과 제약에 따르는 보상, 법익의 긴급성과 확실성, 대체 가능성 등을 종합적으로 형량하여 수인한도 안에 있어야 한다. 목적과 수단을 형량하는 가장 중요한 기준은 각 법익이 헌법에서 차지하는 비중이다. 기본권 제약이 중대할수록 기본권 제약을 통해서 달성하려는 목적도 그만큼 중요하여야 한다.

4. 내용적 한계 - 본질내용 보장

헌법 제37조 제2항 후단의 본질내용 보장은 독일 기본법 제19조 제2항에서 유래하였다. 이 규정은 1960년 헌법에 수용되어 계속되다가

1972년 헌법에서 삭제되었다. 그리고 1980년 헌법에서 부활하여 현행 헌법까지 이어진다. 최고법인 헌법이 규정하는 기본권을, 그것도 그 본질내용을 입법자가 법률로 제거할 수 없으므로, 즉 입법자가 법률로 헌법규정을 폐기할 수 없으므로, 본질내용 보장규정은 선언적 의의가 있거나 경고적 의의가 있을 뿐이라고 볼 수도 있다. 그러나 입법자는 기본권을 제한하여 기본권을 사실상 공동화할 수 있으므로, 이 규정은 공동화에 대한 방지규정으로서 의의가 있다. 본질내용 보장은 기본권을 제한히는 법률에서만 문제가 되는 것이 아니라 기본권 보호영역과 연관된 법률, 즉 기본권의 보호영역을 확정하거나 제한하는 법률은 언제나 본질적 내용 침해 여부의 심사대상이다. 그러나 본질내용 보장이 늘 절대적으로 보장되는 것은 아니다. 즉 헌법에 기본권의 본질내용도 제한할 수 있다는 특별규정(예를 들어 헌법 제126조)이 있으면, 헌법 제37조 제2항 적용이 배제될 수 있다.

본질내용 보장은 기본권 제한의 한계이므로, 제한될 수 있는 기본권에서 본질내용이 보장된다. 헌법 제37조 제2항에 따라 모든 기본권이 제한될 수 있으므로, 자유권에 국한되지 않고 모든 기본권에서 본질내용이 보장된다.

본질내용의 보장대상과 관련하여서는 기본권의 본질내용 보장의 판단 대상은 기본권이 개인에게 개별적으로 부여하는 주관적 권리내용이라고 보는 견해(주관설)과 기본권의 이중성을 전제로 어떤 기본권이 그 본질내용까지 침해되었다고 하려면 공동체에서 해당 기본권의 보장의 의가 형해화하는 단계에 이르러야 한다는 견해(객관설)이 대립한다. 기본권 침해 여부는 해당 기본권을 원용하는 주체를 중심으로 개별적으로 판단하여야 하므로 주관설에 따라야 한다.

본질내용의 내용과 관련하여서는 모든 기본권은 절대적으로 침해할 수 없는 핵심영역이 있고 침해할 수 없는 한계가 있어 제한하고 나서도 남는 것이 있어야 한다는 견해(절대설)와 기본권의 본질내용이 구체적이면 서로 경합하는 이익과 가치의 형량을 통해서 확정되고 그 개념은 그때그때의 필요에 따라 더 넓게 혹은 더 좁게 이해할 수 있어서, 기본권 제한 정도는 충돌하는 이익에 달렸으며 국가적 이익을 고려하여 필요하면 기본권을 옹글게(완벽하게) 배제하는 데까지 제한할 수 있다는 견해(상대설) 그리고 기본권의 핵심을 절대적으로 보호하는 것은 긍정하지만, 예외적으로 공동체 존립을 위해서 필요한 범위에서는 공동체법익 보호를 위해서 개인 기본권의 핵심까지도 침해할 수 있다는 견해(절충설)가 대립한다. 헌법재판소는 "헌법에서 부여한 기본권을 법률로 그 범위를 제한할 수는 있으되, 제한하여야 할 현실적 필요성이 아무리 큰 것이고 또 강조될 것이라 하더라도 기본권을 근본적으로 잃게 하는 본질적 내용을 침해하는 기본권 제한 입법은 허용되지 아니함을 뜻한다."(헌재 1991. 7. 22. 89헌가106)라고 하여 절대설을 취하기도 하고, "사형이 비례의 원칙에 따라서 최소한 동등한 가치가 있는 다른 생명 또는 그에 못지아니한 공공의 이익을 보호하기 위한 불가피성이 충족되는 예외적인 경우에만 적용되는 한 그것이 비록 생명을 빼앗는 형벌이라 하더라도 헌법 제37조 제2항 단서에 위반되는 것으로 볼 수 없다."(헌재 1996. 11. 28. 95헌바1)라고 하여 상대설을 취하기도 하여 때에 따라 다른 견해를 취한다. 상대설은 그 내용이 실질적으로 비례성원칙과 같아서, 헌법 제37조 제2항에서 본질내용을 침해하여서는 안 된다고 별도로 규정한 취지가 무의미해진다. 그러므로 기본권 제한에서도 개별 기본권마다 침해할 수 없는 일정한 한계가 있다고 보는 절대설이 타당하다. 특히 1972년 헌법에서 본질적 내용 침해 금지를 삭제하여 기본권을 유린하였던 경험이 있는 한국 헌법에서는 본질내용의 보장내용을 비례성원칙과 실질적으로 같은 것으로 보는 것은 규정취지를 몰각한다.

헌법 제37조 제2항을 따르면 본질내용 보장은 기본권을 제한하는 입법자만을 수범자로 하는 것처럼 보인다. 하지만 본질내용 보장은 기본권을 제한할 권한이 있는 주체의 권한 행사 한계이다. 따라서 기본권을 제한할 수 있는 모든 국가권력을 수범자로 한다. 즉 입법자는 물론 집행부와 사법부도 본질내용 보장의 수범자이다. 그러나 공권력의 주체가 아닌 사인은 본질적 내용 보장의 수범자가 아니다.

Ⅱ. 기본권 제한의 특수사례

1. 기본권 경합

기본권 경합이란 한 기본권주체의 어떤 행위가 동시에 여러 기본권의 보호영역에 해당하는 것을 말한다. 이는 개인과 국가의 관계에서 발생하므로 기본권의 대국가적 효력 문제이다. 기본권 경합에는 ① 일반적 기본권과 특별 기본권의 경합, ② 제한 정도가 다른 기본권 사이의 경합, ③ 규범영역이 서로 다른 기본권 사이의 경합의 세 가지 유형이 있다.

외형상 기본권 경합처럼 보이지만 실제로는 기본권 경합이 발생하지 않을 때가 있다. ① 여러 기본권이 침해되더라도 실제로는 각기 독자적으로(대개는 차례로) 침해되어서, 각기 하나의 기본권만 문제 되면 기본권 경합은 성립되지 않는다. ② 기본권 경합을 주장하지만, 주장되는 기본권이 해당 기본권의 보호영역 밖에 있으면 기본권 경합이 성립하지 않는다.

① 경합하는 어떤 기본권이 다른 기본권과 비교해서 특별한 것이거나(예를 들어 개별적 자유권과 행복추구권의 관계), 사항적·기능적 관련성이 우선하면 그 기본권이 다른 기본권에 우선하고, 다른 기본권은 실익이 있을 때(예를 들어 독자적인 심사기준이 있거나 심사강도가 더 강한 때)만 별도로 검토될 여지가 있을 뿐이다. ② 문제는 일반-특별의 관

계도 성립하지 아니하고, 어떤 한 기본권의 사항적·기능적 관련성이 두드러지지도 않을 때의 해결방법이다. 이에 관해서는 (i) 사슬의 강하기는 그 가장 약한 부분에 따라서 결정된다고 하여 가장 약한 기본권의 효력만큼 보장된다고 보는 최약효력설, (ii) 기본권존중사상에 바탕을 두어 효력이 더 강한 기본권이 기준이 되어야 한다는 최강효력설이 있다. 그러나 (iii) 상호배척하는 관계에 놓이지 않는 한 기본권 다수를 원칙적으로 병렬적으로 적용하여 판단하여야 할 것이다. ③ 헌법재판소는 기본권이 경합하여 문제가 되면 기본권 침해를 주장하는 제청신청인과 제청법원의 의도 및 기본권을 제한하는 입법자의 객관적 동기 등을 참작하여 사안과 가장 밀접한 관계에 있고 침해 정도가 큰 주된 기본권을 중심으로 그 제한의 한계를 따져보아야 한다고 판시한 바 있다(헌재 1998. 4. 30. 95헌가16).

일반적으로 기본권이 경합하면 다수의 기본권 침해 여부를 심사하여야 하므로 기본권적 보호가 다중적으로 혹은 중첩적으로 된다. 따라서 기본권 경합은 기본권적 보호를 강화할 수 있다.

2. 기본권 충돌

(1) 기본권 충돌의 의의

기본권 충돌이란 기본권주체 둘 이상의 기본권적 법익이 맞부딪히는데, 국가가 그 법익 모두를 동시에 보호해 줄 수 없을 때를 말한다. 기본권 충돌의 개념요소는 ① 둘 이상의 기본권주체, ② 충돌하는 기본권적 법익, ③ 국가 개입 필요성이다. 여기서 둘 이상의 기본권주체는 꼭 구체적으로 특정되어야 하는 것은 아니고, 추상적으로 확정되는 것에 그치거나 존재가 예정되는 것만으로도 충분하다. 그리고 기본권적 법익은 주관적 측면에서 도출되든 객관적 측면에서 도출되든 상관없다. 즉 기본권 충돌은 반드시 주관적 권리 사이의 충돌이어야 하는 것은 아니고, 권리와 의무 혹은 가치 사이의 충돌도 기본권 충돌일 수 있다. 물론 여기서 의무나 가치는 기본권 관련성이 반드시 있어야 한다. 충돌하는 기본권주체의 기본권은 같을 수도 다를 수도 있다. 기본권 충돌에서는 한 기본권적 법익을 보호하려면 다른 기본권적 법익을 충분히 보호하지 못하거나 심지어 희생시킬 수밖에 없다는 점에 특징이 있다(헌재 2005. 11. 24. 2002헌바95등).

기본권 충돌을 복수의 기본권주체가 국가에 대해서 각기 기본권 적용을 주장하고 국가가 양자의 기본권을 동시에 보장해 줄 수 없을 때라고 정의하곤 한다(예를 들어 헌재 2005. 11. 24. 2002헌바95등). 그리고 기본권 충돌은 ① 헌법규정에서 여러 기본권주체의 주관적 권리가 도출되고, 이러한 주관적 권리가 구체적일 때 교차하여야 하고, ② 기본권이 구체화하는 객관적인 가치가 동시에 그 밖의 법질서에 '방사'됨으로써 같은 생활사태에 대해서 대립하는 평가에 이르러야 발생한다고 한다. 그러나 기본권(규범)이 주관적 측면뿐 아니라 객관적 측면이 있다는 점에서 주관적 측면끼리의 충돌뿐 아니라 객관적 측면끼리의 충돌이나 주관적 측면과 객관적 측면의 충돌도 있을 수 있다. 그리고 기본권주체 스스로 주장하지 않더라도 국가가 사전적으로, 예를 들어 법률을 제정하여 미리 기본권 충돌 해결을 도모할 수도 있다. 이러한 점에서 기본권 충돌을 주관적 권리끼리의 충돌에 국한할 이유는 없다.

① 기본권 경합은 한 사람의 기본권주체에 대해서 둘 이상의 기본권적 법익 보호가 문제 되는 때로 여기서는 전통적인 개인과 국가의 대립구조가 그대로 인정된다. 따라서 기본권 경합은 기본권3각관계에서 발생하는 기본권 충돌과 구별된다. ② 유사(사이비, 외견적)충돌이란 겉으로 보기에는 기본권 충돌처럼 보이나, 실제로는 문제가 된 행위가 어느 기본권주체의 기본권 보호영역에 속하지 않아서 충돌현상이 없는 때를 말한다. 예를 들어 출판업자의 종이 절도는 외견상 출판업자의 출판의

자유와 종이소유자의 재산권이 충돌하는 것처럼 보이지만 출판업자의 절도행위는 출판의 자유의 보호범위 밖에 있어서 기본권 충돌이 생기지 않는다. ③ 부진정한 충돌은 기본권과 기본권 사이의 충돌이 아닌 기본권과 그 밖의 헌법적 법익 사이의 충돌을 말한다. 예를 들어 청소년의 영화 관람 제한에서 청소년의 예술의 자유와 청소년 보호라는 헌법적 법익이 충돌한다.

(2) 해결책

기본권 충돌 문제를 해결하려면 충돌하는 기본권 서로 간에 이익형량이 이루어져야 한다. 헌법재판소(헌재 1999. 6. 24. 97헌마265)와 대법원(대법원 1988. 10. 11. 선고 85다카29 판결)도 기본권 충돌을 이 방법에 따라서 해결한 때가 있다. 기본권 충돌을 이익형량에 따라 해결하면 충돌하는 기본권 중 한쪽은 완벽하게 보호된다. 즉 한쪽 기본권은 제한 없이 보장되지만, 다른 쪽 기본권은 제한된다. 달리 말하면 다른 쪽 기본권은 한쪽 기본권을 제약하지 않는 범위에서만 보호된다(헌재 2004. 8. 26. 2003헌마457). 다만, 다른 쪽 기본권은 제한될 수 있을 뿐이지 보장받지 못하는 것은 아니다.

실제적 조화의 원칙(규범조화적 해석)은 어느 하나의 기본권을 다른 기본권에 우선하지 아니하고 헌법의 통일성을 유지하려고 충돌하는 기본권 모두가 최대한으로 그 기능과 효력을 나타낼 수 있도록 조화롭게 보장하는 방법을 찾으려는 것이다. 즉 실제적 조화의 원칙에 따른 해결은 충돌하는 기본권 중 한쪽만 제한 없이 일방적으로 보장하는 것이 아니라 충돌하는 기본권 모두를 적절하게 제한하는 것이다. 이익형량의 방법과 달리 기본권 안의 위계질서를 반드시 전제로 하지 않고 충돌하는 두 기본권의 효력을 함께 존중하는 방법을 찾으려고 노력하는 데 강점이 있다. 헌법재판소도 구 정기간행물의등록등에관한법률 제16조 제

3항, 제19조 제3항의 위헌 여부에 관한 헌법소원 사건에서 피해자의 반론권과 보도기관의 언론의 자유가 충돌하는 때를 해결하기 위한 입법인 구 정기간행물의등록등에관한법률 제16조의 정정보도청구권제도는 기본권 충돌의 실제적 조화의 원칙에 따른 과잉금지원칙에 어긋나지 않는다는 취지의 판시를 하였다(헌재 1991. 9. 16. 89헌마165).

헌법의 통일성 유지 관점에서 실제적 조화의 방법이 타당하다. 그러나 이로써 모든 문제를 다 해결할 수 없으므로 두 방법을 모두 동원할 필요가 있다. 헌법재판소(헌재 2005. 11. 24. 2002헌바95등)와 대법원(대법원 2010. 4. 22. 선고 2008다38288 전원합의체 판결)도 두 가지 방법을 병용한다. 실제적 조화의 원칙에 따라 기본권 충돌을 해결하면 비례성심사를 하게 된다. 이때는 침해당하였다고 주장되는 기본권을 중심으로 검토하고, 목적의 정당성은 침해주체의 기본권이 정당화하므로 일반적인 비례성심사와 달리 별도로 심사할 필요는 없다. 기본권 충돌은 최종적으로 입법자가 입법을 통해서 해결한다. 이러한 입법이 있으면 기본권 충돌은 그 입법에 따라 해결된다. 다만, 이러한 입법의 합헌성이 문제 되면 다시 기본권 충돌의 법리가 문제 될 수 있다.

3. 기본권 포기

(1) 기본권 포기의 의의

기본권 포기는 기본권주체가 국가나 다른 기본권주체가 하는 구체적 기본권제약행위에 대해서 사전에 동의하는 것을 말한다. 기본권주체에게는 기본권 포기가 자기 결정에 따라 기본권적 보호법익을 처분한다는 점에서 기본권 행사이지만, 기본권이 제약되는 결과가 발생한다. 이러한 점에서 기본권 포기는 기본권 행사와 기본권 제약이라는 이중적 성격이 있다. 기본권 포기는 헌법이나 법률이 정당성을 직접 부여하지 않는 국가나 다른 기본권주체의 기본권제약행위에 헌법적 정당성을 부여하는 기본권주체의 동의를 뜻한다.

(2) 구별개념
① 기본권의 소극적 자유

기본권의 소극적 자유는 기본권 보호영역 안에 포섭되는 기본권의 내용이다. 기본권의 소극적 자유는 개별 기본권 자체의 산출물로서 기본권에서 (적극적) 행위권에 불행사의 (소극적) 자유가 대응될 때 인정된다. 그래서 기본권의 소극적 자유는 부작위를 통해서 실현되는 기본권 행사의 한 유형이다. 기본권의 소극적 자유에서 기본권주체는 기본권적 보호를 포기하지 않는다. 그에 반해서 기본권 포기는 적극적 작위를 통해서, 최소한 묵시적 행위를 통해서 이루어진다. 그리고 소극적 자유를 행사하는 사람은 언제나 적극적 자유를 행사할 수 있지만, 기본권을 포기한 사람은 포기를 철회하거나 철회할 가능성이 유보되지 않은 한 해당 포기에 구속된다.

② 기본권 불행사

기본권 불행사는 적극적 작위로 이루어진 기본권 내용을 행사하지 않는 것을 말한다. 이러한 점에서 부작위 자체가 기본권 내용인 소극적 자유와 기본권 불행사는 구별된다. 기본권 불행사는 의사표시와 상관없이 발생하고, 법적 성질이 아니라 사실적 성질이 있을 뿐이다. 기본권 불행사로 말미암아 기본권주체의 행사 권한은 소멸하지 않으므로, 기본권주체는 일정한 기간 경과로 행사 권한이 소멸하지 않는 한 언제든지 기본권을 행사할 수 있다. 그리고 기본권 포기는 기본권제약행위에 헌법적 정당성을 부여하여 합헌화하지만, 기본권 불행사는 기본권제약행위의 위헌성을 제거하지 않는다. 따라서 기본권 불행사는 자유권 행사의 한 유형으로서 기본권 포기가 아니다.

③ 자초위해

자초위해는 기본권주체 스스로 기본권을 제약하거나 제약위험을 일으키는 것을 말한다. 자초위해에서는 기본권주체 자신의 행위가 기본권 제약이라는 결과를 일으킨다는 점에서 기본권주체 자신이 아닌 국가나 다른 기본권주체의 행위가 기본권을 제약하는 기본권 포기와 구별된다. 그리고 기본권 포기에서는 기본권주체의 포기의사가 반드시 필요하지만, 자초위해는 기본권주체의 고의뿐 아니라 과실로도 발생할 수 있다는 점에서 기본권주체의 의사가 필수적인 것은 아니다. 또한, 기본권 포기에서는 국가나 다른 기본권주체의 행위가 헌법적으로 정당성을 부여받는지가 주로 문제 되지만, 자초위해에서는 기본권주체의 행위를 제한할 수 있는지가 핵심문제이다.

(3) 기본권 포기의 허용 여부

주관적 권리 측면에서 기본권주체가 기본권적 이익과 지위를 자유롭게 처분하는 것은 권리의 구체적 내용으로 보장된다. 그에 반해서 객관법적 측면에서 기본권은 개별 기본권주체의 이익과 보호에서 벗어나 다양한 헌법적 보장과 의무를 요구한다. 따라서 기본권주체라도 자유롭게 기본권을 포기할 수 없다. 기본권적 법익이나 지위의 처분은 헌법 제10조 제1문 후단의 행복추구권에서 도출되는 일반적 행동자유권을 통해서 기본권적으로 보장된다. 따라서 기본권 포기를 일반적으로 금지하는 것은 헌법질서와 합치하지 않는다. 그러나 국가는 물론 기본권주체 자신도 헌법에 구속된다는 점에서 헌법질서에 어긋나거나 헌법이 보호하는 법익을 침해하는 기본권 포기는 허용될 수 없다. 그래서 다른 기본권 행사가 제한 없이 허용되는 것이 아닌 것처럼 기본권 포기도 제한 없이 허용될 수 없다.

⑷ 기본권 포기의 인정요건

① 기본권주체가 기본권을 행사하므로, 기본권 포기는 원칙적으로 기본권주체만이 할 수 있다. 그러나 기본권주체도 기본권 보호영역 중에서 자신이 자유롭게 처분할 수 있는 영역에서만 기본권을 포기할 수 있다. 즉 기본권주체가 기본권을 포기하려면 기본권주체는 기본권의 향유자일 뿐 아니라 기본권의 처분권이 있어야 한다. ② 기본권 포기가 인정되려면 포기의사가 표시되어야 한다. 기본권 포기는 명시적인 의사표시는 물론 묵시적인 의사표시로도 가능하다. 행위로도 가능한데 이때는 행위에서 포기의사를 명확하게 확인할 수 있어야 한다. 그리고 기본권 포기는 쌍방적 의사표시뿐 아니라 일방적 의사표시로도 가능하다. 다만, 일방적 의사표시이면 상대방이 이를 인식할 수 있어야 한다. 통신의 비밀과 같이 둘 이상의 기본권주체와 관련되는 기본권에서는 모든 기본권주체의 의사표시가 있어야 한다. 포기의 의사표시가 유효하려면 의사표시 수신이 필요하다. 사적 자치의 취지에 비추어 당사자의 추정적 의사가 명확하게 확인될 수 있으면 다른 기본권주체에 대한 추정적 동의는 인정될 수 있다. 그러나 단지 제약만을 목적으로 한 국가행위는 동의가 실제 있어도 허용되지 않는다는 점에서, 사적 자치의 주체가 될 수 없는 국가에 대한 추정적 동의는 기본권주체의 가정적 의사에 합치한다는 것만으로 인정될 수 없다. ③ 포기는 자발적으로 이루어져야 한다. 즉 포기결정은 기본권주체의 자유로운 의사로 하여야 한다. 이러한 포기는 기본권주체가 포기 여부를 결정할 수 있음을 알고 자기 행위의 결과나 그 위험 그리고 포기의 사정거리와 의미를 명확하게 인식한다는 것을 전제한다. 그리고 자발적인 포기는 일정한 판단력을 바탕으로 한다.

(5) 기본권 포기의 효과

① 기본권 포기의 효과는 기본권 보호영역 일부에만 미친다. 따라서 기본권주체가 기본권을 포기하더라도 기본권은 소멸하지 않고, 단지 그 행사가 부분적으로 그리고 일시적으로 정지될 뿐이다. 이때 정지되는 기본권 행사는 기본권 제약에 대한 방어권 행사이다. ② 다른 기본권주체에 대한 기본권 포기가 인정되면, 다른 기본권주체의 기본권제약행위는 합헌적인 것으로 인정된다. 국가에 대한 기본권 포기는 국가에 새로운 권한을 부여하지 않는다. 국가는 자신의 권한 범위 안에서 활동할 수 있을 뿐이다. 기본권 포기는 국가가 자신의 권한을 행사할 때 부딪히는 장애를 일부 제거하는 기능만 할 뿐이다. ③ 기본권주체는 다른 약정이 없거나 헌법적 법익의 침해나 침해위험이 없는 한 원칙적으로 자유롭게 기본권 포기를 철회할 수 있다. 그러나 기본권제약행위 이전에만 기본권 포기 철회가 가능하다. 따라서 기본권제약행위 이후에 기본권 포기가 철회되더라도 이미 한 기본권제약행위의 합헌성이나 정당성은 박탈되지 않는다.

(6) 기본권 포기의 한계

① 기본권 포기를 통하여 구체적 개별 사건에서 합헌적인 국가행위 범위는 확대된다. 다른 기본권주체에 대한 기본권 포기에서 다른 기본권주체는 유효한 포기 범위 안에서 자신의 사적 유용성에 따라 자유롭게 포기자의 기본권을 제약할 수 있다. 그러나 국가는 일반적인 기본권 제한처럼 기본권 포기에서도 국가안전보장·질서유지 또는 공공복리라는 목적을 위해서만 기본권을 제약할 수 있고, 여전히 비례성원칙에 따라 기본권을 제약하여야 한다. 다만, 이때 비례성원칙은 상당히 완화한 형태로 적용된다. ② 기본권 전체를 포기하는 것은 허용되지 않고 기본권의 개별 내용 중 일부만을 포기할 수 있을 뿐이다. 그리고 오직 특정

된 사람이나 국가기관에만 기본권을 포기할 수 있다. 또한, 모든 시간에 대해서가 아니라 한정된 시간 안에서만 기본권 포기가 인정된다. ③ 헌법이나 법률에 명문의 금지규정이 있으면 기본권 포기는 허용되지 않는다. 그러나 기본권 제한에 따르는 법률유보(헌법 제37조 제2항 전단)는 기본권 포기에서 문제 되지 않는다.

제2장

개별기본권론

제2장 개별기본권론

제1절 인간으로서의 존엄과 가치 · 행복추구권 · 평등권

I. 인간으로서의 존엄과 가치

1. 인간으로서의 존엄과 가치의 법적 성격

(1) 인간의 존엄성의 의의

헌법 제10조 제1문 전단은 '모든 국민은 인간으로서의 존엄과 가치를 가지며'라고 규정하여 인간의 존엄성을 보장한다. 존엄만으로 충분한 본 규정에 가치를 명시한 것은, '가치'라는 말 자체에서는 아무런 적극적 표지를 발견할 수 없는 점에 비추어 '존엄'이 존재 개념이 아니라 가치 개념임을 분명하게 밝히고, 헌법질서의 핵심규정에 명시함으로써 헌법의 가치질서적 성격을 뚜렷하게 하려는 것이다. 인간의 존엄성이란 모든 개개의 인간이 '단지 인간이라는 (종에 속한다는) 이유만으로' 인간으로 구성된 법공동체 안에서 인정받는 주체로서 가지는 기본적 지위, 즉 인격주체성을 말한다.

인격자 개념에는 가치 개념의 성격 이외에 평등 개념의 성격이 있다. 인격자는 역사적으로 주어진 특정한 법에 따라서 자기목적의 의의에서 인정되는 존재이고, 자기목적은 상하의 순위질서를 배척하기 때문이다. 이때의 평등은 합리적 차별이 가능한 상대적 평등 이전의 절대적 평등을 뜻한다. 인간의 존엄성은 상대적인 문화 관련이 있고 문화적 환경 속에 있으며, 동시에 경향적 · 보편적 특색이 있다. 즉 인간의 존엄성은 문화적 맥락 속에서 비로소 결정될 수 있다. 그리고 인간의 존엄성은 추상적으로나 상황에 무관하게 파악될 수 없어서 시간의 흐름 속에서 가변성이 있다.

(2) 인간의 존엄성의 특성

① 제한불가성

인간의 존엄성은 인간의 주체성을 국가(공권력) 또는 다른 개인이나 집단의 모든 침해에서 절대적으로 보호함으로써 비로소 그 인간이 독자적 존재로서 '있을 수 있게' 해 준다. 그러므로 그 '있음(존재)'에 바탕한 그들의 생활작용이 형성하는 헌법으로서는 그것을 제한할 수 없다. 따라서 헌법 제37조 제2항에 따른 기본권 제한 대상이 되지 않고, 헌법 자체의 제한도 자기부정으로 허용되지 않는다. 여기서 헌법 제37조에 따른 제한과 제76조 및 제77조에 따른 제한 그리고 특별공법관계(이른바 특별권력관계)에 따른 제한의 비대상성이 도출된다. 즉 인간의 존엄성은 절대적 가치가 있어서 이익형량 대상이 되지 않는다.

② 개정불가성

헌법의 목적은 인간의 존엄성 보호에 있다. 그러므로 헌법제정권력이든 헌법개정권력이든 인간의 존엄성을 침해할 수 없다. 따라서 헌법 개정 한계에 관한 명문 규정 유무와 관계없이 인간의 존엄성을 헌법으로 부인할 수 없다. 이러한 개정불가성은 문언이 아니라 실질적 실체와 규정의 의미와 관계된다. 따라서 형식상은 변경되지 않았더라도 사실상 인간의 존엄성을 침해하는 헌법 개정은 허용되지 않는다. 그리고 헌법 변천도 마찬가지이다. 나아가 헌법원리 차원에서 인간의 존엄성은 통제원리이므로 헌법 개정 한계가 된다.

③ 포기불가성

인간의 존엄성은 인간이 인간으로서 존재하는 데 필요한 절대적인 요소이다. 그러므로 인간의 존엄은 포기할 수 없다. 개인은 국가권력에 대해서 자신의 존엄 보호받기를 포기할 수 없다. 따라서 제약에 대한 승낙이나 동의는 법적으로 아무런 효력이 없고, 그것의 위법성을 조각할 수 없다. 즉 국가의 인간 존엄성 침해는 당사자의 승낙이나 동의 여부와 관계없이 언제나 위법하다.

④ 자연권성

헌법에서 인간의 존엄은 인간을 한계상황에서 구제하는 기능이 있다. 그리고 이러한 한계상황에 대처하여 자연법으로 소급하는 것이 교묘한 헌법이론적 근거 지움보다 더 효과적이다. 즉 인간 존엄의 비상제동적 기능은 자연법적으로 근거 지울 수 있고, 그렇게 하는 것이 그 기능에 더 적합하다. 또한, 헌법이론이 자신의 가능성을 과대평가해서는 안 된다는 것 그리고 헌법이론은 헌법의 작용능력 한계를 현실적으로 평가하여야만 한다는 것이 강조되어야 한다. 게다가 인간의 존엄성 보호가 국가 창설과 헌법 제정의 목적이므로 이를 국가나 헌법이 그 내용을 형성하거나 구체화한다는 것은 문제가 있다. 국가 창설이나 헌법 제정은 그 목적을 달성하고 수행하려는 수단에 불과하기 때문이다. 이러한 점에서 인간의 존엄성에 관한 한 예외적으로 자연법적 성격을 인정하여야 한다.

(3) 법적 성격

인간의 존엄성 규정은 한편으로 객관적 (헌법)원리의 성격이 있고, 다른 한편으로 주관적 권리의 성격이 있다. 객관적 (헌법)원리의 성격을 인정하는 데는 이견이 없다. 그러나 주관적 권리의 성격을 인정할 수 있는지를 둘러싸고 ① 인간의 존엄성 규정은 구체적인 주관적 공권을 보장한 것이 아니라 다른 모든 기본권의 이념적 출발점이나 모든 기본권의 가치적 전제가 되는 객관적 헌법원리를 규범화한 것이라고 하여 존엄성규정의 독자적 기본권성을 부정하고 (객관적) 헌법원리만을 규정한 것이라는 견해, ② 인간의 존엄성과 행복 추구가 불가분의 긴밀한 관계에 있다고 하여 인간의 존엄성 규정과 행복추구권 규정을 통합하여 통일적인 기본권으로 보는 견해[주기본권설(포괄적 권리설)], ③ 인간의 존엄성과 행복추구권 각각을 독자적인 보호영역이 있는 개별 기본권으로 파악하는 견해(개별기본권설)가 대립한다. 헌법재판소는 "우리 헌법은 제10조에서 "모든 국민은 인간으로서의 존엄과 가치를 가지며, 행복을 추구할 권리를 가진다. 국가는 개인이 가지는 불가침의 기본적 인권을 확인하고 이를 보장할 의무를 진다."고 규정하고 있는데, 이 때 인간의 존엄성은 최고의 헌법적 가치이자 국가목표규범으로서 모든 국가기관을 구속하며, 그리하여 국가는 인간존엄성을 실현해야 할 의무와 과제를 안게 됨을 의미한다. 따라서 인간의 존엄성은 '국가권력의 한계'로서 국가에 의한 침해로부터 보호받을 개인의 방어권일 뿐 아니라, '국가권력의 과제'로서 국민이 제3자에 의하여 인간존엄성을 위협받을 때 국가는 이를 보호할 의무를 부담한다."라고 하여 인간의 존엄성의 주관적 권리성을 인정한다(헌재 2011. 8. 30. 2008헌마648).

인간의 존엄성은 개개 인간이 인격체로서 법공동체의 주체임을 인정받는다는 것을 말한다. 이러한 인간이 인격주체성이 있다면 스스로 인격주체성을 주장할 주관적 권리도 있어야 하는 것이 논리적인 귀결이다. 인간의 존엄성 규정이 기본권의 성격이 있다고 하여 이 규정을 주기본권으로서 포괄적 권리로 보아야 하는 것은 아니다. 독일 기본법과는 달리 한국 헌법은 제10조 제1문 후단에서 행복추구권을 규정하고 제37조 제1항과 같은 포괄적 권리규정을 두기 때문이다. 개별 기본권으로서 인간의 존엄권으로 보호되는 내용으로서는 먼저 ① 인간의 '인간임'이 보호되어야 한다(인간의 인간성이나 인격성). 따라서 인간으로서 격을 부정하는, 즉 인간을 동물이나 물건처럼 취급하거나 물적 재화의 가치를 인간의 가치보다 높이 평가하는 것을 배제해 달라고 요구할 권리가 있다. 다음으로 ② 인간을 '주체'로, 즉 목적으로 보호하여야 한다(인간의 주체성). 따라서 인간을 국가적(사회적) 행위의 단순한 객체나 수단으로 전락시키는 것을 거부하거나 시정을 요구할 권리가 있다. 끝으로 ③ 특정 인간의 '자기 자신임'이 보호되어야 한다(인간의 고유성이나 정체성). 따라서 인간은 독립한 개체로서 고유한 가치가 있음이 인정되어야 한다. 따라서 인간은 그가 누구이든 누군가로 대체할 수 없고, 언제나 '누군가'로 특정될 수 있는 존재로 대접받아야 한다. 그에 따라 인간은 그의 정체성을 훼손하는 행위를 금지해 달라고 요구할 권리가 있다.

2. 객관적인 '최고의 헌법원리', '기본권의 이념적 출발점'으로서 인간으로서의 존엄과 가치

(1) 헌법의 최고구성원리적 성격

인간의 존엄성은 헌법국가의 최고구성원리이다. ① 인간의 존엄성은 모든 국가활동의 이념이나 목표를 지시하는 최고의 헌법원리이다. ② 인간의 존엄성은 모든 국가생활의 기준이 되는 지도원리로서, 특히 인간에게 유리한 출발을 추정하는 근거(in dubio pro persona)가 된다. 즉 국가가 인간을 위해서 존재하는 것이지, 인간이 국가를 위해서 존재하는 것은 아니라는 원칙을 확인해 준다(반전체주의적 원리). ③ 인간의 존엄성은 헌법조항을 비롯한 모든 법령 해석에 관한 다툼이 있을 때 궁극적인 해석기준이 되고(법의 해석기준), 법질서에 흠결이 있으면 그 보완 근거(법의 보충 근거)가 된다.

(2) 헌법의 한계원리적 성격

인간의 존엄성은 헌법의 한계원리로서 국가적(및 사회적) 활동에서 넘을 수 없는 한계가 된다. 인간의 존엄성은 그에 관한 명시적인 개정 금지조항이 없더라도 헌법 개정 한계가 되고, 기본권 제한에서도 그 한계를 형성한다.

(3) 원칙규범적 성격

인간의 존엄과 가치도 다른 기본권규정과 마찬가지로 객관적 헌법규정으로서 ① 모든 법질서의 해석기준으로서, 특히 사법규정을 해석할 때도 기준이 되어 사법관계에도 적용되고, ② 국가의 '인간존엄성' 보호의무를 발생시키는 근거가 되며, ③ 국가조직법규와 절차법규를 제정할 때 기준이 된다.

(4) 헌법에 열거되지 아니한 권리의 인정표지적 성격

인간의 존엄성 규정은 헌법 제37조 제1항의 헌법에 열거되지 아니한 국민의 자유와 권리를 식별하는 내용적 표지 역할을 한다. 이때 헌법 제10조 제1문 전단과 제37조 제1항 사이에 '쌍방적 기본권창설관계'가 성립한다. 문제는 헌법 제37조 제1항에는 국민의 자유와 권리로서 헌법에 열거되지 않은 것은 그 이유로, 즉 열거되지 않았다는 이유로 경시되어서는 안 된다고 할 뿐이지 어떠한 것을 그러한 국민의 자유와 권리로서 인식할 수 있는지에 관한 내용적 표지가 결여되어 있다는 점이다. 이러한 표지로서 인간의 존엄성 규정을 드는 견해와 행복추구권 규정을 드는 견해가 있을 수 있다. 인간의 존엄성 규정은 보호영역이 정태적이고 범위도 협소하여 열거되지 아니한 권리의 내용을 포착하는 표지로서는 너무 제한적이므로 행복추구권 규정이 그 표지가 되어야 한다. 그러나 열거되지 아니한 권리의 성격에 따라서는 인간의 존엄성 규정과 행복추구권 규정이 함께 내용적 표지 역할을 하는 때도 있을 수 있다(예를 들어 생명권, 신체를 훼손당하지 아니할 권리 등).

3. (주관적) 기본권으로서 인간으로서의 존엄과 가치(존엄권이나 인격권)

인간으로서의 존엄과 가치에서 도출되는 존엄권(이나 좁은 뜻의 인격권)은 법률적 제한이 배제되는 인간의 본질적인 기본권이다. 이와 비교해서 인간으로서의 존엄과 가치와 행복추구권이 결합하여 도출되는 (일반적) 인격권은 인격의 제한된 영역과 관련하여 인정되는 기본권으로서 법률적 제한이 허용된다.

(1) 주체
① 살아있는 사람

존엄권은 인간의 권리로서 외국인도 존엄권 주체가 된다. 여기서 인간은 영혼-정신-신체의 통일체로서 존재하는 자연인을 뜻하므로, 법인, 그 밖의 단체는 존엄권의 주체가 될 수 없다. 존엄권은 인간이기만하면 인정되므로 미성년자, 피한정후견인, 피성년후견인, 범죄(행위)자, 수형자, 정신병자, 기형아, 식물인간 등도 모두 그 주체가 된다.

② 태아와 사자의 인간의 존엄
(ⅰ) 태아

넓은 뜻의 태아는 초기배아, 배아, 태아를 모두 포괄하는 개념으로 수정되고 나서 출생하기 전까지의 생명체를 가리킨다. 수정되고 나서 14일까지는 초기배아, 수정되고 나서 15일부터 56일 사이를 배아, 그 이후 출생하기 전까지는 좁은 뜻의 태아라고 한다. 넓은 뜻의 태아는 일정한 발육단계를 거쳐 인간으로 완성되는 생명체라는 점은 명백하다. 그런 의미에서 태아를 생성 중인 인간이라고 부른다. 태아에게는 인간의 존엄성을 인정하는 데 필수적인 전제가 되는 자아의식, 이성, 자율적 결정능력 등이 결여되어서 인간 존엄권의 주체성을 인정할 수 없다는 견해가 있을 수 있다. 그러나 이러한 견해는 중대한 심신상 장애로 말미암아 그러한 능력을 부분적으로 상실한 인간들, 예를 들어 식물인간 등에 대해서 인간의 존엄권을 부인하여야 한다는 결론에 이르게 되므로 받아들일 수 없다. 따라서 인간으로서 존재 자체가 부인되지 아니하는 한, 태아에게도 인간 존재에게 부여된 고유한 가치, 즉 존엄권의 주체성이 인정되어야 한다. 따라서 태아는 독자적인 인간생명체로 인정되는 순간부터 존엄권의 주체가 될 뿐 아니라, 국가의 인간존엄성 보호의무 대상이 된다. 이때 국가는 (설사 인간의 존엄과 가치에서 주관적 권리가 도출되지 아니하는 것으로 보거나 주관적 권리성을 인정하더라도 태아의 권리주체성이 부인된다고 할지라도 그와 상관없이) 태아의 인간으로서의 존엄과 가치에 대한 보호의무를 효과적으로 이행하여야 한다. 하지만 이들은 잠재적 존엄성의 획득 가능성만 있으므로 완성된 인간의 기본권과 충돌하거나 중대한 공익에 따라 제한되면 일반적인 보호와 같은 수준의 보호를 받을 수는 없다. 따라서 단계적인 보호가 불가피하다. 즉 수정란부터 시작하여 완성된 인간이 되기까지 그 성숙과정에 따라 존엄권의 보호수준을 옹근(완벽한) 인간 수준으로 근접하여 보호하여야 한다.

(ii) 사자

생명은 인간 존엄의 필요요건이지 충분조건은 아니다. 따라서 인간 존엄 보호와 생명 보호는 같지 않고, 생명 침해가 곧 인간 존엄 침해가 되지 않는다. 군인, 경찰관, 소방관의 생명 위험을 무릅쓸 의무와 정당방위 살해, 인질 구출을 위한 범인 조준살해는 당사자를 수단으로 다룬 것이 아니므로 인간 존엄 문제가 아니라 생명 침해 문제로 보아야 한다. 그러나 뇌사상태 임신부의 생명을 태아 출산을 위해서 인공적으로 유지하는 것은 임산부를 출산 도구로 이용한 것이므로 존엄권 침해로 볼 수 있다. 인간의 존엄과 행복추구권이 결합하여 도출하는 인격권에서는 사후에도 침해될 수 있으므로 사자도 인격권의 주체가 될 수 있다. 사체 해부는 일정한 근거가 있을 때만 가능한데, 사인 규명을 위한 해부는 존엄 침해가 아니다. 인간의 사체를 산업용으로 이용하는 것은 인간을 도구로 사용하는 것이므로 존엄 침해가 된다.

(2) 인간으로서의 존엄과 가치 제한

먼저 모든 기본권의 이념이며 목표인 인간의 존엄과 가치와 개별 기본권으로서 인간의 존엄과 가치는 구별되어야 한다. 전자는 객관적 원리로서 그 자체가 헌법 제37조 제2항의 규율대상이 되지 않는다. 따라서 이러한 구별을 전제로 제한 여부를 구별하는 것은 타당하지 않다. 그리고 인간의 존엄 규정 자체에서 도출되는 존엄권과 행복추구권이나 헌법 제37조 제1항과 연결되어 도출되는 기본권은 구별하여야 한다. 전자는 인간의 존엄과 가치를 보장하기 위한 최소한의 내용이 있는 기본권으로 절대적 보호를 받으므로, 헌법 제37조 제2항에 따라서 제한될 수 없다. 그러나 후자는 다른 개별 기본권과 차이가 없으므로 헌법 제37조 제2항에 따라서 제한될 수 있다.

II. 행복추구권

1. 의의

행복이라는 관념은 다의적으로 이해될 수 있고 행복의 감정은 주관적이다. 그러므로 행복은 개개인의 인생관이나 가치관에 따라 다른 내용으로 이해될 수 있다. 그리고 개인도 각각의 상황에서 요구하는 행복의 요건이 달라서 행복은 상대적일 수밖에 없다. 즉 행복은 시간과 장소, 즉 생활환경이나 조건 그리고 특히 사람에 따라 달라질 수밖에 없다. 따라서 행복추구권은 개개인이 그때그때의 상황에 따라 만족스럽다고 생각하고 느끼는 것을 얻기 위해서 자유롭게 노력하고 행동할 권리라고 할 수 있다.

2. 법적 성격

행복추구권의 법적 성격과 관련하여 ① '행복'이라는 말은 법조문화할 성격의 개념이 아니라면서 기본권적 형식의 실정헌법규정을 무시한 채 구체적 규범성을 부인하는 법규범성 자체를 부정하는 견해, ② 행복추구권을 구체적인 기본권이라고 할 수는 없다고 보고, 그것은 오히려 모든 자유권적 기본권의 이념과 가치로서 의의가 있어서 모든 자유권은 이 행복추구권의 정신적 기초 위에서 해석·적용되는 것이라고 하면서 자유권(적 기본권)의 정신적 기초인 하나의 이념으로 보는 견해, ③ 행복추구권을 다른 모든 기본권을 포괄하는 권리, 즉 모든 다른 기본권이 거기서 도출되어 나올 수 있는 일종의 모권, 즉 포괄적 기본권으로 보는 견해, ④ 헌법 제10조 제1문 전단의 '인간의 존엄과 가치'와 후단의 '행복추구권'을 하나로 묶고, 이 묶음을 하나의 기본권으로 이해하는 견해, ⑤ 행복추구권의 헌법수용과정에서 행복추구권이 인간 존엄성 조항을 구체화할 필요성에서 규정된 것이라는 점과 행복추구권이 권리로서 규정된 점 때문에 행복추구권은 이념이 아니라 개별 기본권으로 보아야 한다는 견해가 있다.

헌법재판소는 행복추구권 침해를 인정하고 그를 이유로 헌법소원을 제기할 수 있음을 인정함으로써 행복추구권의 주관적 권리성을 인정한다(헌재 1989. 10. 27. 89헌마56). 그리고 행복추구권의 포괄적 성격을 인정하되, 자유권적 성격의 보장만을 내용으로 한다는 점을 분명히 밝힌다(헌재 1995. 7. 21. 93헌가14). 행복추구권 속에는 일반적 행동자유권과 개성의 자유로운 발현권이 함축되어 있다고 한다(헌재 1991. 6. 3.

89헌마204).

일반적 행동자유권에는 적극적으로 자유롭게 행동을 하는 것은 물론 소극적으로 행동을 하지 않을 자유, 즉 부작위의 자유도 포함되는 것으로 보았다(헌재 1991. 6. 3. 89헌마204). 이때 가치 있는 행동만 그 보호 영역으로 하지 않는다고 한다(헌재 2003. 10. 30. 2002헌마518). 일반적 행동자유권의 구체적인 예로는 계약의 자유(헌재 1991. 6. 3. 89헌마204)를 들고, 그 밖에 일반적 행동자유권에 속하는 무정형적 행위로 소년이 당구를 통하여 자신의 소질과 취미를 살리는 것(헌재 1993. 5. 13. 92헌마80), 18세 미만자의 노래연습장 출입(헌재 1996. 2. 29. 94헌마13), 하기 싫은 일(음주 측정에 응하는 일)을 강요당하지 아니할 권리(헌재 1997. 3. 27. 96헌가11), 기부금품모집행위(헌재 1998. 5. 28. 96헌가5), 부동산을 양수한 자가 소유권이전등기를 할 것인지를 결정할 자유(헌재 1998. 5. 28. 96헌바83), 결혼식 하객에게 주류와 음식물을 대접하는 행위(헌재 1998. 10. 15. 98헌마168), 무상 또는 일회적·일시적으로 가르치는 행위(헌재 2000. 4. 27. 98헌가16등), 자신의 행복 추구를 위하여 내키지 아니하는 일(법위반사실 공표)을 하지 아니할 일반적 행동자유권(헌재 2002. 1. 31. 2001헌바43), 위험한 스포츠를 즐길 권리와 같은 위험한 생활방식으로 살아갈 권리(헌재 2003. 10. 30. 2002헌마518), 하기 싫은 일(소변을 받아 제출하는 일)을 하지 않을 자유와 자기 신체상태나 정보에 대하여 외부에 알리지 않을 자유(헌재 2006. 7. 27. 2005헌마277), 지역 방언을 자신의 언어로 선택하여 공적 또는 사적인 의사소통과 교육의 수단으로 사용하는 것(헌재 2009. 5. 28. 2006헌마618), 공원 탐방객이 자연공원지역을 자유롭게 출입할 자유(헌재 2012. 2. 23. 2010헌바99), 개인의 생활방식과 취미에 관한 사항(헌재 2003. 10. 30. 2002헌마518) 등을 든다.

개성의 자유로운 발현권은 일반적 행동자유권과 별개의 권리임을 이

야기되지만(헌재 1991. 6. 3. 89헌마204) 별도로 언급되지 않고, 일반적 행동자유권과 별도로 이것이 어떤 내용의 권리인지 구체적으로 설시된 예는 없다. 헌법재판소는 소비자가 자신의 의사에 따라 자유롭게 상품을 선택하는 소비자의 자기결정권도 행복추구권이 보호한다고 한다(헌재 2002. 10. 31. 99헌바76등). 그 밖에 헌법재판소는 행복추구권에서 사적자치권(헌재 2001. 5. 31. 99헌가18등), 자신이 마실 물을 선택할 자유와 수돗물 대신 먹는샘물을 음용수로 이용할 자유(헌재 1998. 12. 24. 98헌가1), 휴식권(헌재 2001. 9. 27. 2000헌마159) 등을 도출한다.

대법원은 행복추구권의 독자적 주관적 권리성을 인정하고(대법원 1983. 3. 22. 선고 82도2151 판결), 그 내용으로 만나고 싶은 사람을 만날 권리(대법원 1992. 5. 8. 선고 91누7552 판결), 자신이 먹고 싶은 음식이나 마시고 싶은 음료수를 자유롭게 선택할 수 있는 권리(대법원 1994. 3. 8. 선고 92누1728 판결), 기부금품을 자유로이 모집할 수 있는 권리(대법원 1999. 7. 23. 선고 99두3690 판결: 이는 헌법이 보호하는 행복추구권에서 파생하는 일반적 행동자유권에 속한다고 한다) 등을 든다.

3. 주체

일반적 행동자유권은 다양한 범주가 있으므로 일률적으로 말할 수 없다. 행복추구권에서 도출되는 권리 유형에 따라 달리 판단되어야 한다. 보통 자연인이 주체가 되겠지만 법인도 예외적으로 기본권의 성질이 허용하면, 예를 들어 계약의 자유는 법인도 주체가 될 수 있다. 사자는 명예권의 주체가 될 수 있으므로 행복추구권의 주체가 될 수 있다. 그러나 헌법재판소는 헌법 제10조의 인간으로서의 존엄과 가치와 행복을 추구할 권리는 그 성질상 자연인에게 인정되는 기본권이어서 법인은 그 주체가 되지 못한다고 한다(헌재 2006. 12. 28. 2004헌바67). 태아도 제한적으로 기본권주체가 될 수 있으므로 그러한 범위에서 행복추구권의 주체가 될 수 있다.

4. 다른 기본권과 맺는 관계

일반적 행동자유권으로 나타나는 행복추구권은 개별 기본권과 보호영역이 중복되어 양자의 기본권적 보장이 경합될 수 있다. 이때 그 보호영역 보장의 헌법적 근거와 관련하여 행복추구권과 개별 기본권의 관계가 문제 된다. 헌법재판소는 행복추구권을 보충적 성격의 것으로 해석하는 때도 있으나(헌재 2000. 12. 14. 99헌마112등), 행복추구권조항과 개별 기본권조항을 병렬적으로 심사하는 때도 적지 않다(헌재 1999. 9. 16. 99헌마219). 행복추구권이 모든 자유권을 포괄할 수 있는 기본권이기는 하지만, 특별법우선 원칙에 따라 헌법에서 열거한 자유권은 그 각각의 자유권으로 그리고 헌법에 열거되지 않았으나 사항주제별 영역설정이 가능하고 정형적인 범주를 형성하는 자유권은 (헌법 제10조 1문 후단의 '행복추구'가 실질적 표지기능을 하는) 헌법 제37조 제1항의 헌법에 열거되지 않은 권리로 각각 보호하고, 그 밖의 무규정적이고 비정형적인 넓은 범위의 행동이 일반적 행동자유권으로 행복추구권이 보호한다. 따라서 행복추구권과 개별 기본권의 관계는 보충적 보장관계에 있다고 보아야 한다.

5. 제한

행복추구권도 헌법이 보장하는 기본권으로서 다른 기본권과 마찬가지로 본질내용을 침해하지 않는 한 헌법 제37조 제2항에 따라 국가안전보장·질서유지 또는 공공복리를 위해서 제한될 수 있다(헌재 1990. 9. 10. 89헌마82). 이때 행복추구권은 국가안전보장·질서유지 또는 공공복리에 어긋나지 않는 한 최대의 존중이 필요하다(헌재 1991. 6. 3. 89헌가204). 헌법재판소는 행복추구권도 무제한·절대적인 기본권이 아니고 공동체 이익이라는 유보 아래에서만 보장되는 내재적 한계가 있다고 한다(헌재 1995. 7. 21. 94헌마125). 그러나 헌법 제37조 제2항은 일반적 법률유보규정을 두어서 헌법에 열거되었는지와 상관없이 헌법적으로 보장되는 모든 국민의 자유와 권리를 법률로 제한할 수 있도록 한다. 따라서 이러한 내재적 한계 논의는 기본권제한법률유보의 정당화근거로서 논의되는 것은 별론으로 하고 독자적인 제한사유로서는 실익이 없다.

Ⅲ. 평등권

1. 평등의 개념과 법적 성격

단 하나의 대상은 같은 시간에 평등을 논의할 수 없다. 평등이라는 개념은 논리적으로 먼저 둘 이상의 대상을 전제한다. 평등은 대상들을 상호 관련시켜서 그것들을 비교하고 판단하는 것이다. 이때 서로 비교되는 대상들은 전체가 아니라 상당수의 특징적인 점을 고려한 몇 개의 관점에 국한된다. 어떤 사물도 모든 관점에서 같을 수 없으므로 어떤 관점에서 같다는 것을 제시하지 않으면 평등하다고 말할 수 없기 때문이다. 결론적으로 평등 개념은 '(비교)대상의 다양성'과 '비교의 관점' 그리고 '비교와 일치'라는 요소로 구성된다.

헌법 제11조 제1항은 "모든 국민은 법앞에 평등하다."라고 규정하여 평등원칙을 선언한다. 평등원칙은 법적용 대상이 되는 모든 인간을 원칙적으로 동등하게 다루어야 한다는 법원칙으로 한국 헌법에서 모든 보장의 당위적 상태를 규정한다. 그리고 평등원칙은 인간의 존엄과 관련하여 헌법의 최고이념인 인간의 존엄을 실현할 때 따라야 할 방법적 기준을 제시한다. 평등은 기본권 보장에 관한 헌법상 최고원리로서 국가가 입법을 하거나 법을 해석하고 집행할 때 준수하여야 할 기준이면서 합리적 이유 없이 불평등한 대우를 하지 말고 평등하게 대우하도록 국가에 요구할 수 있는 모든 국민의 권리이다(헌재 1989. 1. 25. 88헌가7). 그리고 "헌법이 보장하는 평등의 원칙은 개인의 기본권신장이나 제도의 개혁에서 법적 가치의 상향적 실현을 보편화하기 위한 것이지, 불균등의 제거만을 목적으로 한 나머지 하향적 균등까지 수용하고자 하는 것은 결코 아니다."(헌재 1990. 6. 25. 89헌마107) 헌법상 평등원칙은 국가가 언제 어디에서 어떤 계층을 대상으로 기본권에 관한 사항이나 제도개선을 시작할 것인지를 선택하는 것을 방해하지 않는다. 즉 국가는 합리적인 기준에 따라 능력이 허용하는 범위 안에서 법적 가치의 상향적 구현을 위한 제도의 단계적인 개선을 추진할 길을 선택할 수 있다. 그렇지 않다면 모든 사항과 계층을 대상으로 하여 동시에 제도 개선을 추진하는 예외적인 때를 제외하고는 어떠한 제도 개선도 평등원칙 때문에 시행할 수 없는 결과에 이르게 되어 불합리할 뿐 아니라 평등원칙이 실현하고자 하는 가치에도 어긋나기 때문이다(헌재 2002. 12. 18. 2001헌마546).

2. 일반적 평등원칙

(1) 일반적 평등원칙과 개별적 평등원칙

헌법은 제11조 제1항에서 일반적 평등원칙을 규정하고, 그 밖의 몇몇 규정에서 개별적 평등원칙을 별도로 규정한다. 개별적 평등원칙이 평등 내용을 구체적으로 규정하는 영역에서는 그것이 일반적 평등원칙보다 먼저 적용된다. 이러한 개별적 평등원칙이 없을 때 비로소 일반적 평등원칙이 적용된다. 평등원칙은 원칙적으로 입법자에게 헌법적으로 아무런 구체적인 입법의무를 부과하지 않고, 다만 입법자가 평등원칙에 어긋나는 일정 내용의 입법을 하게 되면, 이로써 피해를 입게 된 자는 직접 해당 법률조항을 대상으로 하여 평등원칙 위반 여부를 다툴 수 있을 뿐이다(헌재 2003. 1. 30. 2002헌마358).

(2) 법 앞에

헌법 제11조 제1항 전문은 "모든 국민은 법앞에 평등하다."라고 규정한다. 여기서 '법'은 형식적 법률만을 뜻하는 것이 아니고 한 나라의 법체계를 형성하는 모든 법규범을 가리킨다. 모든 법규범을 뜻하므로 헌법·법률·명령·규칙 등의 성문법과 불문법을 가리지 않고, 국내법인지 국제법인지도 불문한다.

실정헌법조항이 '법 앞에'라는 문언을 사용함으로써 이미 제정된 법의 적용만을 문제 삼는 것으로 볼 여지가 있다. 이에 따라 '법 앞에 평등'을 법을 구체적으로 집행하고 적용하는 국가작용인 집행과 사법을 구속하는 원리로 이해하는 입법자비구속설(법적용평등설)과 '법 앞에 평등'을 법의 집행과 적용뿐 아니라 법의 제정까지도 포함한 모든 국가작용을 구속하는 원리로 이해하는 입법자구속설(법내용평등설)이 대립한다. 헌법 제10조 제2문 국가의 기본권보장규정과 한국 헌법상 실질적 법치국가원리에 비추어 법 앞의 평등에는 법적용상 평등뿐 아니라 법내용상 평등도 포함된다고 보아야 한다. 따라서 입법자도 평등조항에 구속된다. 헌법재판소도 "우리 헌법이 선언하고 있는 "인간의 존엄성"과 "법앞에 평등"(헌법 제10조, 제11조 제1항)이란 행정부나 사법부에 의한 법적용상의 평등을 뜻하는 것 외에도 입법권자에게 정의와 형평의 원칙에 합당하게 합헌적으로 법률을 제정하도록 하는 것을 명령하는 이른바 법내용상의 평등을 의미"한다고 하여 입법자구속설을 취한다(헌재 1992. 4. 28. 90헌바24). 평등원칙은 각각의 권한 있는 수범자의 권한범위 안에서만 구속한다. 따라서 지방자치 영역을 관할하는 지방자치단체 사이에서 법이나 그 적용을 달리하는 것은 원칙적으로 평등원칙 문제가 될 수 없다(헌재 1995. 4. 20. 92헌마264등).

(3) 평등

절대적 평등은 모든 것을 똑같이 대우한다는 의미의 평등을 말한다. 절대적 평등은 '다른 것도 같게' 취급하여 오히려 불평등한 결과를 초래할 수 있다. 따라서 정당한 이유 있는, 즉 합리적 근거가 있는 차별이나 불평등은 허용된다는 뜻에서 '상대적 평등'으로 파악하는 것이 타당하다. 헌법재판소도 "헌법 제11조 제1항은 모든 국민은 법 앞에 평등하다고 규정하여 평등권을 보장하고 있다. 그러나 이는 모든 차별적 대우를 부정하는 절대적 평등을 의미하는 것이 아니라 법을 입법하고 적용함에 있어서 합리적인 근거에 기한 차별을 인정하는 상대적 평등 즉 '같은 것은 같게, 다른 것은 다르게' 취급하는 실질적인 평등을 의미하는 것이므로 본질적으로 평등한 것을 자의적으로 불평등하게 취급하거나 본질적으로 불평등한 것을 자의적으로 평등하게 취급하는 것을 금지하고 있는 것이다."라고 하여 상대적 평등설을 취한다(헌재 1998. 11. 26. 97헌바 31).

(4) 평등권 침해 여부 - 2단계 심사

평등권은 자유권과 달리 보호할 특정한 생활영역, 즉 보호영역이 없다. 따라서 평등권은 특정한 보호영역을 보호하는 것이 아니라 '상대적' 또는 '관계적' 지위를 보호할 뿐이다. 그러므로 평등권을 침해한다는 것은 해당 법률(조항) 자체가 위헌이라는 것이 아니라 규율관계가 위헌이라는 것을 뜻한다. 그래서 자유권에서는 보호영역을 침해하는 특정 행위 자체가 금지되어 절대적 헌법 위반이 문제 되지만, 평등권에서는 상대적 헌법 위반이 문제 된다. 이러한 차이 때문에 평등권과 자유권은 심사구조가 다르게 나타난다. 자유권의 심사구조는 일정한 자유의 보호영역을 전제로 그 보호영역에 대한 국가적 제약과 그 제약의 정당화라는 3단계 심사(보호영역 확정 - 제약 확인 - 헌법적 정당화)에 기초한다.

하지만 실체적인 보호영역이 없는 평등권은 본질적으로 같이 다루어야 할 일정한 비교집단을 차별하는지를 확인하고, 그 정당성 여부를 심사하는 2단계 심사를 한다.

① 차별 취급 존재 여부

평등은 '같은 것은 같게, 다른 것은 다르게' 취급하는 것을 말한다. 따라서 본질에서 같은 것을 다르게 취급하는 것은 금지된다. 본질에서 다른 것을 자의적으로 같게 대우하는 것도 금지된다. 이때의 농등성은 동일성의 의미가 아니라 비교가 가능한 것이라는 것을 뜻한다. 비교될 수 있으려면 먼저 비교의 준거가 있어야 한다(헌재 1996. 12. 26. 96헌가18). 비교의 준거는 법적으로 다르게 다루어진 다른 사람, 인적 집단 또는 상황을 포괄하는 공통의 상위개념이다. 하나의 차별표지를 따를 때 다른 사람, 다른 인적 집단이나 다른 상황을 그 상위개념을 통해서 옹글게(완벽하게) 그리고 남김없이 파악할 수 있어야 한다. 평등 취급은 관계된 사례에 대해서 같은 법적 효과를 명령한다. 만일 같은 법적 효과가 나타나지 않으면 다른 취급이 있다.

② 차별 취급의 헌법적 정당성

헌법재판소는 "평등위반 여부를 심사함에 있어 엄격한 심사척도에 의할 것인지, 완화된 심사척도에 의할 것인지는 입법자에게 인정되는 입법형성권의 정도에 따라 달라지게 될 것이다. 먼저 헌법에서 특별히 평등을 요구하고 있는 경우 엄격한 심사척도가 적용될 것이다. 헌법이 스스로 차별의 근거로 삼아서는 아니되는 기준을 제시하거나 차별을 특히 금지하고 있는 영역을 제시하고 있다면 그러한 기준을 근거로 한 차별이나 그러한 영역에서의 차별에 대하여 엄격하게 심사하는 것이 정당화된다. 다음으로 차별적 취급으로 인하여 관련 기본권에 대한 중대한 제한을 초래하게 된다면 입법형성권은 축소되어 보다 엄격한 심사척도가 적용되어야 할 것이다."라고 하여 2중 심사기준을 제시한다. 그리고 "엄격한 심사를 한다는 것은 자의금지원칙에 따른 심사, 즉 합리적 이유의 유무를 심사하는 것에 그치지 아니하고 비례성원칙에 따른 심사, 즉 차별취급의 목적과 수단간에 엄격한 비례관계가 성립하는지를 기준으로 한 심사를 행함을 의미한다."라고 하여 각 심사기준의 구체적 내용을 밝혔다(헌재 1999. 12. 23. 98헌마363).

평등권심사에서 비교대상이 된 두 개의 집단이 일정한 비교 관점에서 본질에서 같은 요소가 있다고 판단되면, 그 다음에는 차별을 확인하고 나서 심사기준을 채택하여 그 기준에 따라 그 차별을 정당화할 수 있는지를 검토하여야 한다. 이때 비례성심사를 하여야 하는 사유에 해당하는지를 검토하고 나서 그 사유에 해당하지 않으면 자의금지심사를 한다.

헌법재판소는 제대군인가산점 결정에서 비례성원칙에 따른 심사를 하여야 할 첫째 기준으로 제시한 '헌법에서 특별히 평등을 요구할 때'는 헌법이 차별의 근거로 삼아서는 아니 되는 기준이나 차별을 금지하는 영역을 제시하는데도 그러한 기준을 근거로 한 차별이나 그러한 영역에서 차별하는 것을 말한다(헌재 2001. 2. 22. 2000헌마25). 헌법 제11조 제1항 후문은 구체적으로 차별을 정당화하는 이유로 고려될 수 없는 징표로써 성별·종교 또는 사회적 신분에 대한 차별을 언급한다. 그 밖에 헌법은 여러 생활영역에서 특별히 평등을 요구한다. 고용·임금 및 근로조건에서 성차별을 금지하고(제32조 제4항), 혼인과 가족생활에서 양성평등(제36조 제1항), 선거권의 평등(제24조 및 제41조 제1항, 제67조 제1항), 정당의 기회균등(제8조 제1항), 능력에 따라 균등하게 교육을 받을 권리(제31조 제1항)를 보장한다. 헌법이 이처럼 차별금지를 구체화하면 심사기준도 자의금지원칙이 아니라 비례성원칙이 적용되어야 한다. 그런데 '헌법에서 특별히 평등을 요구할 때'는 개념적으로 제대군인가산점 결정에서 제시한 사유인 차별금지사유와 차별금지영역만 있을 뿐 아니라 차별명령(우대명령)도 포함될 수 있다. 하지만 차별명령은 오히려 완화한 심사기준(자의금지원칙)을 적용하거나, 엄격한 심사기준(비례성원칙)을 적용하더라도 완화한 심사밀도를 적용하는 근거로 사용됨에 유의하여야 한다.

헌법재판소는 제대군인가산점 결정에서 비례성원칙에 따른 심사를 하여야 할 둘째 기준으로 차별적 취급으로 말미암아 관련 기본권에 대한 중대한 제한을 초래할 때를 든다. 그런데 헌법재판소는 이러한 판시의 의미에 대해서 차별적 취급으로 말미암아 기본권에 중대한 제한을 초래할수록 더 엄격한 심사척도가 적용되어야 한다는 취지이고, 기본권에 대한 제한이기는 하나 중대하지 않으면 엄격한 심사척도가 적용되지 않는다는 취지는 아니라고 보았다(헌재 2003. 9. 25. 2003헌마30).

자의금지심사에서 자의는 차별을 위한 합리적 사유·근거가 결여된 것을 말한다. 평등원칙의 파생인 자의금지원칙(헌재 1993. 7. 29. 89헌마31)은 본질에서 서로 같은 것을 자의적으로 불평등하게 또는 본질적으로 서로 다른 것을 자의적으로 평등하게 취급하는 것을 금지하는 원칙을 말한다. 자의금지심사에서 '자의적'이라는 개념은 주관적 책임 비난을 의미하는 것이 아니라, 객관적으로 명백한 근거가 없음을 뜻한다. 즉 법률규정과 입법자가 규율하려는 영역 사이에 아무런 내적 관련성이 없거나 그러한 내적 관련성이 있긴 하지만 옹글게(완벽하게) 불충분한 관계에 있음이 명백하면 차별의 자의성이 인정된다. 자의금지심사는 차별을 정당화하는 합리적 사유가 있는지를 심사하는 것이다. 차별을 정당화하는 합리적 사유는 (ⅰ) 비교대상 사이에 있는 사실상 차이(사물의 본성에서 나오는 합리적 이유), (ⅱ) 입법목적(차별목적: 공익) 관점에 따른 합리적인 고려가 있다. 헌법재판소는 자의금지원칙에 관한 심사요건으로 (i) 본질적으로 동일한 것을 다르게 취급하고 있는지와 관련된 차별취급 존재 여부와 (ii) 이러한 차별취급이 있다면 이를 자의적인 것으로 볼 수 있는지라고 하면서, (i)의 요건에 관련하여 두 개의 비교집단이 본질적으로 동일한지의 판단은 일반적으로 해당 법규정의 의미와 목적에 달려 있고, (ii)의 요건에 관련하여 차별취급의 자의성은 합리적인 이유가 결여된 것을 의미하므로, 차별대우를 정당화하는 객관적이고 합리적인 이유가 존재한다면 차별대우는 자의적인 것이 아니게 된다고 한다(헌재 2002. 11. 28. 2002헌바45). 입법자가 선택할 수 있는 수단 중에서 더 합리적이고 타당한 수단이 있다고 하여 해당 차별수단이 자의적으로 판단되는 것이 아니라 해당 공권력 행사나 불행사를 위한 합리적 근거를 전혀 발견할 수 없을 때, 어떠한 관점에서도 정당화할 수 없음이 명백한 때만 공권력 행사의 '자의성'이 인정된다.

자의금지심사는 차별을 정당화하는 합리적인 이유가 있는지만을 심사하므로 그에 해당하는 비교대상 사이의 사실적 차이나 입법목적(차별목적)의 발견·확인에 그치지만, 비례성심사는 단순히 합리적인 이유 존부 문제가 아니라 차별을 정당화하는 이유와 차별 사이의 상관관계에 대한 심사, 즉 비교대상 사이 사실적 차이의 성질과 비중 또는 차별목적의 비중과 차별 정도에 적정한 균형관계가 이루어져 있는지를 심사한다(헌재 2001. 2. 22. 2000헌마25). 평등권은 자유권과 달리 실체적인 보호영역이 없으므로 보호영역을 전제로 한 제한과 제한의 한계심사기준으로서 비례성원칙을 적용하려면 평등권 구조를 자유권 구조로 전환하는 작업이 선행되어야 한다. 즉 평등권의 보호영역을 '정의 기준에 부합하는 대우'로, '외견상 차별대우'를 평등권 제약으로 의제함으로써, 차별대우로 실현하려는 이익(입법목적)과 제약되는 이익 사이에 법익형량이 가능하게 된다. 이러한 관점에서 평등권과 자유권의 비례성심사 차이는 제약의 비례성이 아니라 차별대우의 비례성이라는 점에 있다. 자유권의 비례성심사의 부분원칙에 상응하여 평등권의 비례성심사에서는 차별목적의 정당성(차별이 추구하는 목적이 헌법적으로 정당한 것인지), 차별수단의 적합성(차별취급이 차별목적 달성에 적합한 것인지), 차별대우의 필요성(차별취급이 차별목적 달성에 불가피한 수단인지)(헌재 2006. 6. 29. 2005헌마44), 법익균형성(차별목적과 수단 사이에 비례성이 있는지)을 차례대로 검토하게 된다(헌재 1996. 8. 29. 93헌바57).

3. 일반적 평등원칙의 구체화

(1) 차별대우 금지

헌법 제11조 제1항 제2문은 "누구든지 성별·종교 또는 사회적 신분에 의하여 정치적·경제적·사회적·문화적 생활의 모든 영역에 있어서 차별을 받지 아니한다."라고 규정하여 차별대우를 금지한다. 헌법 제11조 제1항 제2문에 규정된 차별표지들이 예시적으로 규정된 것인지(예시설), 이를 한정적으로 열거된 것으로 파악할 것인지(한정설)가 문제 된다. 규정된 차별금지사유가 아닌 다른 기준에 따른 차별도 역시 평등위반이 된다는 점에서 예시설이 타당하다. 다만, 헌법이 차별이 허용되지 아니하는 사유를 명시하였다는 점에 비추어 이러한 차별표지에 따른 차별을 더 엄격히 제한하려는 의도가 있다. 따라서 규정된 차별금지사유에 따른 차별의 정당화 여부는 엄격한 심사기준인 비례성원칙에 따라 심사되어야 한다.

간접차별은 직접적으로는 중립적이거나 다른 차별사유에 따른 차별로 보이지만, 주로 혹은 전형적으로 특정집단을 차별하는 것을 말한다. 은폐된 직접차별은 증명 문제에 불과하여 간접차별로 볼 수 없다. 간접차별포함설은 다른 표지를 통해서 차별하지만, 주로 또는 전형적으로 헌법 제11조 제1항 제2문의 차별금지표지가 있는 사람들을 차별하는 때도 헌법 제11조 제1항 제2문을 적용하자는 견해이다. 이에 대해서는

'간접'차별이라는 개념의 모호성 때문에 입법자를 비롯한 공권력의 형성여지를 지나치게 축소할 것이라는 비판이 있다. 그러나 일반적 평등원칙 위반 여부를 심사할 때 현실 속에서 나타나는 실질적 효과가 결정적 기준으로 작용한다. 간접차별에도 직접차별과 그 효과 측면에서는 다를 바가 없으므로 헌법 제11조 제1항 제2문 적용대상으로 인정하여야 한다. 다만, 직접적으로는 차별하는 것이 아니라는 점을 참작하여 정당화 요건을 완화할 필요는 있다.

성별에 따른 차별 금지는 남녀평등을 뜻한다. 성별이라는 표지는 생물학적으로 주어진 바 또는 예외적인 경우 법적으로 승인된 성의 전환을 근거로 하여서 나오는 바와 같이, 남성이나 여성에 속함을 말한다. 공법 영역은 물론 사법 영역에서도 성에 관한 가치판단을 기초로 하는 차별대우는 허용되지 않는다. 그러나 성에 관한 가치판단이 아니라 남녀의 사실적(생래적) 차이에 근거한 차별이나 그 밖의 합리적 이유가 있는 차별은 허용된다.

헌법은 종교의 자유를 보장함으로써(제20조 제1항) 모든 종교에 대하여 균등한 기회를 부여하고 국교를 인정하지 않을 뿐 아니라 정교분리원칙(제20조 제2항)을 규정함으로써 국가에 모든 종교에 대한 중립의무를 부담시킨다. 이처럼 한국 헌법은 제도적으로 종교의 평등을 보장하고 이를 차별근거로 삼는 것을 배제한다. 헌법재판소는 일요일은 특별한 종교의 종교의식일이 아니라 일반적인 공휴일로서 사법시험을 치른다고 하여서 불합리한 차별을 한 것이 아니라고 하였다(헌재 2001. 9. 27. 2000헌마159).

사회적 신분의 의미가 무엇인지와 관련하여 출생과 더불어 획득한 지위만을 사회적 신분이라고 하는 선천적 신분설과 선천적 신분 이외에 사회생활상 획득한 지위도 사회적 신분이라고하는 후천적 신분설이 대립한다. 선천적 신분설을 따르면 사회적 신분이 가문이나 문벌과 다를 바 없어 그 개념이 너무 협소하고, 후천적 신분설을 따르면 신분을 지나치게 넓은 의미로 해석하는 것이 되어 사회적 신분이 아닌 것이 없다고 비판하면서 후천적 신분을 기본으로 하되 이를 좀 더 제한적으로 해석하는 것이 타당하다는 절충설도 있다. 헌법재판소는 "사회적 신분이란 사회에서 장기간 점하는 지위로서 일정한 사회적 평가를 수반하는 것을 의미한다."(헌재 1995. 2. 23. 93헌바43)라고 하면서 누범(헌재 1995. 2. 23. 93헌바43)과 상습범(헌재 1989. 9. 29. 89헌마53)에 대한 가중처벌의 합헌성을 인정하였다. '사회적 신분'에서 '사회석'이라는 말을 신분을 제한하는 말로 해석하여 '사회적 신분'의 의미를 '선천적이든 후천적이든 불문하고 상당 기간 이상 지속되면서 반복적으로 영향을 미치는 개인의 사회적 위치와 계급'으로 축소하는 것이 타당하다.

헌법 제11조 제1항 제2문은 차별이 허용되지 아니하는 영역으로 '정치적 · 경제적 · 사회적 · 문화적 생활의 모든 영역'이라고 규정한다. 그러나 평등원칙은 그 적용범위가 제한이 없는 일반적 법원칙이라는 점에서 이를 예시적이라고 보아야 한다. 따라서 차별이 허용되지 아니하는 영역은 인간의 모든 생활영역이다.

(2) 사회적 특수계급제도 금지

헌법 제11조 제2항은 사회적 특수계급제도를 금지한다. 사회적 특수계급제도란 조선 시대의 반상제도나 귀족제도, 노예제도 등의 봉건적 유제를 가리킨다. 이러한 제도는 평등원칙에 어긋나서 인정될 수 없으므로 어떠한 형태로도 창설할 수 없다.

(3) 영전세습 금지

헌법 제11조 제3항은 영전일대원칙을 채택하여 영전 세습제를 부인한다. 그러나 영전 세습을 부인하는 것은 그로 말미암은 특권(그 자손의 특진·조세 감면·형벌 면제 등)을 부인하는 것이지 연금 지급이나 유족에 대한 보훈까지 금지하는 것은 아니다. 영전 세습을 부인하는 것은 특수계급 발생을 예방하려는 것이다(헌재 1997. 6. 26. 94헌마52).

4. 주체

헌법 제11조 제1항은 모든 '국민'이라고 규정하지만, 대한민국 국민뿐 아니라 외국인에게도 원칙적으로 평등원칙이 적용되므로 외국인도 평등권의 주체가 된다. 국가인권위원회법 제4조는 외국인의 평등권주체성을 명문으로 인정한다. 다만, 한국 국민이 아니고는 누릴 수 없는 정치적 기본권과 같은 공권 및 일정한 사법상 권리는 외국인에게 인정되지 않는다. 외국인에 적용되는 평등조항의 구체적 범위는 국제법과 상호주의원칙에 따라 결정된다. 평등권은 자연인만이 아니라 법인, 그 밖의 단체도 성질상 법인, 그 밖의 단체의 기본권주체성이 인정되는 기본권 영역에서는 주체가 될 수 있다.

5. 효력

입법구속설이 관철됨에 따라 평등권은 집행권, 사법권은 물론 입법권까지 포함한 모든 국가권력을 구속하는 기본권으로 인정된다. 대사인적 효력이 평등권에서 먼저 문제 된 것에서 알 수 있듯이 평등권은 사법관계에서 가장 많이 문제 되는 기본권이다. 특히 사적 자치의 전제가 되는 사적 관계 당사자의 동등한 지위를 인정할 수 없을 때가 증가하는 현실 속에서 평등권은 헌법질서에 어긋나는 사법관계를 바로잡는 유용한 기준으로 작용한다. 따라서 평등권은 사법관계에도 적용되어야 하고, 그 적용방식은 사적 자치를 존중하기 위해서 간접적으로 적용되어야 한다. 이처럼 평등권은 대국가적 효력 이외에 대사인적 효력도 있다.

제2절 인신의 자유와 사생활

Ⅰ. 생명권

1. 의의

생명권은 인간의 생명을 보호하는 기본권이다. 생명권이 보호하는 생명은 죽음에 대칭되는, 아직 생명이 아닌 것과 죽음에 반대되는 인간의 육체적 존재 형태, 즉 인간 생존('살아 있음') 그 자체를 뜻하는 순수한 자연적 개념이다. 생명에 관한 사회과학적 평가는 허용되지 않는다. 그러므로 사회적 기능을 수행할 수 있는지에 따라 생명을 차별할 수 없다. 즉 모든 생명은 동등한 법적 가치가 있다. 따라서 생명을 가치 있는 것과 그렇지 않은 것으로 구별할 수 없다. 즉 인간의 생명은 조건 없이 언제나 보호된다. 결국, 생명권을 통한 생명 보호는 어떠한 전제에 좌우되거나 특정 요건 충족을 요구하지 않는다. 생명 보호의 유일한 요건은 인간임(정확하게는 인간이라는 종에 속함)뿐이다.

한국 헌법은 생명권을 명시한 적이 없다. 현행 헌법에도 생명권에 관한 명문 규정이 없다. 헌법재판소는 헌법에 명문 규정이 없더라도 인간의 생존본능과 존재목적에 바탕을 둔 선험적이고 자연법적인 권리로서 헌법에 규정된 모든 기본권의 전제로서 기능하는 기본권 중의 기본권이라고 한다(헌재 1996. 11. 28. 95헌바1). 명문 규정 유무와 관계없이 인정된다는 견해는 생명권의 법적 성격과 그 중요성을 강조하는 것에 그칠 뿐이지 헌법적 근거를 밝히는 것은 아니다. 생명권은 일단 헌법의 기본권규정에서 명문으로 규정한 기본권은 아니다. 따라서 생명권은 헌법 제37조 제1항의 헌법에 열거되지 아니한 권리로 볼 수밖에 없다. 그러나 헌법 제37조 제1항은 국민의 자유와 권리로서 헌법에 열거되지 않은 것은 그 이유로, 즉 열거되지 않았다는 이유로 경시되어서는 아니 된다고 할 뿐이지 어떠한 것을 그러한 국민의 자유와 권리로서 인식할 수 있는지에 관한 내용적 표지가 빠져 있다. 이러한 표지로서 헌법 제10조의 인간으로서의 존엄과 가치(인간의 존엄성)나 행복추구권을 들 수 있다. 인간의 존엄성은 보호영역이 정태적이고 범위도 협소하여 열거되지 아니한 권리의 내용을 포착하는 표지로서는 너무 제한적이다. 그러므로 행복추구권이 그 표지가 되어야 한다. 그러나 열거되지 아니한 권리의 성격에 따라서는 인간의 존엄성과 행복추구권이 함께 내용적 표지 역할을 하는 때도 있다. 생명권에서 생명은 인격과 밀접 불가분하게 연결되어서 인간의 존엄성과 행복추구권 양자 모두를 실질적 근거로 보아야 한다. 더하여 헌법 제30조는 다른 사람의 범죄행위로 말미암아 생명·신체에 대한 피해를 받은 국민은 법률이 정하는 바에 의하여 국가에서 구조를 받을 수 있다고 규정한다. 이는 생명에 대한 피해 보상을 규정한 것으로 헌법이 생명을 보호대상으로 명시적으로 규정한 것이다. 따라서 헌법 제30조는 생명권의 간접적 근거로 삼을 수 있다. 결론적으로 생명권은 제10조 제1문 전단 인간으로서의 존엄과 가치와 후단 행복추구권, 제37조 제1항의 헌법에 열거되지 아니한 권리조항을 직접적 근거로 그리고 헌법 제30조를 간접적 근거로 볼 수 있다.

2. 주체

① 생명권의 주체는 모든 자연인이다(성질상 법인, 그 밖의 단체는 주체가 될 수 없음은 자명하다).

② 생명의 시기는 민법(예를 들어 전부노출설)이나 형법(예를 들어 진통설) 등 개별법 분야에 따라 그리고 그 구체적 보호대상에 따라 달리 확정될 수 있다. 대법원은 "인간의 생명은 잉태된 때부터 시작되는 것이고 회임된 태아는 새로운 존재와 인격의 근원으로서 존엄과 가치를 지니므로 그 자신이 이를 인식하고 있던지 또 스스로를 방어할 수 있는

지에 관계없이 침해되지 않도록 보호되어야 한다."라고 한다(대법원 1985. 6. 11. 선고 84도1958 판결). 헌법재판소는 모든 인간은 헌법상 생명의 주체가 되며, 형성 중의 생명인 태아에게도 생명에 대한 권리가 인정되어야 하므로 태아도 헌법상 생명권의 주체가 된다고 한다(헌재 2008. 7. 31. 2004헌바81). 그러나 헌법재판소는 출생 전 형성 중의 생명에 대해서 헌법적 보호 필요성이 크고 일정할 때 그 기본권주체성이 긍정된다고 하더라도, 어느 시점부터 기본권주체성이 인정되는지 그리고 어떤 기본권에 대해 기본권주체성이 인정되는지는 생명의 근원에 대한 생물학적 인식을 비롯한 자연과학·기술 발전의 성과와 그에 터 잡은 헌법 해석에서 도출되는 규범적 요청을 고려하여 판단하여야 할 것이라고 하면서, 아직 모체에 착상되거나 원시선이 나타나지 않은 이상 현재 자연과학적 인식 수준에서 독립된 인간과 배아 사이의 개체적 연속성을 확정하기 어렵다고 봄이 일반적인 점, 배아는 현재 과학기술 수준에 비추어 모태 속에서 수용될 때 비로소 독립적인 인간으로 성장 가능성을 기대할 수 있다는 점, 수정 후 착상 전의 배아가 인간으로 인식된다거나 그렇게 취급하여야 할 필요성이 있다는 사회적 승인이 있다고 보기 어려운 점 등을 종합적으로 고려할 때, 초기배아는 기본권주체성을 인정하기 어렵다고 한다(헌재 2010. 5. 27. 2005헌마346). 생명권은 다른 기본권 인정이 비로소 의미가 있을 수 있는 생존의 기초를 보장하므로 최대한으로 보장되어야 한다. 그리고 생명에 관해서는 가치판단 자체가 인정될 수 없다. 생명의 시기를 수정된 후의 일정 시점으로 정하면, 수정란마다 개별적으로 성장속도에 차이가 있을 수 있어서 명확한 기준이 될 수 없고, 근본적으로 수정란 이후의 발생과정은 연속선상에 있다는 점에서 문제가 있다. 따라서 생명의 시기를 수정과 동시에 시작되는 것으로 보지 않을 수 없다.

③ 생명의 종기와 관련하여 의학적으로 세포사설, 심장사설과 뇌사설

이 있다. 세포사는 신체의 모든 세포가 완전히 죽은 것을 말하는데, 그 시기를 정확히 확인할 수 없어 지금까지는 심장사를 법적 죽음으로 보아 왔다. 그러나 심장사는 의학 발달로 심폐기능을 인위적으로 연장하는 것이 가능하게 됨에 따라 확실한 사망기준으로 인정하기 어렵게 되었다. 이에 따라 최근에는 장기이식과 관련하여 뇌사설이 대두한다. 이런 추세에 맞추어 1999년 2월 8일 '장기등 이식에 관한 법률'이 제정·공포되어 2000년 2월 9일부터 시행되었다. 이를 따르면 뇌사자는 생전에 본인이 동의한 때뿐 아니라 본인의 명시적인 반대의사가 없는 한 유족이 동의한 때도 장기이식이 가능하게 되었다. 이 법에서는 명시적으로 뇌사를 사망으로 정의하지는 않지만, 뇌사자와 사망한 자의 장기이식요건을 같게 인정하여 결국 장기이식 분야에서는 뇌사를 사망으로 본다.

3. 내용

(1) 방어권적 내용

생명권은 살 권리 즉, 육체적 실존을 보호하는 기본권이다. 생명권이란 먼저 생명에 대한 모든 형태의 국가적 침해를 방어하는 권리를 그 내용으로 한다. 따라서 국가가 생명으로 인정할 수 있는지에 관한 결정을 내릴 수 없을 뿐 아니라 생명을 국가목적을 위한 수단으로 사용하는 것도 금지된다. 그래서 우생학적 단종시술이나 (특히 적극적) 안락사는 원칙적으로 금지된다.

(2) 생명의 처분권

생명권은 그 주체가 자기 생명을 자유로이 처분할 권능을 포함하지 않는다. 즉 생명권이 '자신을 살해할 권리'를 뜻할 수는 없다(자기모순). 따라서 생명권에는 소극적 자유가 인정되지 않는다. 이는 생명권이 특정 행위를 보호하는 것이 아니라 살아있는 상태를 보호하기 때문이다. 그래서 이른바 '죽을 권리(정확하게는 자살할 권리)'는 생명권이 아니라 행복추구권의 내용인 일반적 행동자유권으로서 논의될 여지가 있을 뿐이다. 더불어 자기 생명에 대한 처분권을 다른 사람에게 위임할 수도 없다[형법상 촉탁·승낙에 의한 살인 및 자살방조(형법 제252조)].

(3) 개인의 의사에 어긋난 생명 강제

개인 외부에 있는 공익과 상관없이 개인이 자신의 의사에 어긋나게 생명을 강제할 수 있는 법률적 제한을 합헌적 헌법질서 안에서 정당화할 수 있는지가 문제 된다. 국가가 관리하는 강제수용시설의 수용자(예를 들어 수형자)가 처우개선 등을 요구하는 수단으로 단식을 하여 생명을 잃을 지경까지 이르렀을 때 본인 의사를 확인할 수 없는 상태라면 생명 연장을 위한 조치, 예를 들어 영양공급행위를 할 수 있다. 이러한 생명 연장에 대한 반대의사를 명시적으로 표명하였다면 영양공급행위를 할 수 없을 것이다. 그러나 사전에 반대의사를 표명하였더라도 의식을 잃으면 국가로서는 국민의 생명 상실을 방치하기는 어렵다.

(4) 존엄사

인간의 존엄에 합치하는 죽음을 맞을 권리, 즉 존엄사의 권리는 생명의 보호와 유지에 관한 문제가 아니므로 생명권의 문제가 아니라 인간의 존엄과 가치 문제이다.

4. 국가의 생명보호의무

생명권은 생명에 대한 회복할 수 없는 기본권 침해 우려에 따른 국가의 보호의무를 그 내용으로 한다. 즉 생명권은 소극적으로 국가(권력)에 대항하는 방어만이 아니라 적극적으로 국가에 대하여 생명의 보호와 유

지를 (위하여 행동하여 줄 것을) 요구할 수 있는 권리이다. 이때 보호의
무는 구체적·법적 의무를 뜻하고 그 이행에 관하여 국가는 광범위한
활동의 여지가 있다. 생명권보호의무에 따른 국가의 의무에는 ① 국가
자신이 생명권을 침해하여서는 안 된다는 것, ② 제3자의 생명 침해에
서 국민을 보호하여야 하는 것, ③ 각종 질병이나 사고 등에 따른 생명
위협에서 국민의 생명을 보호하여야 하는 것의 세 가지가 있다.

5. 제한

(1) 제한 가능성

헌법 제37조 제2항은 "국민의 모든 자유와 권리는 … 제한할 수 있"
다고 규정하여 생명권을 포함한 모든 기본권의 제한 가능성을 인정한
다. 그러나 헌법 제37조 제2항에 따라 생명권을 제한하더라도 생명권
제한과 관련하여서는 법익형량은 이루어질 수 없다. 생명이라는 절대적
가치와 충돌하는 것이 같은 생명이거나 그에 버금가는 중대한 공공이익
이라서 형량 자체를 할 수 없기 때문이다. 이때 충돌하는 생명이나 중
대한 공공이익 중 하나를 선택하는 것이고, 이러한 선택에는 법적으로
부정적 평가를 할 수 없다(물론 선택과정 자체가 공정하지 못하거나 선택
이 정당하지 못한 고려를 통해서 이루어졌음 등을 다툴 수 있음은 별론으로
한다). 어느 쪽도 포기할 수 없기 때문이다. 따라서 이러한 선택은 선택
받은 생명이나 중대한 공공이익이 더 중요하거나 가치 있거나 선택받지
못한 생명이나 중대한 공공이익이 덜 중요하거나 가치 없다는 평가에
따른 결과가 아니다. 그래서 생명권 제한과 관련하여 본질적 내용 침해
문제는 발생하지 않는다. 생명권이 제한되는 때는 생명권을 제약하는
때가 아니라 생명권을 보호할 수 없는 때이기 때문이다. 제약은 제약하
지 않을 가능성을 전제한다는 점을 잊지 말자. 이러한 점에서 생명권의
절대성은 생명권이 절대 제한될 수 없음을 뜻하는 것이 아니라 생명권

은 법익형량 대상이 될 수 없다는 것을 뜻한다. 이러한 의미 설정을 통해서 생명이라는 절대적 가치를 법을 통해서 보호할 수 있게 된다. 그리고 이를 통해서 헌법 제37조 제2항을 생명권에 적용하면서도 다른 기본권과 구별되는 생명권의 제한상 특별함을 인정할 수 있다. 일반적으로 생명권 제한이 허용되는 예로 거론되는 정당방위, 긴급피난, 경찰의 범죄자 사살행위(특히 인질범에 대한 조준·저격살해행위), 전쟁에서 적을 사살하는 행위 등은 한쪽을 선택할 수밖에 없는 상황을 전제한다. 그러나 사형제도는 이러한 특수한 상황을 전제하지 않는다. 따라서 사형은 생명권을 제한할 수 있는 예외적인 때에 해당하지 않는다.

헌법재판소는 "인간의 생명은 고귀하고, 이 세상에서 무엇과도 바꿀 수 없는 존엄한 인간존재의 근원"이라고 하면서 "정당한 이유 없이 타인이 생명을 부정하거나 그에 못지아니한 중대한 공공이익을 침해한 경우에 국법은 그 중에서 타인의 생명이나 공공의 이익을 우선하여 보호할 것인가의 규준을 제시하지 않을 수 없게" 된다고 한다(헌재 1996. 11. 28. 95헌바1). 그런데 이는 생명에 관한 가치평가나 법익형량을 허용하는 것으로 생명의 절대적 가치성에 어긋난다. 마찬가지로 대법원이 "생명은 한번 잃으면 영원히 회복할 수 없고 이 세상에서 무엇과도 바꿀 수 없는 절대적 존재이며 한사람의 생명은 전지구보다 무겁고 또 귀중하고도 엄숙한 것이며 존엄한 인간존재의 근원인 것이다."(대법원 1963. 2. 28. 선고 62도241 판결)라고 하면서 이를 특별한 근거 제시 없이 입법으로 제한할 수 있음을 인정하는 것도 이해하기 어렵다.

(2) 안락사

안락사는 의사가 고통 없는 방법으로 환자의 생명을 단축시키는 것을 말한다. 안락사는 생명권을 침해하고, 특히 아무리 엄격한 요건 아래에서 이를 허용하더라도 그 남용을 막기 어렵다는 것이 문제이다. 안락사에는 간접적 안락사와 소극적 안락사 그리고 적극적 안락사가 있다.

① 간접적 안락사

고통 완화를 위한 약물 투여 등과 같은 처치가 필수적으로 생명 단축의 부수적인 효과를 발생시키는 간접적 안락사는 환자에게 적게 고통을 받을 권리가 있고, 의사는 고통을 완화하여 줄 의무가 있으며, 이를 인정하지 않으면 모든 생명단축행위(예를 들어 담배판매행위)는 허용되지 말아야 하므로, 일정한 요건이 구비되면 허용된다. 즉 (i) 환자가 현대의학의 지식과 기술로 보아 불치의 병에 걸렸고, 그 죽음이 목전에 임박하였을 것, (ii) 환자의 고통이 격심하여 누구도 진실로 이를 보기에 참을 수 없을 정도일 것, (iii) 오로지 환자의 고통을 완화할 목적일 것, (iv) 환자 의식이 아직 명료하여 의사 표명이 가능하면 본인의 진지한 촉탁이나 승낙이 있을 것, (v) 의사의 손을 통하는 것을 원칙으로 하되 그럴 수 없으면 이를 수긍할 특별한 사정이 있을 것, (vi) 그 방법이 윤리적으로 타당하여 인용될 수 있을 것의 요건을 갖춘 때만 간접적 안락사는 허용된다.

② 소극적 안락사

수동적 안락사·소극적 안락사(죽음을 돕는 행위), 즉 생명을 단축함 없이 죽음을 수월하게 해주거나, 환자의 의사에 따라 생명을 연장하는 처치를 하지 아니하거나 계속하는 것을 중단하는 것은 의사에게 환자의 의사에 어긋나게 그의 생명과 고통의 연장을 강제할 권리가 없으므로 간접적 안락사의 정당화요건(환자의 촉탁·승낙 제외)과 보호자 동의가 있으면 허용된다.

③ 적극적 안락사

능동적 안락사·적극적 안락사, 즉 치유불가능하고 고통이 심한 환자를 그의 의사에 따라 실체법적·절차법적으로 엄격한 요건 아래 생명 종결을 고려하는 것은 형법상 촉탁승낙에 의한 살인죄(형법 제252조 제1항)나 살인죄(형법 제250조 제1항)를 구성하므로 허용되지 않는다.

(3) 사형제도의 위헌성

위헌론은 ① 생명권은 절대적 기본권이므로 생명권 제한을 뜻하는 사형제도는 위헌이라거나 ② 사형제도는 생명권의 본질적 내용을 침해하는 것이므로 위헌이라고 한다. 그리고 ③ 사회계약으로 국가를 창설하는 인간은 스스로 생명을 처분할 권능이 없으므로 자기 생명을 처분할 권한을 국가에 위임할 수 없고, ④ 사형의 위하력은 전혀 검증되지 않았으며, ⑤ 단순히 사형이 위하력이 있다고 하여 이를 존속시키는 것은 현대 형법이 추구하는 교육형 사상과도 배치되는 것이고, ⑥ 오판일 때 원상회복이 불가능하며, ⑦ 사형수는 물론 사형선고인을 비롯한 사형집행인, 사형집행확인인 등의 존엄성을 침해하고 사형선고인의 양심의 자유를 침해하는 점 등을 들어 사형은 폐지되어야 한다고 한다.

합헌설은 ① 생명권은 상대적 기본권으로서 헌법 제37조 제2항에 따른 제한이 가능하고, ② 무엇보다도 한국 헌법이 사형제도를 전제하며 (헌법 제110조 제4항 단서), ③ 다른 생명, 중요 공익을 보호하는 데 불가피하면 비례성원칙에 합치하므로 사형은 헌법에 위배되지 아니하는 제도라고 한다. 그리고 ④ 한국 실정이나 국민 법감정으로나 ⑤ 일방예방적인 범지억지력이 있는 사형의 위하력과 관련하여 질서유지·공공복리 및 사회방위라는 형사정책적 필요성으로나 ⑥ 사형이 부과되는 살인범죄 등에 대해서 사형 이외에 정의로운 대가관계에 있는 형벌을 찾을 수 없으며, ⑦ 살인범죄 유가족의 피해감정을 다른 방법으로는 가라앉게 할 길이 없으므로 사형제도를 폐지하는 것은 시기상조라고 본다.

대법원은 한국 실정, 국민감정, 실정법 등을 고려하여 국가의 형사정책으로서 질서유지와 공공복리를 위해서 형법, 군형법 등에 사형이라는 형벌을 규정하였어도 이를 헌법에 위반되는 조문이라고 할 수 없다고 하여(대법원 1963. 2. 28. 선고 62도241 판결) 사형을 제도적으로 인정하는 전제 위에서, "사형은 인간의 생명 그 자체를 영원히 박탈하는 냉엄한 극형으로서 그 생명을 존치시킬 수 없는 부득이한 경우에 한하여 적용되어야 할 궁극의 형벌이므로, 사형을 선택함에 있어서는 범행의 동기, 태양, 죄질, 범행의 수단, 잔악성, 결과의 중대성, 피해자의 수, 피해감정, 범인의 연령, 전과, 범행후의 정황, 범인의 환경, 교육 및 생육과정 등 여러 사정을 참작하여 죄책이 심히 중대하고 죄형의 균형이나 범죄의 일반예방적 견지에서도 극형이 불가피하다고 인정되는 경우에 한하여 허용될 수 있다"(대법원 1995. 1. 13. 선고 94도2662 판결)라고 하여 그 신중한 적용을 촉구한다.

헌법재판소는 ① 사형은 인간의 죽음에 대한 공포본능을 이용한 가장 냉엄한 궁극의 형벌로서 그 위하력이 강한 만큼 이를 통한 일반적 범죄예방효과도 더 클 것으로 추정되고 그렇게 기대하는 것이 논리적이고 법감정에 맞는다는 점, ② 사형은 현행 헌법 제110조 제4항이 스스로 예상하는 형벌의 한 종류라는 점, ③ 사형이 한국의 문화수준이나 사회현실에 미루어 보아 지금 곧 이를 무효로 하는 것은 타당하지 않다는 점, ④ 생명권은 선험적이고 자연법적인 권리로서 헌법에 규정된 모든 기본권의 전제로서 기본권 중의 기본권이라고 할 것이나 현실적인 측면에서 보면 정당한 이유 없이 다른 사람의 생명을 부정하거나 그에 못지아니한 중대한 공공이익을 침해할 때, 비록 생명이 이념적으로 절대적 가치를 지니더라도 생명에 관한 법적 평가가 예외적으로 허용될 수 있다는 점을 근거로 하여 사형이 비례성원칙에 따라서 최소한 동등한 가치가 있는 생명이나 그에 못지아니한 공공을 보호하기 위한 불가피성이 충족되는 예외적인 때만 적용되는 한 헌법 제37조 제2항 단서에 위반되지 아니한다고 하여 사형제도에 대한 합헌결정을 내렸다(헌재 1996. 11. 28. 95헌바1).

다만, 헌법재판소도 사형이 무엇보다 고귀한 인간의 생명을 국가가 법의 이름으로 빼앗는 일종의 '제도살인'의 속성을 벗어날 수 없다는 점을 직시하고, ① 형사관계법령에 사형을 법정형으로 규정하는 법률조항들이 과연 행위와 불법 사이에 적정한 비례관계를 유지하는지를 개별적으로 따져야 할 것이고, ② 비록 법정형으로서 사형이 적정한 것이더라도 이를 선고할 때 특히 신중을 기하여야 하며, ③ 위헌·합헌의 논의를 떠나 사형을 형벌로서 계속 존치시키는 것이 필요하고 바람직한지에 관한 진지한 찬반 논의도 계속되어야 할 것이고, 한 나라의 문화가 고도로 발전하고 인지가 발달하여 평화롭고 안정된 사회가 실현되는 것 등 시대상황이 바뀌어 사형의 위하에 따른 범죄예방 필요성이 거의 없게 된다거나 국민의 법감정이 그렇다고 인식하는 시기에 이르게 되면 사형은 곧바로 폐지되어야 하며, 그런데도 형벌로서 사형이 그대로 남아 있다면 당연히 헌법에도 위반되는 것으로 보아야 한다는 단서를 붙인다(헌재 1996. 11. 28. 95헌바1).

(4) 인공임신중절(낙태)과 태아의 생명권 문제

인간은 수정과 동시에 생명권의 주체가 되므로 태아의 생명도 보호되어야 한다. 따라서 인공임신중절은 원칙적으로 금지된다. 형법도 제269조와 제270조에서 낙태죄를 처벌한다. 다만, 태아의 생명과 모성의 생명 중 어느 하나만 보호할 수 있으면 임산부의 생명과 무관하게 태아의 생명을 단독으로 유지할 수 없는 한도 안에서 임산부의 생명을 보호할 수밖에 없을 것이다. 태아를 모체 밖으로 배출시켜서 단독으로 생존할 수 있으면 생명과 생명의 충돌로 보아서 법적 판단을 유보할 수밖에 없다. 헌법재판소는 임신한 여성의 자기낙태를 처벌하는 형법 제269조 제1항과 의사가 임신한 여성의 촉탁 또는 승낙을 받아 낙태하게 한 경우를 처벌하는 같은 법 제270조 제1항 중 '의사'에 관한 부분이 각각 임신한 여성의 자기결정권을 침해한다고 하면서 계속 적용 헌법불합치결정을 내렸다(헌재 2019. 4. 11. 2017헌바127).

Ⅱ. 신체를 훼손당하지 아니할 권리

1. 의의

신체를 훼손당하지 아니할 권리(신체를 온전하게 보존할 권리)는 신체를 있는 그대로 보존하고 유지할 권리를 뜻한다. 여기서 신체는 육체적 및 정신적 모든 상태를 망라하므로 건강 개념보다 넓다. 즉 정신적 학대나 건강을 해치지 않는 신체 침해(예를 들어 모발 절단)까지도 포함한다.

한국 헌법은 신체를 훼손당하지 아니할 권리를 규정한 적이 없었고, 현행 헌법도 마찬가지이다. 헌법재판소는 신체의 자유를 신체의 안정성이 외부의 물리적 힘이나 정신적인 위험에서 침해당하지 아니할 자유와 신체활동을 임의적이고 자율적으로 할 수 있는 자유라고 하여 신체를 훼손당하지 아니할 권리를 신체의 자유의 내용으로 본다(헌재 1992. 12. 24. 92헌가8). 일단 신체를 훼손당하지 아니할 권리는 헌법에 명문 규정을 둔 열거된 권리에 속하지 않으므로 헌법 제37조 제1항의 헌법에 열거되지 아니한 권리로 보지 않을 수 없다. 헌법에 열거되지 아니한 권리를 인정하는 실질적 기준으로서 인간의 존엄과 가치나 행복추구권을 들 수 있다. 그러나 신체를 온전하게 보존할 권리는 신체의 온전성이라는 법익이 인격과 밀접 불가분하게 연결되므로 인간의 존엄과 가치와 행복추구권 양자가 모두 실질적 근거가 된다. 더하여 헌법 제30조는 다른 사람의 범죄행위로 말미암아 생명·신체에 대한 피해를 받은 국민은 법률이 정하는 바에 의하여 국가에서 구조를 받을 수 있다고 규정한다. 이는 신체에 대한 피해 보상을 규정한 것으로 헌법이 신체를 보호대상으로 명시적으로 규정한 것이다. 따라서 헌법 제30조를 신체를 훼손당하지 아니할 권리의 간접적 근거로 삼을 수 있다. 따라서 신체를 훼손당하지 아니할 권리는 헌법 제10조 제1문 전단의 인간의 존엄과 가치와 후단의 행복추구권과 제37조 제1항의 헌법에 열거되지 아니한 권리소항을 직접적 근거로 그리고 헌법 제30조를 간접적 근거로 한다.

2. 주체

신체를 훼손당하지 아니할 권리의 주체는 모든 자연인이다. 즉 내국인만이 아니라 외국인도 그 주체가 되는 인간의 권리이다. 성질상 법인은 주체가 될 수 없다. 태아는 생명권의 주체이고 신체는 생명을 담는 그릇이므로 생명이 깃든 대상이 있는 이상 신체를 훼손당하지 아니할 권리의 주체가 된다. 그러나 사자의 사체는 신체를 훼손당하지 아니할 권리의 보호대상이 아니다.

3. 내용

신체란 먼저 ① 신체 그 자체를 있는 그대로 보전한다는 의미에서 신체의 온전성[고통을 주지 않거나 질병상태를 일으키지 않더라도 인체를 침해하는 것 자체(예를 들어 건강회복을 목적으로 한 진단 및 치료행위로서 의료적 침습, 채혈, 모발절단 등)], ② 생물학적·생리학적 의미에서 신체의 건강[예를 들어 신체 일부 상실, 약물 등의 신체 안 투입], 나아가 ③ 신체에 불가분적으로 영향을 미친다는 의미에서 정신적·영적 (영역에서) 건강[신체적 관련성이 있는 평온상태: 신체 침해와 같은 효과를 나타내는 비신체적인 침해로서 심리적 · 정신적으로 병리현상을 일으키는 것과 고통을 주는 식으로 어떤 사람이 처한 상태를 변화시키는 것(예를 들어 불안정한 심리상태, 고도의 신경과민 초래)]을 포함한다. 건강에는 고통에서 벗어나는 자유가 포함되지만, 사회적 안락감이나 불쾌감에서 해방은 포함되지 않는다.

4. 침해

(1) (신)체형(벌)

형벌의 종류로서 태형, 화형 등은 응보형의 잔재로서 교육 · 개선이라는 형벌 목적에 배치되고 고통을 부과하는 것에 불과하므로 허용되지 않는다. 그리고 체벌은 징계권 행사로 인정되지 않는다(민법 제915조, 초 · 중등교육법 제18조, 고등교육법 제13조, '보호소년 등의 처우에 관한 법률' 제15조). 하지만 판례는 일정한 범위 안에서 학교장과 교사의 체벌권을 정당행위로 인정한다(대법원 1976. 4. 27. 선고 75도1125 판결). 그러나 '초 · 중등교육법 시행령' 제31조가 징계의 종류를 학교 내의 봉사, 사회봉사, 특별교육이수, 1회 10일 이내, 연간 30일 이내의 출석정지, 퇴학처분으로 한정하는 이상 징계의 하나로 체벌은 인정될 수 없다. 즉 별도의 법률규정이 없으면 징계로서 체벌을 정당화할 수 없다. 부모의 미성년 아동에 대한 징계수단으로서 체벌도 제한된다. 즉 다른 적절한 교육수단이 없거나 다른 수단으로 적절한 교육이 불가능한 때처럼 불가피한 때에 아동의 복리목적으로 한 체벌만 허용될 수 있다.

(2) 모발 절단과 전기충격

모발 절단과 전기쇼크는 당사자 동의가 없는 한 신체를 훼손하는 행위로서 원칙적으로 허용되지 않는다. 구 행형법 제23조는 "수형자의 두발과 수염은 짧게 깎는다."라고 하여 수형자 의사에 반하여 모발절단을 규정하였는데 수형자의 기본권 제한은 형벌 부과 목적을 달성하는 범위에서 이루어져야 한다. 머리를 짧게 깎는 조치(단삭 조치)는 전근대적인 일제의 잔재로서 위생과 청결의 차원보다는 수형자를 일반인과 차별하여 수치심을 갖게 하고 획일적인 규율을 하려는 성격이 강하므로 위헌 소지가 있었다. 현행 '형의 집행 및 수용자의 처우에 관한 법률' 제32조 제2항은 "수용자는 위생을 위하여 두발 또는 수염을 단정하게 유지하여야 한다."라고 규정한다. 행형질서를 유지하는 데 장애가 없는 범위 안에서 수용자가 두발과 수염을 기를 수 있도록 허용하여야 한다.

(3) 형사소송법상 예정된 (수사목적의) 침해

형사소송법상 강제처분을 통한 강제수사는 형사소송법에 특별한 규정이 있으면 필요한 최소한도의 범위 안에서만 예외적으로 허용된다(형사소송법 제199조 제1항 단서). 혈액채취, 체액채취 등은 신체를 훼손하므로 영장원칙 준수와 수사의 비례성원칙 및 보충성 등의 요건을 갖출 때만 허용된다. 증인과 함께 이루어지는 대질(심문)을 위해서 머리나 수염을 변경하는 것은 범죄의 중대성과 혐의의 명백성을 고려하여 허용 여부를 결정하여야 한다.

(4) 의사의 치료행위(진단을 위한 침습도 포함), 불임시술

의사의 치료행위(진단을 위한 침습도 포함)는 주관적인 치료 목적과 객관적인 의술법칙에 들어맞는 한 정당성이 인정된다. 이때 정당화의 전제요건으로 원칙적으로 의사는 설명의무를 이행하여야 하고, 당사자의 승낙이 있어야 한다. 대법원은 업무로 말미암은 정당행위로서 정당하다고 하였다(대법원 1976. 6. 8. 선고 76도144 판결) 그러나 최근에는 피해자의 승낙에 따른 행위로서 정당하다고 한다(대법원 1993. 7. 27. 선고 92도2345 판결). 하지만 치료행위는 건강을 회복·증진시키기 위한 행위로 상해 고의가 없어 상해죄의 구성요건해당성이 없으므로 정당하다고 보아야 한다. 강제불임시술은 생식기능이 인간이라는 존재에 차지하는 의미를 고려하면 비상이라도 인정되지 않는다.

5. 제한

(1) 제한 가능성

신체를 온전하게 보존할 권리도 헌법이 보호하는 기본권이므로 헌법 제37조 제2항에 따라 제한될 수 있으나 제한하는 때도 그 본질적 내용은 침해할 수 없다.

(2) 기본권주체의 승낙

신체는 기본권주체가 처분할 수 있는 기본권이다. 따라서 피해자의 승낙이 있으면 신체에 대한 침해가 허용된다. 이때 침해를 정당화하기 위한 승낙은 ① 승낙의 의미를 이해할 능력이 있는 사람이 ② 자유로운 의사에 따른 ③ 의식적인 동의가 있어야 하며, ④ 피해자의 자기결정권을 존중하기 위해서 위험에 관한 상세한 설명이 있어야 한다. 다만, 상해행위가 사회상규에 어긋나지 않는 범위에서만 승낙은 유효하다.

Ⅲ. 신체의 자유

1. 의의

신체의 자유는 적극적으로는 신체의 각 부분을 움직이거나 어디든지 원하는 장소로 이동할 수 있고, 소극적으로는 신체의 각 부분을 움직이지 않거나 현재 있는 장소에 머무르거나 원하지 않는 장소로 이동하지 않을 수 있는 자유를 말한다. 즉 신체의 자유는 신체적 거동의 임의성이나 자율성을 뜻한다. 1948년 헌법 제9조에 신체의 자유를 규정한 이래로 한국 헌법은 줄곧 신체의 자유를 규정한다. 헌법 제12조 제1항 전단은 "모든 국민은 신체의 자유를 가진다."라고 규정하여 신체의 자유를 보장한다. 신체의 자유는 정신적 자유와 함께 헌법이념의 핵심인 인간의 존엄과 가치를 구현하는 가장 기본적인 자유로서 모든 기본권 보장의 전제조건이다(헌재 1992. 4. 14. 90헌마82). 즉 신체의 자유는 모든 사회적·경제적·정신적 자유의 뿌리가 된다.

2. 주체

헌법 제12조는 모든 '국민'이라고 규정하나, 국민뿐 아니라 외국인을 포함한 모든 인간이 신체의 자유의 주체가 된다. 미성년자는 신체의 자유의 주체가 되기는 하지만 판단능력이 옹글지(완벽하지) 못하므로 친권자에 의해서 특별한 제한을 받는다(예를 들어 민법 제914조 거소지정권). 그러나 거동 가능성이 없는 태아는 신체의 자유의 주체가 될 수 없다. 그리고 신체가 없는 법인, 그 밖의 단체도 신체의 자유의 주체가 될 수 없다.

3. 내용

신체의 자유는 신체적 거동의 자유로서 현행 헌법질서 안에서 주어진 신체활동의 임의성을 보장한다. 신체의 자유는 ① 적극적으로는 어디든 임의적인, 가깝거나 멀리 있는 장소를 찾아갈 권리를 보장하고, ② 소극적으로는 어디든 임의적인 장소를 피할 권리, 즉 머무르고 싶지 않은 장소에 머물지 않을 자유와 현재 있는 장소에 머무를 자유를 보장한다. 신체의 자유는 물리적 강제에서 신체적 거동의 자유를 보장하는 것일 뿐이고 불안과 공포와 같은 심리적 상태에서는 보호하지 않는다. 헌법재판소는 신체의 안전성이 외부에서 오는 물리적인 힘이나 정신적인 위협에서 침해당하지 않을 자유와 신체활동을 임의적이고 자율적으로 할 자유라고 하여 신체의 자유에 신체를 온전하게 보존할 권리를 포함시킨다(헌재 1992. 12. 24. 92헌가8). 그러나 신체의 자유와 신체를 온전하게 보존할 권리는 보호대상이 다르므로 구별하여야 한다.

4. 제한

신체의 자유도 다른 기본권과 마찬가지로 헌법 제37조 제2항에 따라서 제한될 수 있다. 신체의 자유를 이유로 특정한 장소에 출석하거나 머물도록 하는 공권력의 정당한 명령을 거부할 수 없다. 따라서 증인으로 출석하는 것(형사소송법 제151조, 제152조 참조), 행정기관에 신고의무를 지는 것, 교통교양교육에 참여할 의무를 지는 것 등은 신체의 자유 침해가 아니다. 그리고 적법한 수사절차에 따른 체포·구속, 적법한 재판을 통한 자유형(단기, 장기, 무기) 부과도 신체의 자유 침해가 아니다. 무기형은 사면이 가능하다는 것만으로 헌법상 허용되는 것이 아니라 무기형 집행을 정지할 요건과 관련 절차가 법률에 규율될 때만 정당화할 수 있다. 또한, ③ 병역의무나 취학의무에 따른 신체의 자유 제한도 정당화한다. 그러나 ④ 학교에서 방과 후 보충학습을 강제하는 것은 문제가 있다. 학교에서 정규수업에 참여를 강요하는 것은 학교교육 목적을 달성하는 데 필수적이지만, 보충수업은 정규수업에서 부족한 부분이나 하지 못하는 내용을 보충하려는 데 목적이 있으므로, 학교교육 목적에 불가결한 부분이 아닐 뿐 아니라 학생의 필요와 선택에 따라 다양한 대안이 있기 때문이다. 다만, 보충수업이 정규수업을 보충하는 데 필수적이면서 다른 수단을 선택할 시간적 여유가 없으면 예외적으로 보충수업 강제가 허용될 수 있다. 그러나 특정 장소에서 언제까지 특정한 어떤 것을 하여야 할 의무를 부과하는 것은 당사자에게 그 의무를 언제 이행할 것인지에 관한 자유를 남겨두므로 신체의 자유 문제는 아니다.

5. 구체화규정

헌법 제12조 제1항은 제1문에서 "모든 국민은 신체의 자유를 가진다."라고 규정한다. 신체의 자유를 보장하는 헌법 제12조 제1항 제1문은 문언상 형사절차만을 염두에 둔 것이 아님이 분명하다. 그리고 신체의 자유는 그에 대한 제한이 형사절차에서 가해졌든 행정절차에서 가해졌든 간에 보장되어야 하는 자연권적 속성의 기본권이므로, 신체의 자유가 제한된 절차가 형사절차인지 아닌지는 신체의 사유 보장 범위와 방법을 정할 때 부차적인 요소에 불과하다. 헌법은 신체의 자유를 명문으로 규정하여 보장하는 헌법 제12조 제1항 제1문에 이어 제12조 제1항 제2문, 제2항 내지 제7항에서 신체의 자유가 제한될 우려가 있는 특별한 상황을 열거하면서, 각각의 상황별로 신체의 자유 보장 방법을 구체적으로 규정한다. 따라서 형사절차를 특히 염두에 둔 것이 아닌 헌법 제12조 제1항 제1문과 체계적 해석을 하면, 헌법 제12조 제1항 제2문, 제2항 내지 제7항은 해당 헌법조항의 문언상 혹은 해당 헌법조항에 규정된 구체적인 신체의 자유 보장 방법의 속성상 형사절차에만 적용됨이 분명한 때가 아니면 형사절차에 한정되지 않는다(헌재 2018. 5. 31. 2014헌마346).

① 헌법 제12조 제1항 제2문 전단은 "법률에 의하지 아니하고는"이라고 규정하나, 후단은 "법률과 적법한 절차에 의하지 아니하고는"이라고 규정한다. 이러한 문구 차이 때문에 전단에서 적법절차가 요구되는지가 다투어진다. 그러나 헌법 제12조 제3항에서는 체포·구속·압수·수색에 대해서 적법한 절차에 따른 영장 제시를 요구하므로, 체포·구속·압수·수색도 법률과 적법한 절차에 따라야 한다. 신체의 자유와 관련된 심문은 반드시 체포·구속과 함께 이루어지므로, 심문도 법률과 적법한 절차에 따라야 한다. 따라서 헌법 제12조 제1항 제2문의 전단과

후단은 표현상 차이는 없다. 결국, 신체를 제한하는 모든 공권력 조치는 법률과 적법절차에 따라서만 가능하다. ② 헌법 제12조 제1항은 법률에 의하지 아니하고는 체포나 구속을 하지 못하도록 한다. 이를 보장하려고 형법 제124조는 불법체포·감금죄를 규정한다. 체포는 사람의 신체에 직접적·현실적인 구속을 가하여서 그 신체활동의 자유를 박탈하는 것(직접 구속)을 말한다. 구속은 피의자의 신체의 자유를 박탈하여 일정한 장소에 일시적 또는 계속적으로 인치하는(강제로 끌어내는) 것으로, 구인과 구금을 모두 포괄한다(형사소송법 제69조). 구인은 사람을 법원, 그 밖의 장소에 인치하는 강제처분을 말하고, 구금은 사람을 일정한 장소에 가두어 놓는 강제처분을 뜻한다. 헌법재판소는 병(兵)을 대상으로 한 영창처분은 신체의 자유를 제한하는 구금인데, 병에 대한 징계처분으로 일정 기간 부대나 함정(艦艇) 내의 영창, 그 밖의 구금장소에 감금하는 영창처분이 가능하도록 규정한 구 군인사법 제57조 제2항 중 '영창'에 관한 부분이 과잉금지원칙을 충족하지 못하여 헌법에 어긋난다고 하였다(헌재 2020. 9. 24. 2017헌바157). ③ 헌법 제12조 제1항은 법률에 의하지 아니하고는 압수와 수색을 하지 못하게 한다. 압수는 물건의 점유를 취득하는 강제처분을 말하고, 수색은 압수할 물건이나 체포할 사람을 발견할 목적으로 주거·물건·사람의 신체 또는 그 밖의 장소에 하는 강제처분을 뜻한다. 헌법 제12조는 신체의 자유를 규정한 조항이므로 여기서 압수와 수색은 직접 신체에 관한 것만을 말한다. 가택 수색은 헌법 제16조 주거의 자유 제한 문제이다. ④ 헌법 제12조 제1항은 법률에 의하지 아니하고는 심문을 받지 아니하도록 규정한다. 심문은 구두나 서면을 통한 사실 진술, 즉 답변을 강요하는 것을 말한다. 불법으로 심문당하지 아니할 자유는 침묵의 자유에 가까우나 심문을 받기 위해서 소환을 받고 출석하면 신체의 자유와 관련이 있다. ⑤ 헌법 제12조 제1항은 법률과 적법한 절차에 의하지 아니하고는 처벌을 받지 아니하도록 규정한다. 처벌은 본인에게 불이익이나 고통이 되는 모든 제재를 말하는 것으로서 형벌뿐 아니라 행정벌도 포함한다. ⑥ 헌법 제12조 제1항 제2문 후단은 법률과 적법한 절차에 의하지 아니하고는 보안처분을 받지 아니하도록 규정한다. 보안처분은 앞날에 범죄 위험이 있는 사람을 개선·보안조치함으로써 범죄를 사전에 예방하는 제재조치를 말한다. 보안처분에는 '치료감호 등에 관한 법률'상 치료감호처분, 소년법상 보호처분(19세 미만자), '보호관찰 등에 관한 법률'상 보호관찰처분, 보안관찰법상 보안관찰처분 등이 있다. 이중 소년법상 보호처분은 위법한 범죄행위를 전제로 법원의 판결로 결정되지만, 보안관찰법상 보안관찰처분 등을 비롯한 '마약류 관리에 관한 법률', '성매매알선 등 행위의 처벌에 관한 법률', 전염병예방법 등에서 보안처분은 범죄행위를 요건으로 하지 아니하고 행정기관이 행정처분 형식으로 결정된다. 후자에서 사실상 자유형과 같은 효과를 발생시키므로 신체의 자유를 중대하게 제약하는 보안처분에서 사법적 관여를 배제하는 것은 적법절차를 위반하여 위헌 의심이 있다. 헌법재판소는 성립절차상 중대한 하자로 효력을 인정할 수 없는 처벌규정을 근거로 한 범죄경력을 보안관찰 기초로 삼는다면 헌법 제12조 제1항 후단에서 말하는 법률과 적법한 절차에 의하여 이루어지는 보안처분이라고 할 수 없다고 하였다(헌재 2001. 4. 26. 98헌바79등). ⑦ 헌법 제12조 제1항 제2문 후단은 법률과 적법한 절차에 의하지 아니하고는 강제노역을 받지 않도록 규정한다. 강제노역은 본인 의사에 어긋나게 노역을 강요당하는 것을 말한다. 따라서 판결을 통한 징역형에 따른 정역복무나 벌금·미납 시 환형처분으로 부과되는 노역장 유치와 같이 범죄에 대한 처벌로서 정당하게 부과되는 때를 제외하고는 본인 의사에 어긋나는 노역을 과할 수 없다.

6. 인신 보호를 위한 헌법상 (구속적) 요청

(1) 죄형법정원칙(죄형법정주의)

헌법 제13조 제1항 전단은 죄형법정원칙(죄형법정주의)을 규정하고, 헌법 제12조 제1항 제2문은 특별히 신체의 자유와 관련하여 죄형법정원칙(죄형법정주의)을 규정한다. 형법 제1조 제1항은 행위시법원칙(행위시법주의)을 규정하여 이를 구체화한다. 죄형법정원칙(죄형법정주의)은 자유형 이외에도 사형·재산형·명예형에도 적용되므로 신체의 자유에 국한되지는 않는다. 하지만 자유형이 형벌 중에서 중요한 위치를 차지하고 통상적이므로 신체의 자유에 규정한다.

죄형법정원칙(죄형법정주의)은 행위 이전에 제정된 적정한 법률을 통해서만 그 행위가 범죄로 평가될 수 있고 처벌될 수 있다는 원칙이다. 이것은 무엇이 처벌되는 행위인지를 국민이 예측할 수 있는 형식으로 정하도록 하여 개인의 법적 안정성을 보호하고, 성문의 형벌법규에 따른 실정법질서를 확립하여 국가형벌권의 자의적 행사에서 개인의 자유와 권리를 보장하려는 법치국가 형법의 기본원칙이다(헌재 1991. 7. 8. 91헌가4).

죄형법정원칙(죄형법정주의)은 '법률이 없으면 범죄도 형벌도 없다'로 표현된다. 죄형법정원칙(죄형법정주의)은 법률의 정함이 없으면 범죄가 성립하지 않고, 법률의 정함이 없으면 형벌도 부과할 수 없다는 근대 형법의 기본원칙이다. 이는 범죄구성요건과 형벌규정 양자와 관련된다. '책임 없는 자에게 형벌을 부과할 수 없다'라는 형벌에 관한 책임원칙(책임주의)은 형사법의 기본원리로서, 헌법상 법치국가원리와 죄형법정원칙(죄형법정주의)에서 도출되는 원리이고, 법인도 자연인과 마찬가지로 책임원칙(책임주의)이 적용된다(헌재 2012. 10. 25. 2012헌가18). 죄형법정원칙(죄형법정주의)의 구현형태는 ① 관습법 금지, ② 유추 금지,

③ 명확성원칙, ④ 소급효 금지, ⑤ 적정성원칙이다.

① 관습법 금지: 이 원칙은 법관을 구속한다. 따라서 법관은 구성요건과 형벌을 확정할 때 오로지 성문법을 기준으로 하여야 한다. 죄형법정원칙(죄형법정주의)은 자유주의, 권력분립, 법치국가원리와 국민주권원칙에 입각한 것으로서 무엇이 범죄이고 그에 대한 형벌이 어떠한 것인지를 반드시 국민대표로 구성된 입법부가 제정한 법률로 정하여야 한다는 원칙이다. 죄형법정원칙(죄형법정주의)을 표명한 헌법 제12조 제1항 후단이나 제13조 제1항 전단에서 말하는 '법률'도 입법부가 제정한 형식적 의미의 법률을 뜻한다(헌재 1991. 7. 8. 91헌가4). 따라서 원칙적으로 명령이나 규칙으로 범죄와 형벌을 규정할 수 없다. 그리고 관습법으로 새로운 구성요건을 추가하거나 가중처벌하는 것도 금지된다. 위임입법에 관한 헌법 제75조는 처벌법규에도 적용된다. 하지만 법률에 따른 처벌법규 위임은, 헌법이 특히 기본권을 최대한으로 보장하기 위해서 죄형법정원칙(죄형법정주의)과 적법절차를 규정하고, (형식적 의미의) 법률에 따른 처벌을 특별히 강조하는 기본권 보장 우위사상에 비추어 바람직하지 못하다. 따라서 그 요건과 범위를 더 엄격하게 제한적으로 적용하여야 한다. 처벌법규 위임은 (i) 특히 긴급한 필요가 있거나 미리 법률로써 자세히 정할 수 없는 부득이한 사정이 있는 때에 한정되어야 하고, (ii) 이러한 때라도 법률에서 범죄의 구성요건은 처벌대상인 행위가 어떠한 것일 것이라고 예측할 수 있을 정도로 구체적으로 정하고 형벌의 종류 및 그 상한과 폭을 명백히 규정하여야 한다(헌재 1991. 7. 8. 91헌가4). 법률 위임이 있으면 지방자치단체는 조례 위반에 대한 제재로서 벌칙을 제정할 수 있다(지방자치법 제28조 단서). 대법원은 형벌을 규정한 지방의회 조례(경상북도의회에서의증언감정등에관한조례안 제12조 내지 제14조)를 구 지방자치법 제15조 단서(현 지방자치법 제28조 단서) 및 죄형법정원칙(죄형법정주의)을 선언한 헌법 제12조 제1항을 위

반하였다고 하여 위헌선언하였다(대법원 1995. 6. 30. 선고 93추83 판결). 행정질서벌에 해당하는 과태료는 죄형법정원칙(죄형법정주의)의 규율대상이 아니다(헌재 1998. 5. 28. 96헌바83).

② 유추 금지: 형벌법규 해석은 엄격하게 하여야 하므로 명문 규정 의미를 피고인에게 불리한 방향으로 유추하는 것은 죄형법정원칙(죄형법정주의)에 어긋나서 허용되지 않는다(대법원 1999. 7. 9. 선고 98도1719 판결). 유추란 법률에 규정이 없는 사항에 그것과 비슷한 성질이 있는 사항에 관한 법률이나 법률조항을 적용하는 것을 말한다. 유추를 허용하면 형벌법규의 명확성원칙이 무의미하게 되고 자의적인 입법을 허용하므로 유추는 금지된다. 즉 유추금지원칙은 법관을 구속하는 것으로 가벌성과 형벌을 규정한 법률을 당사자에게 불리하게 유추하는 것은 금지된다. 공소시효 정지는 비록 절차법인 형사소송법에 규정되어 있으나 그 실질은 국가형벌권 소멸이라는 점에서 형의 시효와 마찬가지로 실체법적 성격이 있다. 따라서 그 예외로서 시효가 정지되는 때는 특별히 명문의 법률규정을 둔 때에 한하여야 한다. 다른 조항을 유추하여 공소시효 정지를 인정하는 것은 죄형법정원칙(죄형법정주의)의 유추 금지에 위반된다(헌재 1993. 9. 27. 92헌마284).

③ 명확성원칙: 명확성원칙은 누구나 법률이 처벌하고자 하는 행위가 무엇이고, 그에 대한 형벌이 어떠한 것인지를 예견할 수 있으며, 그에 따라 자신의 행위를 결정지을 수 있도록 구성요건이 명확하여야 한다는 원칙을 뜻한다(헌재 2019. 6. 28. 2018헌바128). 여기서 구성요건이 명확하여야 한다는 것은 그 법률을 적용하는 단계에서 가치판단을 완벽하게 배제한 무색투명한 서술적 개념으로 규정되어야 한다는 것을 뜻하는 것이 아니다. 그것은 건전한 일반상식이 있는 사람이 입법자의 입법의도를 일의적으로 파악할 정도의 것을 뜻한다. 따라서 다소 광범위하고 어느 정도의 범위에서는 법관의 보충적인 해석을 필요로 하는 개념을 사

용하여 규정하였더라도 그 적용단계에서 다의적으로 해석될 우려가 없는 이상 그 점만으로 헌법이 요구하는 명확성 요구에 배치된다고는 보기 어렵다. 그렇지 않으면 처벌법규의 구성요건이 지나치게 구체적이고 복잡하게 정형화하여 다양하게 변화하는 생활관계를 제대로 규율할 수 없게 될 것이기 때문이다(헌재 1989. 12. 22. 88헌가13). 처벌법규의 구성요건이 어느 정도 명확하여야 하는지는 일률적으로 정할 수 없다. 그것은 각 구성요건의 특수성과 그러한 법적 규제의 원인이 된 여건이나 처벌 정도 등을 고려하여 종합적으로 판단하여야 한다(헌재 1998. 3. 26. 96헌가20). 일반적 또는 불확정 개념의 용어가 사용되어도 같은 법률의 다른 규정을 원용하거나 다른 규정과 맺는 상호관계를 고려하거나 이미 확립된 판례를 근거로 하는 것 등 정당한 해석방법을 통해서 그 규정의 해석과 적용에 대한 신뢰성이 있는 원칙을 도출할 수 있어, 그 결과 개개인이 그 형사법규가 보호하려는 가치 및 금지되는 행위의 태양과 이러한 행위에 대한 국가 대응책을 예견할 수 있고, 그 예측에 따라 자신의 행동에 대한 결의를 할 수 있는 정도(의 규정내용이)라면 그 범위 안에서 명확성원칙은 유지된다(헌재 1992. 2. 25. 89헌가104). 명확성원칙은 1차적으로 입법자를 구속하고 2차적으로는 법관을 구속한다. 명확성원칙은 해당 법규범이 수범자에게 법규의 의미내용을 알 수 있도록 공정한 고지를 하여 예측 가능성을 주는지와 해당 법규범이 법을 해석·집행하는 기관에 충분한 의미내용을 규율하여 자의적인 법해석이나 법집행이 배제되는지, 다시 말하면 예측 가능성과 자의적 법집행 배제가 확보되는지에 따라 명확성원칙에 어긋나는지를 판단할 수 있다(헌재 2005. 6. 30. 2002헌바83).

④ 소급효 금지: 형벌법규가 소급하여 효력이 있으면 국민의 법적 안정성과 신뢰보호원칙은 물론 법질서의 안정성 자체가 심각한 타격을 입는다. 따라서 입법자는 소급효가 있는 입법을 제정할 수 없고, 법관은

형법을 소급하여 적용할 수 없다. 소급적인 범죄구성요건 제정뿐 아니라 소급적인 형벌 가중도 금지된다. 그러나 당사자에게 유리하면 소급 적용이 인정된다(형법 제1조 제2항, 제3항 참조). 소급효 금지는 실체법에 대해서만 적용되고 절차법에는 적용되지 않는다. 형벌불소급원칙은 형사소추가 '언제부터 어떠한 조건 아래에서' 가능한지의 문제이고, '얼마동안' 가능한지의 문제는 아니다(헌재 1996. 2. 16. 96헌가2등). 따라서 공소시효를 연장하는 것은 새롭게 형벌을 과하거나 형벌을 강화하는 것이 아니므로 소급효 금지에 어긋나지 않는다(헌재 1996. 2. 16. 96헌가2등). 형을 종전보다 가볍게 형벌법규를 개정하면서 그 부칙으로 개정 전의 범죄에 대해서는 종래 형벌법규를 추급하여 적용하도록 규정한다고 하여 죄형법정원칙(죄형법정주의)에 어긋나거나 범죄 후 형 변경이 있는 때라고 할 수 없으므로 형법 제1조 제2항 소정의 신법우선원칙이 적용될 여지가 없다(대법원 1995. 1. 24. 선고 94도2787 판결).

보안처분은 형벌과 달리 행위자의 장래 재범위험성에 근거하는 것으로서, 행위 시가 아닌 재판 시의 재범위험성 여부에 관한 판단에 따라 보안처분 선고를 결정하므로 원칙적으로 재판 당시 현행법을 소급 적용할 수 있다. 그러나 보안처분의 범주가 넓고 그 모습이 다양한 이상, 보안처분에 속한다는 이유만으로 일률적으로 소급효금지원칙이 적용된다거나 그렇지 않다고 단정해서는 안 되고, 보안처분이라는 우회적인 방법으로 형벌불소급원칙을 유명무실하게 하는 것을 허용해서도 안 된다. 따라서 보안처분이라도 형벌적 성격이 강하여 신체의 자유를 박탈하거나 박탈에 준하는 정도로 신체의 자유를 제한하면 소급효금지원칙을 적용하는 것이 죄형법정원칙(죄형법정주의)에 들어맞는다(헌재 2012. 12. 27. 2010헌가82등). 벌금형과 과료형 집행과 관련하여 벌금 등을 완납할 때까지 노역장에 유치하여 작업에 복무하게 하는 환형처분인 노역장유치는 강제노동 자체를 내용으로 하는 형벌인 노역형과 구별되지만, 실질은 신체의 자유를 박탈하여 징역형과 유사한 형벌적 성격이 있으므로 형벌불소급원칙의 적용대상이 된다(헌재 2017. 10. 26. 2015헌바239등).

형사처벌 근거가 되는 것은 법률이지 판례가 아니고, 형법조항에 관한 판례 변경은 그 법률조항 내용을 확인하는 것에 지나지 아니하므로 법률조항 자체가 변경된 것이라고 볼 수 없다. 따라서 행위 당시 판례를 따르면 처벌대상이 되지 아니하는 것으로 해석되었던 행위를 판례 변경에 따라 확인된 형법 조항의 내용에 근거하여 처벌한다고 하여 그것이 형벌불소급원칙에 어긋난다고 할 수는 없다(헌재 2014. 5. 29. 2012헌바390등).

⑤ 적정성원칙: 죄형법정원칙(죄형법정주의)을 법치국가원리의 파생원리로 이해하면 죄형법정원칙(죄형법정주의)은 새로운 내용을 갖는다. 법치국가원리는 법적 안정성을 요구하는 형식적 법치국가에 머무는 것이 아니라 실질적 법치국가원리에 따라 그 내용이 실질적 정의에 합치되라고 요구하기 때문이다. '법률 없으면 범죄 없고 형벌 없다'로 표현되는 죄형법정원칙(죄형법정주의)은 실질적 법치국가원리 때문에 '법률만 있으면 범죄 있고 형벌 있다'는 뜻으로 이해될 수 없다. 즉 현대적 의미의 죄형법정원칙(죄형법정주의)은 '적정한 법률 없으면 범죄 없고 형벌 없다'를 뜻한다. 따라서 죄형법정원칙(죄형법정주의)은 적정성원칙도 내용으로 한다. 이러한 점에서 현대적 의미의 죄형법정원칙(죄형법정주의)은 법관의 자의에서 국민의 기본권을 보호할 뿐 아니라 입법자의 자의에서도 국민의 자유를 보호하는 기능도 있다. 헌법재판소도 "법률이 없으면 범죄도 없고 형벌도 없다."라는 말로 표현되는 죄형법정원칙(죄형법정주의)은 오로지 행위 이전에 제정된 '정의로운' 법률에 따라서만 그 행위가 범죄로 평가되어 처벌될 수 있다는 원칙이라고 하면서, 이는 무엇이 처벌되는 행위인지를 국민이 예측할 수 있는 형식으로 정하도록 하여 개인의 법적 안정성을 보호하고 성문의 형벌법규에 따른

실정법질서를 확립하여 국가형벌권의 자의적 행사에서 개인의 자유와 권리를 보장하려는 법치국가 형법의 기본원칙이라고 한다(헌재 1991. 7. 8. 91헌가4). 적정하다는 것은 "공정하고 합리적이며 상당성이 있어 정의관념에 합치한다"(대법원 1988. 11. 16. 선고 88초60 판결)라는 것을 말한다.

(2) 연좌제 금지와 자기책임의 원리

헌법 제13조 제3항은 모든 국민은 자기 행위가 아닌 친족 행위로 말미암아 불이익한 처우를 받지 아니한다고 하여 연좌제 금지를 규정한다. 연좌제(連坐制)는 엄격하게 따져 보면 연좌제(連坐制)와 연좌제(緣坐制)로 구별할 수 있다. 연좌제(連坐制)는 친족 이외에 특정인에게 연대책임을 지우는 것이고, 연좌제(緣坐制)는 일정 범위의 친족에게 연대책임을 지우는 것이다. 자기 자신의 행위가 아닌 친족의 행위로 말미암아 형사처벌을 포함한 불이익한 처우를 받는 것은 다른 사람의 행위를 자신의 행위로 확장해석하는 것으로 근대 형법의 자기책임원칙에 어긋난다. 대법원은 선거사무장 등의 선거범죄로 말미암은 당선무효를 규정하는 구 공직선거및선거부정방지법 제265조가 헌법상 연좌제금지에 반하지 아니한다고 하였다(대법원 1997. 4. 11. 선고 96도3451 판결).

자기책임의 원리는 개인의 존엄과 자율성을 인정하는 바탕 위에 서 있는 우리 헌법질서 아래에서는 자기의 행위가 아닌 다른 사람의 행위에 대해서 책임을 지지 않는다는 원칙이다(헌재 2010. 3. 25. 2009헌마170). 자기책임의 원리는 헌법 제10조에서 파생되는 자기결정권의 한계논리로서 책임부담의 근거로 기능하는 동시에 자기가 결정하지 않은 것이나 결정할 수 없는 것에 대해서는 책임을 지지 않고 책임부담 범위도 스스로 결정한 결과나 그와 상관관계가 있는 부분에 국한됨을 의미하는 책임의 한정원리로 기능한다. 이러한 자기책임의 원리는 인간의 자유와 유책성 그리고 인간의 존엄성을 진지하게 반영한 원리로서 그것이 비단 민사법이나 형사법에 국한된 원리라기보다는 근대법의 기본이념으로서 법치국가원리에 당연히 내재하는 원리이고, 헌법 제13조 제3항은 이를 표현한 것으로서 자기책임의 원리에 어긋나는 제재는 그 자체로서 헌법에 위반된다(헌재 2004. 6. 24. 2002헌가27).

(3) 일사부재리

일사부재리(이중처벌 금지, 기듭치벌 금지)는 법직 안정성과 신뢰 보호를 위해서 판결이 확정되어 기판력이 발생하면, 같은 사건에 대해서 거듭 심판하는 것이 허용되지 아니한다는 원칙이다(헌법 제13조 제1항 후단). 따라서 무죄판결을 받았거나 이미 처벌받은 행위에 대해서 다시 형사책임을 물을 수 없다(형사소송법 제326조 제1호). 일사부재리는 처벌이나 제재가 '동일한 행위'를 대상으로 할 때 적용될 수 있고, 그 대상이 동일한 행위인지는 기본적 사실관계가 동일한지에 따라서 가려야 한다(헌재 1994. 6. 30. 92헌바38). 일단 유죄 판결이 확정판결로 내려진 사건에 대한 재심은 그 선고를 받은 사람의 이익을 위해서만 가능하다(형사소송법 제420조).

이중처벌이 금지될 때 '처벌'은 국가가 하는 모든 제재나 불이익처분을 뜻하지는 않는다(헌재 1994. 6. 30. 92헌바38). 헌법재판소는 행정질서벌로서 과태료는 행정상 의무 위반에 대해서 국가가 일반 통치권에 따라서 과하는 제재로서 형벌(특히 행정형벌)과 목적·기능이 중복되는 면이 없지 않으므로, 동일한 행위를 대상으로 하여 형벌을 부과하면서 아울러 행정질서벌로서 과태료까지 부과한다면 그것은 이중처벌금지의 기본정신에 배치되어 국가형벌권 남용으로 인정될 여지가 있음을 부정하지 않았다. 그러나 과태료는 무허가 건축행위와 별개인 시정명령 위반에 대해서 부과하는 것이고, 형사처벌과는 별도로 고유의 목적과 기능이 있으며, 시정명령 위반행위가 무허가 건축행위의 불가벌적 사후행위가 아니므로 무허가건축행위로 말미암아 형사처벌을 받은 자에게 시정명령 위반에 대한 과태료를 부과하는 것은 일사부재리에 반하지 않는다고 하였다(헌재 1994. 6. 30. 92헌바38). 그리고 헌법재판소는 보호감호와 형벌은 비록 다 같이 신체의 자유를 박탈하는 수용처분이라는 점에서 집행상 뚜렷한 구분이 되지 않더라도 그 본질, 추구하는 목적과 기능이 전혀 다른 별개 제도이므로 형벌과 보호감호를 서로 병과하여 선고하여도 일사부재리에 위반되지 않는다고 하였다(헌재 1989. 7. 14. 88헌가5등). 또한, 누범(헌재 1995. 2. 23. 93헌바43)이나 상습범(헌재 1995. 3. 23. 93헌바59)을 가중하는 것도 일사부재리에 반하지 않는다고 하였다. 대법원은 검사가 일차 무혐의결정을 하였다가 다시 공소를 제기한 것이 일사부재리에 위배되는 것이 아니고(대법원 1988. 3. 22. 선고 87도2678 판결), 외국 판결은 한국에서 기판력이 없으므로 외국 판결에는 일사부재리가 적용되지 않는다고 하였다(대법원 1983. 10. 25. 선고 83도2366 판결). 그리고 행형법상 징벌은 수형자의 교도소 안 준수사항 위반에 대해서 과하는 행정상 질서벌의 일종으로서 형법법령에 위반한 행위에 대한 형사책임과는 그 목적, 성격을 달리하는 것이므로 징벌을 받은 뒤에 형사처벌을 한다고 하여 일사부재리에 반하는 것은 아니라고 하였다(대법원 2000. 10. 27. 선고 2000도3874 판결).

일사부재리는 판결의 기판력 때문에 재심판을 금지하려는 것이지만, 영미법상 이중위험금지원칙은 공판절차가 일정단계에 이르면 다시 그 절차 부담을 되풀이할 수 없다는 절차상 원칙이다. 일사부재리는 일단 판결이 확정되어야만 효력이 발생하지만, 이중위험금지원칙은 심판절차가 일정단계에 이르면 효력이 발생한다는 차이가 있다.

(4) 적법절차원칙

헌법 제12조 제1항 후문과 같은 조 제3항은 적법절차원칙을 규정한
다. 이는 영미법계 국가에서 국민의 인권을 보장하려는 기본원리의 하
나로 발달되어 온 적법절차원칙을 1987년 10월 29일 제9차 개정 때 헌
법에 도입하여 명문화한 것이다(헌재 1992. 12. 24. 92헌가8). 적법절차
는 입법·집행·사법 등 모든 국가작용은 정당한 법률을 근거로 하고 정
당한 절차에 따라 발동되어야 한다는 헌법원리를 말한다(헌재 1996. 12.
26. 94헌바1). 적법절차원칙은 법치국가원리의 구체적 실현원리로서 헌
법 제12조의 신체의 자유뿐 아니라 모든 기본권 보장과 관련이 있다(헌
재 1992. 11. 12. 91헌가2).

미국에서는 원래 적법절차규정에서 인권을 제약하는 절차가 합법적
이기만 하면 적법절차조항에 위반되지 않는 것으로 보았다. 그러다가
19세기 말에 와서 절차만이 아니라 법률의 실체적 내용까지도 공정성,
합리성, 정당성 등에 어긋나서는 안 된다는 미국 연방대법원 판례가 확
립되었다. 즉 법의 절차만 적정하면 되는 것이 아니라 법도 적정하여야
한다는 것이다. 그리고 적법절차조항은 입법, 집행, 사법의 모든 분야에
광범하게 적용된다(헌재 2016. 3. 31. 2013헌바190). 헌법재판소는 전투
경찰순경의 인신구금을 그 내용으로 하는 영창처분에도 적법절차원칙
이 적용된다고 한다(헌재 2016. 3. 31. 2013헌바190).

적법절차원칙은 독자적인 헌법원리의 하나로 수용되고, 이는 형식적
인 절차뿐 아니라 실체적 법률내용이 합리성과 정당성을 갖춘 것이어야
한다는 실질적 의미로 확대해석하여야 한다(헌재 1992. 12. 24. 92헌가
8). ① 적법한 절차에서 '적'은 적정한(정당한)이라는 뜻이다. 다만, 현행
헌법에서 적법한 절차는 적정한 법정절차로 이해하여야 하므로 이때의
적법한 절차는 절차의 적법성뿐 아니라 절차의 적정성이나 정당성(합정
의성)까지 요구하는 것으로 해석하여야 한다. ② 적법한 절차에서 '법'

은 실정법만을 의미하는 것이 아니라 넓은 뜻의 법규범을 뜻한다. 따라서 이때의 법은 형식적 의미의 법률은 물론이고 명령이나 조례·규칙을 포함하고, 심지어 법의 실질이나 이념이라고 할 수 있는 정의·윤리·사회상규까지 포함하는 개념이다. ③ 적법한 절차에서 '절차'는 원래 권리의 실질적 내용을 실현하기 위해서 채택하여야 할 수단적·기술적 순서나 방법을 말한다. 하지만 여기서는 특히 고지·청문·변명 등 방어기회의 제공절차를 말한다. 특히 형사절차에서는 당사자에게 혐의사실이나 소 개시를 적정한 시기에 고지하여야 할 뿐 아니라 공정한 청문절차, 즉 충분한 구술기회, 반대신문 등의 절차가 진행되어야 하고, 변호인의 도움을 받을 권리, 신속한 공개재판을 받을 권리 등이 보장되어야 한다. 헌법재판소는 적법절차원칙에서 도출할 수 있는 중요한 절차적 요청은 당사자에게 적절한 고지를 할 것, 당사자에게 의견 및 자료 제출 기회를 부여할 것을 들 수 있겠으나, 이 원칙이 구체적으로 어떠한 절차를 어느 정도로 요구하는지는 규율되는 사항의 성질, 관련 당사자의 사익, 절차 이행으로 제고될 가치, 국가작용의 효율성, 절차에 소요되는 비용, 불복 기회 등 다양한 요소를 형량하여 개별적으로 판단할 수밖에 없다고 한다(헌재 2019. 6. 28. 2017헌바135). ④ 형사절차에서 시작된 적법절차는 점차 행정절차에도 적용되어 적정한 고지와 공정한 청문(청문에서는 진술이나 자료·증거 제출 기회, 반대신문 기회가 주어진다)은 행정절차에서도 필수적으로 요청되었다. 따라서 행정작용이 기본권을 침해하면 이를 사법적으로 구제하는 것은 적법절차의 당연한 내용으로 이해되었다. 적법절차는 더 나아가 입법을 포함한 모든 절차의 적정성으로 이해되었고, 공권력은 자유나 재산과 관련하여 적정하게 행사되어야 할 뿐 아니라 그 내용, 방식, 목적 등이 적정성을 가져야 한다는 것으로 이해되었다. 적법절차는 이상의 절차적 적법절차 차원을 넘어 실체적 적법절차로 발전하게 되었다. 즉 절차의 적정성만이 아니라 (실체)법의 내용까지 적정성이 있어야 한다는 것이다. 대법원은 '적정'하다 함은 공정하고 합리적이며 상당성이 있어 정의 관념에 합치하는 것을 말한다고 한다(대법원 1998. 1. 16. 선고 88초60 판결). ⑤ 국민은 국가공권력의 단순한 대상이 아니라 절차의 주체로서, 자신의 권리와 관계되는 결정에 앞서서 자신의 견해를 진술할 수 있어야만 객관적이고 공정한 절차가 보장될 수 있고 당사자 사이의 절차적 지위 대등성이 실현될 수 있다. 그러나 국가기관이 국민과 맺는 관계에서 공권력을 행사할 때 준수하여야 할 법원칙으로서 형성된 적법절차원칙을 국가기관에 대하여 헌법을 수호하고자 하는 탄핵소추절차에는 직접 적용할 수 없다(헌재 2004. 5. 14. 2004헌나1). ⑥ 적법절차원칙에서 도출할 수 있는 가장 중요한 절차적 요청 중의 하나로, 당사자에게 적절한 고지를 할 것, 당사자에게 의견 및 자료 제출 기회를 부여할 것을 들 수 있다. 그러나 적법절차원칙이 구체적으로 어떠한 절차를 어느 정도로 요구하는지는 일률적으로 말하기 어렵고, 규율되는 사항의 성질, 관련 당사자의 사익, 절차 이행으로 제고될 가치, 국가작용의 효율성, 절차에 소요되는 비용, 불복 기회 등 다양한 요소를 형량하여 개별적으로 판단할 수밖에 없다(헌재 2006. 5. 25. 2004헌바12).

적법절차를 법률이 정한 절차와 그 실체적인 내용이 합리성과 정당성을 갖춘 적정한 것이어야 한다는 것으로 이해한다면, 그 법률이 기본권의 제한입법에 해당하는 한 헌법 제37조 제2항 일반적 법률유보조항의 해석상 요구되는 기본권제한법률의 정당성 요건과 개념상 중복된다(헌재 1992. 12. 24. 92헌가8). 헌법재판소는 적법절차원칙이 법률의 위헌 여부에 관한 심사기준으로 작용하면, 특히 형사소송절차에서는 법률에 따른 형벌권 행사라도 신체의 자유의 본질적인 내용을 침해하지 않아야 할 뿐 아니라 비례성원칙이나 과잉입법금지원칙에 어긋나지 아니하는 한도 안에서만 그 적정성과 합헌성이 인정된다는 의미가 있으므로, 결국 적법절차원칙 위반 여부는 비례성원칙이나 과잉입법금지원칙에 위반되는지에 따라 결정된다고 한다(헌재 2004. 9. 23. 2002헌가17등).

헌법 제12조 제1항은 처벌, 보안처분, 강제노역 등과, 제12조 제3항은 영장원칙과 관련하여 각각 적법절차원칙을 규정한다. 하지만 이는 그 대상을 한정적으로 열거하는 것이 아니라 그 적용대상을 예시한 것에 불과하다. 적법절차원칙은 법률의 위헌 여부에 관한 심사기준으로서 그 적용대상을 형사소송절차에 국한하지 않고 모든 국가작용, 특히 입법작용 전반에서 문제가 된 법률의 실체적 내용이 합리성과 정당성이 있는지를 판단하는 기준으로 적용된다(헌재 1992. 12. 24. 92헌가8). 법률제정절차와 관련한 적법절차는 이른바 청문절차로서 국민은 자신의 이해관계와 관련하여 그 법적 지위를 확보하기 위해서 국가적인 재편계획에 관하여 입장을 표명할 기회를 주어야 한다는 것이다. 즉 국민이 국가적 활동의 단순한 객체로 전락하여서는 안 된다는 것이다(헌재 1994. 12. 29. 94헌마201). 행정처분을 통한 국민의 자유와 권리 침해가 증대되는 현실을 고려하면 행정절차에도 적법절차원리가 적용되어야 한다. 형사소송법은 형사절차 중 증거 판단과 사실 인정에 관해서 헌법상 적법절차를 구현하려고 자유심증주의를 원칙으로 규정한다(제308조). 법관의 올바른 자유심증을 위해서는 당사자가 절차의 주체가 되어 자유롭게 각자에게 유리한 모든 증거를 제출하여 활발한 입증활동을 하는 가운데 법관도 객관적인 입장에서 증거를 자유롭게 평가할 여건이 갖추어질 것을 전제한다(헌재 1996. 12. 26. 94헌바1).

(5) 영장제도[(사전)영장원칙]

영장제도란 체포·구속·압수 등의 강제처분[헌법재판소는 법무부 장관의 출국금지결정은 형사재판에 계속 중인 국민의 출국의 자유를 제한하는 행정처분일 뿐이고, 영장원칙이 적용되는 신체에 직접 물리적 강제력을 수반하는 강제처분이 아니라고 한다(헌재 2015. 9. 24. 2012헌바302)]을 할 때 사법권 독립에 따라서 그 신분이 보장되는 법관이 발부한 영장을 통하지 않으면 아니 된다는 것이다. 따라서 헌법상 영장원칙의 본질은 체포·구속·압수·수색 등 기본권을 제한하는 강제처분을 할 때 중립적인 법관의 구체적 판단을 거쳐야 한다는 데 있다(헌재 2018. 6. 28. 2012헌마538). 영장제도는 적법절차의 한 요소로서 범죄수사에서 부당한 인권 침해와 신체의 자유 침해를 막으려는 제도이다. 신체의 자유를 심각하게 침해하는 체포·구속·압수나 수색은 공정하고 독립적인 지위가 있는 법관의 판단에 따라 발부한 영장을 사전에 제시하고서만 하게 함으로써 수사기관의 불법적인 체포·구속·압수나 수색의 남용을 방지하려는 데 영장제도의 의의가 있다.

신체의 자유를 심각하게 침해하는 체포·구속은 먼저 그에 관한 필요성 유무를 법관이 판단하도록 하고 그가 발부한 영장을 통해서만 가능하도록 함으로써 수사기관의 불법적인 체포·구속의 남용을 방지하려는 것이다. 영장 발부는 법관의 체포·구속 허가이므로 체포·구속에 대한 사법적 억제가 가능하게 되고, 이로써 신체의 자유를 그만큼 보호하게 된다. 특히 현행 형사소송법이 구속 전 피의자심문제도(영장실질심사제도)를 규정함으로써 인신구속에 대한 실질적인 사법적 억제가 가능하게 되었다. 영장원칙은 구속 개시 시점에 한하지 않고 구속영장의 효력을 계속 유지할 것인지 아니면 취소나 실효시킬 것인지도 사법권독립의 원칙에 따라서 신분이 보장되는 법관의 판단을 통해서만 결정하여야 한다는 것을 뜻한다(헌재 1992. 12. 24. 92헌가8). 그 밖에 검사나 다른 국가기관의 의견에 따라서 좌우되도록 하는 것은 헌법상 적법절차원칙에 어긋난다(헌재 1992. 12. 24. 92헌가8). 기지국 수사를 허용하는 통신사실확인자료 제공 요청은 법원의 허가를 받으면, 해당 가입자의 동의나 승낙을 얻지 아니하고도 제3자인 전기통신사업자에게 해당 가입자에 관한 통신사실 확인자료 제공을 요청할 수 있도록 하는 수사방법으로, 통신비밀보호법이 규정하는 강제처분에 해당하므로 헌법상 영장원칙이 적용된다(헌재 2018. 6. 28. 2012헌마538등). 그러나 수사기관이 공사단체 등에 범죄수사에 관련된 사실을 조회하는 행위는 강제력이 개입되지 아니한 임의수사에 해당하므로, 이에 응하여 이루어진 국민건강보험공단의 개인정보제공행위에는 영장원칙이 적용되지 않는다(헌재 2018. 8. 30. 2016헌마483). 각급 선거관리위원회 위원·직원의 선거범죄 조사에서 피조사자에게 자료 제출을 요구하는 것은 행정조사의 성격이 있는 것으로서 피조사자에게 직접적으로 어떠한 물리적 강제력을 행사하는 강제처분을 수반하는 것이 아니라서 영장원칙이 적용되지 않는다(헌재 2019. 9. 26. 2016헌바381).

현행 헌법 제12조 제3항 중 '검사의 신청'이라는 부분의 취지는 모든 영장 발부에 검사의 신청이 필요하다는 것이 아니라 수사단계에서 영장 발부를 신청할 수 있는 사람을 검사로 한정한 것이다. 즉 수사 단계에서 영장을 신청할 때 반드시 법률전문가인 검사를 거치도록 함으로써 다른 수사기관의 무분별한 영장 신청을 막아 국민의 기본권을 침해할 가능성을 줄이려는 데 그 취지가 있다. 헌법 제12조 제3항의 규정 취지를 공판 단계에서 영장 발부에도 검사 신청이 필요한 것으로 해석하는 것은 신체의 자유를 보장하기 위한 사법적 억제 대상인 수사기관이 사법적 억제 주체인 법관을 통제하는 결과를 낳아 오히려 영장원칙의 본질에 어긋난다(헌재 1997. 3. 27. 96헌바28등). 영장신청권자로서 '검사'는 '검찰권을 행사하는 국가기관'인 검사로서 공익의 대표자이자 인권옹호기관의 지위에서 그에 부합하는 직무를 수행하는 사람을 뜻하는 것이지, 검찰청법상 검사만을 가리키는 것은 아니다(헌재 2021. 1. 28. 2020헌마264등).

형사소송법은 인신구속 남용을 막기 위하여 구속영장에는 구체적 사항을 명시하도록 규정함으로써 구체적 사항이 명시되지 않은 이른바 일반영장을 금지한다. 즉 법원의 피고인 구속에서 구속영장에는 "피고인의 성명, 주거, 죄명, 공소사실의 요지, 인치구금할 장소, 발부년월일, 그 유효기간과 그 기간을 경과하면 집행에 착수하지 못하며 영장을 반환하여야 할 취지를 기재"하여야 한다(형사소송법 제75조). 검사나 사법경찰관의 피의자 구속에서는 이러한 규정이 준용되지만, 공소사실 요지 대신에 피의사실 요지를 기재하여야 한다(형사소송법 제209조).

수사기관의 피의자에 대한 강제처분에 관한 법률을 제정할 때 입법자는 헌법적 특별규정인 헌법 제12조 제3항을 준수하는 범위 안에서 우리 사회의 법현실, 수사관행, 수사기관과 국민의 법의식수준 등을 종합적으로 검토한 다음 구체적 사정에 따라서 다양한 정책적인 선택을 할 수 있다(헌재 1995. 6. 29. 93헌바45).

헌법재판소를 따르면 입법자는 수사기관의 피의자에 대한 강제처분에 관한 법률을 제정할 때 헌법적 특별규정인 영장원칙을 준수하는 범위 안에서 우리 사회의 법현실, 수사관행, 수사기관과 국민의 법의식수준 등을 종합적으로 검토하고 나서, 구체적 사정에 따라서 다양한 정책적인 선택을 할 수 있다. 먼저 형식적으로 영장원칙에 위배되는 법률은 곧바로 헌법에 위반된다. 나아가 형식적으로는 영장원칙을 준수하였더라도 실질적인 측면에서 입법자가 합리적인 선택범위를 일탈하는 것 등 그 입법형성권을 남용하였다면 그러한 법률은 자의금지원칙에 위배되어 헌법에 위반된다(헌재 2012. 12. 27. 2011헌가5).

과거 임의동행 형식을 빌려 보호실 유치를 하는 식의 불법적 관행이 있었다. 이에 대해서 대법원은 강제력을 행사한 임의동행은 불법구금이라고 하고, 적법절차에 따르지 아니한 보호실유치는 불법이라고 하였다(대법원 1994. 3. 11. 선고 93도958 판결). 이러한 문제점을 해결하고, 불구속 수사와 불구속재판 원칙(구속수사·재판은 예외)을 확립하여 영장발부에서 요구되는 적법절차를 강화하려고 영장실질심사제도를 도입하였다(형사소송법 제201조의2). 이는 구속영장이 청구되면 법관이 직접 피의자를 심문하여 영장발부 여부를 결정하는 법관에 의한 구속 전 피의자심문제도이다. 체포나 긴급체포 또는 현행범인으로 체포된 피의자에 대해서 구속영장을 청구받은 판사는 즉시 피의자를 심문하되, 특별한 사정이 없으면 구속영장이 청구된 날의 다음날까지 심문하여야 한다(형사소송법 제201조의2 제1항). 체포되지 않은 그 밖의 피의자에 대해서 구속영장을 청구받은 판사는 피의자가 죄를 범하였다고 의심할 만한 이유가 있으면 구인을 위한 구속영장을 발부하여 피의자를 구인하고 나서 심문하여야 한다(형사소송법 제201조의2 제2항). 심문할 피의자에게 변호인이 없으면 지방법원판사는 직권으로 변호인을 선정하여야 한다(형사소송법 제201조의2 제8항).

별건체포·구속은 수사기관이 본래 수사하고자 하는 사건(본건)에 대해서는 구속요건이 구비되지 않았으므로, 본건 수사에 이용할 목적으로 구속요건이 구비된 별건으로 체포나 구속하는 것을 말한다. ① 별건체포·구속은 본건(중대사건)에 관해서 법관의 사전심사가 회피되어 영장제도의 존재 의의를 상실하므로 헌법 제12조 제3항에 위반되고, ② 체포·구속이유 고지가 본건에 관해서 보장되지 아니하므로 헌법 제12조 제5항에 위반되며, ③ 그것이 자백을 얻기 위한 부당한 수단으로 이용되면 헌법 제12조 제2항에 위반되고, ④ 전체적으로 그 절차가 적정하지 못하므로 헌법 제12조 제1항 제2문의 적법절차에 위반된다. 그러나 구속 중인 피의자에 대한 여죄수사까지 금지되는 것은 아니다. 즉 ① 피의자가 스스로 자백한 때, ② 여죄가 경미한 때, ③ 영장기재사항과 동종사항이거나 관련 있는 때는 여죄수사가 허용된다.

압수나 수색할 때도 적법한 절차에 따라 발부된 영장이 필요하다(헌법 제12조 제3항). 그러나 체포·구속, 긴급체포와 현행범인 체포에 따라서 피의자나 피고인을 체포·구속하면 체포·구속장소에서 압수·수색을 할 수 있다(형사소송법 제216조 제1항 제2호, 제2항). 범행 중 또는 범행 직후의 범죄 장소에서 긴급을 요하여 법원판사의 영장을 받을 수 없으면 영장 없이 압수·수색을 할 수 있다. 이때 사후에 즉시 영장을 받아야 한다(형사소송법 제216조 제3항). 검사나 사법경찰관은 긴급체포된 사람의 소유, 소지 또는 보관하는 물건에 대해서는 긴급히 압수할 필요가 있으면 체포한 때부터 24시간 이내에 한하여 영장 없이 압수·수색을 할 수 있다(형사소송법 제217조 제1항). 그리고 검사, 사법경찰관은 피의자 기타인의 유류한 물건이나 소유자, 소지자 또는 보관자가 임의로 제출한 물건을 영장 없이 압수할 수 있다(형사소송법 제218조). 또한, 공판 안에서 하는 압수·수색은 영장이 필요 없다(형사소송법 제113조). 압수·수색할 때 반드시 영장을 제시하여야 한다. 영장 사본을 팩스로 송부하였을 뿐이고 영장 원본을 제시하지 않았다면, 영장을 제시한 것으로 볼 수 없다(대법원 2017. 9. 7. 선고 2015도10648 판결). 압수·수색 영장은 현장에서 피압수자가 여러 명이면 그들 모두에게 개별적으로 영장을 제시하여야 하는 것이 원칙이라서, 수사기관이 압수·수색에 착수하면서 그 장소의 관리책임자에게 영장을 제시하였더라도 물건을 소지한 다른 사람에게서 이를 압수하고자 하면 그 사람에게 따로 영장을 제시하여야 한다(대법원 2017. 9. 21. 선고 2015도12400 판결). 압수·수색 영장을 집행할 때 피압수·수색자가 그 내용을 충분히 알지 못한 상태에서 영장을 뺏는 것은 헌법상 적법절차원칙에 어긋난다. 이때 설사 영장 집행 절차 지연 등을 예방하려고 구두로 설명하였더라도 영장 제시 제도의 취지상 적법하지 않다(18진정0124600 사건 2018. 11. 29. 국가인권위원회 침해구제제1위원회 결정).

행정상 즉시강제는 목전에 급박한 행정상 장해를 제거할 필요가 있거나 미리 의무를 명할 시간적 여유가 없을 때 또는 성질상 의무를 명하여서는 목적 달성이 곤란하면 즉시 국민의 신체나 재산에 실력을 가하여 행정상 필요한 상태를 실현하는 작용이다. 행정상 즉시강제에 절차적 한계로서 사전영장원칙이 적용되는지와 관련하여 헌법상 영장제도는 형사작용에만 적용되는 것이지 행정작용에는 적용되지 않는다는 영장불요설과 헌법 제12조 제3항에는 체포·구금·압수·수색을 할 때는 영장원칙이 적용된다고 규정된 바, 영장제도는 형사작용인지 행정작용인지를 불문하고 적용된다는 영장필요설 그리고 원칙적으로 국민의 기본권 보장이라는 관점에서 영장이 필요한 것이긴 하나, 행정상 즉시강제 중에서 행정목적 달성을 위해서 불가피하다고 인정할 만한 합리적인 이유가 있으면 사전영장 없이도 강제조치를 할 수 있다는 절충설이 대립한다. 헌법재판소는 불법게임물 수거·폐기라는 행정상 즉시강제는 그 본질상 급박성을 요건으로 하여 법관의 영장을 기다려서는 그 목적을 달성할 수 없으므로 원칙적으로 영장원칙이 적용되지 않는다고 한다(헌재 2002. 10. 31. 2000헌가12). 대법원은 사전영장원칙은 인신 보호를 위한 헌법상 기속원리이므로 인신의 자유를 제한하는 모든 국가작용 영역에서 존중되어야 하지만, 헌법 제12조 제3항 단서도 사전영장원칙 예외를 인정하는 것처럼 사전영장원칙을 고수하다가는 도저히 행정목적을 달성할 수 없는 지극히 예외적인 때에는 형사절차처럼 예외가 인정되므로, 구 사회안전법 제11조 소정의 동행보호규정은 재범 위험성이 현저한 사람을 상대로 긴급히 보호할 필요가 있는 때만 단기간의 동행보호를 허용한 것으로서 그 요건을 엄격히 해석하는 한, 동 규정 자체가 사전영장원칙을 규정한 헌법규정에 어긋난다고 볼 수는 없다고 한다(대법원 1997. 6. 13. 선고 96다56115 판결). 헌법 제12조 제3항과 제16조의 영장제도에 관한 규정은 연혁적으로는 형사사법작용을 염두에 둔 규정이기는 하다. 하지만 영장제도는 국가작용의 종류와 상관없이 국민의 신체의 자유를 보장하는 데 그 취지가 있으므로 행정작용에 적용되지 아니한다는 견해는 타당하지 않다. 따라서 헌법상 영장제도에 관한 규정은 원칙적으로 형사사법작용뿐 아니라 행정상 즉시강제에도 적용되는 것으로 보아야 한다. 다만, 행정상 즉시강제의 성질상 행정목적 달성을 위해서 불가피하다고 인정할 만한 합리적인 이유가 있는 특수한 때만 영장원칙 적용이 배제될 수도 있다. 그러나 그러한 예외는 국민의 기본권 보장 취지에 입각하여 엄격하게 해석되어야 한다.

⑹ 체포 · 구속적부심사제

헌법 제12조 제6항은 체포 · 구속적부심사제를 규정하고, 형사소송법 제214조의2는 이를 구체화한다. 다만, 신체의 자유는 수사기관뿐 아니라 일반 행정기관을 비롯한 다른 국가기관도 직접 제한할 수 있으므로, 모든 형태의 공권력행사기관이 체포나 구속의 방법으로 신체의 자유를 제한하는 사안에도 헌법 제12조 제6항은 적용된다(헌재 2004. 3. 25. 2002헌바104). 한국에는 1948년 미군정령 제176호 제17조 제5항에 따라서 구속적부심사제도로 도입되었고, 1948년 헌법이 제9조 제3항에 규정하였다. 1972년 헌법에서 삭제되어 1973년 2월 1일에 시행된 형사소송법중개정법률에 따라서 폐지되었다. 1980년 헌법 제11조 제5항에서 법률유보조항을 두고 제한적으로 부활하였다가 현행 헌법에서 법률유보조항이 삭제되어 모든 피구속자에게 구속적부심사 청구를 가능하게 하였고 심사대상 제한을 받지 않도록 하였다.

영장원칙(체포영장, 구속영장 청구 시 피의자신문, 구속영장)은 수사기관의 불법체포 · 구속을 방지하려는 사전예방책이지만, 체포 · 구속적부심사제도, 형법상 불법체포 · 감금죄, 형사보상은 수사기관의 불법체포 · 구속을 방지하려는 사후구제책이다.

헌법 제12조 제6항은 '누구든지' 체포나 구속을 당하면 적부 심사를 법원에 청구할 수 있다고 규정하고, 같은 조 제3항은 체포와 구속에도 적법절차 준수와 영장을 요구한다. 형사소송법에는 체포·구속적부심사를 청구할 수 있는 사람이 체포나 구속된 피의자, 그 변호인, 법정대리인, 배우자, 직계친족, 형제자매나 가족, 동거인 또는 고용주로 규정되어 피고인이 배제된다(형사소송법 제214조의2 제1항). 체포영장에 따라서 체포된 피의자뿐 아니라 긴급체포되거나 현행범으로 체포된 피의자, 위법하게 체포된 피의자도 체포적부심청구가 가능하다(대법원 1997. 8. 27.자 97모21 결정). 체포·구속적부심사 이유에는 제한이 없다. 즉 모든 범죄에 대해서 청구가 가능하다(형사소송법 제214조의2). 체포·구속적부심사 청구사건은 지방법원 합의부 또는 단독판사가 심사한다. 체포영장이나 구속영장을 발부한 법관은 체포·구속적부심사의 심문·조사·결정에 관여하지 못한다. 다만, 체포영장이나 구속영장을 발부한 법관 외에는 심문·조사·결정을 할 판사가 없으면 그러하지 아니하다(형사소송법 제214조의2 제12항). 체포영장이나 구속영장을 발부한 법관의 예단을 배제하려는 취지이다.

체포·구속적부심사를 청구받은 법원은 청구서가 접수된 때부터 48시간 이내에 체포 또는 구속된 피의자를 심문하고 수사 관계 서류와 증거물을 조사하여 청구가 이유 없다고 인정하면 결정으로 이를 기각하고, 이유 있다고 인정하면 결정으로 석방을 명하여야 한다(형사소송법 제214조의2 제4항). 그러나 ① 청구권자가 아닌 사람이 청구하거나 같은 구속영장 발부에 대해서 재청구한 때, ② 공범이나 공동피의자의 순차 청구가 수사 방해 목적임이 명백한 때에는 심문하지 않고 법원은 결정으로 청구를 기각할 수 있다(형사소송법 제214조의2 제3항). 검사·변호인·청구인은 심사기일에 출석하여 의견을 진술할 수 있다(형사소송법 제214조의2 제9항). 구속된 피의자에게 미성년자, 심신장애, 빈곤 등의 사유로 변호인이 없으면 국선변호인을 선정하여야 한다(형사소송법 제

214조의2 제10항). ① 죄증을 인멸할 염려가 있다고 믿을만한 충분한 이유가 있는 때와 ② 피해자, 해당 사건의 재판에 필요한 사실을 안다고 인정되는 사람이나 그 친족의 생명·신체나 재산에 해를 가하거나 가할 염려가 있다고 믿을만한 충분한 이유가 있는 때가 아니면, 법원은 구속된 피의자에 대해서 피의자 출석을 보증할 만한 보증금 납입을 조건으로 결정으로 구속된 피의자 석방을 명할 수 있다(보증금납입조건부 피의자석방제도: 형사소송법 제214조의2 제5항).

체포·구속 여부 심사는 영장 발부의 요식과 절차에 관한 형식적 사항뿐 아니라 구속사유의 타당성과 적법성에 관한 실질사항도 그 대상으로 한다. 체포·구속적부 여부의 판단 시기는 구속영장 집행 시를 기준으로 할 것이 아니라 적부심사 시를 기준으로 하는 타당하다. 그래야만 구속 후의 사정변경을 고려할 수 있기 때문이다. 법원의 체포·구속적부심사결정에 대해서는 검사나 피의자 모두가 항고할 수 없다(형사소송법 제214조의2 제8항). 이는 구속적부심사자체가 영장 발부에 대한 항고적 성격이 있기 때문이다. 구속적부심사에 따라 일단 석방된 피의자는 도망하거나 죄증을 인멸하는 때를 제외하고는 같은 범죄사실에 관하여 재차 체포나 구속하지 못한다(형사소송법 제214조의3 제1항). 체포적부심에 관한 결정이 있기 전에 구속영장이 청구되면 체포적부심 담당재판부가 구속영장청구사건 담당 판사에게 체포적부심 사건을 송부하고, 동 판사가 함께 결정한다.

체포 또는 구속적부심을 청구한 뒤 법원이 석방결정을 하려 하거나 석방결정을 내렸지만, 그 결정서등본이 검찰청에 송달되어 효력이 발생하기 직전에 검사가 전격적으로 공소제기하여 피의자 신분을 피고인으로 바꾸더라도 법원은 석방결정을 할 수 있고, 이미 한 석방결정은 그 효력을 유지한다(형사소송법 제214조의2 제4항 제2문). 헌법재판소는 전격 기소가 헌법상 보장된 법관에게서 심사를 받고자 하는 청구인의 절차적 기회를 일방적으로 박탈한다고 하였다(헌재 2004. 3. 25. 2002헌바 104).

(7) 체포·구속 시 이유고지 및 가족에 대한 통지제도

형사소송법이 구속이유 등 고지제도를 이미 규정하였다. 그러나 이것이 잘 지켜지지 않았고 불법적인 인신구속으로 말미암은 인권 침해가 빈발하였다. 따라서 이를 1987년 헌법에 규정하였다. 체포나 구속을 당할 때 그 이유를 알지 못하거나 변호인의 도움을 받을 권리가 있음을 알지 못한다면, 변명 기회나 방어수단을 가질 수 없을 뿐 아니라 그러한 때에 불법구금과 고문 등 심각한 인권침해행위가 자행될 가능성도 생긴다. 그리고 피의자가족도 체포나 구속의 이유, 일시, 장소 등을 알지 못하면 그 불안함은 말할 것도 없고 피의자를 도울 수도 없다. 따라서 이들에게도 이런 사실을 통지하여야 할 필요가 있다. 고지제도의 의의는 피의자와 피의자가족에게 체포나 구속의 이유, 일시, 장소, 변호인의 조력을 받을 권리가 있음을 고지함으로써 이들의 인권을 보호하려는 데 있다.

체포나 구속이란 영장을 발부받아 체포나 구속하는 때만이 아니라 현행범인 등을 검사나 사법경찰관리가 체포·구속하는 긴급구속하는 때와 현행범인을 인도받은 때가 포함된다(형사소송법 제213조의2). '고지받을 자'는 체포나 구속을 당하는 사람이다. '통지받을 자'는 가족 등 법률이 정하는 사람이다. 즉 변호인이 있으면 변호인, 변호인이 없으면 피의자의 법정대리인, 배우자, 직계가족과 형제자매 중 피의자가 지정하는 사람이다(형사소송법 제87조, 제30조 제2항). 형사피의자는 ① 체포나 구속의 이유, ② 변호인의 조력을 받을 권리가 있다는 사실을 고지받을 권리가 있다. 형사피의자의 가족은 ① 체포나 구속의 이유, ② 체포나 구속의 일시, ③ 체포나 구속의 장소, ④ 변호인의 조력을 받을 권리가 있다는 사실을 고지받을 권리가 있다. 고지 시기는 헌법이나 형사소송법에 명문 규정이 없으나, 사리상 체포나 구속 당시로 보아야 한다. 통지는 즉시 하여야 한다(형사소송법 제87조 제2항). 고지 방식에 관해서는 명문 규정이 없고, 통지 방식은 서면으로 하여야 한다(형사소송법 제72조, 제87조 제2항, 제213조의2). 형사피의자와 그 가족 등에게 고지나 통지하는 것은 수사기관의 의무이다(헌법 제12조 제5항, 형사소송법 제87조, 제88조). 수사기관이 이러한 고지나 통지를 이행하지 않으면 직권남용에 따른 불법행위로 간주되어 형사처벌을 받게 된다(대법원 1995. 5. 9. 선고 94도3016 판결).

현행범인을 체포하거나 긴급체포하는 때도 이유를 고지하여야 한다. 이러한 고지는 체포를 위한 실력 행사에 들어가기 이전에 미리 하여야 하는 것이 원칙이다. 그러나 달아나는 피의자를 쫓아가 붙들거나 폭력으로 대항하는 피의자를 실력으로 제압하면 붙들거나 제압하는 과정에서 하거나 그것이 여의치 않은 때라도 일단 붙들거나 제압하고 나서 즉시 하여야 한다(대법원 2000. 7. 4. 선고 99도4341 판결).

(8) 무죄추정원칙

헌법 제27조 제4항의 무죄추정원칙은 불리한 처지에 놓인 피의자·피고인의 지위를 보호하여 형사절차에서 그들의 불이익을 필요최소한에 그치게 하자는 것으로서 인간의 존엄성 존중을 궁극의 목표로 하는 헌법이념에서 나온다(헌재 1995. 7. 21. 92헌마144). 형사소송법 제275조의2는 무죄추정원칙을 확인한다.

① 무죄추정원칙은 누구라도 유죄 판결이 확정될 때까지는 무죄로 추정된다는 원칙, 즉 형사절차와 관련하여 아직 공소 제기가 없는 피의자는 물론이고 공소가 제기된 피고인까지도 유죄 판결이 확정될 때까지는 원칙적으로 무죄인으로 다루어야 한다는 것을 말한다(헌재 2011. 4.

28. 2010헌마474). 여기서 유죄판결이란 실형 판결, 형 면제, 선고유예, 집행유예를 모두 포함하나, 실체적인 문제에 관한 판단 없이 재판의 형식적 종결인 면소판결은 제외된다. 그리고 유죄의 확정판결이 있기까지는 불이익을 입혀서는 안 된다고 할 것인데, 설사 불이익을 입혀도 필요한 최소한도에 그치도록 비례성원칙을 준수하여야 한다. 여기서 불이익은 형사절차상 처분뿐 아니라 그 밖의 기본권 제한과 같은 처분도 포함한다. 헌법재판소는 형사사건으로 공소제기가 되었다는 사실만으로 변호사에 대하여 업무정지명령을 내리거나 교원 혹은 공무원에 대하여 무조건적인 직위해제처분을 하도록 한 것은 아직 유무죄가 가려지지 아니한 상태에서 유죄로 추정하는 것이 되며 이를 전제로 한 불이익한 처분이라고 판시한 바 있다(헌재 1990. 11. 19. 90헌가48). 그리고 헌법재판소는 공정거래위원회 고발조치 등으로 장차 형사절차 안에서 진술을 하여야 할 행위자에게 사전에 법위반사실 공표를 하게 하는 것은 형사절차 안에서 법위반사실을 부인하고자 하는 행위자를 모순에 빠뜨려 소송수행을 심리적으로 위축시키거나, 법원에 공정거래위원회 조사결과의 신뢰성 여부에 관한 불합리한 예단을 촉발할 소지가 있고 이는 장차 진행될 형사절차에도 영향을 미칠 수 있으므로, 법위반사실 공표명령은 공소제기조차 되지 아니하고 단지 고발만 이루어진 수사의 초기 단계에서 아직 법원의 유무죄에 관한 판단이 가려지지 아니하였는데도 관련 행위자를 유죄로 추정하는 불이익한 처분이라고 한다(헌재 2002. 1. 31. 2001헌바43). 따라서 도피 우려가 있거나 증거를 인멸할 우려가 있는 때를 제외하고는 무죄추정원칙에 따라 불구속수사·불구속재판을 하여야 한다. 그리고 유죄판결이 있기 전에 피의자나 피고인을 범죄인과 같은 처우를 하는 것은 허용되지 않는다. ② 조문에는 형사피고인이라고 규정하나, 용의자나 피의자도 당연히 무죄추정을 받는다(물론해석)(헌재 1992. 1. 28. 91헌마111). ③ 범죄사실 증명책임은 기소자 측에 있고 피

고인 스스로가 무죄를 적극적으로 입증할 필요가 없다. 유죄에 관한 입증이 없으면 의심스러울 때는 피고인의 이익으로의 원칙에 따라 무죄를 선고하여야 한다. ④ 무죄추정원칙은 유죄 예단 아래 무리한 진실 추구를 하지 말 것을 요청한다. 따라서 허용되지 아니하는 강제조치에 대해서 시정·배제를 요구할 수 있다. ⑤ 무죄추정원칙으로 말미암아 불구속수사, 불구속재판을 원칙으로 하고, 예외적으로 피의자나 피고인이 도망할 우려가 있거나 증거를 인멸할 우려가 있는 때만 구속수사나 구속재판이 인정된다(헌재 1992. 1. 28. 91헌마111). ⑥ 징계혐의사실 인정은 형사재판의 유죄 확정 여부와는 무관하므로, 형사재판 절차에서 유죄의 확정판결을 받기 전이라도 징계혐의사실은 인정될 수 있고, 그러한 징계혐의사실 인정은 무죄추정에 관한 헌법 제26조 제4항이나 형사소송법 제275조의2에 어긋나지 않는다(대법원 1986. 6. 10. 선고 85누407 판결).

(9) 자백의 증거능력과 증명력 제한

헌법 제12조 제7항은 자백의 증거능력과 증명력을 제한한다. 이는 고문 등에서 피고인을 보호하고 고문 등을 통해서 조작된 허위(자백)를 배제하여 진실을 보장하려는 것이다. 자백은 자기 범죄사실의 전부나 일부를 시인하는 진술이다. 증거능력은 어떤 증거가 엄격한 증명 자료로 사용될 수 있는 법률상 자격을 말하고, 증명력은 범죄사실을 입증할 증거의 실질적 가치를 말한다. 사실 인정은 증거에 따라서(형사소송법 제307조: 증거재판주의), 증거의 증명력은 법관의 자유판단에 따른다(형사소송법 제308조: 자유심증주의)(대법원 1990. 9. 28. 선고 90도1562 판결). 자백의 증거능력과 증명력 제한에 관한 규정은 1962년 헌법에서 처음 채택되었다가 1972년 헌법에서 삭제되었다. 그후 1980년 헌법에서 부활하여 현재에 이른다.

임의성 없는 자백은 유죄 증거로 하지 못한다(형사소송법 제309조). 자백의 임의성은 증거 수집 과정에서 고문·폭행·협박·구속의 부당한 장기화나 사기 등과 같은 위법성이 없는 것을 말한다. 따라서 변호인에 대한 접견교통권이 위법하게 제한된 상태에서 얻어진 피의자의 자백(대법원 1990. 9. 25. 선고 90도1586 판결)이나 밤샘수사 과정에서 얻어진 자백(대법원 1999. 1. 29. 선고 98도3584 판결)은 증거능력이 부인된다. 임의성 없는 자백의 증거능력을 부정하는 취지는 허위진술을 유발하거나 강요할 위험성이 있는 상태 아래에서 한 자백은 그 자체가 실체적 진실에 부합하지 아니하여 오판 소지가 있을 뿐 아니라 그 진위 여부를 떠나서 자백을 얻기 위해서 피의자의 기본적 인권을 침해하는 위법부당한 압박이 가하여지는 것을 사전에 막으려는 것이다. 따라서 그 임의성에 다툼이 있으면 그 임의성을 의심할 만한 합리적이고, 구체적인 사실을 피고인이 입증할 것이 아니고 검사가 그 임의성의 의문점을 해소하는 입증을 하여야 한다(대법원 2006. 11. 23. 선고 2004도7900 판결).

보강증거가 없는 피고인의 불리한 유일한 자백은 유죄 증거로 삼지 못한다(형사소송법 제310조). 법관이 자백으로써 충분한 유죄 심증을 얻더라도 그 자백이 유일한 증거이면 범죄사실을 인정할 수 없다. 자백에 대한 보강증거는 증거능력이 있는 독립된 증거이어야만 하고, 전문증거는 원칙적으로 보강증거가 될 수 없다. 자백에 대한 보강증거는 범죄사실의 전부나 중요부분을 인정할 수 있는 정도가 되지 아니하더라도 자백이 가공적인 것이 아닌 진실한 것임을 인정할 수 있는 정도가 되면 족하고 직접증거가 아닌 간접증거나 정황증거도 보강증거가 될 수 있다(대법원 1995. 7. 25. 선고 95도1148 판결). 공범인 공동피고인들의 각 진술은 서로 간에 서로 보강증거가 될 수 있다(대법원 1990. 10. 30. 선고 90도1939 판결). 즉결심판 등 약식재판에서는 자백만으로도 유죄를 선고할 수 있는데('즉결심판에 관한 절차법' 제10조), 이는 정식재판을 청구할 길이 열려 있는 한('즉결심판에 관한 절차법' 제14조) 위헌이 아니다.

(10) 고문을 받지 아니할 권리

고문이란 자백을 얻기 위해서 가하는 폭력을 말한다. 자백은 유죄를 인정하는 중요한 증거이므로, 이를 얻으려고 과거에는 야만적인 폭력을 자행하였다. 이는 오늘날에도 근절되지 않고 부분적으로 한다. 한국 헌법은 제12조 제2항에서 국민의 고문을 받지 아니할 권리를 규정하고, 같은 조 제7항에서 고문으로 얻은 피고인 자백의 증거능력을 배제한다. 그리고 고문은 인간의 존엄성을 침해하므로, 헌법 제10조의 인간의 존엄성에도 어긋난다.

형법은 고문을 범죄행위로 보고 고문을 한 공무원을 처벌한다(제125조, '특정범죄 가중처벌 등에 관한 법률' 제4조의2). 대법원은 경찰관의 고문에 의한 인권 침해에 대한 기소유예처분의 위헌성을 인정하였다(대법원 1998. 1. 29. 선고 86모58 판결). 그리고 그러한 공무원의 불법행위에 대해서는 국가가 배상책임을 진다. 고문을 당한 사람은 고문을 한 공무원의 불법행위에 대해서 국가에 대하여 국가배상을 청구할 수 있다(헌법 제29조 제1항).

(11) 불리한 진술을 거부할 권리(진술거부권)

헌법 제12조 제2항은 진술거부권을 규정하고, 형사소송법 제244조의3과 제284조의2가 이를 구체화한다. 묵비권은 보통 피의자나 피고인이 수사절차나 공판절차에서 수사기관이나 법원의 신문에 대해서 진술을 거부할 권리를 말한다. 이때 '진술'이란 언어적 표출, 즉 생각이나 지식, 경험사실을 정신작용의 하나인 언어로 표출하는 것을 말한다(헌재 1997. 3. 27. 96헌가11). 구술뿐 아니라 서면을 통한 표출도 진술에 해당한다. 성명, 주소, 직업에 대한 진술거부권은 인정되지 않는다. 지문 채취, 음주 측정(헌재 1997. 3. 27. 96헌가11)과 같이 신체의 물리적·사실적 상태를 그대로 드러내는 것은 진술에 해당하지 않는다. 이 권리는 형사상 유죄판결의 기초가 되는 사실이나 양형상 불리한 사실 등의 진술을 거부할 수 있다는 말이고, 단순히 자기의 명예나 성실성이 훼손될 염려가 있거나 행정상 처분을 받을 우려가 있다는 사실에 관해서는 진술을 거부할 수 없다. 묵비권은 행정절차에서나 국회에서 이루어지는 심문절차에서도 인정되고, 증인이나 감정인도 이 권리가 있다. 그리고 현재 형사피의자나 피고인이 될 가능성이 있는 사람에게도 그 진술내용이 자기 형사책임과 관련되는 것이면, 그 진술을 강요받지 않을 자기부죄 거절의 권리가 보장된다. 진술거부권은 고문 등 폭행에 의한 강요는 물론 법률로서도 진술을 강요당하지 아니함을 뜻한다(헌재 1990. 8. 27. 89헌가118).

수사기관인 검사나 사법경찰관은 피의자에게서 진술을 듣기 전에 피의자에게 불리한 진술거부권이 있음을 알려야 한다(형사소송법 제244조의3 제1항). 따라서 피의자를 구속영장 없이 현행범으로 체포하려면 체포 당시에 피의자에게 범죄사실 요지, 체포 이유와 변호인을 선임할 수 있음을 말하고 변명할 기회를 주고 나서가 아니면 체포할 수 없다. 이러한 절차를 밟지 아니한 채 실력으로 연행하려 하였다면 적법한 공무집행으로 볼 수 없다(대법원 1995. 5. 9. 선고 94도3016 판결). 피고인은 진술하지 아니하거나 개개 질문에 대해서 진술을 거부할 수 있고, 재판장은 피고인에게 진술을 거부할 수 있음을 고지하여야 한다(형사소송법 제283조의2). 그러나 형사소송절차에서 피고인이 범죄사실에 대해서 진술을 거부하거나 거짓진술을 하면, 피고인의 그러한 태도나 행위를 가중적 양형 조건으로 참작할 수는 있다(대법원 2001. 3. 9. 선고 2001도192 판결). 헌법재판소는 교통사고를 일으킨 운전자에게 신고의무를 부담시키는 도로교통법 제50조 제2항은 피해자의 구호 및 교통질서의 회복을 위한 조치가 필요한 범위 안에서 교통사고의 객관적 내용만을 신고하도록 한 것으로 해석하고, 형사책임과 관련되는 사항에는 적용되지 않는 것으로 헌법에 위반되지 아니한다고 하였다(헌재 1990. 8. 27. 89헌가118).

⑿ 변호인의 도움(조력)을 받을 권리

헌법 제12조 제4항은 변호인의 도움(조력)을 받을 권리를 규정한다. 변호인의 도움을 받을 권리는 구속된 사람의 인권 보장과 방어 준비를 위해서 필요불가결한 권리이다. 변호인의 도움을 받을 권리는 무죄추정을 받는 피의자(피내사자 포함), 피고인에 대해서 신체구속 상황에서 생기는 여러 가지 폐해를 제거하고 구속이 그 목적의 한도를 초과하여 이용되거나 적용하지 않게끔 보장하기 위한 것이다.

1948년 헌법 이래 한국 헌법은 신체의 자유를 보장하는 규정을 두었는데, 원래 '구금'이라는 용어를 사용해 오다가 현행 헌법 개정 시에 이를 '구속'이라는 용어로 바꾸었다. 현행 헌법 개정 시에 종전의 '구금'을 '구속'으로 바꾼 이유를 정확히 확인할 수 있는 자료를 찾기는 어렵다. 다만, '국민의 신체와 생명에 대한 보호를 강화'하는 것이 현행 헌법의 주요 개정이유임을 고려하면, 현행 헌법이 종래의 '구금'을 '구속'으로 바꾼 것은 헌법 제12조에 규정된 신체의 자유 보장 범위를 구금된 사람뿐 아니라 구인된 사람에게까지 넓히기 위한 것으로 해석하는 것이 타당하다(헌재 2018. 5. 31. 2014헌마346).

헌법 제12조 제4항 본문의 문언과 헌법 제12조의 조문 체계, 변호인 조력권의 속성, 헌법이 신체의 자유를 보장하는 취지를 종합하여 보면 헌법 제12조 제4항 본문에 규정된 '구속'은 사법절차에서 이루어진 구속뿐 아니라 행정절차에서 이루어진 구속까지 포함하는 개념이다. 따라서 헌법 제12조 제4항 본문에 규정된 변호인의 도움을 받을 권리는 행정절차에서 구속을 당한 사람에게도 즉시 보장된다(헌재 2018. 5. 31. 2014헌마346). 형사절차가 종료되어 교정시설에 수용 중인 수형자는 원칙적으로 변호인의 조력을 받을 권리의 주체가 될 수 없다(헌재 1998. 8. 27. 96헌마398). 변호인의 도움을 받을 권리는 성질상 인간의 권리에 해당되므로 외국인도 주체이다. 따라서 인천공항 송환대기실에 수용된 난민에게도 변호인의 도움을 받을 권리가 인정된다(헌재 2018. 5. 31. 2014헌마346).

변호인의 도움을 받을 권리는 먼저 변호인을 선임할 수 있는 권리를 뜻한다. 체포·구속된 피의자·피고인은 방어권 행사를 위해서 자신이 원하는 사람을 변호인으로 선임할 수 있다.

변호인을 선임하였으나 변호인과 자유롭게 접견하고 협의할 수 없다면 변호인의 조력을 받을 권리는 의미가 없다. 따라서 변호인과 언제든지 자유롭게 협의할 수 있는 변호인에 대한 접견·교통권은 보장되어야 한다. 변호인에 대한 자유로운 접견은 신체구속을 당한 사람에게 보장된 변호인의 도움을 받을 권리의 가장 중요한 내용이어서 국가안전보장·질서유지·공공복리 등 어떠한 명분으로도 제한될 수 있는 성질의 것이 아니다(헌재 1992. 1. 28. 91헌마111). 변호인에 대한 접견교통권은 법령에 제한이 없는 한, 수사기관의 처분이나 법원의 결정으로도 제한할 수 없다(대법원 1990. 2. 13.자 89모37 결정). 구속피의자에 대한 접견이 접견신청일에서 상당한 기간이 지나도록 허용되지 않는 것은 접견불허처분권과 동일시할 것으로 이는 곧 기본권 침해가 된다(헌재 1991. 7. 8. 89헌마181). 헌법 제12조 제4항 본문은 변호인의 도움을 받을 권리를 보장하므로, 미결수용자의 서신 중 변호인에 대한 서신은 다른 서신과 비교해서 특별한 보호를 받아야 한다(헌재 1995. 7. 21. 92헌마144).

구속된 사람과 변호인의 대화내용에 관해서 비밀이 보장되어야 한다.

변호인과 자유로운 접견은 구속된 사람과 변호인의 접견에 교도관이나 수사관 등 관계 공무원 참여가 없어야 가능하다(헌재 1992. 1. 28. 91헌마111). 그 밖에 변호인이 소송기록을 자유롭게 열람할 수 있어야 하는 것 등의 자유로운 변호활동이 보장되어야 한다(형사소송법 제34조)(헌재 1997. 11. 27. 94헌마60).

헌법 제12조 제4항 단서에 따라 형사피고인이 경제상 이유 등으로 스스로 변호인을 선임할 수 없을 때를 대비하여 국선변호인제도가 마련된다. 국선변호인이란 피고인의 이익을 위해서 법원이 직권으로 선임한 변호인을 말한다. 형사소송법상 법원이 직권으로 변호인을 선임하여야 하는 때는 ① 구속적부심사에서 구속된 피의자에게 변호인이 없는 때(형사소송법 제214조의2 제10항, 군사법원법 제62조 제1항), ② 피고인이 (i) 구속된 때, (ii) 미성년자인 때, (iii) 70세 이상인 때, (iv) 농아자인 때, (v) 심신장애 의심이 있는 때, (vi) 사형, 무기 또는 단기 3년 이상의 징역이나 금고에 해당하는 사건으로 기소된 때, (vii) 빈곤, 그 밖의 사유로 변호인을 선임할 수 없는 때(이때는 피고인 청구가 있는 때에 한함), (viii) 연령·지능 및 교육 정도 등을 참작하여 권리 보호를 위해서 필요하다고 인정하는 때(이때는 피고인의 명시적 의사에 어긋나지 아니하는 범위 안에서 변호인을 선정하여야 한다)(형사소송법 제33조) 등이다. 국선변호인은 원칙적으로 변호사 중에서 선임하여야 한다. 국선변호인제도의 효율성을 높이고 신체의 자유를 더 실효성 있게 보장하려면 국선변호인 보수의 현실화와 함께 형사피의자도 국선변호인제도의 혜택을 받을 수 있게 하여야 한다.

피의자와 피고인의 변호인의 도움을 받을 권리는 그들과 변호인 사이의 상호관계에서 구체적으로 실현될 수 있다. 피의자와 피고인의 변호인의 도움을 받을 권리는 그들을 조력할 변호인의 권리가 보장됨으로써 공고해질 수 있지만, 변호인의 권리가 보장되지 않으면 유명무실하게 될 수 있다. 피의자와 피고인을 조력할 변호인의 권리 중 그것이 보장되지 않으면 그들이 변호인의 도움을 받는다는 것이 유명무실하게 되는 핵심적인 부분은 헌법상 기본권인 피의자와 피고인의 변호인의 도움을 받을 권리와 표리의 관계에 있다. 따라서 피의자와 피고인의 변호인의 도움을 받을 권리가 실질적으로 확보되려면, 피의자와 피고인에 대한 변호인의 조력할 권리의 핵심적인 부분(변호인의 변호권)은 헌법상 기본권으로서 보호되어야 한다(헌재 2003. 3. 27. 2000헌마474). 헌법상 기본권으로 인정되는 피의자와 피고인의 변호인의 도움을 받을 권리에서 '변호인의 도움'이란 변호인의 충분한 조력을 뜻한다(헌재 1992. 1. 28. 91헌마111). 피의자신문 결과는 수사 방향을 결정하고, 피의자의 기소 및 유죄 입증에 중요한 증거자료로 사용될 수 있다. 따라서 그것은 형사절차에서 매우 중요한 의미가 있다. 변호인이 피의자신문에 자유롭게 참여할 수 없다면, 변호인은 피의자가 조언과 상담을 요청할 때 이를 시의적절하게 제공할 수 없다. 나아가 피의자는 자신의 판단에 따라 의견을 진술하거나 수사기관의 부당한 신문방법 등에 대하여 이의를 제기할 수 없게 된다. 그 결과 피의자는 형사절차에서 매우 중요한 의미가 있는 피의자신문의 시기에 변호인에게서 충분한 조력을 받을 수 없게 되어 피의자의 변호인의 도움을 받을 권리가 형해화할 수 있다. 따라서 변호인이 피의자신문에 자유롭게 참여할 권리는 피의자의 변호인의 도움을 받을 권리를 실현하는 수단이므로 헌법상 기본권인 변호인의 변호권으로서 보호되어야 한다(헌재 2017. 11. 30. 2016헌마503). 헌법재판소는 검찰수사관인 피청구인이 피의자신문에 참여한 변호인인 청구인에게 피의자 후방에 앉으라고 요구한 행위는 변호인의 변호권을 침해한다고 하였다(헌재 2017. 11. 30. 2016헌마503).

변호인 선임을 위해서 피의자 등이 가지는 '변호인이 되려는 자'와의 접견교통권도 헌법상 기본권으로 보호되어야 한다. '변호인이 되려는 자'의 접견교통권은 피의자 등이 변호인을 선임하여 그에게서 도움을 받을 권리를 공고히 하려는 것으로서, 그것이 보장되지 않으면 피의자 등이 변호인 선임을 통하여 변호인에게서 충분한 조력을 받는다는 것이 유명무실하게 될 수밖에 없다. 따라서 '변호인이 되려는 자'의 접견교통권은 피의자 등을 조력하기 위한 핵심적인 부분으로서, 피의자 등의 헌법상 기본권인 '변호인이 되려는 자'와의 접견교통권과 표리 관계에 있다. 따라서 '변호인이 되려는 자'의 접견교통권은 피의자 등을 조력하기 위한 핵심적인 권리로서, 피의자 등의 '변호인이 되려는 자의 노움을 받을 권리'를 실질적으로 확보하려면 이를 헌법상 기본권으로 보장하여야 한다(헌재 2019. 2. 28. 2015헌마1204).

IV. 거주·이전의 자유

1. 의의

거주·이전의 자유는 국가기관 그 밖의 다른 사람 간섭을 받지 않고 자신이 원하는 곳에 머물 수 있고 자신이 원하는 다른 곳으로 옮겨갈 수 있는 자유를 말한다. 헌법재판소는 거주·이전의 자유는 국가의 간섭 없이 자유롭게 거주와 체류지를 정할 수 있는 자유라고 한다(헌재 2015. 9. 24. 2012헌바302).

거주·이전의 자유는 개인 자신의 신체를 이동하는 것과 관련 있는 자유이므로 인신에 관한 기본권의 성격이 있다. 신체의 자유도 인신에 관한 기본권이기는 하지만 거주·이전의 자유는 어느 정도 체재를 요구한다는 점에서 신체의 자유와 구별된다. 거주·이전의 자유는 자유롭게 사회·경제적 생활을 선택할 수 있는 전제가 된다는 점에서 경제활동과 밀접한 관련이 있다. 거주·이전의 자유는 사람과 재화의 자유로운 이동이 자본주의 체제의 전제가 된다는 점에서 경제적 기본권의 성격이 있다.

2. 주체

거주·이전의 자유는 자연인만이 아니라 법인, 그 밖의 단체(헌재 2000. 6. 1. 99헌마553)도 주체가 된다. 미성년자도 주체가 되지만 의사 능력이 옹글지(완벽하지) 않아서 행사에 제한을 받는다. 이에 따라 민법은 미성년자인 사람(민법 제909조 제1항)은 친권자가 지정한 장소에 거주하여야 한다고 규정한다(민법 914조). 북한주민이나 탈북주민도 대한민국 국민인 이상 거주·이전의 자유의 주체가 될 수 있으나 본인이 이를 주장할 때 비로소 문제가 된다.

① 대한민국은 대한민국 국민이 아닌 외국인을 대한민국 영역에 받아들여야 할 의무가 없다. 그리고 국제법상 논의되는 '최소한의 국제기준'에 따르더라도 외국인의 입국의 자유는 이러한 외국인이 누려야 할 최소기준에 따라서 보호받을 수 있는 권리 범주에 속하지 않는다. 따라서 입국·체류는 성질상 외국인에게 인정하기 곤란하다. 헌법재판소도 입국의 자유에 관한 외국인의 기본권주체성을 인정하지 않는다(헌재 2014. 6. 26. 2011헌마502). 다만, 헌법 제6조 제2항의 상호주의에 따라 외국인도 입국·체류의 자유의 주체가 될 수는 있다. 외국인의 입국과 체류는 법무부 장관 허가를 받아야 한다(출입국관리법 제7조~제13조, 제17조~제27조). 그리고 외국인이 입국한 날부터 90일을 초과하여 대한민국에 체류하게 되면 입국한 날부터 90일 이내에 체류지를 관할하는 사무소장이나 출장소장에게 외국인등록을 하여야 한다(출입국관리법 제31조~제38조). 그리고 사무소장·출장소장이나 외국인보호소장은 출입국관리법의 절차에 따라 일정한 외국인을 대한민국 밖으로 강제퇴거시킬 수 있다(출입국관리법 제46조~제68조). 헌법재판소는 강제퇴거명령을 받은 사람을 즉시 대한민국 밖으로 송환할 수 없으면 송환할 수 있을

때까지 보호시설에 보호할 수 있도록 규정한 출입국관리법 제63조 제1항은 과잉금지원칙에 위반하여 신체의 자유를 침해하지 않고 헌법상 적법절차원칙에도 위배되지 않는다고 하였다(헌재 2018. 2. 22. 2017헌가29). ② 입국·체류가 허가되면 국내거주이전은 거주·이전의 자유로 보장된다. 다만, 국가는 외국인의 입국·체류를 허가한 취지에 비추어 제한을 할 수 있다. 출입국관리법은 외국인이 체류지를 변경할 때 전입신고를 하도록 한다(제36조). ③ 입국의 허부와 관계없이 출국의 자유는 특별한 사정(예를 들어 범죄자)이 없는 한 실질상 허용된다. 출입국관리법은 예외적인 때만 외국인의 출국을 정지할 수 있다고 규정한다(제29조와 제29조의2). ④ 체류기간 안에 출국하여 동 기간 안에 재입국하는 것은 일시적 해외여행으로 인정하여 원칙적으로 거주·이전의 자유로 보장된다. 다만, 출국 시의 사유나 사정 변화로 계속적인 체류를 인정할 수 없으면 거주·이전의 자유로 보장되지 않는다. 출입국관리법은 법무부 장관은 외국인이 그의 체류기간 안에 출국하였다가 재입국하고자 하면 그의 신청에 따라서 재입국을 허가할 수 있다고 규정한다(출입국관리법 제30조). 이는 강제퇴거와 같은 정도로 운용되는 한 헌법에 합치된다.

3. 내용

거주·이전의 자유는 국내에서 거주지와 체류지를 자유롭게 정할 수 있는 자유와 출·입국, 해외여행 및 국외이주의 자유 그리고 대한민국 국적을 이탈할 수 있는 국적변경의 자유를 보장하고 그 밖에 소극적 거주·이전의 자유도 그 내용으로 한다. 헌법재판소는 거주·이전의 자유는 공권력 간섭을 받지 아니하고 일시적으로 머물 체류지와 생활의 근거되는 거주지를 자유롭게 정하고 체류지와 거주지를 변경할 목적으로 자유롭게 이동할 수 있는 자유를 내용으로 한다고 한다(헌재 1996. 6.

26. 96헌마200). 거주·이전의 자유는 거주지나 체류지라고 볼 만한 정도로 생활과 밀접한 연관이 있는 장소를 선택하고 변경하는 행위를 보호하는 기본권이라서 생활의 근거지에 이르지 못하는 일시적인 이동을 위한 장소의 선택과 변경까지 그 보호영역에 포함되지 않는다. 서울광장은 생활형성의 중심지인 거주지나 체류지에 해당하지 않고, 서울광장에 출입하고 통행하는 행위가 그 장소를 중심으로 생활을 형성해 나가는 행위에 속한다고 볼 수도 없어서 경찰청장이 경찰버스들로 서울광장을 둘러싸 통행을 제지한 행위는 서울광장을 통행하려는 사람들의 거주·이전의 자유를 제약하지 않는다(헌재 2011. 6. 30. 2009헌마406).

(1) 거주지를 정할 자유

① 대한민국 영역 안 어디든 주소(·거소)를 정할 수 있다. 이때의 주소는 일시적으로 머물 의사가 아니라 그 장소를 자신의 생활 중심으로 하려는 의사로써 체류하는 것을 말한다(민법 제18조 제1항, 제19조). 이러한 주소(·거소)의 창설, 이전, 폐지는 자유롭다. 그리고 주소를 복수로 창설할 수도 있다(복수주의: 민법 제18조 제2항). ② 헌법 제3조는 대한민국 영토는 한반도와 그 부속도서라고 하여 군사분계선 이북지역도 포함한다. 하지만 국가안보상 군사분계선 이북지역은 주소(·거소)로 정할 수 없다[국가보안법상 잠입탈출죄(제6조 제1항)]. 다만, 통일부 장관이 발급한 증명서를 소지하면 예외적으로 왕래가 가능하다('남북교류협력에 관한 법률' 제9조 제1항). 대법원은 국가보안법 제6조 제2항의 법문에 그 행위주체가 내국인으로 제한되지 아니한 이상 외국인도 '탈출'행위의 주체가 된다고 한다(대법원 1997. 11. 20. 선고 97도2021 판결).

(2) 일시적으로 체류할 장소를 정할 자유

대한민국 영역 안 어디든 체류지로 정할 수 있다. 이때 체류지란 한 장소에 일시적으로 머무는 것을 말한다. 짧은 기간 체류는 신체의 자유와 겹치므로 체류는 장소 변경과 어느 정도의 시간적 계속성을 요구한다. 군사분계선 이북지역을 체류지로 정하는 것은 국가안보상 제한된다.

(3) 이전(이사)할 자유

주소·거소는 그와 관련한 이동(이전·이사)의 출발점이며 종착점이다. 거주·이전의 자유의 보호영역은 주거지(체류지) 변경 목적의 이동을 포함한다. 하지만 일정한 길과 일정한 이동수단을 포함하지 않는다. 오로지 목적지 도달 가능성, 즉 원하는 주거지(체류지)까지 기대할 수 있는 길의 존재, 기대할 수 있는 이동수단 이용만 보장한다. 따라서 일정한 장소에 접근하는 것, 그 자체를 금지하지 않는 한 교통 통제를 내용으로 하는 교통법규·도로법규의 규정이 거주·이전의 자유의 보호영역을 침해하는 것은 아니다. 즉 거동의 자유를 방해하는 것으로서 ① 일정한 목적지에 도달하는 것을 방해하는 것이면 거주·이전의 자유를 침해하지만, ② 물리적인 강제가 가해지면 신체를 온전하게 보존할 권리를 침해하고, ③ 그 밖에는 일반적 행동자유권을 침해한다(예를 들어 도로교통 통제, 교통신호 등). 대한민국 영역 안에서 이동하는 것이 보장되므로 지방자치단체 사이의 이동이 보호될 뿐 아니라 지방자치단체 안에서 이동하는 것도 당연히 보호된다. 누구든지 주민등록 여부와 무관하게 거주지를 자유롭게 이전할 수 있으므로 주민등록 여부가 거주·이전의 자유와 직접적인 관계가 없고, 영내 기거하는 현역병은 병역법으로 말미암아 거주·이전의 자유를 제한받으므로 영내에 기거하는 군인에게 그가 속한 세대의 거주지에 주민등록을 하도록 하는 것은 영내 기거 현역병의 거주·이전의 자유를 제한하지 않는다(헌재 2011. 6. 30. 2009헌마59).

(4) 소극적 거주·이전의 자유

주거지(체류지)변경을 할 자유뿐 아니라 주거지(체류지) 변경을 하지 않을 자유도 보장된다. 이전의 권리는 자기가 선택한 장소에 머무를 자유를 통해서 비로소 의미가 있다. 따라서 대한민국 국민을 외국으로 추방하거나 인도하는 것은 허용되지 않는다.

(5) 입국과 국내이주의 자유

거주·이전의 자유는 입국과 국내이주의 자유를 보장한다. 입국의 자유는 출국의 자유에 전제된다. 입국은 체류 목적으로 대한민국 영역 안으로 들어오는 것을 말하고, 국내이주는 영주 목적으로 대한민국 영역 안으로 들어오는 것을 말한다. 다만, 국민이 입국할 때는 입국심사를 받아야 한다(출입국관리법 제6조). 북한 지역 주민이 북한 지역에서 남한 영역 안으로 들어오는 것은 대한민국 영역 안에서 이동하는 것이므로 이전의 자유을 통해서 보호되고, 제3국을 거쳐 남한 영역으로 들어오는 것은 외국에서 국내로 들어오는 것이므로 입국과 국내이주의 자유를 통해서 보호된다고 보아야 한다. 북한 지역 주민이 남한 통치지역으로 들어오는 것은 '북한이탈주민의 보호 및 정착지원에 관한 법률'에 따라서 보장된다.

(6) 출국과 국외이주(이민)의 자유

거주·이전의 자유는 국외로 출국할 수 있는 자유를 보장한다. 이때 출국이란 주소 포기 없이 대한민국 영역에서 일시적으로(잠정적으로) 떨어지는 것을 말한다. 이를 보장하려고 '재외동포의 출입국과 법적 지위에 관한 법률'에서 특별한 규정을 둔다(제10조 제1항 내지 제3항). 출국할 때는 유효한 여권이나 선원신분증명서를 가지고 출국하는 출입국항에서 출입국관리공무원의 출국심사를 받아야 한다(출입국관리법 제3

조 제1항). 그리고 법무부 장관은 ① 형사재판에 계속 중인 사람, ② 징역형이나 금고형 집행이 끝나지 아니한 사람, ③ 대통령령으로 정하는 금액 이상의 벌금이나 추징금을 내지 아니한 사람, ④ 대통령령으로 정하는 금액 이상의 국세·관세 또는 지방세를 정당한 사유 없이 그 납부기한까지 내지 아니한 사람, ⑤ 그 밖에 ①부터 ④에 준하는 사람으로서 대한민국의 이익이나 공공의 안전 또는 경제질서를 해칠 우려가 있어 그 출국이 적당하지 아니하다고 법무부령으로 정하는 사람에 대해서는 6개월 이내의 기간을 정하여 출국을 금지할 수 있다(출입국관리법 제4조 제1항). 헌법재판소는 형사재판에 계속 중인 사람에 대하여 출국을 금지할 수 있다고 규정한 출입국관리법 제4조 제1항 제1호는 출국의 자유를 침해하지 않는다고 하였다(헌재 2015. 9. 24. 2012헌바302). 그리고 법무부 장관은 범죄 수사를 위해서 출국이 적당하지 아니하다고 인정되는 사람에 대해서는 1개월 이내의 기간을 정하여 출국을 금지할 수 있다. 다만, 소재를 알 수 없어 기소중지결정이 된 사람이나 도주 등 특별한 사유가 있어 수사 진행이 어려운 사람은 3개월 이내, 기소중지결정이 된 때로서 체포영장이나 구속영장이 발부된 사람은 영장 유효기간 이내의 기간을 정하여 출국을 금지할 수 있다(출입국관리법 제4조 제2항). 출국의 자유는 가고자 하는 국가의 비자(입국허가)발급 방식으로 제한될 수 있다.

거주·이전의 자유는 국외이주의 자유를 보장한다. 헌법재판소도 거주·이전의 자유 속에 국외이주의 자유가 포함된다고 한다(헌재 1993. 12. 23. 89헌마189). 국외이주(이민)는 영구히 또는 오랜 기간 외국에 주소를 설정할 의도로 대한민국 영역을 떠나는 것을 말한다. 다만, ① 병역을 기피하고 있는 사람과 ② 금고 이상의 형을 선고 받고 그 집행이 끝나지 아니하거나 그 집행을 받지 아니하기로 확정되지 아니한 사람은 해외이주를 할 수 없다(해외이주법 제3조). 그리고 연고이주나 무연고이주를 하고자 하는 사람과 현지이주를 한 사람은 외교부 장관에게 신고하여야 한다(해외이주법 제6조). 이는 이주자 보호를 위한 것이고 이민업무의 효율적 관리라는 행정상 필요가 있는 한 적법한 제한이 된다. 세계인권선언 제13조 제2항과 국제인권규약 제12조 제1항 b는 자국을 포함한 모든 국가에서 퇴거할 자유를 규정한다.

여권은 외국에 여행하는 국민의 신분을 증명하고 여행국 관계자에게 국민에 대한 편의 제공과 적절한 보호를 요청하는 문서이다. 외국에 여행하고자 하는 국민은 여권을 소지하여야 하고(여권법 제2조) 일정한 경우 외교부 장관은 여권의 발급이나 재발급을 거부할 수 있어(여권법 제12조 제1항) 여권제도는 국민의 거주·이전의 자유를 제한하는 면이 있기는 하다. 하지만 이는 부수적인 것이고 주된 목적은 자국민 보호에 있으므로 단순한 출국신고의 성격으로 운영되는 한 거주·이전에 대한 침해로 볼 수 없다. 그러나 이것이 출국허가제도 형식으로 운영되고, 여권 발급이 원칙이 아닌 예외로 취급되며, 불특정한 법률개념이 여권 발급의 제한사유로 악용되는 때 등에는 거주·이전의 자유를 침해한다. 아프가니스탄 등 전쟁이나 테러위험이 있는 해외 위난지역에서 여권 사용을 제한하거나 방문 또는 체류를 금지한 외교통상부 고시는 거주·이전의 자유를 침해하지 않는다(헌재 2008. 6. 26. 2007헌마1366).

병역의무자는 국가안보상 병력자원을 확보하고 병역기피를 방지하려고 거주지를 이동하면 전입신고를 하게 하거나 국외여행을 할 때 병무청장의 허가를 받게 한다(병역법 제69조 제1항, 제70조 제2항). 대법원은 병역의무자에 대한 해외여행허가제도와 귀국보증제도는 헌법과 병역법이 정하는 병역의무를 성실히 이행하게 위한 불가피한 병역법상 조치라고 한다(대법원 1990. 6. 22. 선고 90마310 판결).

(7) 개인재산을 지참할 수 있는 자유

주소(·거소) 설정을 위해서든 단지 짧은 체류 목적이든 자기가 있는 장소를 변경할 때 자기 재산을 지참할 권리가 포함된다. 즉 거주·이전 시 개인은 자기 재산을 지참할 수 있다. 해외이주자는 외국환거래법 등 관련 법률에서 정하는 바에 따라서 그 재산을 반출할 수 있다(해외이주법 제8조). 그러나 모든 재산을 다 지참하는 것은 인격의 자유로운 발현에 따라서 요청되는 것도 아니고 거주·이전의 자유를 통해서 보호되지도 않는다. 즉 일정한 한계를 설정할 수 있다. 따라서 누구든지 국내에 있는 재산을 도피시킬 목적으로 외국이나 군사분계선 이북 지역으로 재산을 이동하거나 이동하는 결과를 생기게 하는 행위를 할 수 없다('국내재산 도피 방지법' 제1조). 다만, ① 정부가 허가한 때, ② 정부 필요에 따라서 재산을 이동하거나 그 이동의 결과를 생기게 하는 행위를 하는 때, ③ 여행이나 일시 체재에 필요한 일상수요품을 이동하는 때는 그러하지 아니하다('국내재산 도피 방지법' 제3조).

(8) 국적변경(국적이탈)을 할 수 있는 자유

거주·이전의 자유는 국적변경의 자유를 보장한다. 국적변경의 자유는 대한민국 국적을 버리고 다른 국적을 취득할 자유를 말한다. 대법원은 자유의사에 따라서 국적을 이탈할 수 있는 국적이탈의 자유는 헌법상 인정되는 거주·이전의 자유의 하나에 해당되어 법률로써만 제한이 가능하다고 한다(대법원 2000. 12. 22. 선고 99두2826 판결). 헌법재판소도 국적을 이탈하거나 변경하는 것은 헌법 제14조가 보장하는 거주·이전의 자유에 포함된다고 한다(헌재 2006. 11. 30. 2005헌마739). 그러나 헌법재판소는 일반적으로 외국인이 특정한 국가의 국적을 선택할 권리가 자연권으로서 또는 헌법상 당연히 인정될 수는 없는 것이어서 외국인이 복수국적을 누릴 자유가 헌법상 행복추구권에 따라서 보호되는 기본권이라고 보기 어렵다고 한다(헌재 2014. 6. 26. 2011헌마502). 대한민국 국민으로서 자진하여 외국 국적을 취득한 사람은 그 외국 국적을 취득한 때에 대한민국 국적을 상실하고(국적법 제15조), 복수국적자로서 외국 국적을 선택하고자 하는 사람으로서 국적이탈 신고를 한 사람은 그 신고를 수리한 때에 대한민국 국적을 상실한다(국적법 제14조 제2항). 헌법상 기본권이 범죄 목적으로 악용되어서는 아니 되므로 탈세 목적이나 병역기피 목적으로 국적을 변경하는 것은 거주·이전의 자유를 통해서 보호받을 수 없다. 따라서 병역을 기피할 목적으로 대한민국 국적을 상실하였거나 이탈한 사람에 대해서는 법무부 장관의 국적회복 허가가 불가능하다(국적법 제9조 제2항 제3호).

국적변경의 자유가 무국적의 자유까지 보장하지는 않는다. 국적법이 무국적자 발생을 방지하기 위한 입법목적이 있고, 무국적자는 그 개인의 이익을 보호하기 어려울 뿐 아니라 국가 사이의 관계에서도 그 처리가 어려운 문제가 발생하기 때문이다. 세계인권선언 제15조도 "모든 인간은 국적을 가질 권리가 있다."라고 규정한다.

4. 제한

(1) 제한 가능성

거주·이전의 자유는 국가안전보장·질서유지 또는 공공복리를 위해서 필요한 경우에 제한될 수 있다. 다만, 거주·이전의 자유를 제한할 때도 그 자유의 본질적 내용은 침해할 수 없다(헌법 제37조 제2항). 거주·이전을 직접적으로 침해하는, 즉 그 제한을 목표로 하는 국가적 행위만 거주·이전의 자유 침해로서 문제 되고, 간접적·사실적으로 부담을 주는 것은 침해로 볼 수 없다. 헌법재판소는 한약업사의 한지적인 허가조항(헌재 1991. 9. 16. 89헌마231), 거주지를 기준으로 한 중고등학교입학제한 교육법시행령규정(헌재 1995. 2. 23. 91헌마204), 강제해직공무원의 보상에 관한 특별조치법에서 이민기간을 보상에서 제외한 규정 (헌재 1993. 12. 23. 89헌마189) 그리고 지방자치단체장의 피선거권 자격 요건으로서 90일 이상 관할구역 안에 주민등록이 되어 있을 것을 요구 하는 구 공직선거및선거부정방지법 조항(헌재 1996. 6. 26. 96헌마200)에 대해서 각각 합헌결정을 내렸다.

부부의 동거의무(민법 제826조 제1항), 친권자의 거소지정권(민법 제 909조 제1항, 제914조) 그리고 재소자, 군인, 공무원 등의 거주·이전 제 한 등이 적법한 거주·이전 제약인지에 관해서 논의가 있다. 그러나 부 부의 동거의무는 결혼에 따른 부부생활 목적을 달성하기 위해서 정당한 이유가 있는 한 그리고 친권자의 거소지정권은 친권자는 보호·양육의 목적을 위해서 각각 정당성이 인정된다. 그리고 재소자, 군인, 공무원 등의 거주·이전을 제한하는 것은 그 관계의 목적과 특성이 그러한 제 한을 요구하고 헌법 제37조 제2항의 요건을 갖춘 때만 정당한 제약이 된다.

(2) 조건, 허가, 증명 등에 거주·이전이 종속

거주·이전이 조건, 허가, 증명 등에 종속될 때 침해가 성립한다. 예 를 들어 주택증명서, 숙박증명서, 활동증명서 등을 요구하는 때를 말 한다.

(3) 주소지를 직업에 의존하게 하는 정주의무

주소지를 직장에 종속시키는 정주의무는 거주·이전의 자유 침해가 된다. 그러나 직업활동(수행)이 일정한 주소지에 단지 사실상으로만 의 존하면 침해가 성립하지 않는다. 이때 직업의 자유(나 공무담임권) 제한 문제가 문제 될 뿐이다. 헌법재판소도 직업에 관한 규정이나 공직취임 의 자격에 관한 제한규정이 그 직업이나 공직을 선택하거나 행사하려는 사람의 거주·이전의 자유를 간접적으로 어렵게 하거나 불가능하게 하거나 원하지 않는 지역으로 이주할 것을 강요하게 될 수 있더라도, 그러한 조치가 특정한 직업이나 공직의 선택 또는 행사에서 필요와 관련되는 것인 한, 그러한 조치에 따라서 직업의 자유나 공무담임권이 제한될 수는 있어도 거주·이전의 자유가 제한되었다고 볼 수는 없다고 한다(헌재 1996. 6. 26. 96헌마200).

(4) 주거지 변경에 연결된 공과금의 경우

주거지 변경에 연결된 공과금은 그것이 이사(그 자체)를 이유로 한 것이면 주거·이전의 자유가 제약되지만, 이사가 계기가 된 것에 불과하면 제약이 아니다.

(5) 도회지로 인구가 집중되는 것을 막기 위한 법률상 제한

도회지로 인구가 집중되는 것을 막기 위한 법률상 제한은 구체적인 입법내용을 살펴 비례성원칙에 합치하는 범위 안에서 허용된다. 대법원은 대도시의 인구집중을 억제하고 공해를 방지하기 위해서 등록세를 중과세하는 지방세법 제138조의 규정이 기업활동의 자유와 주거이동의 자유를 보장한 헌법과 국제인권선언에 위배된다고 볼 수 없다고 하였다(대법원 1985. 5. 14. 선고 85누1 판결). 헌법재판소는 지방세법 제138조 제1항은 인구와 경제력의 대도시집중을 억제함으로써 대도시 주민의 생활환경을 보존개선하고 지역 사이의 균형발전이나 지역경제를 활성화하려는 복지국가적 정책목표에 이바지하는 규정이라고 하였다(헌재 1996. 3. 28. 94헌바42).

(6) 사회보장의 하나로 내린 수용처분

사회보장의 하나로 내린 수용처분은 그것이 사회보장청구인을 일정한 장소에 묶어 다른 장소에서 격리할 목적이 있으면 주거·이전의 자유 침해가 된다.

V. 주거의 자유

1. 의의

주거의 자유는 자기 주거를 공권력이나 제3자에게서 침해당하지 않는 권리를 말한다. 주거의 불가침을 보장하는 깃은 개인에게 기초적인 생활공간을 보장해 주는 것이다. 즉 평온함 속에 있을 권리를 보장하려는 것이다. 따라서 이때의 주거는 공간적 사적 영역을 가리킨다. 사생활 공간에 대한 보호가 선행되지 않으면 사생활 내용에 대한 보호는 기대하기 어렵다. 따라서 주거의 자유는 사생활의 비밀과 자유를 지키기 위한 기초가 된다.

2. 주체

주거의 자유는 내국인만이 아니라 외국인에게도 인정되는 인간의 권리이다. 주거에 수인이 거주하면 거주자 모두가 주거의 자유 주체가 된다. 따라서 가족의 모든 구성원은 주거의 자유 주체가 되고, 같은 방에서 하숙하는 수인도 모두 주거의 자유 주체가 된다. '인식할 수 있는 주거의사로 공간을 직접 점유하는 사람'만 주체가 되므로 간접점유자는 주체가 될 수 없다. 인식할 수 있는 거주의사 없이, 일시적으로 공간에 체류하는 사람은 주체가 될 수 없다. 예를 들어 시간급 청소원, 가정용품 수리자, 우편배달원 등이 그렇다.

주거의 자유는 원칙적으로 직접적인 권한이 있는 소유자를 보호한다. 그러나 주거의 자유 보호대상은 주거소유권이 아니라 주거의 사적 영역이므로 재산관계와 무관하다. 따라서 주거 안에 세입자나 임차인이 거주하는 때와 호텔 객실의 투숙객 같이 점유할 권한이 있는 사람들은 주거의 자유 보호를 받는다. 그러나 주거침입절도범은 주거의 자유를 주장할 수 없다. 다만, ① 빈 집을 점거하여 생활하는 사람이라도 집주인의 수인의사가 있을 때, ② 이미 계약이 해지된 임차인은 주거의 자유의 보호를 받는다. 주거가 부분 또는 공동소유이면, 즉 소유관계가 복잡하면 민법적인 소유 서열이 아니라 사실상 거주관계가 주거의 자유 주체 인정을 위한 결정적인 기준이 된다. 대법원은 점유할 권원이 없는 사람이 점유한 건물이더라도 법적 절차를 따르지 않고 소유자가 들어가면 주거침입죄를 인정하였다(대법원 1962. 6. 21. 선고 62아3 판결).

법인은 주거의 자유 주체가 될 수 없다는 견해가 있으나, 주거 개념이 사업장까지 확장되고 법인이나 그 밖의 단체도 각기 고유한 사적인 생활공간을 확보하므로 사법인이나 권리능력 없는 단체도 주체가 된다. 국립대학교나 공영방송국과 같은 공법인도 때에 따라 주거의 자유 주체가 될 수 있다. 다만, 법인, 그 밖의 단체의 주거의 자유를 행사하는 사람은 원칙적으로 법인, 그 밖의 단체의 대표자가 될 것이다. 그러나 주거의 자유를 침해당하면 법인, 그 밖의 단체 구성원 중 누구나 주거의 자유 침해를 주장할 수는 있다. 이때 주거에 들어온 사람이 대표자 허락을 받으면 법인, 그 밖의 단체 구성원이 주거의 자유 침해를 주장할 수 없다.

3. 내용

(1) 주거: 공간적으로 외부와 구획이 된 모든 사적 생활 공간

주거는 현재 거주 여부와 사용을 위한 시간 장단을 불문하고 인간의 체류(거주)와 활동을 위한 장소로 만들어진, 누구에게나 출입할 수 있도록 개방되지 않은 모든 사적 공간을 말한다. 주거인지를 판단하는 기준은 주관적 요소인 주거 목적과 객관적 요소인 특정 가능성 그리고 사회적 승인을 들 수 있다. 따라서 여기서 말하는 주거는 체류나 작업의 용도로 이용하는 모든 공간을 뜻하므로 좁은 뜻의 주택을 넘는 개념이다. 즉 권리자가 자신의 사적 생활장소로 규정하여 일반의 접근을 배제하는 모든 장소를 말한다. 일정한 개인의 외적으로 인식할 수 있는 의지를 따를 때 일정한 공간이나 장소에 오로지 사적 접근만 허용되는 때를 말한다. 거주용 주택은 물론이고 광, 차고, 호텔 객실, 천막, 가정용 보트, 기숙사 방, 임차주택, 캠핑용 자동차, 선박 객실, 병원 입원실 등도 모두 주거에 해당한다. 그러나 전화부스, 엘리베이터 등은 폐쇄되시 않은 공간으로 공공 사용에 제공된 장소이므로 주거에 해당되지 않는다. 지하실, 차고, 다락방, 계단 등과 같은 부속공간과 이에 접속하여 둘러싸는 난간 등은 물론 구조물로 되어 있지 않은 부속 공간(예를 들어 베란다, 정원 등)도 주거에 포함된다. 그러나 주거와 관련성이 없는 초지, 논밭은 주거에 해당되지 않는다. 교도소 감방은 상시적인 감독이 허용되는 공간이므로 주거에 포함되지 않는다. 그러나 이때도 모든 사생활이 허용되지 않는 전면적인 감시는 인간의 존엄을 침해한다. 군인, 경찰, 양로원, 학생기숙사 등의 공동숙소는 주거에 해당하는지가 불명확하므로 개별적·구체적 상황에 따라 판단하여야 한다. 난민수용소에 수용된 난민에게는 난민수용소가 주거로 인정될 수 있다.

(2) 특히 공장, 작업장, 사무실, 영업장소

노동, 직업, 영업이 자기실현에 중요성이 있으면 주거에 포함된다. 공공이 접근할 수 없는 장소에 국한하여 주거로 인정한다. 대법원은 대학강의실은 일반인에게 공개되어 누구나 자유롭게 출입할 수 있는 곳은 아니라면서 일반인이 대학강의실을 출입할 때 주거침입죄를 인정하였다(대법원 1992. 9. 25. 선고 92도1520 판결). 모든 사람에게 입장이 개방되는 영업공간, 특히 상점, 전시장 등은 공중이 드나드는 시간 동안은 헌법 제16조의 주거로 보기 어렵다. 다만, 이런 장소에 관리자의 명시적인 출입금지의사에 어긋나게 무리하게 입장하면 주거의 자유 침해가 될 수 있다. 그리고 통상적인 출입방법이 아닌 방법으로 출입하거나 개방되는 시간이 아닌 때에 출입하면 주거의 자유 침해가 될 수 있다. 그러나 이러한 장소에 드나들 수 있는 것은 일정한 목적을 전제로 허용한 것은 아니므로 범죄목적으로 이러한 장소에 들어갔다고 하여 주거의 자유를 침해한다고 볼 수는 없다. 그러나 대법원은 이러한 때에 주거침입죄를 인정한다(대법원 1967. 12. 19. 선고 67도1281 판결).

(3) 불가침성

주거의 불가침성은 주거의 자유 주체의 동의나 승낙이 없으면 누구도 주거에 들어오는 것을 금지하는 것을 말한다. 이때 승낙 권한이 있는 사람은 주거의 자유 주체나 그 대리인이다. 거주자 승낙은 명시적인 것은 물론 묵시적인 것(예를 들어 손님이 상점에 들어가는 것)도 포함된다. 거주자 동의가 있어도 불법행위를 할 목적으로 들어가면 진정한 동의가 있었다고 볼 수 없으므로 주거의 자유 침해가 될 수 있다. 따라서 형법상 주거침입죄(제319조)로 처벌될 수 있다(대법원 1958. 5. 23. 선고 4291형상117 판결).

4. 제한

(1) 주거의 자유 제한 가능성

주거의 자유는 헌법 제16조 제2문에 따라 제한될 수 있고, 헌법 제37조 제2항에 따라서 제한될 수도 있다. 다만, 이때도 본질적인 내용은 침해되지 않는다(헌법 제37조 제2항).

⑵ 영장을 통한 주거에 대한 압수·수색

압수는 일정한 물건 점유를 강제적으로 취득하기 위한 수사상 강제처분을 말하고, 수색은 주거권자가 비밀로 하고자 하는 인물이나 물건을 발견할 목적으로 주거에 신체적으로 들어가 뒤지는 것을 말한다. 이는 형사절차뿐 아니라 경찰·행정절차, 강제집행절차, 세법상 압류를 위한 수색 등을 통해서 이루어진다. 이는 주거의 자유에 대한 가장 강력한 침해에 해당한다.

주거가 범죄와 관련하여 사람이나 물건의 은닉장소가 될 수 있으므로 주거에 대한 제한은 필요하다. 주거를 압수·수색을 하려면 적법절차에 따라서 발부된 영장이 필요하다(헌법 제16조 제2문, 형사소송법 제113조, 제215조). 영장은 법관이 수사기관의 주거에 대한 침입과 물건의 압수·수색을 허가한다는 뜻을 기재한 서면으로 범죄의 객관적 혐의가 있고, 압수·수색 필요성과 대상물 존재 개연성이 있는 때 발부된다. 그리고 영장은 법관이 발부한 것이어야 하고, 영장에는 압수할 물건과 수색할 장소 등이 명시되어야 한다(헌법 제16조 제2문, 형사소송법 제114조). 따라서 그 대상을 포괄적으로 기재하는 일반영장은 금지된다. 압수·수색이 긴급성을 요구하여 영장을 받아 이를 시행할 시간적 여유가 없으면 합리적인 범위에서 사전영장원칙 예외를 인정할 수 있다(예를 들어 형사소송법 제216조).

헌법 제12조 제3항은 "체포·구속·압수 또는 수색을 할 때에는 적법한 절차에 따라 검사의 신청에 의하여 법관이 발부한 영장을 제시하여야 한다. 다만, 현행범인인 경우와 장기 3년 이상의 형에 해당하는 죄를 범하고 도피 또는 증거인멸의 염려가 있을 때에는 사후에 영장을 청구할 수 있다."라고 규정함으로써, 체포·구속에 관한 사전영장원칙에 대한 예외를 명문으로 인정한다. 이와 달리 헌법 제16조 제2문은 "주거에 대한 압수나 수색을 할 때에는 검사의 신청에 의하여 법관이 발부한 영장을 제시하여야 한다."라고 규정할 뿐이지 영장원칙에 대한 예외를 명문화하지 않는다. 그러나 헌법 제16조에서 영장원칙에 대한 예외를 마련하지 아니하였다고 하여, 주거에 대한 압수나 수색에서 영장원칙이 예외 없이 반드시 관철되어야 함을 뜻하는 것은 아닌 점, 인간의 존엄성 실현과 인격의 자유로운 발현을 위한 핵심적 자유영역에 속하는 기본권인 신체의 자유에 대해서도 헌법 제12조 제3항에서 영장원칙의 예외를 인정하는데, 이러한 신체의 자유와 비교하여 주거의 자유는 그 기본권 제한 여지가 크므로, 형사사법 및 공권력 작용의 기능적 효율성을 함께 고려하여 본다면, 헌법 제16조의 영장원칙에 대해서도 일정한 요건 아래 그 예외를 인정할 필요가 있는 점, 주거공간에 대한 압수·수색은 그 장소에 혐의사실 입증에 이바지할 자료나 피의자가 있을 개연성이 충분히 소명되어야 그 필요성을 인정할 수 있는 점, 헌법 제12조 제3항 단서에서 현행범인 체포나 긴급체포에 사전영장원칙의 예외를 둔 것은 그 체포의 긴급성에 비추어 사전에 압수·수색·검증영장을 발부받을 것을 기대하기 어렵기 때문이며, 체포영장 발부 이후 혐의사실 입증에 이바지할 자료나 피의자가 있을 개연성이 충분히 소명되어 압수·수색영장을 발부받아도 그 자료나 피의자가 계속 그 장소에 있지 않는 한 그 집행의 실효성을 기대할 수 없게 되므로, 체포영장이 발부된 때도 영장 없이 그 장소에 대한 압수·수색을 하여야 할 긴급한 상황은 충분히 발생할 수 있는 점, 헌법 제16조가 주거의 자유와 관련하여 영장원칙을 선언하는 이상, 그 예외는 매우 엄격한 요건 아래에서만 인정되어야 하는 점 등을 종합하면, 헌법 제16조의 영장원칙에 대해서도 그 예외를 인정하되, 이는 ① 그 장소에 범죄혐의 등을 입증할 자료나 피의자가 있을 개연성이 소명되고, ② 사전에 영장을 발부받기 어려운 긴급한 사정이 있을 때만 제한적으로 허용될 수 있다(헌재 2018. 4. 26. 2015헌바370등).

먼저 현행범인이 수사기관의 추격을 피하여 다른 사람의 주거 등에 들어가면 이를 확인한 수사기관으로서는 현행범인을 체포하려고 그 장소에 들어가 피의자 수색을 할 수 있어야 한다. 이때 현행범인이 다른 사람의 주거 등에 소재할 개연성과 수색에 앞서 수색영장을 받기 어려운 긴급한 사정이 충분히 인정된다. 따라서 현행범인을 체포할 때 헌법 제16조 영장원칙의 예외를 인정할 수 있다. 다음으로 긴급체포에서 '긴급을 요한다'함은 피의자를 우연히 발견한 때 등과 같이 체포영장을 받을 시간적 여유가 없는 때를 말한다. 피의자가 긴급체포를 피하려고 다른 사람의 주거 등에 들어가면 이를 확인한 수사기관으로서는 피의자 체포를 위해서 그 장소에 바로 들어가 피의자 수색을 할 수 있어야 한다. 이때도 피의자가 다른 사람의 주거 등에 소재할 개연성과 수색에 앞서 수색영장을 발부받기 어려운 긴급한 사정이 충분히 인정된다. 따라서 긴급체포도 헌법 제16조 영장원칙의 예외를 인정할 수 있다. 끝으로 피의자에 대해서 체포영장이 발부되면 수사기관으로서는 헌법 제16조, 형사소송법 제215조에 따라 법원에서 사전에 수색영장을 발부받는 것이 원칙이다. 그러나 체포영장에 따른 체포에서도 수색영장 없이 피의자 수색을 하여야 할 긴급한 상황은 충분히 발생할 수 있는 점, 이때도 별도의 수색영장을 발부받아야 한다면, 검사가 영장을 신청하고 법관이 영장을 발부하는 데 통상적으로 소요되는 시간 등에 비추어 체포영장 집행 자체가 사실상 불가능할 수도 있는 점, 수색영장을 발부받을 수 있는 시간적 여유가 있어도 영장 없이 다른 사람의 주거 등에 대한 수색을 허용한다면, 수색장소 특정과 이에 관한 법관의 심사절차가 생략되므로, 일반영장에 따른 포괄적 강제수사를 허용하는 셈이 되는 점 등을 종합하면, 체포영장에 따른 체포에는 체포영장이 발부된 피의자가 다른 사람의 주거 등에 소재할 개연성이 소명되고, 그 장소를 수색하기에 앞서 별도로 수색영장을 발부받기 어려운 긴급한 사정이 있는 때만 현행범인 체포, 긴급체포와 마찬가지로 영장원칙의 예외를 인정할 수 있다(헌재 2018. 4. 26. 2015헌바370등).

민사소송법상 강제집행절차에 따라 집행관이 강제집행을 실시하고 집행관이 그의 강제력사용권(민사집행법 제5조)으로 주거에 대한 압수나 수색을 하면 집행판결이나 집행문에 이미 주거에 대한 압수나 수색을 허용하는 법관의 의사가 포함되므로 영장원칙 위배가 아니다.

Ⅵ. 사생활의 비밀과 자유

1. 의의

사생활의 비밀이란 자기의사에 어긋나게 사생활 내용을 공개당하지 아니할 권리를 말한다. 그리고 사생활의 자유란 사생활의 자유로운 형성과 전개를 방해받지 아니할 권리, 즉 자신의 사생활을 스스로 결정할 인격적 자율의 권리를 말한다. 주거의 자유와 사생활의 비밀과 자유는 사생활 영역에 관한 기본권이라는 점에서 공통된다. 하지만 주거의 자유는 사생활 영역을 '공간적'으로 보호하기 위한 것이지만, 사생활의 비밀과 자유는 사생활 영역을 '내용적'으로 보호하려는 것이라는 점에서 구별된다.

2. 주체

사생활의 비밀과 자유 주체는 원칙적으로 자연인이다. 이것이 인격의 자율성을 보장하여 인격의 자유로운 발현과 인간의 존엄성을 보장하는 데 목적이 있으므로 내국인뿐 아니라 외국인에게도 인정되는 인간의 권리이다. 사자가 주체가 될 수 있는지와 관련하여 사생활의 비밀과 자유는 인격권 보호를 목적으로 하므로 사자도 때에 따라 주체가 될 수 있다는 견해와 사생활의 비밀과 자유는 인간의 존엄성 존중을 궁극의 목표로 하고 인격적 가치가 훼손됨으로써 정신적 고통을 받으면, 이를 구제하는 것을 법익으로 하는 까닭에 원칙적으로 생존하는 자연인만 누릴 수 있고, 사자는 정신적 고통을 받을 수 없고, 권리는 사망과 더불어 소멸하므로 사자는 그 주체가 될 수 없다는 견해가 대립한다. 사자는 독자적인 사생활이 없고, 단지 사자가 생존 당시 이미 형성한 사적 정보 보호가 문제 된다. 그리고 사자의 명예는 일반적 인격권을 통해서 보호된다. 따라서 사자는 사생활의 비밀과 자유 주체가 될 수 없다. '개인정보 보호법'도 '살아 있는 개인에 관한 정보'만을 보호대상으로 한다(제2조 제1호).

법인, 그 밖의 단체도 명예의 주체가 될 수 있어 그 명예가 훼손되거나 명칭·상호 등을 다른 사람이 영리 목적으로 이용하면 권리 침해를 인정할 수 있고, 그러한 범위에서 제한적으로 법인에게도 주체성이 인정되어야 한다는 견해와 사생활의 비밀과 자유는 기본적으로 인격권 보호를 그 목적으로 하므로 법인, 그 밖의 단체에는 이것이 적용될 수 없고, 법인의 명칭이나 상표 등을 다른 사람이 영업적으로 이용하면 해당 법률을 통해서 보호될 문제라는 견해 그리고 사생활의 비밀과 자유는 인간의 존엄성을 전제로 한 것이므로 법인은 원칙적으로 주체가 될 수 없다는 견해가 있다. 대법원은 법인의 명예가 훼손되면 법인의 주체성을 인정한 바 있다(대법원 1990. 2. 27. 선고 89다카12775 판결). 법인, 그 밖의 단체에는 순수한 사생활이 없다. 그러나 법인, 그 밖의 단체의 정보에 대한 침해 방지와 통제·관리가 필요하다. 따라서 이러한 범위에서는 법인, 그 밖의 단체도 사생활의 비밀과 자유 주체가 될 수 있다. 다만, 명예권은 사생활의 비밀과 자유 보호영역이 아니라 (일반적) 인격권의 보호영역에 속한다.

3. 내용

(1) 사생활 영역의 의미

무엇이 사생활 영역인지와 관련하여 ① 인간의 생활영역을 일정한 단계로 구분하여 그에 상응하는 보호를 부여하여야 한다는 영역이론, ② 그때그때의 개개인이 맡는 역할(예를 들어 국민으로서, 정당원으로서, 직장인으로서, 친구로서 등)에 따라 각기 특유하게 전개되는 의사소통과 정보 분배에 기준을 두어야 한다는 역할이론, ③ 사적인 결정의 자유를 강조하면서 그러한 자기결정을 외부로 표현하고 주변에 영향을 미치는 것까지 사생활영역으로 포섭하는 자율적 자기표현이론, ④ 인간의 사회적 생활과 인격 형성의 포괄적 조건으로서 의사소통의 불가침과 이러한 의사소통에 대한 다른 사람의 원하지 않는 참여 금지로 보는 의사소통이론이 대립한다. 그러나 어느 이론에 따라서도 명확한 구별이 어려우므로 구체적인 때에 사생활 영역에 포함되는지는 이러한 여러 이론을 종합적으로 고려하는 가운데 개별적으로 검토·판단하여야 한다. 이때 기준이 되는 사생활은 일단 다른 사람이나 외부에서 차단되어 비밀로 두고자 하는 개인의 내밀한 생활영역으로 정의할 수 있다. 사생활의 핵심요소는 차단성, 내밀성, 비공개성이다. 사적 영역과 공적·사회적 영역은 늘 명확하게 구별되는 것이 아니고 중첩될 수도 있다. 그리고 공적·사회적 공간 안에서도 사생활 보호가 문제 될 수 있다.

(2) 사생활의 비밀에 대한 불가침

사생활의 비밀에 대한 불가침은 사생활이 본인의 의사에 어긋나게 파악되는 것과 파악된 사생활 내용이 공개되는 것을 금지하는 것을 포함한다. 사생활의 비밀이란 (보통의 감수성이 있는) 일반인 감정에 비추어 공개되면 곤란한, 아직 일반인에게 알려지지 않은 사적인 사항에 관한 것으로 본인이 공개를 원하지 않는 것을 말한다.

① 사사(私事)에 대한 침입 금지

본인의 의사에 어긋나게 감시, 도청, 도취 등으로 사생활의 비밀을 탐지하거나 교란하는 행위 또는 사생활의 평온을 적극적으로 방해 또는 침해하는 행위는 사생활의 비밀을 침해한다. 그러나 개인의 사사에 대한 사소한 침입까지 금지되는 것은 아니다. 즉 금지되는 것은 (ⅰ) 사적 사항이나 사적 영역을 대상으로 하여 (ⅱ) 통싱인의 수인한세를 넘을 정도로 감정을 해하는 것이다.

② 사사(私事)의 공개 금지

개인의 난처한 사적 사항은 본인의 의사에 어긋나게 무단으로 공개되는 것은 사생활의 비밀을 침해한다. 여기서 난처한 사적 사항은 개인이 비밀로 하고자 하는 사항을 말한다. 그러나 모든 사적 사항 공개가 금지되는 것이 아니라 (ⅰ) 사적 사항이 공공연하게 공표되어야 하고, (ⅱ) 공개된 사실이 아직 공표되지 않은 사적 사항이며, (ⅲ) 공개된 사실이 통상인의 감수성을 기준으로 판단하면 심리적 부담이나 불안을 주는 것이고, (ⅳ) 공개된 사적 사항이 자신에 관한 것이라는 증명, 즉 동일성이 입증된 때만 (ⅴ) 공개사항의 진실성이나 공개자의 악의 유무와 관계없이 금지된다. 이때 '공공연하게'란 '불특정 또는 다수인이 인식할 수 있게'란 뜻이고, 공표는 사적 사항을 구체적으로 사회적인 외부세계에 표시·주장·발설·전달하는 모든 행위로 그 방법은 구두, 문서, 도화, 그 밖의 무엇이든 상관이 없다. 그리고 '공개'란 '공표로 말미암아 불특정 또는 다수인이 인식할 수 있는 상태'를 말한다.

(3) 사생활을 자유롭게 형성하고 전개할 수 있는 권리

사생활의 자유로운 형성과 전개는 사생활의 자율을 방해 또는 간섭받지 아니하는 권리를 말한다. 이에는 평온한 사생활 유지, 자신이 원하는 방식의 사생활을 적극적으로 전개하는 것, 사생활의 자율성을 방해 또는 간섭받지 않을 것 등을 포함한다.

(4) 개인정보자기결정권

개인정보자기결정권(자기정보통제관리권)은 자신에 관한 정보의 공개와 유통을 스스로 결정하고 통제할 수 있는 권리를 말한다. 개인정보자기결정권을 사생활의 비밀과 자유의 하나로 보장되는 권리라고 하여 헌법 제17조에서 찾는 견해와 사생활의 비밀과 자유는 소극적 권리이므로 자기정보통제권은 헌법 제10조에서 보장된다는 견해가 있다. 헌법재판소는 개인정보자기결정권은 인간의 존엄과 가치, 행복추구권을 규정한 헌법 제10조 제1문에서 도출되는 일반적 인격권 및 헌법 제17조의 사생활의 비밀과 자유를 통해서 보장된다고 한다(헌재 2005. 7. 21. 2003헌마282등). 개인정보자기결정권은 사생활의 비밀 보장과 밀접한 권리이고 사생활의 비밀과 자유를 소극적으로만 보아야 할 이유가 없으므로 개인정보자기결정권을 사생활의 비밀과 자유 일부로 보아야 한다.

개인정보자기결정권의 보호대상이 되는 개인정보는 개인의 신체, 신념, 사회적 지위, 신분 등과 같이 개인의 인격주체성을 특징짓는 사항으로서 그 개인의 동일성을 식별할 수 있게 하는 모든 정보이다. 반드시 개인의 내밀한 영역이나 사사(私事)의 영역에 속하는 정보에 국한되지 않고, 공적 생활에서 형성되었거나 이미 공개된 개인정보까지 포함한다. 그리고 그러한 개인정보를 대상으로 한 조사·수집·보관·처리·이용 등의 행위는 모두 원칙적으로 개인정보자기결정권 제약에 해당한다(헌재 2005. 7. 21. 2003헌마282등).

개인정보자기결정권은 자신의 개인정보를 원칙적으로 자기 의사에 따라 수집·이용·제공 등이 되도록 하려는 것이다. 따라서 정보주체는 자신의 개인정보를 자발적으로 다른 사람에게 알리거나 이용하게 할 수도 있고, 자신이 원하면 그 정보에 대해서 다른 사람이 접근하거나 이용하지 못하게 할 수 있다. 즉 정보주체는 자기 정보에 대한 처분권이 있다. 이러한 처분권은 먼저 동의권을 통해서 보장된다. 정보주체 동의 없이 개인정보를 처리하는 공권력 작용은 개인정보자기결정권 제약에 해당하여 반드시 법률상 근거가 있어야 한다. 다만, 민간부문에서 개인정보의 수집·이용·제공 등을 위해서 반드시 정보주체 동의를 얻어야 하는지는 입법정책적 결정사항이다. 이미 공개된 개인정보를 정보주체 동의가 있었다고 객관적으로 인정되는 범위 안에서 수집·이용·제공 등 처리를 할 때 정보주체의 별도 동의는 필요하지 않다(대법원 2016. 8. 17. 선고 2014다235080 판결). 개인정보를 처리하는 데 요구되는 동의는 정보주체의 자유로운 결정에 기초하여야 한다. 정보주체 동의가 개인정보에 대한 진정한 통제권 행사로 인정되려면 사전에 개인정보의 수집·처리 등에 관한 정보가 충분히 제공되어야 한다. 그리고 동의의 실질적 진정성을 담보할 장치가 마련되어야 한다.

정보주체는 개인정보보유기관에 대해서 자신에 관한 정보의 열람을 청구할 수 있고, 정보보유기관은 정당한 이유가 없는 한 열람을 허용하여야 한다. 정보열람청구권은 알 권리의 하나로 정보공개청구권으로 보장되기도 한다(헌재 1991. 5. 13. 90헌마133). 정보주체는 자신에 관한 정보를 열람한 결과 정보내용이 부정확하거나 불완전한 것이면 정정을 요구할 수 있고, 정보보유기관은 그 부분을 정정하여 정보주체에게 그 사실을 통보하여야 한다. ⓐ 정보보유기관이 법이 규정한 의무를 위반하거나 법의 취지에 어긋나게 개인정보를 부당하게 이용하거나 ⓑ 개인정보 보유가 허용되지 않거나 정보보유자의 직무 수행에 해당 개인정보가 더는 필요하지 않거나 ⓒ 수집 당시 예정한 보유기간이 지나거나 원래 목적 이외 용도로 개인정보가 이용되거나 ⓓ 개인정보 처리가 자신이나 다른 사람에게 부당하고 실질적인 손해나 고통을 주면, 정보주체는 자기정보의 무단공표·이용 금지나 사용 중지 또는 삭제를 요구할 수 있다.

4. 제한

사생활의 비밀과 자유는 제한될 수 있으나 이때도 본질적인 내용은 침해되지 않는다(헌법 제37조 제2항). 사생활의 비밀과 자유 침해는 사생활 침해 의도와 어느 정도 객관적인 침해의 진지성을 전제로 하므로 사생활 침해 의도가 없는 가벼운 생활 침해의 결과는 수인하여야 한다. 예를 들어 수사기관이 어떤 사건의 수사 과정에서 우연히 그 사건과 무관한 제3자의 사생활을 알게 되어도 수사기관이 그것을 다른 목적에 이용하거나 공개하지 않는 한 사생활의 비밀 침해는 없다. 그리고 사람의 동태를 살펴보는 공권력작용이더라도 그것이 계속적인 추적·감시가 아니고 개별적인 사항에 국한된 일시적인 관찰 정도에 그친다면, 그 관찰로 말미암아 설령 감시받는 사람에게 불쾌감을 주어도 사생활의 자유 침해라고 볼 수는 없다.

Ⅶ. 통신의 비밀

1. 의의

통신의 비밀이란 의사나 정보를 우편물이나 전기통신 등의 수단을 통해서 전달 또는 교환할 때 그 내용이 본인 의사에 어긋나게 공개되지 아니할 자유를 말한다. 통신의 비밀과 통신의 자유는 구별되어야 한다. 통신의 비밀은 사생활의 비밀과 자유의 일부를 지칭하는 것이고, 통신의 자유는 언론·출판의 수단인 통신수단을 자유롭게 이용할 수 있는 자유를 가리키는 것으로서 언론·출판의 자유로 보호되기 때문이다.

헌법 제18조 통신의 비밀은 헌법 제17조 사생활의 비밀과 자유를 통신 측면에서 특별히 보호하는 것이므로 양자는 일반－특별관계에 놓인다. 따라서 헌법 제18조를 헌법 제17조의 특별조항으로 볼 수 있다. 사생활의 비밀과 자유에 포섭될 수 있는 사적 영역에 속하는 통신의 비밀을 헌법이 별개 조항을 통해서 기본권으로 보장하는 이유는 우편이나 전기통신의 운영이 전통적으로 국가 독점에서 출발하여 개인 사이의 의사소통을 전제로 하는 통신은 국가의 침해 가능성이 여타의 사적 영역보다 크기 때문이다(헌재 2001. 3. 21. 2000헌바25).

2. 주체

통신의 비밀 주체는 먼저 모든 자연인이다. 통신의 비밀은 내국인만이 아니라 외국인에게도 인정되는 인간의 권리이다. 미성년자도 주체가 된다. 통신의 비밀은 법인, 그 밖의 단체에도 주체성이 인정된다.

3. 내용

(1) 통신의 비밀의 의의

종래 통신은 서신(편지, 엽서)을 비롯한 전화, 전신, 그 밖의 모든 방법을 통한 격지자 사이의 의사 전달과 물품 수수라고 하여 개념에 장소적 요소를 포함하였다. 이러한 견해를 따르면 대면하는 당사자 사이 대화의 비밀은 헌법 제17조 사생활의 비밀과 자유를 통해서 보호된다. 헌법상 통신의 개념이 사전적 의미와 반드시 일치하여야 하는 것은 아니고 헌법규정 취지에 비추어 그 의미가 좁아지거나 넓어질 수 있다. 헌법 제18조의 취지가 개인이 다른 사람과 의사소통할 때 그에 관한 비밀을 보호하는 것이라면 그것은 통신수단 사용 여부는 중요하지 않다. 그리고 대면하는 당사자 사이 대화 비밀의 헌법적 근거를 헌법 제17조로 보면 공적 영역에서 이루어지는 대화는 보호받지 못한다. 이러한 점에 비추어 개인의 의사소통을 충실하게 보호하려면 통신의 개념을 사적 영역과 공적 영역을 아우르는 모든 영역에서 이루어지는 당사자 사이의 의사전달과 물품수수라고 보아야 한다. 통신은 특정한 상대방이 있음을 전제로 의사와 물품을 전달한다는 점에서 상대방이 없어도 보장되는 각종 표현과 다르다(상대방의 특정성). 상대방이 특정되면 발신자의 통신 내용을 수신자가 수신하는 것에 동의하지 않아도 발신자의 통신의 비밀은 보장된다. 통신은 쌍방향적일 수도 있지만, 일방향적일 수도 있다. 그리고 통신은 합법성 여부는 문제가 되지 않는다. 따라서 허가 없이 이루어지는 무선통신도 통신의 비밀은 보호되어야 한다. 통신의 보호범위에는 내용, 형태, 당사자(발신자, 수신자), 전달방법 모두가 포함된다. 자유로운 의사소통은 통신내용의 비밀을 보장하는 것만으로는 충분하지 아니하고 구체적인 통신관계 발생으로 야기된 모든 사실관계, 특히 통신관여자의 인적 동일성·통신장소·통신횟수·통신시간 등 통신의 외형을 구성하는 통신이용 전반적 상황의 비밀까지도 보장한다(헌재 2018. 6. 28. 2012헌마191등).

비밀의 불가침이란 발신자와 수신자 사이의 의사나 정보의 전달 또는 교환이 당사자의 의사에 어긋나게 제3자가 인지하여서는 안 된다는 것이다. 구체적으로 통신 내용을 알기 위해서 통신물을 열거나 읽거나 도청하는 것 등의 모든 행위를 금지하는 것을 말한다(예를 들어 통신비밀보호법 제3조, 제14조). 다만, 누리망(internet) 게시판 등 공개를 전제로 하는 통신방식을 통하여 특정인에게 의사를 전달하면 비밀의 불가침이 문제 되지 않는다.

(2) 보호유형

① 사적 통신의 비밀

사적 통신은 서면을 통한 전달이긴 하지만 우편을 통해서 매개되는 영역 밖에서 이루어지는 전달과 교환을 말한다. 즉 우편을 통해서가 아니라 개인이 휴대하거나 대기업체의 운반인이 전달하는 문서 등과 우체국에 도달하기 전과 배달 후의 문서 등을 말한다. 사적 통신의 비밀이란 발신자와 수신자 이외의 제3자, 특히 공권력이 사적 통신 내용을 인지하려는 것에 대한 보호를 말한다. 사적 통신의 비밀 보호 범위에는 봉함된 편지, 엽서, 전보, 인쇄물, 대량의 (선전용) 인쇄우편물 등이 포함되나, 신문, 서적, 소포 등은 제외된다. 따라서 국가기관이 서신을 개피하거나(열거나) 그 밖의 방법으로 [예를 들어 엑스(X)선 투시를 통해서] 그 내용을 인지하는 때는 물론 다른 사람이 개피하거나 봉함이 스스로 열린 이후에 인지하는 때도 사적 통신의 비밀은 침해된다.

② 우편의 비밀

우편의 비밀에는 우편을 통해서 매개되는 모든 발송물의 왕래가 포함된다. 서면부터 상품 견본이나 우편환에 이르기까지 우체국에 넘겨지는 모든 우편물이 대상이다. 이때 우체국에 제시되는 순간부터 수신자에게 접수될 때까지 전 과정이 우편의 비밀 보호를 받는다. 즉 우편의 비밀 보호 범위에는 발송물의 내용뿐 아니라 우편왕래의 모든 자료가 포함된다. 예를 들어 우편의 이용사실 자체, 송·수신자, 운송의 종류와 방법, 이용의 장소와 시간, 특정 발송물의 발신회수 등이 보호범위에 포함된다. 따라서 체신관서, 그 밖의 국가기관이 자신이나 제3자에게 우편물의 내용을 인지하게 하거나 제3자에게 우편교환 정보를 통지하는 때와 체신관서 외의 국가기관이 체신관서가 우편물의 내용을 알리게 하거나 우편교환 정보를 주게 하면 우편의 비밀은 침해된다. 따라서 우편물 검열(통신비밀보호법 제2조 제6호)은 원칙적으로 허용되지 않는다. 그러나 우편교환의 원활한 소통을 위해서 업무상 하는 처분, 예를 들어 수취인에게 배달할 수 없거나, 수취인이 기재되지 않은 우편물을 개피하는 때는 우편배달업무상 불가피한 처분이므로 우편의 비밀에 대한 침해가 아니다[예를 들어 환부우편물 처리(통신비밀보호법 제3조 제1호)]. 그리고 인쇄물로 표시된 우편물의 내용을 검사하는 것은 이것이 비밀이 될 수 없으므로 허용된다.

③ 전(기통)신의 비밀

전신에는 유·무선전자파를 매개로 한 모든 개인적 연락을 포함한다. 즉 유선·무선·광선 및 그 밖의 전자적 방식을 통해서 모든 종류의 음향·문언·부호나 영상을 송신하거나 수신하는 것을 말하는데(통신비밀보호법 제2조 제3호), 예를 들어 전화, 전보, 호출기, 휴대전화, 피씨(PC)통신, 누리망(internet), 텔렉스, 텔레텍스트(문자다중방송), 텔레팍스, 인터넷팩스, 스마트폰, 화상송수신기, 코드분할다중접속(CDMA: code division multiple access) 등이 있다. 전신의 비밀은 특히 도청을 통해서 침해된다. 전기통신업무상 불가피한 처분은 침해가 아니다[예를 들어 혼신제거 등을 위한 전파감시(통신비밀보호법 제3조 제5호)]. 주거에 도청장치를 하여 통신내용을 도청하면 통신의 비밀 침해가 되나, 도청장치를 하여 주거 안 대화를 엿듣는 행위는 주거의 자유 침해이지 통신의 비밀을 침해하는 것이 아니다.

4. 제한

통신의 비밀은 사생활의 보호와 더 나아가 인간의 존엄과 인격권을 보호하는 데 중요하다. 하지만 통신의 비밀도 국가안전보장이나 헌법질서를 침해하고 범죄 수단으로 이용하는 것은 허용될 수 없다. 따라서 통신의 비밀도 국가안전보장·질서유지 또는 공공복리를 위해서 필요하면 법률로 제한이 가능하고, 다만 본질적인 내용은 침해될 수 없다(헌법 제37조 제2항). 그리고 통신의 비밀을 제한하는 우편물의 검열·압수나 전기통신 감청에는 영장원칙이 적용된다(통신비밀보호법 제5조, 제6조, 제7조). 그리고 불법검열을 통해서 취득한 우편물이나 그 내용 및 불법 감청을 통해서 지득 또는 채록된 전기통신 내용은 재판이나 징계절차에서 증거로 사용할 수 없다(통신비밀보호법 제4조, 제14조 제2항).

제3절 정신적 자유

Ⅰ. 양심의 자유

1. 의의

양심의 의미에 관해서는 (ⅰ) 종교적 확신과 같은 것으로 파악하는 종교적 신앙설, (ⅱ) 도덕적 의무 자각이나 도덕적·윤리적 판단으로 인식하는 도덕적 윤리설, (ⅲ) 세계관·인생관과 같은 일반적 신조로 이해하는 일반적 신조설 등이 대립한다. 헌법재판소는 양심을 세계관·인생관·주의·신조 등은 물론 개인의 인격형성에 관계되는 내심의 가치적·윤리적 판단도 포함하는 것으로 넓게 이해한다(헌재 1991. 4. 1. 89헌마160). 종교적 신앙설은 양심이 종교에 국한되는 것이 아니라는 점에서 문제가 있고, 일반적 신조설은 양심이 사상과 구별되고 구체적 양심을 뜻한다는 점에서 타당하지 않다. 따라서 도덕적 윤리설이 타당하다.

양심이란 인간 내면에 있는 옳고 그름에 대한 확신과 이것 때문에 특정한 행위를 하거나 하지 못하도록 하는 심리적 과정·상태의 표현이다. 즉 양심은 한 인간의 인격적 정체성 일부를 형성하고, 그에게 개별적 · 구체적인 상황에서 일정한 행위를 '선한 것으로서'나 '정당한 것으로서' 하라고 하거나 '악한 것으로서'나 '부정당한 것으로서' 하지 말라고 주관적으로 구속력 있게 지시하는 도덕적 태도이다. 양심은 윤리적 확신을 필수요소로 하는데, 이러한 윤리적 확신은 종교적인 동기뿐 아니라 여러 가지(세계관적이나 비종교적) 동기에서 비롯할 수 있다. 헌법이 보호하는 양심은 구체적인 양심이지 막연하고 추상적인 양심이 아니다. 즉 양심의 자유는 일상생활에서 일어나는 구체적인 상황에 즈음해서 어떻게 행동하는 것이 옳은 것인지를 말해주는 것을 보호한다. '아름다움과 추함', '참과 거짓'의 판단은 양심적 결정에 해당하지 않는다(헌재 2018. 6. 28. 2011헌바379등).

양심은 종교적 동기에서도 비롯할 수 있으므로 양심과 신앙은 구별하기 어렵다. 양심의 자유가 오랫동안 신앙의 자유와 함께 규정되어 온 것은 이러한 이유 때문이다. 그러나 양심이 윤리적 확신을 나타내는 것이라면 신앙은 종교적 확신을 나타낸다는 점에서 양자는 구별된다.

양심이 윤리적 차원의 사고라면, 세계관적 확신을 의미하는 사상은 논리적 차원의 사고라는 점에서 구별된다. 양심의 자유는 사상의 내면화를 뜻하므로 양심의 개념은 사상을 포괄하는 것으로 보아야 한다는 견해가 있으나, 사상은 구체적 양심을 형성하는 바탕이 될 수는 있지만 양심 그 자체와는 구별된다. 양심의 자유에 사상의 자유까지 포함하는 것은 헌법조항의 문언적 한계를 넘는 것이고, 헌법 제37조 제1항의 포괄적 권리규정이 있다는 점에서 사상의 자유를 무리하게 양심의 자유에서 찾을 필요가 없다. 따라서 사상의 자유의 헌법적 근거는 양심의 자유와 분리하여 헌법 제37조 제1항과 (내용적 표지인) 제10조의 행복추구권에서 찾아야 할 것이다. 헌법재판소도 사상의 자유는 양심의 자유에 포함되지 않는 것으로 본다(헌재 1991. 4. 1. 89헌마160).

2. 주체

양심의 자유 주체는 모든 자연인이다. 즉 국민만이 아니라 외국인도 주체가 되는 인간의 권리이다. 미성년자도 주체가 되지만 그 행사능력을 언제부터 인정할 것인지가 문제이다. 태아의 양심은 설사 있더라도 확인할 수 없을 뿐 아니라 태아 스스로 이를 행사할 수도 없으므로 주체가 될 수 없다. 미성년자는 스스로 양심을 형성할 수 있다고 인정할 수 있다면 양심의 자유 주체가 될 수 있다. 양심형성능력은 주로 외부적 요소를 바탕으로 객관적으로 판단하여야 할 것인데, 당사자의 주관적 표현도 주요한 인정표지가 되어야 한다. 양심의 자유는 지극히 개인적인 권리이므로 법인, 그 밖의 단체는 주체가 될 수 없다. 헌법재판소는 양심의 자유와 관련하여 "우리 헌법이 보호하고자 하는 정신적 기본권의 하나인 양심의 자유의 제약(법인의 경우라면 그 대표자에게 양심표명의 강제를 요구하는 결과가 된다)이라고 보지 않을 수 없다."라고 하여 법인이 양심의 자유를 누릴 수 있다고도 해석할 수 있는 애매한 표현을 쓴 적이 있다(헌재 1991. 4. 1. 89헌마160). 하지만 헌법재판소가 대표자를 언급한 점에 비추어 대표자의 양심의 자유를 말한 것으로 보아야지 법인에게 양심의 자유를 인정하였다고 보기 어렵다.

3. 내용

헌법상 양심의 자유는 양심형성의 자유와 양심실현의 자유를 그 내용으로 한다. 구체적으로 양심의 자유 보호범위는 ① 양심형성의 자유, ② 양심을 표명하도록 강제 당하지 아니할 자유(예를 들어 양심추지 금지, 충성선서 문제), ③ 양심에 반하는 행동을 강제 당하지 아니할 자유, ④ 양심을 표명할 자유, ⑤ 양심에 따라 행동할 자유로 나눌 수 있다. 양심을 표명할 자유와 양심에 따라 행동할 자유는 적극적 양심실현의 자유에 해당하고, 양심을 표명하도록 강제 당하지 아니할 자유와 양심에 반하는 행동을 강제 당하지 아니할 자유는 소극적 양심실현의 자유에 해당한다.

양심의 자유 보호범위와 관련하여 크게 (적극적·소극적) 양심실현의 자유를 모두 인정하는 견해와 양심상 결정을 적극적으로 실현하는 데서 다른 법익과 충돌 및 다른 사람 권리 침해가 발생하고 양심실현은 다른 기본권을 통해서 보호되는 영역과 중첩되므로 소극적 양심실현의 자유, 즉 양심을 강제로 표명 당하지 아니할 자유와 양심에 반하는 행위를 강요당하지 아니할 자유만을 인정하고 적극적 양심실현의 자유를 배제하는 견해로 나뉜다. 인간의 양심은 외부와 구체적인 접촉과정에서 형성되고 대개 외부로 실현되는 것을 전제로 하며 그 실현에 주된 의미가 있다는 점, 양심실현의 자유와 다른 법익의 충돌은 법익 사이의 형량, 실제적 조화의 원칙으로써 대부분 해결할 수 있다는 점에서 양심의 자유 보호범위에 양심실현의 자유를 포함하는 것이 타당하다. 헌법재판소도 양심의 자유에는 널리 사물의 시시비비나 선악과 같은 윤리적 판단을 국가권력을 통해서 외부에 표명하도록 강제 받지 아니할 자유까지 포괄하며(헌재 1991. 4. 1. 89헌마160) 나아가 양심실현의 자유도 포함한다고 하여(헌재 1998. 7. 16. 96헌바35) 양심의 자유의 보호범위를 넓게 인정한다. 그러나 대법원은 적극적 양심실현의 자유를 양심의 자유에 포함하지 않는 것으로 보인다(대법원 2004. 7. 15. 선고 2004도2965 전원합의체 판결).

4. 제한

양심의 자유 보호영역 중 내심 영역, 즉 양심형성의 자유는 다른 사람에 대한 침해 가능성이 없으므로 헌법 제37조 제2항에 따른 제한이 불가능하다. 그러나 양심의 자유 보호영역 중 외부 영역, 즉 양심실현의 자유는 제한될 수 있다. 헌법재판소는 "내심적 자유, 즉 양심실현의 자유와 양심적 결정의 자유는 내심에 머무르는 한 절대적 자유라고 할 수 있지만, 양심실현의 자유는 타인의 기본권이나 다른 헌법적 질서와 저촉되는 경우 헌법 제37조 제2항에 따라 국가안전보장·질서유지 또는 공공복리를 위하여 법률에 의하여 제한될 수 있는 상대적 자유라고 할 수 있다."라고 하였다(헌재 1998. 7. 16. 96헌바35). 대법원은 "헌법이 보장한 양심의 자유는 정신적인 자유로서 어떠한 사상, 감정을 가지고 있더라도 그것이 내심에 머무르는 한 절대적인 자유이므로 제한할 수 없"다고 하면서(대법원 1984. 1. 24. 선고 82누163 판결) "양심의 자유, … 등은 헌법이 보장하는 기본적 권리이긴 하나 무제한한 것이 아니라 헌법 제37조 제2항에 의하여 국가안전보장, 질서유지 또는 공공복리를 위하여 필요한 경우에는 그 자유와 권리의 본질적 내용을 침해하지 않는 한도 내에서 제한할 수 있는 것"이라고 하였다(대법원 1993. 9. 28. 선고 93도1730 판결).

Ⅱ. 종교의 자유

1. 의의

종교의 자유는 신앙과 그에 입각한 종교적 행위를 선택·결정하고 할 수 있는 자유를 말한다. 종교는 유한한 능력이 있는 데 불과한 인간을 지탱시켜주는 무한의 절대적·초월적 존재에 대한 내적 확신과 관련된 영역이다. 보통 신이라는 절대적 존재를 전제로 하지만, 유교, 불교, 도교 등에서 보듯이 종교에 신 관념이 반드시 있어야 하는 것은 아니므로 종교를 신과 인간의 관계로 단정하기는 어렵다. 피안의 세계가 종교의 내용이라는 견해도 있으나, 내세관이 없는 종교도 있으므로 이를 따를 수 없다.

2. 주체

종교의 자유는 국민은 물론 외국인도 주체가 되는 인간의 권리이다. 미성년자도 종교의 자유 주체가 되는데, 언제부터 부모의 친권에서 독립하여 종교의 자유를 스스로 행사할 능력이 인정되는지가 문제 된다. 종교 관련 행동은 법률행위적 행동이 아닌 자연적 행동의 범주에 속한다. 따라서 미성년자라는 이유만으로 종교의 자유 행사능력이 없다고 단정할 수 없다. 미성년자가 종교의 의미를 이해하고 이에 관해서 결정할 수 있는 정신적·육체적 성숙도가 있는지에 따라 미성년자의 행사능력 유무를 판단하여야 한다. 법인, 그 밖의 단체는 성질상 신앙의 자유 주체가 될 수는 없지만 종교적 행위 주체는 될 수 있다.

3. 내용

(1) 적극적 종교의 자유

적극적 종교의 자유에는 신앙의 자유와 신앙에 따라 행동할 수 있는 자유가 있다. 신앙의 자유는 신앙을 형성하거나 가질 수 있는 자유를 말한다. 신앙을 형성할 때 어떤 형태의 (간접적이거나 사실적인) 국가 영향력 행사도 금지된다. 신앙의 자유에는 신앙을 선택할 수 있는 자유, 신앙을 변경할 수 있는 자유(개종의 자유), 신앙을 포기할 수 있는 자유가 포함된다. 신앙에 따른 행동을 할 자유에는 종교적 행위의 자유, 선교·전도의 자유, 종교교육의 자유가 있다. 사립학교에서 종교교육을 하고 종교지도자를 육성하는 것은 종교의 자유로서 보장되므로 교육기관이 학교설립인가를 받아도 종교의 지도자 양성을 위한 종교교육을 할 수 있다(대법원 1989. 9. 26. 선고 87도519 판결). 그러나 국가나 지방자치단체가 국·공립학교에서 특정 종교교육을 실시하는 것은 정교분리원칙에 위반되어 허용되지 아니한다(교육법 제6조 제2항). 국·공립대학에 종교학과를 두어 종교학을 강의하고 연구하거나 교양과목으로 일반종교학을 두어 가르치는 것은 특정 종교교육과 다르므로 종교의 자유를 침해하지 아니한다. 종교교육과 종교지도자 양성은 헌법 제20조에 규정된 종교의 자유의 한 내용으로 보장되지만, 그것이 학교라는 교육기관 형태를 취하면 헌법 제31조 제1항, 제6항과 이에 근거한 교육법상 규정에 따른 규제를 받게 된다(대법원 1992. 12. 22. 선고 92도1742 판결).

종교의 자유에는 다른 종교를 비판하거나 다른 종교의 신자에 대해서 개종을 권고하는 자유도 포함된다. 이때 다른 종교 등을 비판할 권리는 최대한 보장받지만, 그로 말미암아 다른 사람의 명예 등을 침해하면 종교의 자유 보장과 개인의 명예 보호라는 두 법익의 조정은 그 비판이 훼손하거나 훼손할 수 있는 다른 사람 명예의 침해 정도를 비교하고 고려하여 결정하여야 한다(대법원 1996. 9. 6. 선고 96다19246 판결). 국기에 대한 경례는 종교적 표현과 무관한 애국심의 표현이라서 설사 국기에 대한 경례를 강요한다고 하여 종교의 자유가 침해된다고 보기 어렵다. 대법원은 국기에 대한 경례를 우상숭배라고 하여 거부한 학칙 위반학생에 대한 제적처분을 정당하다고 하였다(대법원 1976. 4. 27. 선고 75누249 판결). 그러나 학교는 학생을 계속적으로 교육할 책임이 있다는 점에서 국기에 대한 경례 거부에 대해서 제적처분이라는 극단적 방법으로 대응한 것은 비례성원칙을 적절히 적용한 것으로 보이지는 않는다. 헌법재판소는 일요일을 휴일로 정한 것은 특정 종교인들의 종교적 편의를 위한 것이 아니고, 사법시험 1차시험과 같이 대규모 응시생들이 응시하는 시험의 시행일을 일요일로 잡은 것은 다수 국민의 편의를 위한 것으로 일부 응시생의 종교의 자유를 어느 정도 제한하더라도 이는 공공복리를 위해서 부득이한 제한으로 보아야 할 것이라고 하였다(헌재 2001. 9. 27. 2000헌마159).

(2) 소극적 종교의 자유

종교의 자유는 종교를 믿지 않거나(신앙을 갖지 않거나: 무신앙·무종교의 자유) 특정 종교를 고백하지 아니하거나(침묵하거나: 종교적 확신에 관한 침묵의 자유) 신앙에 따른 행동을 하지 아니하거나(신앙에 따른 행동을 하지 아니할 자유) 종교적 확신의 과시(진술)에 빠져 나올 수 없도록 내맡겨지지 아니할 자유도 보장한다. 따라서 국가, 그 밖의 제3자가 신앙을 강요하거나 종교적 확신을 표현하도록 강제하거나 신앙에 따른 행동을 강요하면 종교의 자유가 침해된다.

(3) 집단적 종교의 자유

종교공동체의 활동은 그 공동체가 취하는 법적 형태와 무관하게 헌법 제20조의 보호를 받는다. 이러한 종교공동체는 교회, 사찰과 같은 정형적인 종교단체 형태는 물론 독립적인 단체인 종교계통 병원, 종교적 교육시설, 종교 관련 청소년단체 등도 포괄한다. 종교적 집회의 자유는 종교적 목적으로 같은 신앙이 있는 사람들이 일시적인 모임을 자유롭게 가질 수 있는 자유를 말하고, 종교적 결사의 자유는 종교적 목적으로 같은 신앙이 있는 사람들이 자유롭게 결합하여 단체를 결성할 수 있는 자유를 말한다. 종교적 집회·결사의 자유는 일반적 집회·결사의 자유(헌법 제21조)에 대해서 특별규정에 해당한다. 따라서 일반적 집회·결사보다 종교적 집회·결사가 특별한 보호를 받는다. 종교의 자유는 큰 규모의 종교공동체이든 작은 규모의 종교공동체이든 상관없이 같이 보장된다. 따라서 소수종교나 신흥종교도 종교의 자유를 원용할 수 있다. 종교단체의 순수한 경제적 활동(예를 들어 기념품 판매행위)은 종교의 본질과 직결되는 것이 아니므로 종교의 자유로서 보호되지 아니하고 영업활동의 자유로서 보호된다.

4. 제한

종교의 자유는 내심 영역에 머물면 제한할 수 없는 절대적 자유이다. 그러나 종교의 자유가 내심 영역을 벗어나 밖으로 표출되면 다른 법익과 충돌할 수 있으므로 제한이 불가피하다. 따라서 내심 영역을 벗어난 종교의 자유는 헌법 제37조 제2항에 따라서 제한될 수 있다. 대법원도 종교의 자유는 인간의 정신세계에 기초를 둔 것으로서 인간의 내적 자유인 신앙의 자유를 뜻하는 한도 안에서는 밖으로 표현되지 아니한 양심의 자유와 같이 제한할 수 없지만 그것이 종교적 행위로 표출되면 대외적 행위의 자유이므로 질서유지를 위해서 당연히 제한을 받아야 하며 공공복리를 위해서는 법률로 이를 제한할 수 있다고 한다(대법원 1982. 7. 13. 선고 82도1219 판결). 그리고 종교의식이라는 명목 아래 하는 간음행위나 인간제물은 종교의 자유로 보장할 수 없다. 또한, 공무원이나 근로자에 대해서 업무시간 중의 종교적 행위가 업무를 명백히 방해하는 범위 안에서 금지하는 것은 허용될 수 있다.

5. 국교 부인과 정교분리원칙

(1) 의의

국교를 인정한다 함은 국가가 특정 종교를 지정하여 특별히 보호하고 각종의 특권과 특혜를 부여하는 것을 말한다. 국가가 특정 종교를 국교로 지정하는 것은 헌법 제20조 제2항 국교 부인에 따라 금지된다. 헌법 제20조 제2항 정교분리원칙은 국가(정치)와 종교의 상호간섭을 금지하는 것을 말한다.

정교분리원칙은 국가의 종교에 대한 불간섭과 종교의 정치(국가)에 대한 불간섭을 내용으로 한다. 국교 부인과 정교분리원칙이 종교의 자유에 당연히 포함된다는 것은 헌법 제20조 제2항의 독자적 의미를 간과

한 해석이고, 제도적 보장이라든지 객관적 가치질서를 강조하는 견해도 기본권의 다원성을 인정하는 견지에서 보면 결국 종교의 자유에 대한 부연에 그치는 해석론에 불과하다. 헌법 제20조 제2항의 국교 부인과 정교분리원칙은 같은 조 제1항의 종교의 자유 내용을 확인하는 것에 그치는 것이 아니라 종교의 자유를 보장하되 국교를 인정하는 식의 제도화를 불가능하게 하는 규정으로 해석하여야 독자적 규정취지가 살아난다. 그리고 종교와 정치는 엄격하게 분리되어야 하고 그 예외는 엄격한 기준에 따라서 인정되어야 한다.

종교의 자유는 종교에 관한 개인의 자발성을 존중하는 데 주된 목적이 있고, 국교 부인과 정교분리원칙은 국가의 종교단체에 대한 중립성에 중점이 있다. 따라서 종교의 자유는 개인의 주관적 권리 보장에, 국교 부인과 정교분리원칙은 제도보장에 무게가 있다. 제도로서 국교부인과 정교분리원칙은 객관적 법규범으로서 국가가 존중하여야 함은 물론 개인이나 법인, 그 밖의 단체도 여기에 구속되어 자신의 종교를 국교로 지정하여줄 것을 청구할 수도 없고 원칙적으로 종교인이나 종교단체의 지위에서 정치에 관여할 수도 없다.

(2) 내용
① 국가의 종교 간섭 금지(국가의 종교적 중립성 의무)

국가의 종교 간섭 금지는 국가와 종교가 아무런 관계도 있어서는 안 된다는 것이다. 즉 국가는 종교에 대해서 중립을 지켜야 한다는 것이다. 따라서 국가는 특정 종교와 국가를 일체화하는 여하한 행위도 할 수 없다. 즉 (ⅰ) 국교 지정 금지, (ⅱ) 국가의 종교교육과 종교활동 금지, (ⅲ) 공무원 임용·재직 조건으로 종교의 가입·탈퇴, 그 밖의 종교적 행동 요구 금지, (ⅳ) 공무원 임용 시 종교적 의식에 따른 선서 요구 금지, (ⅴ) 종교 사이 차별 취급 금지, 예를 들어 종교단체에 대한 차별적

지원 금지 등을 뜻한다. 특히 교육기본법 제6조 제2항은 "국가와 지방자치단체가 설립한 학교에서는 특정한 종교를 위한 종교교육을 하여서는 아니 된다."라고 규정하여 국가의 종교교육 금지를 명시한다.

② 종교의 국가(정치) 간섭 금지

국가가 종교에 간섭하지 못하는 것처럼 종교도 정치(국가)에 간섭하지 못한다. 종교는 국가정치를 지배하려고 시도하여서는 안 된다. 특정 종교 교리를 국가정치에 반영할 목적으로 종교단체 소속 아래 정당을 창설하거나 국가유사적 조직을 구성하여서는 안 된다. 즉 과거 국교제도나 제정일치제처럼 종교가 정치에 간섭하고 관여하는 것은 종교단체가 단체의 존립목적과는 달리 모든 정치적 문제에 관여하는 것도 금지된다. 따라서 종교의식에서 정치활동은 제한된다(대법원 1973. 5. 22. 선고 73도525 판결). 그러나 종교는 선교를 통해서 세속을 교화하는 활동을 하는 것이므로 교리에 입각하여 국가정치를 비판하는 수준의 일반적인 활동은 정치에 대한 간섭으로 볼 수 없다. 즉 종교단체가 모든 이익단체나 사회단체와 마찬가지로 정치의사 형성 과정에 참여하는 것 자체가 금지되는 것은 아니다. 그리고 종교단체는 종교적 이해관계에 관련되는 문제나 국민적 관심사에 관해서 정치의사 형성 과정에 참여할 수 있다. 이러한 활동은 오늘날의 민주국가에서 오히려 요청되는데 이는 정치적 자유권을 통해서 보장된다. 그리고 종교인이 개인적 차원에서 정치활동을 하는 것은 두말할 나위도 없이 허용된다.

Ⅲ. 학문의 자유

1. 의의

학문의 자유는 진리를 탐구하고 그를 통해서 진리로 파악된 것을 주장할 수 있는 자유이다. ① 학문은 먼저 참된 인식, 즉 진리를 추구하는 정신적 활동이다. 진리를 탐구하고 그를 통해서 진리로 파악된 것을 주장하여 그에 관한 의사소통을 하는 것이 학문이다. 진리 탐구는 기존 인식을 꾸준히 다시 비판적으로 문제 삼는 것을 말한다. 여기서 진리는 '진리'라는 개념목록에 포섭될 수 있다면 그 내용을 가리지 않는다. 그러나 진리를 추구하는 모든 활동이 학문에 해당하지는 않는다. ② 학문은 일정한 수준에 기초하여야 한다. 이러한 수준은 일의적으로 확정하기 어렵다. 그렇지만 최소한 학문공동체별로는 어떠한 활동이 학문적 활동으로 인정받으려면 '전제되어야 하는 지식'이라든지 '적용하는 방법'이라든지에 관한 최소한의 수준을 객관적으로 합의할 수는 있다. 독일 판례에서 말하는 진지성과 계획성은 물론 체계성, 논리일관성, 통일성, 반복적 검증 가능성 등 학문이론상 주장되는 여러 기준이 고려될 수 있다. 다만, 특정한 '학문 개념', 특정한 '학문이론'이 독점적으로 기준역할을 하여서 아니 된다. 이러한 점에 비추어 학문은 일정한 수준 이상에서 이루어지는 참된 인식, 즉 진리를 추구하는 활동이라고 정의할 수 있다. 헌법재판소는 "학문의 자유에서 말하는 '학문'이란 일정한 지식수준을 기반으로 방법론적으로 정돈된 비판적인 성찰을 함으로써 진리를 탐구하는 활동을 말한다."(헌재 2003. 9. 25. 2001헌마814등)라고 한다. 대법원은 "학문의 연구는 기존의 사상 및 가치에 대하여 의문을 제기하고 비판을 가함으로써 이를 개선하거나 새로운 것을 창출하려는 노력이므로 연구의 자료가 그 사회에서 현재 받아들여지고 있는 기존의 사상 및 가치체계와 상반되거나 저촉되는 것이라고 하여도 용인되어야 할 것이"(대법원 1982. 5. 25. 선고 82도716 판결)라고 한다.

2. 주체

학문연구활동은 인간의 정신적 활동으로서 '누구든지' 할 수 있다. 따라서 그러한 활동을 보호하는 학문의 자유는 1차적으로 자유권의 성격이 있는 인간의 권리에 해당되어 국적, 신분 등과 상관없이 학문적으로 활동하거나 하려는 사람이면 누구나 누릴 수 있다. 역사적으로 학문 연구를 목적으로 설립된 것이 대학교이고, 거기서 연구활동에 종사하는 사람이 교수이므로 대학교수를 중심으로 학문의 자유 주체 문제를 다루는 것이 보통이다. 따라서 대학교수를 비롯하여 조교, 대학생이 학문의 자유의 주된 주체가 되고 대학의 비학술적 종사자들은 배제된다. 하지만 어떤 활동이든 학문연구의 실질을 갖추면 학문연구활동으로 인정하여야 한다. 그러므로 이러한 활동을 하는 사람은 그 지위와 관계없이 (교수, 조교, 학생은 물론 연구소나 연구재단, 회사의 연구원, 국가기관에 소속된 연구자, 개인연구자 등도 포함하여) 누구나 학문연구활동의 주체가 될 수 있다.

개인(자연인)만이 아니라 학문연구활동을 하는 인적 단체, 나아가 대학교와 같은 연구기관에도 학문의 자유가 인정된다. 이들에 대해서 사법상 권리능력(법인격)이 요구되지도 아니한다. 학술연구기관이면 대학교이든, 산업체부설 연구기관이든 묻지 아니한다. 다만, 정부 산하 연구기관이나 특히 국·공립대학교는 문제가 될 수 있다. 그러나 그 조직이 국가에서 독립하고 주된 활동이 학문적 연구를 지향하는 한도 안에서 학문의 자유를 누린다. 따라서 일부 대학교를 제외하고는 국립대학교 자체는 공법상 영조물이지만 학문의 자유의 기본권주체성이 인정된다. 헌법재판소도 "국립대학인 서울대학교는 다른 국가기관 내지 행정기관과는 달리 공권력의 행사자의 지위와 함께 기본권의 주체라는 점도 중요하게 다루어져야 한다."라고 하여 같은 견해이다(헌재 1992. 10. 1. 92헌마68등). 여기서 개인연구자가 독립하여 학문연구활동을 하는 (오히려 예외적인) 때를 제외하면, 그가 소속한 대학교나 그 밖의 연구기관과 국가의 사이에 3각관계가 성립한다. 개인연구자와 연구기관은 국가에 대해서 학문연구활동에 대한 침해를 하지 말 것을 요구할 방어권이 있다. 그런데 연구기관은 다시 개인연구자의 연구를 침해할 수 있으므로, 개인연구자는 연구기관에 대해서도 학문의 자유를 주장할 수 있다. 국립대학교가 전형적인데, 국가에 대해서는 학문의 자유를 주장하면서, 교내 교수들에 대해서는 학문의 자유를 제한하는 이중적인 모습으로 나타난다.

일반교양을 전수하는 학교에서 하는 수업은 학문연구의 자유 보호영역 밖에 있다. 고학년을 대상으로 하고 학술적 특징이 강하여도 마찬가지이다. 이는 헌법 제31조 교육을 받을 권리가 특별규정으로 적용되어야 할 영역이다. 헌법재판소도 수업의 자유는 대학에서 교수의 자유와 같을 수 없다고 하면서 대학에서는 교수의 자유가 더욱 보장되어야 하지만, 초·중·고교에서 수업의 자유는 제약이 있을 수 있다고 한다(헌재 1992. 11. 12. 89헌마88).

3. 내용

(1) 연구할 자유(연구의 자유)

연구자는 연구대상(영역) 결정, 연구주제 선정, 문제 제기나 가설 정립, 적용방법, 연구과정 등을 자유롭게 결정할 수 있다. 따라서 연구와 관련한 모든 과정에 대한 국가의 개입과 간섭, 영향은 허용되지 않는다. 연구는 방법론의 타당성이나 연구결과의 진리 부합성과 상관없이 보호된다. 따라서 소수견해라고 해서 보호받지 못하는 것이 아니고, 잘못되거나 문제가 있는 학문적 시도로 드러나도 연구할 자유로 보호된다.

(2) 연구결과를 발표할 자유(연구결과발표의 자유)

연구를 통해서 얻은 결과는 교수 이외의 방법으로 외부에 자유롭게 발표할 수 있다. 연구결과가 발표되어야 학문으로서 보호되는 것은 아니라서 연구결과를 발표하지 않을 자유도 보호된다. 따라서 발표를 목적으로 하지 않은 연구나 발표하지 않은 연구결과도 학문의 자유로서 보호된다. 저서 출판, 논문 발표, 학술강연, 학술대회에서 하는 발표와 토론을 비롯한 자기 책임 아래 발표하는 모든 형태가 연구결과를 발표할 자유로서 보호된다. 대학 강의실에서 발표하는 것은 가르칠 자유로 보호된다. 연구결과를 발표할 자유는 언론·출판의 자유보다 더 강하게 보장된다. 그러나 진리와 가치를 탐구하려고 실험을 하고 그 결과를 발표하는 것이 학문의 자유에 속하더라도 그 실험결과가 잘못되었는데도 이를 사회에 알려서 선의의 제3자를 해치면 학문의 자유 보호영역을 벗어난다(대법원 1967. 12. 26. 선고 67다591 판결).

(3) 가르칠 자유(교수의 자유, 강학의 자유)

연구자는 자신의 학문적 인식을 방해 없이 자유로이 전수할 수 있다. 교수의 대상, 형식, 내용, 방법, 시간, 장소에 관해서 자유롭게 결정할 수 있다. 구두로 강의하는 것은 물론 개개 학생에 대한 교수, 대학 안팎에서 교과서나 강의안을 통한 교수, 출판물이나 방송 혹은 누리망(internet)을 통한 강의도 교수에 속한다. 교수는 연구결과를 전달하는 행위이면서 그 자체가 하나의 연구가 된다. 교수 자체가 수강자와 함께 진리를 탐구하는 학술활동이기 때문이다. 따라서 가르칠 자유는 연구할 자유의 연장선상에 있다. 이러한 점에서 가르칠 자유는 지식 전달에 중점을 두는 교육의 권리와 다르다. 가르칠 자유는 연구할 자유와 밀접한 관련이 있어서 자신의 연구를 토대로 이루어지는 교수만 가르칠 자유로서 보호된다. 가르칠 자유를 누리는 사람은 그의 강의시간 동안 그가 교수하는 장소에 대한 가택권이 있고, 그러한 가르칠 자유는 공권력이나 (강좌를 방해할 목적으로 들어온) 제3자는 물론 수강자나 청강자에 대해서도 보호된다. 방해자에 대한 경찰 투입은 그때그때의 사정을 고려하여 대학의 장에게 유보되어야 한다. 궁극적으로 국가는 교수가 방해받지 아니하도록 경찰력과 형법상 수단을 사용할 수 있다.

(4) 학문적 집회 · 결사의 자유

학문 연구나 발표를 위해서 모이거나 단체를 형성할 수 있다. 이러한 학문적 집회 · 결사의 자유는 일반적 집회 · 결사의 자유보다 강하게 보장된다. 따라서 학문에 관한 집회에는 신고제와 장소 제한이 적용되지 않는다('집회 및 시위에 관한 법률' 제15조).

(5) 대학 자치

대학 자치는 제도로서 대학이 '학문(기능)에 맞게' 조직되어야 한다는 요청이다. 이는 학문의 자유의 실효성을 확보하려는 수단으로서 대학 운영에 관한 모든 사항의 자주적 결정권이 대학에 있음을 뜻한다. 즉 대학 자치는 대학 운영에 관한 모든 사항을 외부의 간섭과 개입 없이 자율적으로 결정하는 것을 말한다. 대학 자치 없이 자유로운 연구와 교수라는 대학 임무를 수행할 수 없고 학문의 자유가 실현될 수 없으므로 대학 자치는 그 제도 자체로서 보장된다. 이러한 점에서 학문연구소, 학술연구지원단체, 사설학술연구재단과 같은 대학 이외의 모든 학문적 기능을 하는 제도나 기관도 자치를 누린다. 헌법재판소는 대학의 자율성은 법률의 목적에 따라서 대학이 수행하여야 할 과제 범위 안에서만 인정된다고 하였다(헌재 2001. 2. 22. 99헌마613). 따라서 대학의 자율성은 그 보호영역이 원칙적으로 해당 대학 자체의 계속적 존립에까지 미치는 것은 아니라고 하였다.

대학 자치는 학문의 자유의 중요한 내용으로서 연구와 교수의 자유를 보장하기 위한 전제이다. 대학 자치는 대학의 자율적인 결정권이 제도적으로 보장된다는 것을 뜻하는 것으로 '대학자치제'를 제도로서 보장하여 그 (제도의) 본질적 내용을 보장하는 것에 중점이 있다. 따라서 대학 자치는 제도보장으로서 보호된다. 하지만 학문의 중심인 대학과 그 구성원이 학문의 자유를 제대로 누리려면 대학과 그 구성원이 외부의 간섭과 개입에서 벗어나 독립적으로 활동할 수 있어야 한다. 따라서 대학과 그 구성원들이 외부의 간섭과 개입에 대해서 방어할 수 있어야 한다. 이러한 점에서 대학 자치는 단순한 제도보장에 그치는 것이 아니라 외부의 간섭에 대한 방어권으로서 주관적 권리 측면도 인정되어야 한다. 헌법재판소는 대학의 자치권은 대학에 부여된 헌법상 기본권이라고 판시한 바 있다(헌재 1992. 10. 1. 92헌마68등).

대학 자치의 헌법적 근거와 관련하여 ① 대학 자치는 헌법 제22조 제1항의 학문의 자유가 보장하며 헌법 제31조 제4항은 이를 재확인한 것에 불과하다는 견해, ② 대학의 자유는 헌법 제22조 제1항이 보장하지만 헌법 제31조 제4항도 대학자치의 보완규정이라는 견해, ③ 헌법상 대학자치의 근거규정을 헌법 제31조 제4항에서 찾는 견해, ④ 헌법 제22조 제1항을 전통적인 자유권적 기본권 보장으로, 헌법 제31조 제4항은 대학의 자율성을 확보하기 위해 필요한 국가적 지원과 급부를 보장하는 문화적 기본권(적극적인 급부요청권)으로 이해하는 견해, ⑤ 대학 자치는 1차적으로는 헌법 제21조 제2항 학문의 자유에서 제도보장으로 간주되나, 헌법 제31조 제4항이 2차적 근거라는 견해가 있다. 헌법재판소는 헌법 제31조 제4항을 대학 자치의 근거조항으로 본다(헌재 1992. 10. 1. 92헌마68등).

대학 자치의 주체를 기본적으로 대학이라고 하더라도 교수나 교수회의 주체성이 부정되지 않는다. 특히 대학 자치는 연구와 교수라는 대학 기능을 수행하는 데 필요한 사항을 자주적으로 결정한다는 것이므로 먼저 교수가 주체가 된다. 따라서 문제 되는 때에 따라서 대학, 교수, 교수회 모두가 단독 혹은 중첩적으로 주체가 될 수 있다(헌재 2006. 4. 27.

2005헌마1047등). 그러나 학생이 단지 대학이 제공하는 역무의 이용자나 소비자에 불과한 것은 아니다. 학생은 연구에 참여할 수 있을 뿐 아니라 학생이 참여하지 않는 교수의 연구는 있을 수 없고 학생은 성장도상에 있는 학자라는 점에서 학생도 '학문성'이라는 테두리 안에서 대학 자치 주체가 될 수 있다. 이때 학생은 학생회 활동과 그 밖의 자치활동 범위 안에서 대학 자치 주체로서 인정될 수 있다. 특히 학생 자치는 대학 자치의 중심인 교수회 자치를 침해하지 않는 범위에서 인정된다.

그런데 대학의 자율성을 보장하는 취지는 대학 구성원들이 학문의 연구와 교육이라는 대학의 기능을 달성하는 데 필요한 사항을 자주적으로 결정하도록 제도적으로 보장하는 것이고, 연구와 교육에 관한 중요한 의사결정 과정에 대학 구성원들이 참여할 수 있도록 하는 것이다. 이에 따라 학문의 자유를 향유하는 대학 교원은 대학 자치의 주체로서 어느 정도 대학 운영에 적극적으로 참여할 수 있는 길이 보장되어 있다. 그러나 임금, 근무조건, 후생복지 등 교원의 경제적·사회적 지위 향상에 대해서까지 대학 구성원들이 대학의 자율성을 근거로 그 의사결정 과정에 참여할 수 있다고 보기는 어렵다(헌재 2018. 8. 30. 2015헌가38).

4. 제한

헌법의 기본권제한체계 아래에서는 학문연구의 자유도 당연히 법률적 제한 대상이 될 수 있고, 법률적 제한을 구체적으로 시도하는 입법에 대해서 헌법 제37조 제2항의 요건(이나 한계)을 충족하는지를 심사하여 그 중 하나의 요건이라도 위반하면 기본권을 침해하여 헌법을 어긋난 법률로 판단하여야 한다. 특히 학문연구의 자유가 (법률적) 제한에 부적합하다는 특성은 일반적 요건 심사를 더 엄격하게 만들어 강도 높은 심사를 요구한다.

Ⅳ. 예술의 자유

1. 의의

예술의 자유는 아름다움(美) 추구라는 목적 아래 내면 세계를 바탕으로 자유롭게 창작하거나 표현하는 자유를 말한다. 예술은 언제나 새로운 것을 만들고자 시도하고, 때에 따라서는 기존의 것을 부정하고 예술과 예술이 아닌 것의 경계를 무너뜨리기도 하여서, 나아가 당대에 인정받지 못하고 후대에 예술로서 인정받기도 하여서 예술이 무엇인지를 정의하는 것은 대단히 어렵다. 그러나 예술이 헌법을 통해서 보호받으려면 그것이 무엇인지를 명확하게 밝혀야 한다. 그렇지 않으면 보호범위를 확정하고 침해 여부를 판단하는 것이 불가능하기 때문이다. 따라서 예술에 대한 헌법적 정의는 반드시 필요하다. 예술 개념에 관해서는 어떤 고정관념을 넘어서 개방적으로 생각하여야 한다. 이러한 점에서 '아름다움을 추구하는 내면 세계의 표현'이라고 예술 개념을 추상적이나마 일단 정의할 수 있다. 구체적으로 특정 활동을 예술활동으로 볼 것인지의 문제와 관련하여서는 전해 내려온 형태의 어느 것에 속하는 것인지를 검토하고, 그 내용·실질에 비추어 판단해 보고 나서, 통상적인 예술활동이 아니더라도 다양한 해석 가능성을 담아서 인간의 창의성이 발현된 것이라면 예술활동으로 인정하여야 한다. 특히 예술은 형식과 내용의 통일체이므로 예술작품이 말하고자 하는 핵심과 표현의 외관을 분리하여 각각 별도 기준으로 판단하여서는 아니 된다.

2. 주체

예술의 자유 주체는 예술적으로 활동하거나 활동하려는 모든 사람이다. 예술의 자유는 국민이든 외국인이나 무국적자이든 상관없이 예술적으로 활동하는 모든 사람에게 인정되는 인간의 권리이다. 예술창작활동을 직접 하는 예술가뿐 아니라 예술가와 대중(관객) 사이의 불가결한 중개자기능을 하는 사람들(예를 들어 예술품 보급을 직업으로 하는 출판사나 음반제작사 그리고 서적상, 극장장, 박물관장, 화랑주인)도 예술의 자유 보호 아래에 있다(헌재 1993. 5. 13. 91헌바17). 그러나 예술품을 경제적으로 활용하는 예술작품경매자 등은 직업의 자유나 재산권을 통해서 보호된다. 예술의 자유가 예술가적 능력이 있는 예술가 집단에만 주어진 신분상 특권이 아니라 모든 인간에게 주어진 것이라는 점과 예술창작 소질을 타고 태어나지 아니하였더라도 예술을 누릴 능력은 누구에게나 (최소한 부분적으로는) 내재한다는 점에 비추어 예술의 자유를 예술을 매개로 한 인간의 의사소통으로 넓게 이해하여야 한다. 그러므로 창작 영역 외에 또 하나의 예술의 자유 영역인 예술작품의 간행 · 전시 · 전파 영역에서 불가결한 예술단체인 서적출판사, 미술관, 박물관, 극장, 그 밖의 공연장도 영리활동 영역이 아니라 예술품의 간행 · 전시 · 전파 · 공연 등에 관한 활동과 관련하여서는, 예술의 자유를 주장할 수 있다. 나아가 공법인도 주체가 될 수 있다. 주체에 따라 예술활동의 의미가 달라지지 않기 때문이다.

3. 내용

(1) 예술창작의 자유

예술창작의 자유는 예술창작활동을 할 수 있는 자유로서 창작소재, 창작형태와 창작과정 등에 관한 임의적인 결정권을 포함한 모든 예술창작활동의 자유를 그 내용으로 한다(헌재 1993. 5. 13. 91헌바17). 나아가 이러한 예술창작활동을 위한 준비나 연습과정도 예술창작의 자유에 포섭된다. 예술창작의 자유는 창작된 예술작품도 보호한다. 이때 고도의 예술성이 있는 것으로 인정된 예술작품뿐 아니라 실패한 작품도 보호된다. 즉 예술작품은 질이나 수준에 관계없이 보호된다. 그리고 예술작품을 만들려는 의도 없이 만들어진 것도 예술로서 가치를 인정받으면 보호받는다. 또한, 예술의 자유를 보장하는 이유는 예술창작을 통한 인격의 자유로운 발현이므로, 예술창작의 자유는 전문예술인뿐 아니라 모든 사람에게도 부여된다. 그러나 예술창작은 자기실현적인 정신적·문화적 활동이므로 요리나 수공업과 같이 단순한 기능적인 능력 발휘에 불과한 작업활동은 원칙적으로 예술창작의 자유의 보호범위 밖에 있다. 예술은 그 자체가 목적이기는 하지만, 다른 임의적인 목적과 결합하여 나타날 수도 있다. 즉 전달목적과 예술적 표현이 균형을 이루는 한 예술성이 부정되지 않는다. 그러나 예술에 내포된 강한 자기목적성 때문에 예술이 목적이 아닌 수단이나 도구로서 사용되는 상업광고물은 비록 그것이 예술 형태를 갖추더라도 예술의 자유를 통해서 보호되지 않는다. 즉 주로 다른 목적을 달성하기 위한 예술적 활동은 예술의 자유로서 보호되지 않는다. 예술적 활동을 하는 기회에 오로지 그 예술활동과 외관상으로만 결합하여 이루어진 것은 구별하여야 한다.

(2) 예술표현의 자유

예술표현의 자유는 창작한 예술품을 일반대중에게 전시·공연·보급할 수 있는 자유이다(헌재 1993. 5. 13. 91헌바17). 예술은 단순히 창작에만 그치는 것이 아니다. 예술은 내면 표출일 뿐 아니라 다른 사람과 나누는 의사소통이다. 예술창작과 예술표현은 불가분의 관계로서 양자 구별이 분명하지 않은 때가 잦다. 예술표현이 곧 예술창작일 때도 적지 않고, 예술표현이 또 다른 예술창작의 원동력이나 발원이 되기도 하기 때문이다. 그리고 예술창작 없이는 예술표현이 불가능하고, 예술표현이 없는 예술창작은 의미가 없다. 따라서 예술의 자유는 예술 창작만이 아니라 창작된 예술작품을 예술가의 의사에 따라 다른 사람에게 표현하거나 전파하는 것도 보호한다. 이런 의미에서 예술작품이 전시, 연주, 공연, 상영, 출판, 제작 등의 방법으로 일반 대중에게 전달되는 과정도 예술의 자유로서 보장된다. 이러한 예술표현은 예술의 특성에 비추어 일반적 표현의 자유와는 다른 특별한 보호가 필요하다. 예술작품에 대한 선전(광고)까지도 예술표현의 자유에 포함된다. 예술작품에 대한 비평은 그 자체가 예술이 아니므로 예술의 자유 보호대상이라고 보기보다는 언론의 자유가 보장한다는 견해가 있다. 그러나 예술비평도 예술의 한 분야로서 인정받고, 학문의 한 부분으로 다루어지는 점에 비추어 예술작품에 대한 비평을 언론의 자유가 보장한다는 것은 의문이 있다. 따라서 예술비평이 예술로서 인정되는 범위에서는 언론의 자유가 아닌 예술의 자유로서 보장된다.

(3) 예술적 집회 및 결사의 자유

예술적 집회 및 결사의 자유는 예술활동을 위해서 집회를 개최하고 결사를 조직할 자유를 말한다. 예술활동을 위한 집회나 결사는 일반적 집회나 결사보다 강한 보장을 받는다. 이는 예술활동에 요구되는 고도의 자율성이 예술활동을 위한 집회나 결사에도 미치기 때문이다. '집회 및 시위에 관한 법률'은 예술적 집회에 대해서 각종 규제를 완화한다(제15조).

4. 제한

예술의 자유는 정신생활 영역을 보호하는 매우 중요한 기본권이다. 하지만 예술의 자유가 무제한의 기본권은 아니다. 따라서 예술의 자유도 헌법 제37조 제2항에 따라서 제한될 수 있다. 다만, 예술로서 인정받지 못하는 사이비예술에서는 예술의 자유가 문제 되지 않는다. 사이비예술과 관련하여 예술과 외설의 구별이 문제 된다. 예술과 외설 중 어디에 해당하는지가 중요한 것이 아니라 그 작품이 어떠한 헌법적 법익을 침해하는지가 중요하다. 따라서 작품의 음란성이 문제 되면 그 작품의 예술성을 검토할 것이 아니라 그 작품이 일반 성인이나 청소년의 어떠한 구체적 법익을 침해하는지를 먼저 살펴보아야 한다. 예술작품이 공개되지 않으면 예술의 자유가 제한될 수 없지만, 표현을 전제로 하지 않는 창작은 있을 수 없어서 예술창작의 자유도 제한될 수 있다. 예술표현은 예술창작을 전제하고 예술창작에 봉사하므로 예술표현의 자유가 예술창작의 자유보다 더 많이 제한될 수 있다.

V. 언론 · 출판의 자유

1. 의의

언론 · 출판의 자유는 자기의 사상이나 지식을 언어나 문자 등으로 불특정 다수인에게 표현하는 자유를 말한다. 언론 · 출판의 자유는 의사발표의 자유나 표현의 자유(헌재 1989. 9. 4. 88헌마22)라고도 부른다. 언론 · 출판의 자유는 종교의 자유, 양심의 자유, 학문의 자유 그리고 예술의 자유와 같은 정신적 자유권과 표리관계에 있다. 즉 언론 · 출판의 자유는 이러한 정신적 자유권을 외부로 표현하는 자유가 언론 · 출판의 자유이다(헌재 1992. 11. 12. 89헌마88). 그리고 언론 · 출판의 자유는 개별적인 표현행위를, 집회 · 결사의 자유는 집단적인 의사표시 및 형성행위를 보호한다. 또한, 언론 · 출판의 자유는 특별한 생활영역에서 의사표현을 보호하는 다른 기본권(예를 들어 근로3권이나 정당의 자유)과 일반법—특별법 관계에 있다. 따라서 노동조합과 정당은 1차적으로 헌법 제33조 제1항과 제8조를 통해서 그 활동이 보장되지만, 보충적으로는 언론 · 출판의 자유가 적용되어 단체 고유 목적 이외의 활동도 보장된다.

2. 법적 성격

언론·출판의 자유는 먼저 국가권력의 방해를 받지 않고 자유로이 의사를 표현할 수 있는 권리로서 대국가적 방어권이다. 그리고 언론·출판의 자유는 의사표현 – 정보유통 – 여론 형성 – 정치적 의사 형성의 과정을 통해서 민주적 정치질서의 형성과 유지에 이바지하는 객관적 가치질서로서도 기능한다. 또한, 역사적·전통적으로 형성된 언론제도를 헌법적으로 보장하는 제도보장도 언론·출판의 자유는 포함한다.

3. 주체

언론·출판의 자유 주체는 그 개별 내용에 따라 다르다. 의사를 표현하고 전파할 자유와 알 권리의 주체는 모든 인간이다. 즉 내국인만이 아니라 외국인과 무국적자도 그 주체가 된다. 그리고 법인뿐 아니라 권리능력 없는 단체와 정당도 그 주체가 된다. 특히 공법인인 언론매체도 주체가 된다. 보도의 자유 주체는 언론매체에 종사하는 모든 사람과 법인 그 자체이다. 즉 발행인, 편집인, 언론인, 제작인, 보급인 등 어떤 형태로든 언론매체와 관련이 있고 거기에 종사하는 모든 사람은 주체가 된다. 그러나 종사자의 범위를 아무리 넓게 인정하여도 독자는 그 주체가 아니다.

4. 내용

(1) 보장범위

언론은 구두에 의한 표현을 의미하고, 출판은 인쇄물에 의한 표현을 뜻한다. 좁은 뜻(고전적 의미)의 언론·출판의 자유는 표현의 자유, 즉 의사표현·전파의 자유를 가리킨다. 그러나 넓은 뜻(현대적 의미)의 언론·출판의 자유는 단순히 의사표현의 자유뿐 아니라 의사소통 전 과정을 보호한다. 따라서 넓은 뜻의 언론·출판의 자유는 사상이나 의견을 발표하는 자유와 정보수령자의 자유, 정보매개자의 자유, 즉 알 권리(정보의 자유), 언론기관에 대한 접근·이용권[액세스권(right of access to mass media)], 반론권, 보도의 자유 등까지 보호한다.

의사표현이나 전달의 매개체는 어떠한 형태이건 가능하며 제한이 없다. 누리망(internet) 게시판은 누리망(internet)에서 의사를 형성·전파하는 매개체로서 의사표현 형식에 속한다(헌재 2010. 2. 25. 2008헌마324 등). 헌법재판소도 "일반적으로 헌법상의 언론·출판의 자유의 내용으로서는, 의사표현·전파의 자유, 정보의 자유, 신문의 자유 및 방송·방영의 자유 등을 들고 있다. 이러한 언론·출판의 자유의 내용 중 의사표현·전파의 자유에서 의사표현 또는 전파의 매개체는 어떠한 형태이건 가능하며 그 제한이 없다. 즉 담화·연설·토론·연극·방송·음악·영화·가요 등과 문서·소설·시가·도화·사진·조각·서화 등 모든 형상의 의사표현 또는 의사전파의 매개체를 포함한다."라고 한다(헌재 1993. 5. 13. 91헌바17). 언론·출판은 불특정 다수인을 대상으로 하므로, 개인 사이의 회화나 편지 등은 언론·출판에 속하지 않는다.

광고가 단순히 상업적인 상품이나 서비스에 관한 사실을 알리더라도 그 내용에 공익이 포함되면 언론·출판의 자유에 따라서 보호된다(헌재 2002. 12. 18. 2000헌마764). 광고물도 사상·지식·정보 등을 불특정다수인에게 전파하므로 언론·출판의 자유를 통한 보호를 받는다(헌재 1998. 2. 27. 96헌바2). 상업적 광고표현도 언론·표현의 자유의 보호를 받는 대상이다(헌재 2000. 3. 30. 99헌마143). 다만, 상업광고는 주로 정보를 전달하는 행위이므로 사상이나 지식에 관한 표현과 비교해서 그 제한에서 완화한 기준이 적용된다(헌재 2005. 10. 27. 2003헌가3).

정치적 표현의 자유는 선거 과정에서 선거운동을 통해서 국민이 정치적 의견을 자유로이 발표하고 교환함으로써 비로소 실현되므로, 선거운동의 자유도 언론·출판의 자유로서 보호된다(헌재 2001. 8. 30. 99헌바92등). 의사 전달 속성이 있는 한 의사의 가치와 중요성 등은 보호 여부에 영향을 주지 않는다. 개인의 의사는 다른 사람과 다를 뿐이지 절대 옳고 그름이 헌법 보호 여부를 결정하는 기준이 아니기 때문이다. 그러나 의사표현의 주된 목적이 다른 사람의 인격을 폄하하는 것이면 이러한 의사표현은 언론·출판의 자유 보호영역 밖에 있다. 하지만 언론·출판의 자유를 충실하게 보호하려면 그 보호영역을 가능한 한 넓게 확정하고 그 실질적 보호 여부는 제약의 정당성을 심사하는 과정에서 판단하여야 한다. 헌법재판소는 '다른 사람의 명예나 권리를 침해하는 모욕적 표현'(헌재 2013. 6. 27. 2012헌바37)과 '공연한 사실의 적시를 통한 명예훼손적 표현'(헌재 2021. 2. 25. 2017헌마1113등)도 언론·출판의 자유 보호영역에 넣는다.

헌법재판소는 음란은 인간의 존엄이나 인간성을 왜곡하는 노골적이고 적나라한 성표현으로서 오로지 성적 흥미에만 호소할 뿐이지 전체적으로 보아 하등의 문학적·예술적·과학적 또는 정치적 가치가 없는 표현을 말하고, 이러한 점에서 '음란'은 이러한 정도에 이르지 않은 '저속'과 구별된다고 한다(헌재 1998. 4. 30. 95헌가16). 초기에 헌법재판소는 음란물을 언론·출판의 자유 보호범위에서 배제하는 결정을 하였으나(헌재 1998. 4. 30. 95헌가16), 이후 판례를 변경하여 언론·출판의 자유 보호범위에 포함되고, 다만 헌법 제37조 제2항에 따라서 제한될 수 있다는 견해를 밝혔다(헌재 2002. 4. 25. 2001헌가27). 차별적 언사나 행동, 혐오적 표현도 언론·출판의 자유 보호영역에는 해당하지만, 헌법 제37조 제2항에 따라 제한될 수 있다(헌재 2012. 11. 29. 2011헌바137).

⑵ 정보 유통 과정의 모든 단계에 대응되는 기본권적 보호내용
정보 유통 과정의 모든 단계에 따라서 보호되는 언론·출판의 자유

내용을 보면, 먼저 정보자료 출처인 정보원에서 정보를 캐는 정보 수집 단계에서는 언론기관의 취재의 자유와 정보공개청구권 그리고 알 권리가 문제 된다. 다음으로 정보를 선택하고 재구성하는 정보 처리 단계에서는 언론기관의 내부적 자유, 즉 편집·편성권이 보호되어야 한다. 끝으로 정보 전파 단계에서는 언론기관의 독과점에 대항하는 언론기관에 대한 접근·이용권(액세스권)과 반론권이 부각된다.

(3) 의사를 표현하고 전파할 자유(고전적·전통적 언론·출판의 자유)

언론·출판의 자유는 먼저 의사를 표현하고 전파할 자유(의사표현·전파의 자유)를 포함한다. 언론·출판의 자유는 전통적으로 의사의 표현과 전파의 자유를 뜻한다. 헌법재판소도 언론·출판의 자유는 전통적으로 사상이나 의견의 자유로운 표명(발표의 자유)과 그것을 전파할 자유(전달의 자유)를 뜻한다고 한다(헌재 1989. 9. 4. 88헌마22). 의사를 표현하고 전파할 자유는 누구나 자신의 의사를 자유롭게 드러내고 널리 알릴 수 있는 권리를 뜻한다.

① 의사인지를 결정할 때 태도 표명이라는 요소가 중요하지, 진술의 가치, 올바름, 합리성은 문제가 되지 아니한다. 즉 가치평가적 의견(견해)이 의사로서 보호된다. ② 의사는 가치 판단을 내용으로 하지만, 그것이 어떤 것을 대상으로 하는지는 중요하지 않다. 사실·행동·상황에 관한 가치 판단뿐 아니라 가치 판단에 대한 가치 판단도 의사에 포함된다. ③ 의사인지를 결정할 때 가치 판단 내용도 중요하지 않다. 의사는 정치적일 수도 비정치적일 수도 있다. 사적인 사안이거나 공적인 사안이거나 문제가 되지 않는다. 사실(에 관한)정보는 의사 형성에 필수적이다. 사실 통지도 그것이 의사 형성의 전제이므로 그 한도 안에서 의사를 표현하고 전파할 자유를 통해서 보호된다(대법원 2002. 6. 14. 선고 2000도4595 판결). 다만, 가치 판단과 불가분적으로 연결되지 아니하고

의사 형성과도 무관한 사실 통지는 보호영역 밖에 있다. 의사가 객관적으로 올바른 것이거나 진실에 부합할 필요까지는 없으나 진술자 자신의 확신을 반영하는 것이어야 한다. 고의로 진실과 다른 견해를 표명하는 것은 보호가치가 없다. 헌법재판소는 허위사실 표현도 언론·출판의 보호범위에 속한다고 한다(헌재 2010. 12. 28. 2008헌바157등).

표현은 자기 의사를 드러내는 것이고, 전파는 다른 사람의 의사를 전해주는 것이라고 일단 구별할 수 있다. 그러나 표현과 전파는 서로 밀접하게 붙어 있어서 구별하기 어렵고 그 실익도 거의 없다. 언론·출판에서 표현과 전파의 매개체에는 제한이 없다. 즉 의사를 표현하고 전파하는 모든 형식이 언론·출판의 자유를 통해서 보호된다. 따라서 연설, 담화, 토론, 방송, 연극, 영화, 동영상, 음악 등은 물론 도서, 문서, 서화, 사진, 조각, 유인물 등 의사를 표현하고 전파할 수 있는 모든 방법이 언론·출판의 자유 보호 아래에 있다(헌재 1993. 5. 13. 91헌바17). 노랑 리본을 다는 것과 같은 상징적 표현도 의사를 전달하려는 것이고 제3자가 이를 의사 전달로 인식할 수 있다면 이에 해당한다. 자신의 신원을 누구에게도 밝히지 아니한 채 익명이나 가명으로 자신의 사상이나 견해를 표명하고 전파할 익명표현의 자유도 의사를 표현하고 전파할 자유 보호 영역에 포함된다(헌재 2010. 2. 25. 2008헌마324등). 구체적인 전달이나 전파 상대방이 없는 집필행위도 문자를 통한 의사 표현의 시작이라는 점에서 표현으로 보호되어야 한다(헌재 2005. 2. 24. 2003헌마289).

의사를 표현하고 전파할 자유는 적극적 자유뿐 아니라 소극적 자유도 보장한다. 의사를 표현하고 전파할 자유는 소극적 자유로서 먼저 자기 의사를 표현하지 않거나 전파하지 않을 권리를 보호한다. 그리고 다른 사람의 의사를 자기 의사로서 표현하거나 전파하지 않을 권리도 보호한다. 따라서 국민은 국가가 계획·조직한 환영행사에 참가할 의무가 없다.

⑷ 알 권리

의사 표현은 이를 보고 듣고 알려는 것을 전제하므로, 알 권리(정보의 자유)는 의사를 표현하고 전파할 자유와 짝을 이룬다. 알 권리는 일반적으로 접근할 수 있는 정보원에 접근하여 의사 형성에 필요한 정보를 수집하고 수집된 정보를 처리(취사·선택)할 권리를 말한다. 여기서 '일반적'은 신문·잡지·방송 등 불특정한 여러 사람에게 개방된 것을 말하고, '정보'는 양심·사상·의견 등 형성과 관련이 있는 모든 자료를 말한다. 알 필요가 있고 알아야 할 기치가 있는 모든 것이 정보가 된다. 그러나 흥미나 오락 차원의 정보까지 알 권리 대상은 아니다. 의사이건 사실이건, 공적 사항이건 사적 사항이건 가리지 않는다. 정보원은 정보를 담은 모든 것을 말하고, 정보 그 자체도 대상이 된다. 그리고 정보원은 일반적으로 접근할 수 있어야 한다. 일반에게, 즉 개별적으로 특정할 수 없는 인적 범위에 전달하기에 기술적으로 적합하고 그렇게 규정된 정보원이 알 권리 대상이다. 사적 편지와 같이 배달되는 신문도 그 편지와는 달리 일반적으로 접근할 수 있는 정보원이다. 각종 출판물, 방송, 텔레비전, 영화 등의 대중매체는 원칙적으로 일반적으로 접근할 수 있다. 그러나 경찰의 무선연락을 도청하는 것은 알 권리로 보호될 수 없다. 관청의 공문서와 (상급관청이 하급관청에 발한) 행정규칙은 일반적으로 접근할 수 있는 정보원이 아니다.

먼저 ① 정보 수집은 사람들이 자신의 의견이나 사상을 자유로이 표명하거나 전달하기 이전 단계에서 의사 형성을 위해서 반드시 필요한 전제이므로 헌법 제21조 제1항 언론·출판의 자유에 근거하고, 다음으로 ② 알 권리는 민주주의 정치체제 아래에서 주권자인 국민의 여론 형성과 국정 참여를 위해서 필요하므로 헌법 제1조 국민주권원칙에 근거하기도 하며, 끝으로 ③ 알 권리는 지식축적과 인격도야를 통한 인격의 자유로운 발현과 인간다운 생활을 확보하기 위해서도 필요하므로 헌법

제10조 인간의 존엄성 존중과 행복추구권, 헌법 제34조 제1항의 인간다운 생활을 할 권리에서도 그 근거를 찾을 수 있다(헌재 1989. 9. 4. 88헌마22).

헌법재판소는 알 권리는 자유권적 성질과 청구권적 성질을 공유하는데, 자유권적 성질은 일반적으로 정보에 접근하고 수집·처리할 때 국가권력 방해를 받지 아니한다는 것이고, 청구권적 성질은 의사 형성이나 여론 형성에 필요한 정보를 적극적으로 수집하고 수집을 방해하는 방해제거를 청구할 수 있는 것을 뜻하는 것으로, 이는 정보수집권이나 정보공개청구권으로 나타나며, 나아가 현대 사회가 고도의 정보화사회로 이행해감에 따라 생활권적 성질까지도 획득해 나간다고 한다(헌재 1991. 5. 13. 90헌마133).

알 권리는 정보에 대한 접근·수집·처리의 자유로서 적극적 측면에서 일반적으로 접근할 수 있는 정보원에서 정보를 받는 것을 보호한다. 여기서 ① 국민이 일반적으로 접근할 수 있는 정보원에서 정보를 수집(하거나 언론·출판사가 취재활동을)할 때 공권력의 방해나 간섭을 받지 않는다는 방어권적 내용(정보수집의 자유)과 ② 공공기관이 보유하는 모든 정보에 대해서 일반 국민(이나 언론·출판사)이 공개를 요구할 수 있다는 급부청구권적 내용(정보공개청구권)이 도출된다. 정보공개청구권은 공권력이 보유하는 모든 정보에 대해서 일반 국민(이나 언론·출판사)이 공개를 요구할 권리인 일반적 정보공개청구권(대법원 1999. 9. 21. 선고 97누5114 판결)과 공권력이 보유하는 특정 정보에 대해서 이해관계가 있는 특정 개인이 공개를 요구할 권리인 개별적 정보공개청구권으로 나뉜다. 그리고 정보수집수단으로는 보고, 듣고, 읽는 것은 물론 그 밖의 모든 방법을 포함하므로, 알 권리는 볼 권리, 들을 권리, 읽을 권리 등을 뜻하기도 한다.

알 권리도 헌법유보(제21조 제4항)와 일반적 법률유보(제37조 제2항)

에 따라서 제한될 수 있고, 알 권리는 아무에게도 달리 보호되는 법익을 침해할 권리를 부여하지 않는다. 따라서 여러 가지 특별법에 알 권리를 제한하는 규정이 있으나, 그 제한은 본질적 내용을 침해하지 않은 범위 안에서 최소한도에 그쳐야 한다. 아울러 국가안전보장, 질서유지, 공공복리 등 개념이 넓은 기준에서 일보 전진하여 구체적 기준을 정립하여야 하고, 제한에서 오는 이익과 알 권리 침해라는 해악을 비교·형량하여 그 제한의 한계를 설정하여야 한다. 알 권리에 대한 제한 정도는 당사자에게 이해관계가 있고 공익에 장애가 되지 않는다면 널리 인정하여야 하고, 적어도 직접 이해관계가 있는 사람에게는 의무적으로 공개하여야 한다(헌재 1989. 9. 4. 88헌마22). 그리고 알 권리도 다른 기본권이나 국가·사회적 법익과 충돌하거나 마찰을 일으키면, 즉 타인의 명예나 권리(개인적 법익), 공중도덕이나 사회윤리(사회적 법익), 국가의 안전보장이나 치안질서(국가적 법익)를 침해하면 보호받지 못한다(헌법 제21조 제4항)(헌재 1992. 2. 25. 89헌가104). 헌법재판소는 구 국가보안법 제4조 제1항 제2호 중단 소정의 '국가기밀' 개념과 관련하여 국가기밀 의미를 자의적으로 확대해석하면 알 권리를 침해할 소지가 있다고 하면서, 국가기밀을 일반인에게 알려지지 아니한 것으로서 그 내용이 누설되면 국가의 안전에 명백한 위험을 초래한다고 볼 만큼의 실질가치가 있는 사실, 물건이나 지식이라고 한정해석하여야 한다고 하였다(헌재 1997. 1. 16. 89헌마240).

(5) 언론기관에 대한 접근 · 이용권

언론기관에 대한 접근 · 이용권(언론매체이용권, 언론기관접근권)은 언론매체에 접근하여서 이를 이용할 수 있는 권리를 말한다. 언론기관에 대한 접근 · 이용권은 보통 액세스(Access)권이라고 한다. 언론기관에 대한 접근 · 이용권은 국민 대 국가의 관계가 아니라 국민 대 언론 · 출판사의 관계에서 문제가 된다는 점이 특징이다. 언론기관에 대한 접근·이용권은 원칙적으로 사인이 언론기관을 운영하지만 사회구성원이 언론을 자유롭게 이용하여야 하고, 이때 비로소 사회의 다양한 의견을 수렴하고 균형 있는 여론을 독자에게 제공할 수 있다는 이념에서 파생한다. 그러나 지면과 시간이 제한될 뿐 아니라 언론사 자신의 언론·출판의 자유도 존중되어야 하므로 언론기관을 일반적으로 이용할 권리는 보장되지 않는다.

넓은 뜻의 언론기관에 대한 접근·이용권은 자신의 의사를 표현하려고 언론매체에 접근하여 이를 이용할 수 있는 권리이다. 좁은 뜻의 언론기관에 대한 접근·이용권은 반론권으로서 자기와 관련되는 언론보도에 대해서 해명이나 반론할 기회를 해당 보도를 한 언론·출판사에 요구할 수 있는 권리이다. 좁은 뜻의 반론권은 반론보도청구권이다. 넓은 뜻의 언론기관에 대한 접근·이용권은 오늘날 거대해진 언론매체가 다수 국민 참여(접근)를 배제한 채 일방적으로 정보를 제공하기만 하는 데 대해서 모든 국민에게 민주적 여론 형성에 참여할 기회를 제공하고 국민의 지위를 강화하려는 적극적 의의가 있지만, 좁은 뜻의 언론기관에 대한 접근·이용권은 구체적으로 침해된 권리를 구제하여 기본권을 보호하려는 소극적 의의가 있다.

언론기관 보도 때문에 개인의 인격이 침해되면 이를 구제하는 방법으로서 언론기관에 대한 접근·이용권을 이해하면, 피해를 받은 개인은 언론기관에 대한 접근·이용권을 통해서 비로소 신속·적절하고 대등한 방어수단을 행사할 수 있고, 특히 언론기관 자체를 통해서 방어주장을 하는 것이 적절하고 형평에 부합하고, 이를 통해서 독자는 언론기관의 정보뿐 아니라 상대방의 반대주장까지 들을 수 있어, 진실 발견과 올바른 여론 형성을 할 수 있으므로, 당사자의 청구권으로 이해하여야 한다. '언론중재 및 피해구제 등에 관한 법률'은 이러한 청구권으로 (사실적 주장에 관한 언론보도로 말미암아 피해를 입은 사람이 언론사의 고의·과실이나 위법 그리고 보도내용의 진실 여부와 무관하게 그 보도내용에 관한 반론보도를 언론사에 청구할 수 있는) 반론보도청구권과 (사후적 정정보도를 청구하는 권리, 즉 언론에 범죄혐의가 있거나 형사조치를 받았다고 보도된 사람이 그에 관한 형사절차가 무죄판결이나 이와 동등한 형태로 종결되면 언론사에 청구할 수 있는) 추후보도청구권 그리고 (사실적 주장에 관한 언론보도가 진실하지 아니함으로 말미암아 피해를 입은 사람이 허위보도와 관련하여 해당 언론사의 고의나 과실이 없더라도 그 보도내용에 관한 정정보도를 언론사에 청구할 수 있는) 정정보도청구권을 보장한다. 넓은 뜻의 언론기관에 대한 접근·이용권은 헌법 제21조 제1항의 언론·출판의 자유에 근거를 둔다. 반론권은 헌법 제21조 제4항에 근거를 둔다.

(6) 출판물을 통한 표현의 자유(보도의 자유)

출판물은 전파에 적합하고 그렇게 규정된 모든 인쇄물을 말하는 데 전파하기로 되어 있을 것과 인쇄술 그 밖의 대량복제기술을 사용하여 제작되는 것을 개념 요소로 한다. 정기적으로 발행되는 인쇄물(신문, 잡지 등)뿐 아니라 1회성으로 인쇄되는 책, 전단, 팜플렛, 부착물과 포스터 등도 인쇄물에 속한다. 그 밖에 녹음테이프, 비디오테이프, 음향 및 화상레코드처럼 방송·방영의 개념에 속하지 않지만, 정보가 포함된 것들도 인쇄물에 포함된다. 헌법재판소는 음반과 비디오물의 제작도 언론·출판의 자유를 통해서 보호된다고 한다(헌재 1993. 5. 13. 91헌바17). 출판물을 통한 표현의 자유 주체는 출판에 종사하는 모든 사람과 기업이다. 발행인, 편집인, 기자뿐 아니라 출판사 내부의 회계직원, 광고부의 전문직원도 포함한다.

정보 획득부터 뉴스와 견해(논평)의 전파에 이르기까지 보호된다. 언론·출판에 중요한 보조활동도 보호된다. 즉 취재의 자유, 보도의 자유,

논평의 자유, 보급의 자유, 출간시기의 결정·편집활동 등 보조적 활동의 자유도 보호된다. 출판물을 통한 표현의 자유에서는 국민이 다양한 정보를 제공받고 이를 바탕으로 자기 의견을 형성할 수 있도록 하는 것이 중요하다.

(7) 방송을 통한 표현의 자유

방송은 물리적인 수단, 특히 전파를 통해서 정보를 불특정다수인에게 전달하는 것이다. 유선인지 무선인지는 중요하지 않다. 텔레비전 방송, 라디오 방송, 데이터 방송, 이동멀티미디어 방송, 케이블 방송 등이 이에 속한다. 그러나 사적인 전화대화는 불특정다수인에게 한 것이 아니므로 방송에 속하지 않고, 통신의 비밀로서 보호된다. 방송에서 여론 형성에 도움이 되는 것은 모두 언론·출판의 자유로서 보호되고, 음악, 연예, 영화, 다큐멘타리 등은 때에 따라 학문과 예술의 자유로 보호받는다.

방송을 통한 표현의 자유(보도의 자유, 방송·방영의 자유)는 출판물을 통한 표현의 자유에 준하여 보호받는다. 다만, 방송은 전파매체의 특성을 고려하여 특별한 조치를 취할 필요가 있다. 예를 들어 전파매체는 그 기술적·경제적 특성을 고려하여야 한다. 즉 제한된 주파수와 시설에 들어가는 막대한 비용 때문에 제한된 수의 전파매체를 두는 것은 불가피하다. 따라서 설립의 자유는 제한될 수밖에 없다. 그리고 전파매체는 그 신속성, 용이성, 광역성, 효과의 직접성과 강력성 등으로 말미암아 신문보다 더 크게 제한될 수도 있다.

(8) 언론·출판사 설립의 자유와 그 특권

언론·출판사 설립의 자유는 언론·출판의 자유 일부이다. 많은 언론·출판사가 있어야 다양한 정보가 제공될 수 있고, 이러한 다양한 정보를 바탕으로 의사를 형성하여야 자유로운 민주적 의사 형성이 가능하다. 그리고 언론·출판사가 다원화하면 이들 사이에 경쟁이 일어나 상호 견제가 이루어지고 언론·출판사의 횡포를 막을 수 있다. 따라서 언론·출판사의 설립은 자유로워야 한다. 그러나 부실한 언론·출판사 출현으로 말미암은 폐단을 예방하고, 언론·출판사의 독과점이나 집중을 막기 위해서 일정한 제한은 불가피하다. 헌법 제21조 제3항은 "통신·방송의 시설기준…은 법률로 정한다."라고 규정하여 시설기준법정주의를 채택한다. 따라서 정기간행물을 발행하려는 사람에게 등록의무를 부여하는 것(헌재 1997. 8. 21. 93헌바51)과 정기간행물 발행에 필요한 시설기준을 등록하게 하는 것은 언론·출판의 자유를 침해하지 않는다. 그러나 국가가 지나치게 엄격하게 언론기관 설립 요건을 제시하는 것은 언론·출판의 자유를 침해한다(헌재 1992. 6. 26. 90헌가23).

언론도 하나의 기업이므로 경쟁이 불가피하고 경쟁 결과에 따라서는 독과점이나 집중화 현상이 나타날 수 있다. 언론의 독과점이나 집중은 다양한 의사나 정보 제공을 불가능하게 하고 일방적인 보도와 정보 제공으로 여론 형성 왜곡과 조작을 가져올 수 있다. 즉 자유로운 의사 형성을 불가능하게 한다. 이로써 언론의 독과점이나 집중은 언론·출판의 자유 핵심을 침해한다. 다양한 의사와 정보가 제공되지 못하고 자유로운 의사 형성이 어려우면 독과점으로 볼 수 있다. 이러한 독과점이나 집중을 막으려고 국가는 어떤 조치를 취하는 것이 불가피하다.

출판물을 통한 표현의 자유는 개인의 명예와 관한 권리와 긴장관계에 있다. 국민의 정보에 대한 욕구는 개인의 인격 형성과 자기실현을 위해서 그리고 정치적 의사 형성 과정에 참여하기 위해서 보장되어야 한다. 따라서 신속한 보도 과정에서 허위인식을 못하고 한 명예훼손적 표현, 사소한 부분에 대한 허위보도에 대해서는 형사제재가 면제된다(대법원 1996. 8. 23. 선고 94도3191 판결). 특히 해당 표현에 따른 피해자가 공적 인물이고, 그 표현이 공적인 관심 사안에 관한 것이라면 이에 대한 명예훼손적 표현에 대한 헌법적 심사는 완화한다(대법원 2011. 9. 2. 선고 2010도17237 판결). 그러나 고의의 허위보도, 진실 여부 판단에 중대한 과실을 범한 허위보도, 진실 여부 판단 없이 한 허위보도는 형사상 면책이 불가능하다. 경미한 과실에 기인한 허위보도, 특히 신문 제작 과정에서 시간 부족으로 진실과 다른 보도가 나가게 되면 형사상 책임이 면책될 수 있다. 다만, 정정보도나 손해배상책임은 별론이다.

취재원묵비권(취재원비닉권)은 언론매체의 종사자로서 일정한 정보를 수집한 사람이 자신이 수집한 정보 출처(정보의 기초가 되는 내용이나 정보제공자의 성명 등)를 비밀로 할 수 있는 권리나 검찰의 수사 과정이나 법원의 재판 과정에서 이에 관한 증언을 요구받았을 때 이를 거부할 수 있는 권리를 말한다. 취재원묵비권을 인정하면 재판의 공정성 확보라는 헌법적 가치와 충돌할 수 있고, 때에 따라서 남용 위험이 있다는 것을 부정하기 어렵다. 그러나 취재원묵비권은 정보제공자를 보호하는 것이고, 이를 인정하지 않으면 정보제공자는 자신의 신분이 노출될 때 예상되는 일정한 보복이나 불이익을 말미암아 정보 제공을 기피하게 되어 정보제공자 자체를 구하기 어려워질 것이다. 따라서 취재활동이 개인정보원에 대한 의존을 포기하지 않는 한, 취재원묵비권 부정은 취재의 자유 침해로 나타날 것이다. 결국, 취재원묵비권의 전면적 허용이나 부정 모두 적절하지 않아서 재판에서 증거의 중요성과 취재의 자유를 포함한 보도의 자유를 비교·형량하여 취재원묵비권 인정 여부를 결정하여야 한다. 취재원묵비권이 인정되면 정보제공자에 관련되는 편집의 비밀이 미치는 범위에서는 방의 수색이나 서류 압수도 금지되어야 한다.

5. 제한

(1) 언론·출판의 자유에 대한 제한의 가중요건규정: 헌법 제21조 제4항의 해석론

헌법재판소는 헌법 제21조 제4항을 언론·출판의 자유를 제한하는 근거로서 (개별적) 헌법유보로 본다(헌재 1998. 4. 30. 95헌가16). 헌법재판소는 헌법 제21조 제4항이 표현의 자유 한계를 설정한 것이라고 표현하나, 이것이 내재적 한계에 관한 것인지에 관하여서는 명시적인 견해 표현은 없고, 헌법상 보호영역에 속하지 않는 표현에 대해서는 제1차적인 규제가 허용된다고 한다. 그러나 보호영역에 속하는 표현에 대해서도 모든 사전적인 규제가 금지되는 것은 아니고 검열 형태로 한 규제가 금지될 뿐이다. 따라서 헌법 제21조 제4항은 내재적 한계라거나 개별적 헌법유보로 보아 보호영역 획정기준으로 이해할 수는 없고, 이는 헌법 제37조 제2항의 일반적 법률유보에 대해서 특별가중요건을 규정한 것으로 이해할 수 있다.

(2) 제한과 그 한계
① 허가 금지

헌법 제21조 제2항에서는 언론·출판에 허가를 금지한다. 여기서 허가는 자연적 자유에 속하는 언론·출판을 일반적으로 금지하고 나서 특정한 때만 그 금지를 해제하여 주는 행정처분을 말한다.

② 검열 금지

헌법이 제21조 제2항에서 검열금지원칙을 규정한 것은 헌법 제37조 제2항에 따라 법률로 언론·출판의 자유를 제한하여도 검열을 수단으로 한 제한만은 허용되지 않는다는 뜻이다. 헌법재판소도 사전검열은 절대적으로 금지되고(헌재 1996. 10. 31. 94헌가6), 여기서 절대적이라 함은 언론·출판의 자유 보호를 받는 표현에 사전검열금지원칙이 예외 없이 적용된다는 뜻이다(헌재 2015. 12. 23. 2015헌바75). 다만, 예외적으로 국가비상사태 때 비상계엄이 선포되면 헌법 제77조 제3항에 따라서 언론·출판의 자유에 대해서 검열을 할 수 있다. 이때도 법치국가의 일반원리인 비례성원칙은 준수되어야 한다. 헌법재판소는 상업광고와 같이 사상이나 지식에 관한 정치적 및 시민적 표현행위와 관련이 없으면 엄격한 사전검열금지원칙이 적용되지 않고, 과잉금지원칙이 주된 심사기준으로 적용된다고 하였다(헌재 2010. 7. 29. 2006헌바75). 그러나 상업광고가 언론·출판의 자유 보호범위에 속하는 한 이를 사전검열 금지와 관련하여 일반적인 의사표현행위보다 완화할 수는 없다. 헌법재판소도 견해를 바꿔 의료광고와 같은 상업광고에도 사전검열은 금지된다고 한다(헌재 2015. 12. 23. 2015헌바75).

헌법이 금지하는 검열은 사상·의견 등이 발표되기 전에 국가기관이 그 내용을 심사·선별하여 일정한 사상·의견의 발표를 사전에 저지하는 제도, 즉 사전검열을 뜻한다. 따라서 사후검열은 허용된다. 이렇게 헌법이 사전검열을 금지하는 이유는 국가기관이 사전에 표현내용을 심사하여 집권자에게 불리한 내용의 표현을 사전에 억제하여 표현 자체를 불가능하게 함으로써 해당 표현 자체에 대한 일반 대중의 평가 기회를 봉쇄해버리고, 나아가 자유로운 사상 시장 조성을 원천적으로 방해하여 이른바 관제의견이나 지배자에 무해한 세론만이 허용되는 결과를 막기 위해서이다. 헌법재판소도 검열의 의미에 대해 (ⅰ) 행정권이 주체가 되어 (ⅱ) 사상이나 의견 등이 발표되기 이전에 예방적 조치로서 그 내용을 심사, 선별하여 발표를 사전에 억제하는, 즉 (ⅲ) 허가받지 아니한 것의 발표를 금지하는 제도라고 판시한다(헌재 1996. 10. 4. 93헌가13 등).

검열로 판단되려면 먼저 (i) 허가를 받기 위한 표현물의 제출의무가 있어야 한다. 따라서 표현물의 제출의무 없이 예를 들어 형법상 음란물이라는 이유로 법관이 발부한 영장에 따라서 이루어지는 출판물에 대한 압수는 검열 개념에 포함되지 않는다. 이미 발행한 정기간행물의 납본제도는 그 내용을 심사하여 발행 여부를 결정하는 것이 아니므로 검열에 해당하지 않는다(헌재 1992. 6. 26. 90헌바26). 행정청의 사전심사가 있어도 사전심사가 출판 허용 여부를 결정하려는 것이 아니라 해당 출판물을 교과서로 쓸 수 있는지를 결정하려는 것이면 검열에 해당하지 않는다(헌재 1992. 11. 12. 89헌마88). 그리고 옥외광고물을 설치하면 광고물의 종류·모양·크기·색깔, 표시나 설치 방법 및 기간 등을 규제하려고 제출하도록 하는 규정은 의견내용을 사전에 통제하는 목적이 없으므로 검열에 해당하지 않는다(헌재 1998. 2. 27. 96헌바2). 다음으로 (ii) 행정주체가 주체가 된 사전심사절차가 예정되어야 한다. 법원의 방영금지가처분은 비록 제작 또는 방영되기 이전, 즉 사전에 그 내용을 심사하여 금지하기는 하나, 이는 행정권의 사전심사나 금지처분이 아니라 개별 당사자 사이의 분쟁에 관하여 사법부가 사법절차에 따라서 심리·결정하는 것이므로, 헌법에서 금지하는 사전검열에 해당하지 않는다(헌재 2001. 8. 30. 2000헌바36). 심사주체가 행정기관인지는 기관 형식이 아니라 그 실질에 따라 판단하여야 한다. 독립적인 위원회에서 검열하여도 행정권이 주체가 되어 검열절차를 형성하고 검열기관 구성에 지속적인 영향을 미칠 수 있으면 실질적으로 행정기관에 해당한다. 이러한 기준에 따라 헌법재판소는 구 영화진흥법상 영상물등급위원회를 행정기관으로 판단하였다(헌재 2001. 8. 30. 2000헌가9). 그리고 (iii) 허가를 받지 않은 의사표현이 금지되어야 한다. 따라서 심의기관에서 허가절차를 통해서 발표 여부를 최종적으로 결정하면 이는 검열이다. 그러나 등급심사를 받지 않은 영화 상영을 금지하고 그 위반에 대해서 행정적 제재를 가하지만, 상영 금지는 심의 결과가 아니고 등급심사를 관철하기 위한 조치이므로, '영화 및 비디오물의 진흥에 관한 법률'상 영화 등급을 심사하는 것은 사전검열이 아니다(제29조)(헌재 1996. 10. 4. 93헌가13등). 이에 반해서 등급분류보류 결정은 그 횟수 제한이 없고, 그 결과 무한정 등급분류가 보류될 수 있다. 이는 비록 형식적으로는 '등급분류보류'이지만, 실질적으로는 영상물등급위원회 허가가 없으면 영화를 통한 의사 표현이 금지되므로 검열에 해당한다(헌재 2001. 8. 30. 2000헌가9). 끝으로 (iv) 심사를 관철할 수 있는 강제수단이 있어야 한다. 영화와 관련하여 보면 예를 들어 등급 분류를 받지 않은 영화 상영을 금지하고, 상영을 강행하면 과태료를 부과하며, 상영금지 혹은 정지 명령을 내리거나 이에 위반하면 형벌을 부과하는 것 등이 강제수단에 해당한다.

③ 일반적 법률유보(헌법 제37조 제2항)

언론·출판의 자유도 헌법 제37조 제2항에 따라서 제한될 수 있다. 언론·출판의 자유를 제한하는 법률은 그 내용이 명확하여야 한다. 불명확한 규범에 따른 규제는 언론·출판의 자유를 위축하기 때문이다. 언론·출판의 자유에 대한 사후제한에서도 언론·출판의 자유가 갖는 개인의 자아 실현과 공동체 형성의 기능을 중시하여 다른 경제적 영역에 적용되는 기본권과 비교해서 엄격한 기준이 적용된다. 즉 언론·출판의 자유는 이를 누림으로써 국가안전보장·질서유지 그리고 공공복리에 위해를 주는 것이 명백하고 그 위해가 현존하는 때만 제한될 수 있다. 해당 표현의 실체적 내용에 대한 제한이면 심사를 강화한다. 이때 개인의 의사 표현 그 자체가 제한되고, 그 결과 균형 있는 여론 형성 가능성도 차단되기 때문이다. 그에 반해서 내용중립적인 제한에 대한 심사는 완화한다. 이때 의사 표현 그 자체가 제한되는 것이 아니라 표현의 시기, 장소, 형식 등에 관한 규제가 이루어지기 때문이다. 의사가 표현되고 나서는 그 내용에 대해서 국가기관이 사후검열을 할 수 있다.

④ 긴급명령을 통한 제한(헌법 제76조 제2항)

대통령은 제76조에 따라 법률의 효력이 있는 긴급명령을 발할 수 있고, 이 긴급명령을 통해서 언론·출판의 자유를 제한할 수 있다. 그러나 긴급명령을 통해서도 사전검열제는 도입할 수 없다.

⑤ 비상계엄 선포 시의 특별조치(헌법 제77조 제3항)

헌법 제77조 제3항에 따라서 비상계엄이 선포되면 법률이 정하는 바에 따라서 언론·출판의 자유에 관해서 특별한 조치를 할 수 있다. 특별한 조치 내용에 관해서는 계엄법이 특별히 규율하지 않는다. 비상계엄 아래에서 이루어지는 특별한 조치는 헌법 제37조 제2항에 따른 통상적인 제한과는 다른 내용이 있다. 따라서 비상계엄 아래에서는 헌법이 통상적인 때에 금지하는 허가나 사전검열의 방법을 통해서 언론·출판의 자유를 제한할 수 있다. 다만, 이러한 조치들은 사법심사 대상이 되고, 특히 과잉금지원칙이 심사기준으로 적용된다.

VI. 집회의 자유

1. 의의

집회의 자유는 다수의 자연인이나 법인이 공동 목적을 위해서 자발적·일시적 모임을 할 수 있는 자유를 말한다. 집회는 공동 목적이 있는 다수인의 자발적인 일시적 모임을 말한다. 대법원도 "집회및시위에관한법률 제3조의 집회란 특정 또는 불특정 다수인이 특정한 목적 아래 일시적으로 일정한 장소에 모이는 것을 말하고 그 모이는 장소나 사람의 다과에 제한이 있을 수 없다."라고 하여 같은 견해이다(대법원 1983. 11. 22. 선고 83도2528 판결). 집회가 성립하려면 2명 이상 모임이어야 한다(대법원 2012. 5. 24. 선고 2010도11381 판결). 따라서 이른바 1인 시위는 헌법과 '집회 및 시위에 관한 법률'상 시위가 아니다. 1인 시위는 언론·출판의 자유 보호대상이다. 공동 목적은 공적 사안에 한정되지 않는다. 따라서 정치적 혹은 그 밖의 공적인 목적의 집회뿐 아니라 사적 목적을 추구하는 집회도 집회의 자유를 통해서 보호된다. 순수한 친목모임도 집회에 해당한다. 그리고 집회는 의견의 형성과 표현을 필수적인 요소로 하지 않는다. 다수인이 공동 목적을 달성하기 위한 내적 유대가 있는 것으로 충분하다(헌재 2009. 5. 28. 2007헌바22).

시위는 다수인이 공개적인 장소에서 일반 대중의 이목을 끄는 방법으로 공동으로 의견을 표명하고 이로써 다른 사람의 의사 형성에 영향을 미치려는 옥외집회의 하나이다. 따라서 시위도 옥외집회의 변종인 이동하는 옥외집회로서 집회에 속한다. 이때 시위는 일정한 공동 목적이 있고 어떤 사항에 관해서 공중에 영향을 줄 의도로 하였을 때 성립한다(예를 들어 선전을 위한 서커스행렬, 축제행렬, 장례행렬 등. 그러나 학생들 소풍은 해당되지 않는다). 시위는 교통 등으로 말미암은 잠시 정지가 있어도 성질이 변하지 않는다. 그러나 목적지에서 행사를 하면 시위가 아니라 본래 의미의 집회가 된다.

행진은 불특정다수인의 의견에 영향을 주거나 제압을 가할 의도가 없는 다수인의 움직임을 말한다. 행진은 집회와 시위가 금지되는 일부 장소에서도 허용될 수 있고, 교통소통을 위해서 필요하다고 인정하여 집회와 시위가 금지나 제한되어도 허용될 수 있다('집회 및 시위에 관한 법률' 제11조 제3호 단서, 제12조 제2항).

다수인의 공동목적이 있을 때는 사전에 계획된 집회뿐 아니라 긴급히 조직된 집회도 있다(긴급집회). 그리고 즉석에서 동기가 부여되어 우발적으로 이루어지는 집회(우발적인 집회)도 보호된다. '집회 및 시위에 관한 법률'은 이러한 집회들을 충분히 고려하지 않는다. 그러나 법원은 계획된 시위를 저지하는 경찰 조치에 대해서 항의하는 집회에서와 같이 우발적인 집회를 주도한 사람은 사전신고의무가 있는 집회개최인이 될 수 없어서, 이때 사전신고의무를 위반하였다는 이유로 처벌할 수 없다고 한다(대법원 1991. 4. 9. 선고 90도2435 판결).

2. 주체

집회의 자유는 정치적 의사 형성과 표현을 집단으로 행사하는 자유이므로, 즉 집회의 자유는 주로 정치적 자유로서 국가 형성에 참여하게 되므로 내국인만 주체가 된다. 외국인이나 무국적자는 집회의 자유 주체가 아니다. 그렇다고 그들이 집회를 개최하거나 참가할 자유가 전혀 없다는 것은 아니다. 이들의 집회는 헌법적 (기본권적) 차원이 아니라 법치국가적 테두리 안에서 법적 보호를 받는다. 미성년자도 집회의 자유 주체이다. 물론 미성년자는 일정한 정신적 성숙단계에 이르러야 행사능력이 있다. 법인, 그 밖의 단체는 집회의 주체나 참가 형식으로 주체가 될 수 있으나, 주관자나 질서유지인은 자연인만 할 수 있다.

3. 내용

집회의 자유는 집회를 주최·주관·진행하고 참가할 적극적 자유와 집회를 주최하지 않고 참가하지 않을 수 있는 소극적 자유를 포함한다. 즉 집회의 적극적 자유에 따라서 집회를 조직·준비(초청장 발송, 선전)하여 이를 주최·주관·진행할 수 있고 이에 참가하여 연설하고 토론할 수 있다. 그리고 소극적 집회의 자유에 따라서 누구도 집회 참가와 형성을 강요당하지 아니한다. 집회의 자유는 집회의 시간, 장소, 방법과 목적을 스스로 결정하는 것을 보장한다. 구체적으로 보호되는 주요 행위는 집회의 준비와 조직, 지휘, 참가, 집회장소·시간의 선택이다(헌재 2016. 9. 29. 2014헌가3등).

집회는 장소에 따라 옥내집회와 옥외집회로 나눈다. 옥내집회는 천정이 덮혀 있고 사방이 폐쇄될 수 있는 장소에서 하는 집회를 말하고, 옥외집회는 천정이 없거나 사방이 폐쇄되지 않은 장소에서 하는 집회('집회 및 시위에 관한 법률' 제2조 제1항)이다. 옥내집회는 비무장이고 평화적이면 아무런 법적 절차 없이 보장된다. 이때 옥내집회 주최자는 옥외 참가를 유발하는 행위를 하여서는 아니 된다('집회 및 시위에 관한 법률' 제14조 제5항). 옥외집회만 신고의무 적용대상이다('집회 및 시위에 관한 법률' 제6조). 무장 여부에 따라 무장집회와 비무장집회로 나뉜다. 무장집회는 금지된다('집회 및 시위에 관한 법률' 제16조 제4항 제1호).

집회의 자유는 본질적으로 평화로운 집단적 의사 표현을 보호한다(헌재 2003. 10. 30. 2000헌바67등). 따라서 민주주의를 부인하는 내용의 그리고 폭력적인 집회는 보호되지 않는다. 즉 비평화적 집회는 금지된다('집회 및 시위에 관한 법률' 제5조 제1항 제2호, 제16조 제4항 제2호). 공공도로상 연좌시위는 교통소통을 방해함으로써 법적 평화를 침해하고 교통수단을 이용하려는 많은 통행인에게 심리적인 폭력을 가하는 것이라서 평화적이라고 보지 않을 수도 있다(심리적 폭력설). 그러나 사람이나 물건에 대한 물리적 폭력이 없는 한 평화적이라고 보아야 한다(물리적 폭력설). 일정한 장소 출입을 봉쇄하는 연좌시위는 형법상 폭력에 해당한다. 하지만 집회의 자유가 불허하는 폭력은 적극적이고 공격적인 것으로 수동적 저항에 그치는 연좌시위는 평화적 시위로 보아야 한다.

집회의 자유를 통해서 집회의 모든 과정이 보장된다(헌재 2003. 10. 30. 2000헌바67등). 즉 집회의 조직과 준비(초청장 발송, 선전), 집회의 주최·주관·사회·진행, 집회 참가가 모두 집회의 자유를 통해서 보호된다. 집회에 참가하려고 집회장소로 자유롭게 이동하는 것도 보호된다

(헌재 2003. 10. 30. 2000헌바67등). 집회의 자유는 집회의 시간, 장소, 방법과 목적을 자유롭게 결정할 권리를 포함한다. 그리고 집회는 집단적 의사 형성이나 표현의 수단이므로 집회에서 하는 연설이나 토론 등은 집회의 자유의 당연한 내용이지 언론·출판의 자유 문제가 아니다. 소극적 집회의 자유도 보호된다. 즉 누구도 집회의 참가와 형성을 강요당하지 아니한다. 정부를 비판하는 정치집회나 사회적·문화적 소수자의 집회는 익명성이 보호되어야 위축효과 없이 충실히 보호될 수 있으므로 익명집회도 보호된다. 따라서 집회에서 복면을 착용하거나 복면을 통한 표현을 할 자유도 집회의 자유로서 보호된다.

4. 침해

(1) 허가(의무)제 금지: 헌법 제21조 제2항

집회·시위 자체가 처음부터 금지되고, 허가처분이 있어야 비로소 그 일반적 금지가 해제되는 허가(의무)제는 집회의 자유의 헌법적 보장과 양립할 수 없다. 즉 집회에 대한 허가는 금지된다(헌법 제21조 제2항). 집회의 내용뿐 아니라 시간, 장소에 대한 사전심사도 허가제에 속한다 (헌재 2009. 9. 24. 2008헌가25). ① 행정법상 허가는 특정한 행위를 일반적으로 금지하고, 특별한 경우에 공익에 어긋나지 않는 한 금지대상인 행위를 해제하는 행정행위이다. 집회는 일반적으로 허용되어야 하므로 예외적으로 허용되는 형태로 보장되어서는 아니 된다. ② 허가제를 따르면 필연적으로 허가하는 과정에서 행정청의 실질적인 심사가 이루어진다. 따라서 허가제가 금지된다는 것은 집회의 허용 여부나 금지통고의 결정에서 행정청은 실질적인 심사를 자제하고, 형식적인 심사에 국한하여야 한다는 뜻이다.

(2) 신고(의무)제

집회·시위 자체는 처음부터 자유이나, 집회·시위에 내재한 사회학적 ─ 심리적, 물리적 측면의 특별한 위험성을 고려하여 행정기관이 질서유지를 위해서 개별적인 경우에 맞는 예방대책을 강구할 수 있도록 집회의 주최자와 행정기관 사이의 협력 요청 아래 신고(의무)제가 허용된다. 이때 신고(의무)는 헌법이 보장한 집회를 행정기관에 알림으로써 행정기관이 이에 대비할 수 있도록 하는 일종의 협조(협력)의무이다.

(3) 국가의 집회감시조치

집회에 참가하겠다는 내적인 결심의 자유가 보호되어야 하므로, 국가적 감시에 대한 두려움이 차라리 기본권 행사를 포기하게끔 하면 집회의 자유는 침해된다. 따라서 과도한 관찰·기록은 침해에 해당한다.

5. 제한

집회의 자유는 언론·출판의 자유와는 달리 다수인의 집단행동에 관한 것이므로 집단행동의 속성상 의사 표현 수단으로서 개인적인 행동보다 공공의 안녕질서나 법적 평화와 마찰을 빚을 가능성이 커서 국가안전보장, 질서유지, 공공복리 등 기본권 제한입법의 목적원리에 따른 제한 필요성이 그만큼 더 요구된다(헌재 1994. 4. 28. 91헌바14). 그러나 집회의 자유를 제한하는 근거는 명확성요건을 충족하여야 한다.

(1) 절대적으로 금지되는 집회·시위

① 헌법재판소 결정에 따라서 해산된 정당의 목적을 달성하기 위한 집회나 시위, ② 집단적인 폭행·협박·손괴·방화 등으로 공공의 안녕질서에 직접적인 위협을 가할 것이 명백한 집회나 시위는 누구든지 주최하여서는 아니 된다. 누구든지 이렇게 금지된 집회나 시위를 할 것을

선전하거나 선동하여서는 아니 된다('집회 및 시위에 관한 법률' 제5조).

(2) 옥외집회·시위의 시간적 금지 – 야간집회의 원칙적 금지

'집회 및 시위에 관한 법률' 제10조는 누구든지 해가 뜨기 전이나 해가 지고 나서는 옥외집회나 시위를 하여서는 아니 되고, 다만 집회의 성격상 부득이하여 주최자가 질서유지인을 두고 미리 신고하면 관할경찰관서장은 질서 유지를 위한 조건을 붙여 해가 뜨기 전이나 해가 지고 나서도 옥외집회를 허용할 수 있다고 규정한다. 야간집회가 주간집회보다 해산사유가 발생하였을 때 해산이 쉽지 않고, 폭력화할 가능성이 높다고 볼 수 있다. 그러나 이러한 사유가 있다고 야간집회를 원칙적으로 금지하는 것은 헌법적 정당성이 없다. ① 야간집회가 주간집회보다 반드시 공공질서와 충돌할 가능성이 크다고 할 수 없고, ② 이미 다른 규정을 통해서 문제가 있는 야간옥외집회는 금지될 뿐 아니라 ③ 집회에 일반 국민이 참여할 수 있도록 퇴근 후 야간에 개최되는 것이 일반적이라서 이를 원칙적으로 금지하면 집회의 자유의 의미가 상실되기 때문이다. 헌법재판소도 이중 '옥외집회' 부분은 헌법에 합치되지 아니한다고 하면서 2010년 6월 30일을 시한으로 입법자가 개정할 때까지 계속 적용된다고 결정하였고(헌재 2009. 9. 24. 2008헌가25), '시위'에 관한 부분은 '해가 진 후부터 같은 날 24시까지의 시위'에 적용하는 한 헌법에 위반된다고 하였다(헌재 2014. 3. 27. 2010헌가2등).

(3) 옥외집회·시위의 장소적 금지

헌법재판소는 외교기관 주변 100미터 이내에서 집회와 시위를 금지하는 규정에 대해서 위헌결정을 내렸고(헌재 2003. 10. 30. 2000헌바67등), 누구든지 국회의사당(헌재 2018. 5. 31. 2013헌바322등)과 국무총리공관(헌재 2018. 6. 28. 2015헌가28등) 그리고 각급 법원(헌재 2018. 7.

26. 2018헌바137)의 경계지점에서 100미터 이내의 장소에서 옥외집회나 시위를 하면 형사처벌한다는 규정에 대해서 헌법불합치결정을 내렸다. 이에 따라 '집회 및 시위에 관한 법률' 제11조가 2020년 6월 9일 개정되었다. 다만, 이 개정은 헌법재판소가 위헌으로 판단한 부분만을 고치는 데 그쳤다. 국회의사당(국회 활동을 방해할 우려가 없거나 대규모 집회 또는 시위로 확산될 우려가 없고 국회의 기능이나 안녕을 침해할 우려가 없다고 인정되는 때 제외), 각급 법원과 헌법재판소(법관이나 재판관의 직무상 독립이나 구체적 사건의 재판에 영향을 미칠 우려가 없거나 대규모 집회나 시위로 확산될 우려가 없고, 각급 법원과 헌법재판소의 기능이나 안녕을 침해할 우려가 없다고 인정되는 때 제외), 대통령 관저, 국회의장 공관, 대법원장 공관, 헌법재판소 공관, 국무총리 공관(국무총리를 대상으로 하지 아니하거나 대규모 집회나 시위로 확산될 우려가 없고 국무총리 공관의 기능이나 안녕을 침해할 우려가 없다고 인정되는 때 제외), 국내 주재 외국의 외교기관이나 외교사절 숙소(해당 외교기관이나 외교사절의 숙소를 대상으로 하지 아니하거나 대규모 집회나 시위로 확산될 우려가 없거나 외교기관 업무가 없는 휴일에 개최하고 외교기관이나 외교사절 숙소의 기능이나 안녕을 침해할 우려가 없는 때 제외)의 경계 지점에서 100미터 이내의 장소에서 옥외집회나 시위가 금지된다('집회 및 시위에 관한 법률' 제11조).

관할 경찰관서장은 대통령령으로 정하는 주요 도시의 주요 도로에서 하는 집회나 시위에 대해서 교통 소통을 위해서 필요하다고 인정하면 이를 금지하거나 교통질서 유지를 위한 조건을 붙여 제한할 수 있다('집회 및 시위에 관한 법률' 제12조 제1항). 집회나 시위의 주최자가 질서유지인을 두고 도로를 행진하면 이러한 금지를 할 수 없다. 다만, 해당 도로와 주변 도로의 교통 소통에 장애를 발생시켜 심각한 교통 불편을 줄 우려가 있으면 이러한 금지를 할 수 있다('집회 및 시위에 관한 법률' 제12조 제2항).

⑷ 집회의 신고의무제

옥외집회나 시위에 대해서 현행 '집회 및 시위에 관한 법률'은 집회개최 전에 신고의무를 부과한다. 옥외집회나 시위를 주최하려는 사람은 옥외집회나 시위의 72시간 전부터 48시간 전에 관할 경찰서장에게 신고서를 제출하여야 한다('집회 및 시위에 관한 법률' 제6조 제1항). 특정 집단이 한 장소에서 장기간 독점적으로 집회와 시위를 하는 폐단을 제한하고 다른 집회가 개최되는 저지하려고 같은 장소에서 장기간 집회신고를 하고 실제 집회를 개최하지 않는 이른바 허위집회를 방지하려는 목적에서 종기뿐 아니라 시기도 함께 규정하였다. 집회주최자가 제출한 신고서의 기재사항을 검토하여 객관적으로 명백하게 금지된 집회에 해당되지 않으면 집회에 대한 실질심사 없이 신고서를 수리하여야 한다. 실질적 심사로 말미암은 신고제의 허가제화는 금지된다. 우발적인 집회는 집회목적이 정당한 것이고, 집회방법도 허용되는 것이며, 그 목적과 방법 사이에 합리적인 비례관계가 성립하는 한 사전신고가 없었더라도 신고된 때와 마찬가지로 보호되어야 한다. 집회나 시위 장소가 중복되는 2개 이상의 신고가 있고, 이들 집회 목적 등이 상반되므로 충돌 우려가 있다는 이유로 두 개의 집회에 대해서 모두 금지통고를 하는 것은 헌법에 위반된다(헌재 2008. 5. 29. 2007헌마712). 이러한 맥락에서 집회나 시위의 시간과 장소가 중복되는 신고가 있고 집회나 시위 사이에 방해 위험이 있으면 관할경찰서장은 시간을 나누거나 장소를 분할하여 개최하도록 권유하는 것 등의 방법으로 집회나 시위가 서로 방해받지 않고 개최·진행될 수 있도록 노력하여야 한다. 이러한 권유가 받아들여지지 않으면 뒤에 접수된 집회나 시위에 대해서 금지를 통고할 수 있다('집회 및 시위에 관한 법률' 제8조 제2항과 제3항).

집회 해산의 실질적인 상황, 즉 다른 사람의 법익이나 공공의 안녕질서에 직접적인 위험이 없는데도 사전신고가 없는 집회라는 이유로 곧

해산명령사유가 되지는 않는다. 그렇지 않다면 사전신고는 허가를 구하는 신청의 성격이 있을 수 있기 때문이다(대법원 2012. 4. 19. 선고 2010도6388 전원합의체 판결). 좀 더 근본적으로 보면 외형상 옥외집회에 해당하더라도 외부질서와 맺는 관련성이 제한적이면 사전신고의무를 엄격하게 적용하여서는 아니 된다. 집회의 목적, 방법과 형태 그리고 참가자의 인원과 구성 등에 비추어 보면 제3자와 법익이 충돌하거나 공공질서에 대한 위해성이 없고, 일반적인 사회생활질서 범위 안에서 이루어지는 집회는 외형상 옥외집회에 해당하여도 사전신고의무를 위반하였다는 이유로 처벌할 수 없다(대법원 2012. 4. 26. 선고 2011도6294 판결).

(5) 시간적 · 장소적 제한, 신고의무제 적용이 배제되는 집회

학문 · 예술 · 체육 · 종교 · 의식 · 친목 · 오락 · 관혼상제 · 국경행사에 관한 집회에는 '집회 및 시위에 관한 법률' 제6조부터 제12조까지의 제한이 적용되지 않는다('집회 및 시위에 관한 법률' 제15조).

(6) 집회에 대한 경찰관 출입

경찰관은 집회나 시위의 주최자에게 알리고 그 집회나 시위의 장소에 정복을 입고 출입할 수 있다. 다만, 옥내집회 장소에 출입하는 것은 직무 집행을 위해서 긴급한 때만 할 수 있다('집회 및 시위에 관한 법률' 제19조 제1항). 집회나 시위의 주최자, 질서유지인이나 장소관리자는 질서를 유지하기 위한 경찰관 직무 집행에 협조하여야 한다('집회 및 시위에 관한 법률' 제19조 제2항).

(7) 최루액 혼합살수행위

살수차는 국민의 생명과 신체에 심각한 위험을 초래할 수 있어 그 구체적 운용방법과 절차 등에 관한 기본적 사항은 법률이나 대통령령에 규정되어야 하는데도, 그동안 살수차의 구체적 사용요건이나 기준을 법령에서 구체적으로 정하지 않고 경찰청 내부 지침에만 맡겨둔 결과, 최루액 혼합살수행위와 같이 부적절한 살수차의 운용으로 집회나 시위 참가자가 사망하거나 다치는 사고가 계속 발생하였다. 이에 헌법재판소는 법령의 구체적 위임 없이 혼합살수방법을 규정하는 살수차 운용지침은 법률유보원칙에 위배되고, 이 지침만을 근거로 한 혼합살수행위는 신체의 자유와 집회의 자유를 침해한 공권력 행사로 헌법에 위반된다고 선언하였다(헌재 2018. 5. 31. 2015헌마476).

(8) 직사살수행위

살수차를 이용하여 물줄기가 일직선 형태로 집회참가자에게 도달되도록 살수하는 행위는 다른 사람의 법익이나 공공의 안녕질서에 대한 직접적인 위험이 명백히 초래되었고, 다른 방법으로는 그 위험을 제거할 수 없는 때만 불법 집회로 말미암아 발생할 수 있는 다른 사람이나 경찰관의 생명·신체의 위해와 재산·공공시설의 위험을 억제하려는 목적 범위 안에서만 허용되고, 부득이 직사살수하는 때도 구체적인 현장 상황을 면밀히 살펴보아 거리, 수압 및 물줄기의 방향 등을 필요한 최소한의 범위 안으로 조절하여야 하고, 혹시라도 시위대의 가슴 윗부분을 맞추는 일이 없도록 세심한 주의를 기울여야 한다(헌재 2020. 4. 23. 2015헌마1149).

(9) 경찰의 집회참가자 촬영행위

경찰의 촬영행위는 기본권 제한을 수반하므로 수사를 위한 것이더라도 필요최소한에 그쳐야 한다. 경찰은 새로 '집회 및 시위에 관한 법률'을 위반한 사람을 발견·확보하고 증거를 수집·보전하기 위해서는 미신고 옥외집회·시위나 신고범위를 넘는 집회·시위의 단순 참자자들에 대해서도 촬영할 필요가 있다. 최근 기술 발달로 조망촬영과 근접촬영 사이에 기본권 침해라는 결과에서 차이가 없으므로, 경찰이 이러한 집회·시위에 대해 조망촬영이 아닌 근접촬영을 하였다는 이유만으로 헌법에 위반되는 것은 아니다(헌재 2018. 8. 30. 2014헌마843).

VII. 결사의 자유

1. 의의

결사의 자유는 다수의 자연인이나 법인이 공동 목적을 위해서 자발적이고 계속적인 단체를 결성·유지할 수 있는 자유를 말한다. 결사는 다수의 자연인이나 법인이 장기간에 걸쳐 공동 목적을 위해서 임의로 (자발적으로) 결합되고 조직적으로 의사 형성이 이루어지는 결사체를 말한다(헌재 2017. 5. 25. 2015헌바260). 헌법재판소는 자연인이나 법인의 다수가 상당한 기간 동안 공동목적을 위해서 자유의사에 기하여 결합하고 조직화한 의사 형성이 가능한 단체라고 한다(헌재 1996. 4. 25. 92헌바47). 여기서 목적은 공동 목적이라면 원칙적으로 개방된다. 그 법형식은 어느 것이든 상관없다. 즉 민법상 법인, 사단 등 모든 단체가 결사에 속한다. 결사에서 다수인은 최소 2명이면 충분하다. 2명이상의 결합이라는 점에서 재단은 결사의 자유에서 말하는 결사가 될수는 없다.

결합은 자발적으로 이루어져야 하므로, 강제결사체는 헌법 제21조 결사의 자유의 기본권적 보호를 누리지 못한다. 공법적 결사체도 헌법 제21조 결사의 자유의 기본권적 보호를 누리지 못한다(헌재 1996. 4. 25. 92헌바47). 그들은 국가적 고권적 행위를 통해서만, 즉 특별법으로서 국가에 유보되는 공법에 근거하여 설립될 수 있을 뿐이지, 사인이 임의로 공법적 결사체로 결합할 수는 없다. 결사의 목적에는 제한이 없다. 공동의 목적은 옹글게(완벽히) 자유롭게 결정될 수 있다(스포츠·예술·정치·친목 기타). 구성원 사이에 주목적이 합의되면 부차적 목적에 관해서 서로 의견이 갈릴 수 있다. 원래 목적이 아닌 활동의 자유도 보장된다. 결사의 목적이 고정되어야 하는 것도 아니다. 결사는 어느 정도의 조직적 고정성이 있어야 한다. 따라서 아주 느슨한 형태로나마 조직적으로 이루어지는 공동의 의사 형성이 있어야 한다. 결사는 상당한 기간 계속성이 있어야 하는데, 이러한 점에서 집회와 구별된다. 잠정적 목적을 위한 결합도 상관없다. 결합은 외형상 결합을 전세하고 특정 형태는 불필요하다. 그러나 구성원이 제시될 수 있어야 하고 대체로 확정되어야 한다.

2. 주체

자연인뿐 아니라 법인도 결사의 자유 주체이다. 결사의 자유는 인간의 권리가 아니라서 국민만 주체가 될 수 있고, 외국인이나 무국적자는 주체가 될 수 없다. 다만, 외국인이나 무국적자는 헌법적 차원이 아니라 법치국가가 허용하는 범위 안에서 보장된다. 외국인과 공동으로 단체를 결성하면, 먼저 단체를 결성할 때까지는 각기 헌법적 또는 법률적(외국인) 보장을 받고, 일단 결성되고 나서는 그 단체를 누가 지배하는지에 따라 그 보장도 달라진다. 즉 내국인이 지배하면 결사의 자유에 따라서 보장된다. 미성년자도 그 주체가 된다는 데 의심의 여지가 없다. 다만, 그 행사능력이 언제부터 인정되는지가 문제 된다. 내국사법인은 결사의 자유 주체이지만, 외국법인이나 공법인은 결사의 자유 주체가 아니다. 권리능력 없는 사단도 주체가 될 수 있다.

3. 내용

결사의 자유는 크게 적극적 결사의 자유와 소극적 결사의 자유로 나눌 수 있다. 적극적 결사의 자유에는 단체결성의 자유, 단체존속의 자유, 단체활동의 자유, 결사에 대한 가입·잔류의 자유[헌법재판소는 총사원 4분의 3 이상의 동의가 있으면 사단법인을 해산할 수 있도록 한 것은 결사에 잔류할 자유를 침해하지 않는다고 하였다(헌재 2017. 5. 25. 2015헌바260)]가, 소극적 결사의 자유에는 단체에서 탈퇴할 자유와 결사에 가입하지 아니할 자유가 포함된다(헌재 2012. 12. 27. 2011헌마562등). 공법상 결사에는 소극적 결사의 자유가 인정되지 않아서 가입강제가 인정된다(헌재 1994. 2. 24. 92헌바43).

개별적 기본권으로서 결사의 자유는 적극적 결사의 자유로서 결사의 형성[다른 사람과 결합하여 결사를 결성할 개인적 권리로서 결정 시점, 목적, 법형식, 명칭, 회칙(정관), 소재지를 결정할 자유 포함], 기성결사에 대한 가입, 결사 안에서 혹은 결사를 통한 활동, 결사 안 잔류 등을 보호한다.

집단적 기본권으로서 결사의 자유는 결사(단체)의 존속과 기능을 보호하고, 내부적으로는 자기 조직, 그 의사형성절차, 그 사무집행에 대한 자주적 결정권을 보호하며, 외부적으로는 결사(단체)의 활동을 보호한다.

4. 침해

(1) 결사의 허가(의무)제 금지: 헌법 제21조 제2항

결사 자체가 처음부터 금지되고, 허가처분이 있어야 비로소 그 일반적 금지가 해제되는 허가(의무)제는 결사의 자유의 헌법적 보장과 양립할 수 없다. 결사 창설에 관한 모든 예방적 통제는 금지되지만, 등록을 권리능력 취득의 요건으로 설정할 수는 있다. 권리능력 없는 사단의 형식적인 등록의무는 결사의 허가제 금지에 어긋나지 않는다. 노동조합을 설립할 때 행정관청에 설립신고서를 제출하게 하고 그 요건을 충족하지 못하면 설립신고서를 반려하도록 하는 것은 헌법상 금지된 단체결성에 대한 허가제가 아니다(헌재 2012. 3. 29. 2011헌바53).

(2) 신고(의무)제

결사의 자유를 처음부터 보장하면서, 다만 행정기관이 결사의 성립·존속·활동에 관한 행정상 참고자료를 얻으려는 신고제는 인정된다. 이때 신고는 행정적 협조의무에 불과하다.

5. 제한

결사의 자유는 대통령의 긴급명령(헌법 제76조 제1항과 제2항)을 통해서나 비상계엄이 선포되면 제한될 수 있다. 무엇보다도 결사의 자유는 헌법 제37조 제2항에 따라서 국가안전보장·질서유지 또는 공공복리를 위해서 필요하면 법률로 제한될 수 있다(헌재 2002. 8. 29. 2000헌가5등).

제4절 경제적 자유

Ⅰ. 직업의 자유

1. 의의

직업의 자유는 직업을 자유롭게 선택하고 행사할 수 있는 자유를 말한다. 직업의 자유에서 직업은 생활의 기본적 수요를 충족시키기 위한 계속적인 소득활동을 말한다. 직업의 요소로서 일반적으로 생활수단성(생활의 기본적 수요 충족), 계속성(계속적인 소득활동), 공공무해성(이나 사회적 유해성이 없을 것: 공공에 해가 되지 않는 성질의 것)을 열거한다. 헌법재판소는 생활의 기본적 수요를 충족시키기 위한 계속적인 소득활동인 한 그 종류나 성질을 불문한다고 한다고 하여, 생활수단성과 계속성만 갖추면 그 종류나 성질은 불문한다고 판시한다(헌재 1993. 5. 13. 92헌마80). 직업의 개념은 가능한 한 넓게 이해되어야 한다. 전통적으로 고정된 종류의 직업뿐 아니라 새로이 생겨나고 있거나 자유로이 개발된 활동도 직업(활동)에 포함하여야 한다(개방적 직업 개념). 공공무해성이나 허용성은 너무 모호하여 기준으로 적합하지 않고, 이러한 기준으로 배제할 수 있는 직업(예를 들어 살인청부업, 소매치기, 마약상, 포주, 밀수)은 제약의 정당성 판단 과정에서 충분히 걸러낼 수 있으므로 직업의 표지로 삼지 말아야 한다. 그리고 직업은 어느 정도의 기간에 걸친 것이어야 한다(계속성)(헌재 2003. 9. 25. 2002헌마519). 일시적이거나 우연한 것이 아니면 지속성이 인정된다. 그 일을 얼마나 지속했는지는 중요하지 않고, 주관적으로 활동주체가 지속적으로 영위할 의사가 있고, 객관적으로도 그러한 활동이 지속성을 띨 수 있는 것으로 충분하다. 또한, 생계의 획득과 유지에 봉사하는 활동이어야 한다(소득활동, 생활수단성)(헌재 2003. 9. 25. 2002헌마519). 부업도 포함된다. 이는 단순한 취미활동과는 달리 어쨌든 생계의 유지와 획득에 봉사하여야 한다. 그러나 해당 활동에 따른 수입으로 생활 수요를 모두 충족할 필요는 없다. 독립적 활동뿐 아니라 종속적 활동도 직업이 될 수 있다. 직업은 반드시 하나이어야 하는 것이 아니라 둘 이상일 수도 있다. 생활수단성과 계속성의 개념표지를 결하여 오로지 일시적·일회적이거나 무상으로 가르치는 행위는 행복추구권에서 도출되는 일반적 행동자유권으로서 보호된다(헌재 2000. 4. 27. 98헌가16등).

2. 주체

직업의 자유 주체는 자연인만이 아니라 법인도 될 수 있다. 직업의 자유 주체는 내국인만 될 수 있고, 외국인이나 무국적자는 될 수 없다. 다만, 외국인이나 무국적자는 행복추구권을 근거로 직업의 자유를 간접적으로 주장할 수 있다. 현실적으로 외국인이나 무국적자의 직업의 자유는 법치국가가 허용하는 범위 안에서, 즉 법에 따라 보호된다. 미성년자도 직업의 자유 주체가 되며, 그 행사능력은 성년에 도달하기 전에도 인정되어야 한다. 내국사법인은 주체가 될 수 있다. 하지만 외국법인은 주체가 될 수 없고, 다만 외국인과 마찬가지로 법률적 차원에서 보호를 받을 뿐이다. 공법인은 원칙적으로 주체가 될 수 없다. 다만, 법인체로 형성된 공기업은 그 주체성을 인정할 수 있다.

3. 내용

헌법 제15조는 '직업선택의 자유'라고 규정한다. 그러나 헌법 제15조가 보호하는 영역은 ① 일정한 직업을 선택할 자유뿐 아니라 ② 일정한 직업을 가질지를 결정하는 소극적 직업의 자유, ③ 직업에 종사할 수 있는 직업행사(수행, 종사)의 자유, ④ 전직의 자유, ⑤ 일정한 직업을 포기하거나 모든 직업적 활동을 그만둘 수 있는 직업종료의 자유 등을 포함한다. 직업선택의 자유는 직업교육장 선택의 자유를 포함하고, 직업행사의 자유는 직업활동장소나 직장 선택의 자유를 포함한다. 그리고 직업행사의 자유에는 영업의 자유와 '기업의 설립과 경영의 자유를 의미하는' 기업의 자유(헌재 1998. 10. 29. 97헌마345)를 포함하고 이러한 영업과 기업의 자유를 근거로 원칙적으로 누구나 자유롭게 경쟁에 참여할 수 있는 경쟁의 자유(헌재 1996. 12. 26. 96헌가18)도 인정된다. 경쟁의 자유는 기본권주체가 직업의 자유를 실제로 행사하는 것에서 나오는 결과이므로, 직업의 자유를 통해서 보장되고, 다른 기업과 경쟁하여 국가의 간섭이나 방해를 받지 않고 기업활동을 할 수 있는 자유를 뜻한다. 여러 개의 직업을 선택하여 동시에 함께 행사할 수 있는 자유인 겸직의 자유(헌재 1997. 4. 24. 95헌마90)도 직업의 자유로 보호된다. 그러나 직업의 자유에 '해당 직업에 합당한 보수를 받을 권리'는 포함되지 않는다(헌재 2004. 2. 26. 2001헌마718).

　직업선택(직업결정)의 자유는 개인(지망자)이 외부 영향을 받지 않고 원하는 직업을 자유롭게 선택할 자유를 말한다. 이때 선택은 내부적인 결심뿐 아니라 외부적으로 알아볼 수 있는 행위이어야 한다. 이 자유는 최초의 직업 선택뿐 아니라 제2의 직업이나 부업의 선택과 직업 변경 및 직업 포기를 포함하며 직업을 갖지 않는 선택도 포함한다. (비록 특정 직업교육을 받은 사람이 언제나 그 직업을 선택하는 것은 아니지만) 직업교육과 직업 선택은 서로 불가분의 관계에 있고 직업교육은 직업 선택의 전제가 되므로 직업교육장 선택의 자유는 직업선택의 자유에 포함된다(헌재 2009. 2. 26. 2007헌마1262). 직업교육장 선택의 자유는 직업과 관련한 교육이나 훈련(기관)을 자유롭게 선택할 수 있는 자유를 말한다. 직업교육장은 일반적 (교양)교육이 아니라 직업에 도움이 되는 교육이나 훈련장소를 말한다. 여기에는 대학, 전문대학, 중·고등학교, 그 밖의 직업교육과 관련된 학원, 훈련장이나 실습장 등이 속한다.

　직업행사(수행, 종사)의 자유는 직업이나 영업활동상 모든 자유를 말한다. 이 자유는 활동의 장소, 기간, 형태, 수단 및 그 범위와 내용의 확정 등을 포함한다. 구체적으로 기업의 조직 및 법적 형태 선택의 자유, 직업적 처분의 자유(여기에는 투자의 자유, 생산품목의 선택과 생산품 포장 선택의 자유, 판매의 자유와 자유로운 계약 및 가격 결정 등이 포함된다), 경쟁의 자유와 광고의 자유 및 자신의 이름이나 특정 직업 명칭의 사용과 같은 자유를 포함한다. 직업의 자유는 독립적 형태의 직업활동뿐 아니라 고용된 형태의 종속적인 직업활동도 보장하므로, 직업행사의 자유는 직장선택의 자유를 포함한다(헌재 2002. 11. 28. 2001헌바50). 직장선택의 자유는 개인이 그가 선택한 직업을 구체적으로 수행하는 공간적 장소인 직장을 자유롭게 선택할 수 있는 자유를 말한다. 이 자유는 직장의 선택, 유지, 포기 및 변경을 모두 포함한다. 즉 직장선택의 자유는 개인이 선택한 직업 분야에서 구체적인 취업의 기회를 가지거나 이미 형성된 근로관계를 계속 유지하거나 포기할 때 국가의 방해를 받지 않는 자유로운 선택·결정을 보호하는 것을 내용으로 한다. 그러나 직장선택의 자유는 원하는 직장을 제공하여 줄 것을 청구하거나 한번 선택한 직장의 존속 보호를 청구할 권리를 보장하지 않고, 사용자 처분에 따른 직장 상실에서 직접 보호하여 줄 것을 청구할 수도 없다(헌재 2002. 11. 28. 2001헌바50).

영업이란 개인생활의 기초를 이루는 계속적·독립석·수익적 활동이라고 할 수 있는데 '독립적' 활동이라는 점에서 직업보다 다소 좁은 개념이다. 헌법재판소는 "직업의 자유는 영업의 자유와 기업의 자유를 포함하고, 이러한 영업 및 기업의 자유를 근거로 원칙적으로 누구나가 자유롭게 경쟁에 참여할 수 있다."라고 하여 직업의 자유에 포함되는 것으로 본다(헌재 1993. 12. 26. 96헌가18). 영업의 자유는 ⓐ 개업의 자유, 영업의 유지·존속의 자유, 폐업의 자유 등을 포함하는 영업하는 자유와 ⓑ 자본과 상품의 생산·거래·처분의 자유를 말하는 영업활동의 자유를 내용으로 한다.

4. 제한

(1) 제한 근거: 헌법 제37조 제2항

직업의 자유는 다른 기본권과 마찬가지로 헌법 제37조 제2항 기본권 제한 입법의 한계 안에서 제한될 수 있다. 그 제한은 국가안전보장·질서유지·공공복리를 위하여 필요한 경우에 한하여 법률로써만 가능하고, 그 때도 기본권의 본질적 내용을 침해하여서는 아니 된다. 그리고 직업의 자유는 대통령의 긴급명령(헌법 제76조 제1항과 제2항)에 따라서나 비상계엄이 선포되면(헌법 제77조 제3항, 계엄법 제9조) 제한될 수 있다.

(2) 직업의 자유 제한에 관한 단계이론

단계이론은 독일 연방헌법재판소가 발전시킨 이론으로, 헌법재판소도 이른바 당구장 결정이나 부천시 담배자판기조례 결정(헌재 1993. 5. 13. 92헌마80) 등을 통해서 수용한 것으로 평가된다. 단계이론을 따르면, 직업의 자유를 제한할 때 ① 직업행사의 자유 제한(직업이 수행되는 조건, 그중에서도 직업 종사의 양태에 관한 규제), ② 주관적 사유에 따른 직업선택의 자유 제한(직업희망자의 인성이나 능력, 학력, 시험합격 등을 직업 선택과 연관), ③ 객관적 사유에 따른 직업선택의 자유 제한(해당 희망자가 영향을 미칠 수 없는, 본인의 자격조건과 무관한, 그런 의미에서 객관적인 기준을 충족시켜야 어떤 직업을 선택하여 가질 수 있는 것과 관련)의 순으로 제한하여야 한다. 즉 입법자는 제1단계 방법으로 목적을 달성할 수 없을 때만 제2단계 방법을, 제2단계 방법으로 목적을 달성할 수 없을 때만 제3단계 방법을 사용할 수 있다. 1단계에서 3단계로 나아갈수록 제약 강도가 증가하여 입법자의 입법형성의 자유는 그 순서대로 감소하고 정당화 요구도 높아져서 단계별로 비례성원칙을 더욱 더 엄격하게 적용할 것을 요구한다. 단계이론은 독일 기본법상 직업의 자유 조항(제12조) 자체가 직업 '선택'에 관한 한 제한규정을 두지 않으면서(제1항 제1문), 직업 '행사'는 법률에 따라서 규율할 수 있다는 제한규정을 두어서(제1항 제2문) 직업'선택'의 자유와 직업'행사'의 자유 사이에는 제한 정도를 달리 하여야(입법자 의사에 부합하여야 하므로) 한다는 점에 착안한 것이다. 따라서 이러한 조항이 없는 한국 헌법상 독일 단계이론을 도입하는 것이 타당한 것인지는 의문이다. 헌법재판소도 많은 사건에서 실질적으로 단계이론을 적용하지 않고 비례성심사만으로 해결한다. 이러한 점에서 단계이론은 비례성원칙을 구체화하는 데 중요한 참고사항으로 활용하는 것이 타당하다.

Ⅱ. 재산권

1. 의의

헌법이 보호하는 재산권은 경제적 가치가 있는 모든 공법상·사법상 권리로서 일정 시점에 (공법과 사법을 불문하고) 개별법이 재산권으로 정의한 것이다. 헌법재판소는 헌법이 보장하는 재산권은 경제적 가치가 있는 모든 공법상·사법상 권리를 뜻한다고 한다(헌재 1992. 6. 26. 90헌바26). 이때 재산권은 처분하고 사용하고 수익할 자유뿐 아니라 자신의 채권에 근거하여 채무자에게 이행을 청구하고 급부를 수령·보유할 권리를 아우른다(헌재 1996. 8. 29. 95헌바36). 따라서 사법상 물권·채권뿐 아니라 특별법상 권리, 공법상 재산가치 있는 주관적 권리, 상속권 등도 이에 포함된다. 그러나 재산 그 자체, 단순한 기대이익, 반사적 이익, 재화획득 기회 등은 재산권 보장 대상이 되지 않는다(헌재 1998. 7. 16. 96헌마246).

재산권으로 보호받으려면 두 가지 요건을 충족하여야 한다. 먼저 ① 개인이 자신의 노력이나 희생을 통해서 성취한 재산적 권리이어야 한다. 따라서 국가의 일방적인 급여는 재산권적 보호대상에서 제외된다. 예를 들어 국민기초생활보장법상 생계급여는 국가가 일방적으로 지급하는 급여이므로 재산권적 보호대상이 아니다(헌재 2012. 2. 23. 2009헌바47). 다음으로 ② 해당 재산적 권리에 대해서 개인의 사적인 유용성과 처분성이 인정되어야 한다. 헌법재판소는 헌법 제23조 제1항의 재산권보장을 통해서 보호되는 재산권은 사적 유용성 및 그에 대한 원칙적 처분권을 내포하는 재산가치 있는 구체적 권리이라고 한다(헌재 1996. 8. 29. 95헌바36). 사적 유용성은 재산적 법익이 재산권보유자에게 귀속되어 그의 수중에서 사적 활동과 개인적 이익의 기초로서 효용을 발휘

할 수 있어야 한다는 것을 말한다. 처분권은 사적 유용성과 명확하게 구별되는 것은 아니지만 재산권의 객체를 변경·양도·포기할 수 있는 권능을 말한다. 구체적인 권리가 아닌 단순한 사실상 이익이나 재화 획득에 대한 기대는 아직 개인에게 귀속된 것이 아니므로 사적 유용성이 없다(헌재 1996. 8. 29. 95헌바36). 행정청 재량에 따른 급여는 개인이 처분할 수 있는 상태가 아니므로 재산권 보호대상에서 제외된다.

공법상 권리가 헌법상 재산권 보장의 보호를 받으려면 ① 공법상 권리가 권리주체에게 귀속되어 개인의 이익을 위해서 이용할 수 있어야 하고(사적 유용성), ② 국가의 일방적인 급부가 아니라 권리주체의 노동이나 투자, 특별한 희생을 통해서 획득되어 자신이 한 급부의 등가물에 해당하는 것이어야 하며(수급자의 상당한 자기기여), ③ 수급자 자신과 가족의 생활비를 충당하기 위한(헌재 1995. 7. 21. 94헌바27등) 혹은 수급자 생존 확보에 이바지하기 위한 경제적 가치가 있는 권리이어야 한다(헌재 2000. 6. 29. 99헌마289). 이러한 요건으로 말미암아 사회부조와 같이 국가의 일방적인 급부에 대한 권리는 재산권 보호대상에서 제외되고, 단지 사회법상 지위가 자신의 급부에 따른 등가물에 해당하는 때만 사법상 재산권과 비슷한 정도로 보호받아야 할 공법상 권리가 인정된다. 즉 공법상 법적 지위가 사법상 재산권과 비교될 정도로 강력하여 그에 대한 박탈이 법치국가원리에 어긋나는 때만 그러한 성격의 공법상 권리가 재산권 보호대상에 포함된다(헌재 2000. 6. 29. 99헌마289). 그리고 공법상 재산적 가치 있는 지위가 헌법상 재산권 보호를 받으려면 먼저 입법자가 수급요건, 수급자의 범위, 수급액 등 구체적인 사항을 법률에 규정함으로써 구체적인 법적 권리로 형성되어 개인의 주관적 권리 형태를 갖추어야 한다(헌재 2000. 6. 29. 99헌마289).

재산권적 보호대상인 급여에는 가입자의 보험료로 형성된 급여뿐 아니라 사용자의 부담금으로 형성된 급여도 포함되어야 한다. 헌법재판소는 사회보험급여가 전체적으로 재산권적 보호대상이지만, 사용자가 납부한 보험료로 형성된 부분에 대해서는 입법형성권이 넓다는 견해이다(헌재 1994. 6. 30. 92헌가9). 그리고 헌법재판소는 연금청구권이 사회보장수급권과 재산권의 성격이 동시에 있어서 순수한 재산권은 아니라는 이유로 입법적 형성 폭이 넓다고 한다(헌재 2009. 7. 30. 2008헌가1등).

헌법은 상속권을 명시적으로 헌법상 권리로 보호하지 않는다. 하지만 상속권은 재산권 처분형태의 하나로 재산권에 포함된다. 헌법재판소도 상속권이 재산권을 통해서 보호되는 것으로 이해한다(헌재 1989. 12. 22. 88헌가13). 상속권에서는 재산권뿐 아니라 일반적인 행동의 자유로서 유언의 자유, 혼인과 가족 보호의 헌법적 요청 등을 함께 고려하여야 한다.

저작권, 특허권, 실용신안권, 의장권, 상표권, 예술공연권 등과 같은 무체재산권도 헌법상 재산권으로서 보호된다. 헌법 제22조 제2항에 따라 저작자 · 발명가 · 과학기술자와 예술가의 권리는 법률로 보장된다. 여기서 저작자 · 발명가 · 과학기술자와 예술가는 창작자를 예시한 것으로 지식과 정보를 처음으로 만드는 사람이면 누구나 창작자에 해당한다. 이는 국가가 정신적 · 문화적 · 기술적 창작자의 권리를 법률로 특히 보장함으로써 문화를 향상시키려는 데 그 의미가 있다(헌재 1993. 11. 25. 92헌마87). 단순한 경제적 목적으로 지적 재산권을 보호하려는 것이면 헌법 제23조 이외에 군이 헌법 제22조 제2항을 별도로 규정할 필요도 없을 뿐 아니라 헌법 제22조 제2항을 헌법 제22조 제1항과 함께 규정할 이유도 없다는 점에 비추어 헌법 제22조 제2항은 학문과 예술, 과학 발달에 이바지하는 창작활동만 보호한다. 지적 재산권은 문학 · 예술 · 과학 · 기술 등 인간의 정신적 창작활동의 결과 생산되는 무형의 산물을 지배하고 사용할 수 있는 권리를 말한다. 지적 재산권은 (예술적 · 인문과학적 창작의 산물인 저작물에 대한 저작자의 일신전속적 권리인)

저작권과 (특허권·실용신안권·의장권·상표권 등 산업적 무체재산권을 총칭하는) 산업소유권 그리고 (현대정보화사회 출현에 따라 새로이 생성되는 컴퓨터소프트웨어·반도체칩·데이터베이스·영업비밀 등을 가리키는) 제3유형의 권리로 나뉜다.

설립되어 수행 중인 영업은 그 설비 및 권리의 총체로서 헌법상 보호되는 재산권에 속한다. 그러나 '단순히 위치상 유리한 점'이라든지 '미래의 기회 및 영리획득 가능성'과 '영업 확장'은 (그것이 이미 생산적으로 작용하는 구성요소로서 영업 자체에 포함되지 아니하는 한) 재산권으로 보호되지 아니한다(헌재 1996. 8. 29. 95헌바36).

전체로서 재산 자체가 재산권 보장 범위에 속하는지가 문제 된다. 이 문제는 조세와 같은 공권력의 금전급부의무 부과가 재산권에 대한 침해를 뜻하는지와 관련된다. 헌법재판소는 위헌적 법률을 통한 조세 부과는 재산권을 침해한다고 하여(헌재 1992. 12. 24. 90헌바21) 비록 명시적으로 언급하지는 않으나 재산 자체가 재산권의 객체가 된다고 보는 것 같다.

2. 주체

재산권 주체는 자연인뿐 아니라 법인도 된다. 재산권은 인간의 권리이므로 외국인이나 무국적자도 주체가 된다. 그러나 이들의 재산권은 국민보다 더 많이 제한될 수 있다(예를 들어 '부동산 거래신고 등에 관한 법률' 제7조에 따라 외국인의 토지 취득이나 양도는 금지되거나 제한될 수 있다). 미성년자도 주체가 되지만 그 행사능력은 민법상 법률행위능력을 갖출 때 있다. 내국사법인은 주체가 될 수 있지만, 외국법인은 주체가 될 수 없다. 외국법인이 주체가 되지 못한다고 하여 재산권 보호를 받지 못하는 것은 아니다. 외국사법인의 재산권은 상호주의원칙에 따라서 보호받을 수 있고, 법치국가적 보호대상에서 제외되지 않는다. 내국

공법인은 재산권보유자는 될 수 있으나 재산권 주체는 원칙적으로 될 수 없다. 권리능력 없는 내국사단도 주체가 될 수 있다.

3. 내용

① 재산권은 원칙적으로 재산권의 기존상태(현상태)를 보호대상으로 한다. 따라서 이익을 얻을 기회, 희망, 기대, 전망 등은 포함되지 아니한 다(헌재 1996. 8. 29. 95헌바36). 즉 헌법 제23조는 상태를 보장하는 것 이지 영리(소득)활동 등 재산권 획득 가능성까지 보상하는 것은 아니다. 재산권은 이미 획득한 것, 즉 활동 결과를 보호하며, 영리(소득)활동은 헌법 제15조의 직업의 자유에 따라서 보호된다. 헌법재판소도 "구체적 인 권리가 아닌, 단순한 이익이나 재화의 획득에 관한 기회 등은 재산 권 보장의 대상이 아니다. … 영리획득의 단순한 기회나 기업활동의 사 실적·법적 여건은 그것이 기업에게는 중요한 의미를 갖는다고 하더라 도 재산권보장의 대상은 아니다."라고 한다(헌재 1996. 8. 29. 95헌바36).

② 재산권 이용도 보호된다. 따라서 재산권을 보유하는 것뿐 아니라 이를 사용·수익·처분할 자유도 있다. 그리고 재산권을 이용하지 아니 할 소극적 자유도 있다. 물론 일반적으로 금지된 행위에 재산권을 이용 하는 것은 재산권 보장에 포함되지 않는다. 토지 소유자 스스로 그 소 유의 토지를 일반 공중을 위한 용도로 제공하면(대표적으로 도로) 그 토 지에 대한 소유자의 독점적이고 배타적인 사용·수익권 행사가 제한된 다. 다만, 토지 소유자의 독점적이고 배타적인 사용·수익권 행사 제한 여부를 판단하려면 토지 소유자의 소유권 보장과 공공의 이익 사이의 비교형량을 하여야 하고, 원소유자의 독점적·배타적인 사용·수익권 행사가 제한될 때도 특별한 사정이 있다면 특정승계인의 독점적·배타 적인 사용·수익권 행사가 허용될 수 있고, 토지 소유자의 독점적·배타 적인 사용·수익권 행사가 제한되더라도 일정한 요건을 갖추면 사정변

경원칙이 적용되어 소유자가 다시 독점적·배타적인 사용·수익권을 행사할 수 있다(대법원 2019. 1. 24. 선고 2016다264556 전원합의체 판결).

③ 행정절차라든지 법정절차에서 자신이 재산권자로서 가지는 이익을 유효하게 주장하고, 다른 사법주체에 대항하여 관철시킬 재산권자의 권리도 재산권을 통해서 보호된다.

④ 재산권 보장은 법제도로서 사유재산제도를 보장한다. 사유재산제도의 핵심은 생산수단의 사유이다. 법제도로서 사유재산제도를 헌법적으로 보장하는 것은 사유재산권의 객관적인 질서형성적 의의를 인정하고 보장하는 것이며, 입법자에게서 사유재산권의 존속과 기능을 가능하게 하고 규율하는 핵심적 규범을 보장하는 것이다. 따라서 재산권을 형성하는 입법자는 사유재산제도를 부인하거나 그 핵심적 내용을 부인하는 어떤 법도 제정하거나 개정할 수 없다. 그리고 사유재산제도는 어떠한 경제정책적 또는 사회정책적 형성을 통해서도 배제될 수 없다. 사유재산제도 보장은 개인적 자유권 보장에 이바지한다.

4. 침해

(1) (재산권)내용형성규정(내용과 한계 규정)

헌법 제23조 제1항 제2문에 따라 법률상 재산권의 내용과 한계를 규정하여 재산권을 확대할 수도 축소할 수도 있다. 재산권자의 권리·의무를 일반적·추상적으로 확정하면 내용·한계규정이 되나, 법률규정이 구법상 인정되어 온 재산권을 구체적·개별적으로 축소하면 공용제약(공용침해)이 된다.

(2) 공용제약(공용침해)

공익사업을 위해서 다른 사람의 특정한 재산권을 법률에 근거하여 강제적으로 취득하거나(공용수용), 다른 사람의 재산권에 대한 사용권을 취득하고 재산권주체에게 이를 수인할 의무를 지우거나(공용사용), 그 밖에 일정한 공법상 제한(예: 계획제한)을 가하는 것(공용제한)을 공용제약(공용침해)이라고 한다. 공용제약(공용침해)은 직접 법률을 통해서 할 수도 있고(입법수용), 법률에 근거한 행정처분을 통해서 할 수도 있다(행정수용).

재산권 제약이 공용제약(공용침해)이 되려면 먼저 ① 제약행위의 직접성이 있어야 한다. 즉 재산권 제약이 고권적으로 이루어진 원인(행위)의 직접 결과이거나 고권적으로 형성된 위험상황의 전형적인 결과이거나 고권적인 책임 범주 안에 귀속되는 것으로 평가되는 결과이어야 한다. 다음으로 ② 재산권 주체의 특별(한)희생이어야 한다. 즉 특정인이나 특정 집단의 희생이어야 한다(형식적 기준). 끝으로 ③ 제약결과의 충분한 중대성이 있어야 한다. 즉 재산권의 박탈이나 수인을 기대할 수 없는 심각한 제약이어야 한다.

(3) 내용형성규정과 공용제약(공용침해)규정의 구별(사회적 구속성의 한계점)

입법자는 헌법 제23조의 재산권 보장 영역 안에서 두 가지 다른 방식으로 재산권을 제한할 수 있다. 먼저 ① 입법자는 헌법 제23조 제1항 제2문에 따라서 재산권의 내용과 한계를 앞날을 향해서 새롭게 정할 수 있다. 이때 현재 재산관계법에 따라서 보장되는 재산권자의 권리를 축소할 수도 있다. 다음으로 ② 입법자는 헌법 제23조 제3항에 따라서 법률로써나 법률에 근거를 두고 그 위임에 따라 제정된 명령을 통해서 재산권을 제한할 수 있다.

종래 논의(이른바 경계이론)를 따르면 제23조 제1항 제2문과 제2항은 보상의무 없는 사회적 제약(사회적 기속성 안의 내용한계형성)으로, 제23조 제3항은 보상의무 있는 공용제약(공용침해)으로 이해하고, 법률이 제

23조 제1항 제2문과 제2항의 범위 안에 있는 한 보상은 필요하지 않다. 그러한 무보상의 내용한계형성과 보상의무 있는 공용제약(공용침해) 사이에 경계를 확정하는 일이 결정적으로 중요하다. 구별기준에는 침해행위의 대상범위를 기준으로 하는 형식적 기준설[① 특정인 혹은 범위를 확정할 수 있는 특정 다수인의 재산권에 대해서 개별 행위를 통해서 특별한 손실을 가하면 보상을 요한다는 개별행위설(동일상황에 처한 사람들에게 동일한 손실을 가하면 사회적 기속의 한계 안이라고 본다)과 ② 이 이론을 발전시켜서 특정인 혹은 특정한 집단에 대해서 다른 개인이나 집단에게는 요구되지 아니하는 특별한 희생을 강요하면 보상을 요한다는 특별행위설(특별희생설)]과 재산권 제한의 성질이나 강도와 같은 실질적 기준으로 양자를 구분하는 실질적 기준설{① 제한의 강도나 중대성(심각성)을 바탕으로 그것이 수인가능한 것인지를 기준으로 한 수인한도설[재산권주체에게 수인을 기대할 수 없으면 공용제약(공용침해)]이나 중대성설[일정한 침해 강도를 넘는 침해행위는 공용제약(공용침해)], ② 재산권에 대한 역사적 고찰, 법의 취지 등에 비추어 보호할 만한 가치가 인정되는 것인지를 기준으로 한 보호가치설(역사적으로 보거나 일반적 법의식에 비추어 보거나 하여 보호가치가 있는 재산권으로 인정되면 그에 대한 침해는 공용제약(공용침해)이나 실체감소설[특정인의 재산권 전부가 박탈되거나 재산권의 실체적 내용 감소가 있으면 공용제약(공용침해)], ③ 재산권의 기능을 재산권의 사적 유용성(효용성)을 침해하는지를 기준으로 한 사적 유용성설, ④ 재산권에 대해서 본래 인정되어 온 객관적인 이용목적과 기능에서 유리되는지를 기준으로 한 목적위배설, ⑤ 해당 재산권이 처한 특수한 상황(지리적 여건 등)으로 볼 때 해당 제한이 사회적 의무로서 수반될 수 없는 것인지를 기준으로 한 상황구속성설}이 있다.

분리이론은 재산권에 관한 내용한계형성규정과 공용제약(공용침해)은 서로 연장선상에 있지 아니하고 각기 독립된 별개의 것으로 이해한다.

따라서 양 법률조항에 관한 사법심사기준도 서로 독립된 것으로 보고 양자의 구별기준으로서 종전 논의처럼 제약 강도가 아닌 제약의 형태나 목적을 중심으로 판단한다. 먼저 형태를 기준으로 보면 제약조치가 일반적·추상적이면 내용한계형성규정으로, 개별적·구체적이면 공용제약(공용침해)으로 본다. 다음으로 목적을 기준으로 보면 내용한계형성규정은 재산권자의 권리와 의무를 앞날을 향해서 객관법적으로 규율하는 것이 목적이고, 공용제약(공용침해)은 제약을 통해서 재산권자의 법적 지위를 옹글게(완벽하게) 혹은 부분적으로 박탈하거나 제한하는 것이 목적이다. 여기서 주의할 것은 내용한계형성규정으로 볼 수 있는 입법이더라도 보상이 전적으로 금지되는 것은 아니라는 점이다. 즉 동 입법의 한계인 비례성원칙을 준수하려고 보상할 수 있다(조정보상). 그러나 이러한 보상은 헌법 제23조 제3항에 근거한 것이 아니라 제23조 제1항 제2문과 제2항 및 법치국가원리에서 도출되는 비례성원칙의 한 내용이고, 제23조 제3항과 같이 반드시 금전 형태여야 하는 제약이 있는 것도 아니다. 비례성원칙을 준수하기 위한 방법 선택은 입법형성의 재량 영역 안에 있는 것으로 볼 수 있기 때문이다.

헌법재판소는 "입법자는 재산권의 내용을 구체적으로 형성함에 있어서 사적 재산권의 보장이라는 요청(헌법 제23조 제1항 제1문)과 재산권의 사회적 기속성에서 오는 요청(헌법 제23조 제2항)을 함께 고려하고 조정하여 양 법익이 조화와 균형을 이루도록 하여야 한다. 따라서 입법자는 중요한 공익상의 이유로 재산권을 제한하는 경우에도 비례원칙을 준수하여야 하며 본질적 내용인 사적 이용권과 원칙적인 처분권을 부인하여서는 안 된다. 재산권에 대한 제약이 비례원칙에 합치하는 것이라면 그 제약은 재산권자가 수인하여야 하는 사회적 제약의 범위 내에 있는 것이라 할 수 있으나, 재산권에 대한 제약이 비례원칙에 반하여 과잉된 것이라면 그 제약은 재산권자가 수인하여야 하는 사회적 제약의 한계를 넘는 것이므로, 입법자가 재산권을 비례의 원칙에 부합하게 합헌적으로 제한하기 위해서는 수인의 한계를 넘어 가혹한 부담이 발생하는 예외적인 경우에는 이를 완화하는 보상규정을 두어야 한다(헌재 2005. 9. 29. 2002헌바84등 참조). 다만, 이러한 조정적 보상은 입법자가 헌법 제23조 제1항 및 제2항에 의하여 재산권의 내용을 구체적으로 형성하고 공공의 이익을 위하여 재산권을 제한하는 과정에서 이를 합헌적으로 규율하기 위하여 두어야 하는 규정으로서, 헌법 제23조 제3항의 정당한 보상 내지 완전한 보상에까지 이를 필요는 없고, 합헌적으로 조정하는 방법도 반드시 직접적인 금전적 보상의 방법에 한정되지 아니하며, 금전보상에 갈음하거나 기타 손실을 완화할 수 있는 제도를 보완하는 등 여러 가지 다른 방법을 사용할 수 있다. 즉, 입법자에게는 헌법적으로 가혹한 부담의 조정이란 '목적'을 달성하기 위하여 이를 완화·조정할 수 있는 '방법'의 선택에 있어서는 광범위한 형성의 자유가 부여된다(헌재 2006. 1. 26. 2005헌바18 참조)."(헌재 2020. 4. 23. 2018헌가17)라고 하여 이른바 분리이론을 취한 것으로 보인다.

5. 제한

헌법 제23조에 따라서 재산권을 제한하는 형태에는, 제1항과 제2항에 근거하여 재산권의 내용과 한계를 정하는 것과 제3항에 따른 수용·사용 또는 제한하는 것의 두 가지 형태가 있다. 전자는 입법자가 앞날에 추상적이고 일반적인 형식으로 재산권의 내용을 형성하고 확정하는 것이고, 후자는 국가가 구체적인 공적 과제를 수행하려고 이미 형성된 구체적인 재산적 권리를 전면적 또는 부분적으로 박탈하거나 제한하는 것을 뜻한다(헌재 1999. 4. 29. 94헌바37등).

(1) (재산권)내용형성규정(내용 및 한계 규정)

입법자는 법률로써 헌법 제23조 제1항 제1문이 보장하는 재산권 내용이 무엇인지를 확정할 뿐 아니라 구체적으로 재산권을 형성할 권한이 있다. 이때 법률은 형식적 의미의 법률을 뜻한다. 그러나 법률의 위임에 근거한 하위법령을 통해서도 이러한 확정과 형성이 가능하다.

사회국가원리의 구체적 표현인 사회적 구속성은 먼저 재산권의 내용과 한계를 규정하는 입법자에게 향한다. 즉 입법자는 재산권을 구체적으로 형성할 때 한편으로는 재산권 보호를, 다른 한편으로는 재산권의 사회적 의무를 존중할 권한과 의무가 동시에 있다. 사회적 구속성은 단순한 강령이 아니라 직접적인 법적 구속력이 있는 규범이다. 즉 이 규정은 법률상 금지된 행위를 하지 말아야 할 소극적인 의무는 물론 적극적으로 공공복리에 적합하도록 재산권을 행사하여야 할 의무를 부과하고, 이는 법률 존부와 상관없이 있다. 재산권은 결국 그에 대한 사회적 구속이 미치지 아니하는 범위에서만 보장된다.

헌법 제23조 제2항은 나아가 재산권의 내용과 한계를 확정하는 입법자에게 구속력 있는 규준을 제시한다. 즉 입법자에 대한 재산권 형성지침을 내포한다. 그 밖에 재산권의 사회적 구속성 조항은 재판이나 행정작용에 대해서는 재산권에 관련된 규정을 해석하는 지침으로서 의미가 있다. 재산권의 사회적 구속성 정도는 고정불변의 것이 아니고 사회발전에 따라 변화하며 사회적 상황에 적응하여야 한다. 그러므로 현행 헌법상 재산권 보장의 실질적 내용은 궁극적으로 제23조 제2항의 사회적 구속성에 관한 조항을 통해서 구체화한다.

재산권의 사회적 구속성은 재산권의 내용과 한계 확정에서 규준이 된다. 따라서 헌법 제23조 제1항 제2문과 제23조 제2항 사이에는 논리적 및 헌법체계적 관련이 있다. 양 조항은 나아가 모두 재산권 행사의 자유 및 재산권의 제도적 보장과 불가분의 관계가 있다. 그리고 양 조항은 모두 사회국가원리 구현을 위한 중대한 수단이 된다. 그 밖에도 재산권의 내용과 한계를 확정하는 때와 재산권의 사회적 구속성을 구체화하는 때는 원칙적으로 보상의무가 따르지 않는다.

헌법 제23조 제2항을 기본의무로 이해할 때, 헌법 제23조 제2항의 공공복리를 헌법 제37조 제2항의 국가안전보장·질서유지·공공복리와 같거나 더 넓은 의미로 이해하면 재산권 제한 심사를 무력화하거나 잠탈할 위험성이 크고, 논리적으로 보호영역 확정 단계에서 기본권 제약의 정당성 심사 단계보다 더 넓은 제약이 가능하다고 볼 수 없으므로 헌법 제23조 제2항의 공공복리는 헌법 제37조 제2항의 국가안전보장·질서유지·공공복리 중에서 국가의 경제적 토대를 마련하고 유지하는 데 필수적인 것으로 좁혀서 이해하여야 한다.

⑵ 공용제약(공용침해)

재산권의 공용수용·공용사용·공용제한을 아우르는 공용제약(공용침해)은 헌법 제23조 제1항 제2문에 따른 재산권의 내용과 한계 확정과는 달리 재산권에 대한 진정한 제약을 뜻한다. 공용수용은 재산권 박탈에 그치는 것이 아니라 공익사업주체의 재산권 취득까지 있어야 한다. 따라서 '가축전염병 예방법' 제20조에 따른 살처분 명령은 재산권 박탈만 있고 재산권 이전이 없어서 수용이 아니다. 재산권의 수용 등의 행위가 재산권의 본질적 내용침해금지규정에 저촉되지 않고 재산권 보장과 양립할 수 있는 유일한 이유는 재산권적 지위의 가치가 보상을 통해서 유지되기 때문이다. 이때 재산권 보장은 가치 보장으로 전환된다. 즉 재산권 보장의 중점은 재산권 존립를 확보하는 데 있고 '합법적' 공용제약(공용침해)만 재산권 보장을 가치 보장으로 전환한다. 따라서 헌법 제23조 제3항의 요건을 충족하지 못하는 공용제약(공용침해)은 그로 말미암은 재산손실에 대하여 보상을 해준다고 하여서 합법적인 것이 되는 것은 아니다. 공용제약(공용침해)이 합법이 되려면 ① 공공필요, ② 법률형식, ③ 정당한 보상의 요건을 갖추어야 한다.

수용(좁은 뜻의 공용수용, 고전적 의미의 공용수용)은 공공필요에 따라서 공권력 강제를 통하여 개인의 재산권이 국가 혹은 제3자에게 종국적·강제적으로 이전하는 것(공공필요에 따라서 재산권 전부에 대한 귀속주체를 변경하는 재산권박탈행위)을 말한다. 여기서 수용 동기는 개별 재산권에 내재한 고유한 사용가치 확보이지 교환가치 활용이 아니다. 헌법재판소는 재산권 수용은 공공필요에 따른 재산권의 공권력적·강제적 박탈을 뜻하고, 강제적 박탈은 국민의 재산권을 그 의사에 반하여 취득하는 것을 뜻한다고 한다(헌재 1998. 3. 26. 93헌바12). 사용은 재산권 주체를 그대로 유지하면서 사용권에 대한 일정한 제한을 가하는 것(재산권의 귀속주체 변경을 일으키지 아니하면서 공공필요를 충족하려고 재산권의 객체를 일시적·강제적으로 사용하는 행위, 즉 재산권 객체의 이용권을 일시적으로 박탈하는 조치)을 말한다. 그 밖의 모든 형태의 재산권에 대한 '제한'(재산권에서 나오는 가분적·독립적 권리를 공공필요에 따라서 박탈하는 행위)도 보상 원인이다. 공공필요에 따라 공권력이 행사될 때 발생하는 예상하지 못한 부수적 결과로서, 즉 간접적으로 재산권에 대한 제한이 가해지는 것을 수용적 제약(침해)이라고 한다. 수용은 법률에 근거한 행정처분을 통해서 이루어지지는 행정적 수용과 법률이 직접 제한하는 입법적 수용으로 나뉜다.

헌법 제23조 제2항은 개별적 법률유보이고, 헌법 제37조 제2항은 일반적 법률유보이다. 따라서 일반-특별의 법리에 따라 헌법 제23조 제3항이 헌법 제37조 제2항에 우선하여 적용된다. 따라서 공공필요 요건이 충족되면 일반조항의 국가안전보장·질서유지·공공복리의 요건과 분리되건 중첩되건 상관없이 법률상 제한이 허용된다. 그런데 헌법 제23조 제3항은 재산권 보장을 존속보장이 아닌 가치보장만 하는 것을 허용하는 예외적인 재산권제한규정이다. 따라서 공공필요는 국민의 재산권을 그 의사에 반하여 강제적으로 제약하여야 할 공익적 필요를 말하고, 이는 기본권 제한의 일반적인 사유인 공공복리보다는 좁은 개념으로 이해하여야 한다. 즉 공공필요는 '공익성'과 동시에 '필요성' 요건을 충족하여야 한다(헌재 1995. 2. 23. 92헌바14). 공익성 정도는 공용수용을 허용하는 개별법의 입법목적, 사업내용, 사업이 입법목적에 이바지하는 정도, 사업시설에 대한 대중의 이용 및 접근 가능성을 종합적으로 고려하여 판단된다. 필요성을 충족하려면 공용수용을 통해서 달성하려는 공익과 그로 말미암아 재산권을 침해당하는 사인의 이익 사이의 형량에서 사인의 재산권 제약을 정당화할 정도로 공익이 우월하여야 한다. 따라서 단순히 국가의 재정수입을 늘리기 위한 공용제약(공용침해)이나 재분배를 위한 공용제약(공용침해)은 허용되지 않는다.

공공필요가 없거나 공공필요와 비교해서 과도하게 재산권이 제약되면 재산권에 대한 제약행위는 위헌이므로 취소되어야 한다. 공공필요가 있어 수용되었으나 사후에 수용 목적인 공공사업이 수행되지 않거나 수용된 재산이 실제 이용되지 않으면 피수용자는 해당 재산에 대한 환매권이 있다(헌재 1994. 2. 24. 92헌가15등). 공공필요 요건을 갖추면 국가 외에 민간기업도 수용권 주체가 될 수 있다(헌재 2009. 9. 24. 2007헌바114). 다만, 민간기업이 사업시행자이면 그 사업 시행으로 획득할 수 있는 공익이 현저히 해태되지 않도록 보장하는 제도적 규율도 갖추어야 한다(헌재 2014. 10. 30. 2011헌바172등).

공용제약(공용침해)은 '법률로써' 하여야 한다. 이때 법률은 국회가 제정하는 이른바 형식적 의미의 법률을 말한다. 법률과 같은 효력이 있는 국회 동의가 필요한 조약, 법률대위명령, 법률의 효력이 있는 일반적으로 승인된 국제법규도 법률에 속한다. 법률'로써'라는 말은 '법률 자체에 의한' 공용제약(공용침해)이라기보다는 '법률에 근거를 두는' 공용제약

(공용침해)을 뜻하는 것으로 새겨야 한다. 법률 자체가 직접 그 시행과 동시에 집행행위의 매개 없이 일반적 법률에 따라서 특정 인적 범위에 부여된 개인의 구체적 권리를 박탈하거나 제한할 수도 있지만, 그러한 입법공용제약(입법공용침해)은 개인의 권리구제 가능성을 현저히 제약하는 부작용이 있으므로 예외적인 때만 허용될 수 있기 때문이다. 따라서 '법률로써'라는 말은 무엇보다도 행정권이 법률의 수권에 근거하여 개인의 구체적인 재산권을 박탈하거나 제한하는 공용제약(공용침해)의 통상적 경우인 행정공용제약(행정공용침해)을 가리킨다고 보아야 한다. 따라서 법률의 위임에 근거한 위임입법(법규명령이나 조례)에 따른 공용제약(공용침해)도 가능하다(헌재 1994. 6. 30. 92헌가18).

현행 헌법 제23조 제3항은 1962년 헌법 제20조 제3항과 달리 "공공 필요에 의한 재산권의 수용·사용 또는 제한 및 그에 대한 보상은 법률로써 하되 정당한 보상을 지급하여야 한다."라고 규정하므로 헌법 제23조 제3항은 공용제약(공용침해)과 그 보상 사이에는 불가분의 관계가 있음을 확인하는 '불가분조항(결부조항, 부대조항)'으로 해석하여야 한다. 즉 공용제약(공용침해)의 근거와 그에 대한 보상의 기준·방법·범위가 같은 법률에서 상호 불가분적으로 규정되어야 한다. 이 불가분조항에 어긋나게 보상에 관한 규정 없이 공용제약(공용침해) 요건을 확정한 법률은 위헌이다. 불가분조항은 입법자가 공용제약(공용침해)의 요건과 함께 보상의 종류와 범위를 동시에 규정하는 때만 공용제약(공용침해)을 수인할 의무를 개인에게 부과함으로써 개인의 재산권을 보호하는 한편, 입법자에 대한 경고적 기능을 수행한다. 즉 입법자가 법률을 제정할 때 자신이 규율하는 사태가 보상의무를 수반하는 공용제약(공용침해)인지를 사전에 면밀하게 검토하지 않을 수 없게 강제하고, 나아가 재산권의 내용과 한계를 확정한다는 미명 아래 공용제약(공용침해)을 규정하지 못하도록 예방한다.

구체적 보상입법이 없을 때 헌법 제23조 제3항을 근거로 보상청구할 수 있는지와 관련하여 ① 헌법 제23조 제3항은 보상 자체는 필수적인 것으로 하고, 다만 그 기준과 방법을 법률로 정하도록 하고, 제1항에서 사유재산제도 보장을 명백히 밝히므로 보상청구권은 헌법에서 직접 발생하고, 직접효력을 부여받는다는 직접효력설(국민에 대한 직접효력설), ② 헌법상 보상규정은 입법자 구속─보상규정이 결여된 공용제약(공용침해)법률은 위헌무효이고, 그러한 법률에 근거하여 이루어진 공용제약(공용침해)도 무효로서 효력을 발생하지 아니 한다고 하면서, 무효 확인, 원상회복, 손해배상 청구만 가능하다는 위헌무효설(입법자에 대한 직접효력설), ③ 공용제약(공용침해)법률에 보상규정이 없으면, 헌법 23조 제1항의 재산권규정과 제11조의 평등권 규정을 근거로 제23조 제3항 관계규정을 유추적용하여 보상을 청구할 수 있다는 유추적용설(간접효력설)이 대립한다. 헌법재판소는 보상에 관해서 아무런 입법조치를 취하지 않은 것이 입법부작위로서 위헌임을 확인한 바 있다(헌재 1994. 12. 29. 89헌마2). 이러한 점에 비추어 위헌무효설에 가까운 견해로 볼 수 있다.

정당한 보상은 완전보상을 뜻한다. 완전보상이란 해당 시장에서 재산권의 객관적 재산가치에 대한 보상을 말한다. 완전보상을 원칙으로 하되 합리적인 이유가 있으면 완전보상을 하회할 수 있다는 상당보상설이 주장되나, 1948년 헌법과 1960년 헌법에 상당한 보상으로 규정된 것이 1962년 헌법에서 정당한 보상으로 바뀌었다가 1972년 헌법의 입법에 따른 보상결정과 1980년 헌법의 이익형량보상을 거쳐 다시 현행 헌법에서 정당한 보상으로 바뀐 헌법사적 측면을 고려하고, 정당한 보상은 재산권 보장을 가치보장으로 전환하는 근거라는 점에 비추어 정당한 보상을 상당보상으로 보기는 어렵다. 헌법재판소도 정당한 보상을 원칙적으로 완전보상으로 이해한다(헌재 1990. 6. 25. 89헌마107). 이때 보상금

액뿐 아니라 보상의 시기와 방법에서도 제한이 없다. 따라서 보상을 반드시 금전보상으로 하여야 하는 것은 아니다.

제5절 참정권

Ⅰ. 의의와 기능

1. 의의

좁은 뜻의 정치적 기본권인 참정권은 전통적 의미의 참정권으로서 국민이 국가기관 구성과 국가의사 형성에 직·간접으로 참여할 수 있는 권리이다. 이는 국민투표권, 선거권, 피선거권, 공직취임권을 아우른다. 넓은 뜻의 정치적 기본권은 참정권뿐 아니라 정치적 언론·출판의 자유, 집회와 결사의 자유, 정당설립·활동의 자유와 같은 그 밖의 정치적 기본권도 포함한다. 참정권은 직접참정권과 간접참정권으로 나눌 수 있다. 직접참정권은 국가의사를 직접 결정하는 권리이고, 간접참정권은 국가기관 구성에 참여하는 권리이다. 직접참정권에는 헌법개정안에 대한 국민표결권(헌법 제130조 제2항), 국가안위에 관한 중요정책에 대한 국민표결권(헌법 제72조), 주민투표권(지방자치법 제18조)이 있다. 간접참여권에는 선거권(헌법 제24조) 및 피선거권과 공직취임권을 아우르는 공무담임권(헌법 제25조)이 있다.

2. 기능

참정권은 다양한 기능이 있다. 먼저 ① 참정권은 국가기관을 구성하여 국가권력을 창설한다. 정치적 통일체인 국가와 국가권력은 선존하는 것이 아니라 공동체 구성원의 정치적 통일 형성을 통해서 구성된다. 이러한 정치적 통일 형성은 참정권 행사를 통해서 가능하다. 다음으로 ② 참정권은 국가기관과 국가권력에 정당성을 부여한다. 국가기관과 국가권력이 구성되어도 국민이 그것을 정기적·반복적으로 정당화하여야 하고 그렇게 정당화하는 범위에서 존속한다. 이러한 정당화도 참정권 행사를 통해서 가능하다. 끝으로 ③ 참정권은 국가권력을 통제하는 기능이 있다. 특히 국민은 참정권 행사를 통해서 기존 국가권력 담당자에 대한 정당성 갱신을 거부하고 담당자를 교체함으로써 담당자의 책임을 묻는다.

Ⅱ. 특징

① 참정권은 국민이 능동적 지위에서 행사하는 (국가를 향한) 권리이다. 이러한 점에서 참정권은 국가형성적 성격이 있다. 국가를 향한 권리라는 점에서 국가에서 자유로움을 가리키는 자유권과 구별된다. 참정권은 국가를 전제로 보장되는 권리이므로 인권에 해당하지 않고 자연권적 성격도 없다. ② 참정권도 헌법이 보장하는 권리인 이상 의무가 아니라 법적 권리일 수밖에 없다. 참정권 행사를 통해서 국가와 국가권력이 구성되고 정당화하며 반복적 정당화를 통해서 정치적 통일이 유지되는 한에서만 민주국가가 존립할 수 있다. 그래서 민주국가는 참정권 행사를 통한 국민 참여가 필수적이다. 참정권 행사가 이처럼 중요하여도 참정권은 권리일 뿐이지 의무는 아니다. ③ 참정권을 능동적 지위에서 도출하면, 개인은 국가조직 자체 일부로서 국가 권한을 행사하므로 국가에 대해서 어떠한 요구도 할 수 없다. 그리고 참정권 행사가 주권 행사라면 주권자가 자신에게 권리를 주장하는 것은 모순으로 볼 수도 있다. 그러나 주권자인 국민이 정당화한 권력도 남용될 수 있으므로, 참정권은 주관적 권리의 성격도 아울러 있다고 보아야 한다. ④ 참정권은 국민에게만 인정되는 국민의 권리이다. 따라서 외국인이나 무국적자에게는 참정권의 기본권주체성이 부정된다. 그리고 참정권 주체는 자연인만

될 수 있고, 법인은 될 수 없다. 선거권과 피선거권 그리고 공직취임권에 대한 연령 제한은 일반적으로 기본권행사능력 제한으로 이해된다.

Ⅲ. 직접참정권 – 국민투표권

1. 의의와 유형

국민투표권은 국민이 특정 국정사안에 관해서 직접 결정할 권리이다. 즉 국민이 투표로써 국가의사 형성에 직접 참여하는 권리가 국민투표권이다. 국민투표권은 루소(Rousseau)의 국민주권론("국민은 투표일에만 자유롭고 투표일만 지나면 노예가 되기 쉽다.")에 이념적 기초를 둔다. 국민투표권은 대의제의 결점을 보완하고 국민주권을 보호한다.

일반적으로 넓은 뜻의 국민투표는 국민표결과 국민발안, 신임투표, 국민소환 등을 아우른다고 한다. 국민표결은 국민이 중요한 정책이나 법안을 투표로써 직접 결정하는 것을 말하고, 국민발안은 국민이 중요한 정책이나 법안에 관한 투표 시행을 직접 제안할 수 있는 것을 말하며, 신임투표는 특정 공직자의 신임 여부를 투표로 정하는 것을 말하고, 국민소환은 국민 청원에 따라서 임기 중에 있는 선출직 공직자의 해임 여부를 투표로 결정하는 것을 말한다.

2. 현행 헌법이 채택하는 직접참정권 - 국민투표권

대의제민주주의(간접민주주의)를 원칙으로 채택하는 현행 헌법 아래에서 국민투표권은 예외적인 참정형식이다. 따라서 개별 헌법규정에 명시되어야 비로소 국민투표권이 인정된다. 즉 국민주권원칙에서 국민투표권이 직접 도출되지 않는다. 국민이 직접 결정할 권리를 확대하는 것은 헌법이 부여한 국가기관의 권한을 축소하는 결과를 가져와 헌법적 권한질서를 바꾸기 때문이다.

(1) 헌법개정안에 대한 국민투표권

헌법개정안은 국회가 의결하고 나서 30일 이내에 국민투표에 붙여 국회의원 선거권자 과반수 투표와 투표자 과반수 찬성을 얻어야 한다(헌법 제130조 제2항). 헌법개정안은 국민투표로 확정되는데, 헌법개정안에 대한 국민투표는 국회를 통과한 헌법개정안을 인준하는 성격이 있다. 헌법개정안에 대한 국민투표는 필수적 국민표결이다.

(2) 국가안위에 관한 중요 정책에 대한 국민투표권

대통령은 필요하다고 인정하면 외교·국방·통일 기타 국가안위에 관한 중요 정책을 국민투표에 부칠 수 있다(헌법 제72조). 국가안위에 관한 중요 정책에 대한 국민투표는 대통령의 재량적 판단에 따른 임의적 국민표결이다. 헌법 제72조는 대통령의 국민투표부의권을 규정할 뿐이지 그 결과의 구속력에 관해서는 규정하지 않고, 헌법이 구체화하지 않은 구속력을 인정하는 것은 자유위임원칙과 같은 헌법상 원칙과 충돌된다는 점에서 이러한 국민투표 결과는 정치적·사실상 구속력이 있을 뿐이고 법적 구속력은 없다.

(3) 국민투표권 주체

19세 이상 국민은 국민투표권이 있다(국민투표법 제7조). 투표권자 연령은 국민투표일 현재로 산정한다(국민투표법 제8조). 투표일 현재 선거권이 없는 사람은 투표권이 없다(국민투표법 제9조). 재외국민은 관할구역 안에 주민등록이 있거나 국내거소신고를 하여야 국민투표권을 행사할 수 있다(국민투표법 제14조 제1항). 대의기관의 선출주체가 곧 대의기관의 의사결정에 대한 승인주체가 되어야 하므로, 국민투표권자 범위는 대통령선거권자·국회의원선거권자와 일치되어야 한다(헌재 2014. 7. 24. 2009헌마256등).

Ⅳ. 간접참정권

1. 선거권

(1) 의의

선거권은 국민이 선거인단 구성원으로서 공무원을 선출할 수 있는 권리를 말한다(헌법 제24조). 이는 대의제민주주의, 즉 간접민주주의 아래에서 가장 중요한 참정권이다. 구체적으로 헌법은 대통령선거권(헌법 제67조 제1항, 공직선거법 제15조 제1항), 국회의원선거권(헌법 제41조 제1항, 공직선거법 제15조 제1항), 지방의회의원선거권(헌법 제118조, 공직선거법 제15조 제2항)을 규정한다. 지방자치단체장의 선임방법 등에 관해서는 법률로 정하게 되어 있는데(헌법 제118조 제2항), 공직선거법은 지방자치단체장의 선거권을 규정한다(제15조 제2항). 따라서 지방자치단체장에 대한 선거권은 헌법상 권리가 아니라 법률상 권리로 볼 수 있다. 그러나 지방자치제도의 본질에 비추어 그 장을 선거를 통하지 않고 임명하기는 어려우므로 지방자치단체장에 대한 선거권도 헌법상 권리로 보아야 한다. 헌법재판소는 지방자치단체장에 대한 선거권을 법률상 권리로 보다가(헌재 2005. 12. 22. 2004헌마530) 견해를 바꾸어 지방자치단체장에 대한 선거권 자체가 헌법상 기본권임을 명확하게 밝혔다(헌재 2016. 10. 27. 2014헌마797). 그리고 교육감도 주민의 보통·평등·직접·비밀선거에 따라서 선출된다('지방교육자치에 관한 법률' 제43조). 선거권은 국민이 직접 정치의사 형성에 참여할 수단일 뿐 아니라 국가권력을 행사할 담당자를 결정하는 주권의 행사수단이기도 하다. 따라서 사법적인 성격이 있는 농협의 조합장선거에서 조합장을 선출하거나 조합장으로 선출될 권리, 조합장선거에서 선거운동을 하는 것은 선거권에 속하지 않는다(헌재 2012. 2. 23. 2011헌바154). 선거는 소수자가 다수자가 될 기회를 보장해 주면서 소수자를 보호하는 효과적인 제도이다. 그리고 무엇보다도 선거는 국가권력 담당자에게 민주적 정당성을 부여한다. 어떤 형태로든 선거만 치러지면 당연히 민주적 정당성이 부여되는 것이 아니라 민주적 선거원칙에 따른 질서 있고 공정한 선거를 통해서만 민주적 정당성이 확보될 수 있다. 그래서 헌법은 민주선거의 기본원칙으로 보통·평등·직접·비밀선거의 원칙을 명시적으로 규정한다(제41조 제1항과 제67조 제1항). 민주적 선거는 선거 준비에서 당선 확정까지 전체 과정에서 모든 구체적 사항이 이러한 원칙에 들어맞을 때 실현된다. 투표를 통해서 국민의 의사가 공정한 개표절차를 통해서 정확한 선거결과로 반영될 때만 선거권은 제대로 보장된다. 따라서 개표절차의 공정성 확보도 선거권의 내용에 속한다(헌재 2013. 8. 29. 2012헌마326). 나아가 선거행위부터 선거결과 확정까지 선거의 모든 본질적 단계(과정)는 공개적으로 검증할 수 있어야 한다. 이러한 점에서 조작 가능성을 배제할 수 없는 전자개표기 사용은 (수개표를 검증하는 수단으로 사용하는 것이 아니라면) 위헌의 소지가 있다.

(2) 법적 성격

선거권은 국가를 전제로 인정되므로 자연권이 아니고, 헌법이 권리로서 국민에게 부여한 것이므로 국가의사 형성에 적극적으로 참여하는 주관적 권리로 보아야 한다. 그리고 선거는 국가 기능과 밀접한 관련이 있어서 공무적 성격이 있음을 부정할 수 없다. 따라서 선거권은 국가를 위한 기능·공무인 동시에 주관적 권리로 이해하여야 한다(2원설). 헌법재판소는 "헌법의 기본원리인 대의제 민주주의하에서 국회의원 선거권이란 것은 국회의원을 보통·평등·직접·비밀선거에 의하여 국민의 대표자인 국회의원을 선출하는 권리"(헌재 1998. 10. 29. 96헌마186)라고 하여 국회의원선거권의 주관적 권리성을 인정한다.

(3) 주체

공무담임권은 국민주권원칙에 비추어 대한민국 국적이 있는 자연인인 국민에게만 인정된다. 따라서 외국인은 공무담임권의 주체가 될 수 없다. 다만, 필요에 따라 법률에 따라서 외국인을 공무원으로 임용할 수 있다. 국가공무원법 제26조의3 제1항과 지방공무원법 제25조의2 제1항에 따라서 국가기관의 장과 지방자치단체의 장은 국가안보 및 보안·기밀에 관계되는 분야를 제외하고 대통령령 등으로 정하는 바에 따라 외국인을 공무원으로 임용할 수 있다. 복수국적자도 대한민국 국민이므로 공무담임권이 원칙적으로 인정된다. 그러나 ① 국가 존립과 헌법 기본질서 유지를 위한 국가안보 분야, ② 내용이 누설되면 국가 이익을 해하게 되는 보안·기밀 분야, ③ 외교, 국가 간 이해관계와 관련된 정책결정 및 집행 등 복수국적자의 임용이 부적합한 분야 중 하나로서 대통령령 등으로 정하는 분야에는 복수국적자 임용을 제한할 수 있다(국가공무원법 제26조의3 제2항, 지방공무원법 제25조의2 제2항).

선거인명부에 기재되어 있으나, 선거일에 투표소에 가서 투표를 할 수 없으면 사전투표를 통해서 선거권을 행사할 수 있다. 사전투표소에서 투표할 수 없는 ① 법령에 따라 영내 또는 함정에 장기 기거하는 군인이나 경찰공무원 중 사전투표소 및 투표소에 가서 투표할 수 없을 정도로 멀리 떨어진 영내(營內) 또는 함정에 근무하는 사람, ② 병원·요양소·수용소·교도소 또는 구치소에 기거하는 사람, ③ 신체에 중대한 장애가 있어 거동할 수 없는 사람, ④ 사전투표소 및 투표소에 가기 어려운 멀리 떨어진 외딴 섬 중 중앙선거관리위원회규칙으로 정하는 섬에 거주하는 사람, ⑤ 사전투표소 및 투표소를 설치할 수 없는 지역에 장기 기거하는 사람으로서 중앙선거관리위원회규칙으로 정하는 사람은 거소에서 투표할 수 있고, 공직선거법 제38조 제2항에 해당하는 선원은 선상에서 투표할 수 있다(공직선거법 제38조 제4항).

(4) 제한

헌법이 보장하는 선거원칙으로는 보통·평등·직접·비밀·자유선거가 있다. 이 중 보통선거원칙은 국민이 성년자라면 누구라도 당연히 선거권이 있을 것을 요구한다. 특히 공직선거법 제15조 제1항은 18세 이상 국민이라면 누구나 선거권이 있다고 명시한다. 다만, 선거권도 절대적 기본권이 아닌 이상 헌법 제37조 제2항에 따라서 제한될 수 있다. 선거는 국민이 자신의 의사를 국가에 대해서 직접 표출할 수 있는 중요한 수단이므로 선거권에 대한 제한은 엄격한 기준이 적용되어야 한다.

① 연령상 제한

공직선거법은 선거일 현재 18세에 도달한 국민에게 선거권을 부여한다(제15조와 제17조). 선거연령이 20세일 때 헌법재판소는 입법자가 공직선거및선거부정방지법에서 민법상 성년인 20세 이상으로 선거권연령을 합의한 것은 미성년자의 정신적·신체적 자율성의 불충분 외에도 교육적 측면에서 예견되는 부작용과 일상생활 여건상 독자적으로 정치적인 판단을 할 수 있는 능력에 관한 의문 등을 고려한 것이고, 선거권과 공무담임권의 연령을 어떻게 규정할 것인지는 입법자가 입법목적 달성을 위한 선택 문제이고 입법자가 선택한 수단이 현저하게 불합리하고 불공정한 것이 아닌 한 재량에 속하는 것인바, 선거권연령을 공무담임권의 연령인 18세와 달리 20세로 규정한 것은 입법부에 주어진 합리적인 재량 범위를 벗어난 것으로 볼 수 없다고 하였다(헌재 1997. 6. 26. 96헌마89). 그리고 헌법재판소는 18세에게 선거권을 부여하지 않은 것에 대해서 선거연령을 정할 때 민법상 행위능력 유무가 중요한 기준이 될 수 있고, 19세 미만 미성년자의 정신적·신체적 자율성의 불충분과 교육적인 측면에서 예견되는 부작용과 일상생활 여건상 독자적으로 정치적인 판단을 할 능력에 대한 의문 등을 종합적으로 고려하면 불합리

한 것이라고 볼 수 없다고 하였다(헌재 2013. 7. 25. 2012헌마174). 정치
적 판단능력을 이유로 한 헌법재판소의 합헌 논거에 관해서는 의미가
명확하게 정의되지 않은 정치적 판단능력(성숙성)이라는 기준을 선거권
행사 가능 여부를 판단하는 기준으로 적용하는 것은 적절하지 않다는
비판이 있다.

② 선거권 결격사유

선거일 현재 (ⅰ) 금치산선고를 받은 사람, (ⅱ) 1년 이상 징역이나
금고의 형 선고를 받고 그 집행이 종료되지 아니하거나 그 집행을 받지
아니하기로 확정되지 아니한 사람(다만, 그 형의 집행유예를 선고받고 유
예기간에 있는 사람은 제외), (ⅲ) 선거범, 정치자금법 제45조(정치자금부
정수수죄)와 제49조(선거비용 관련 위반행위에 관한 벌칙)에 규정된 죄를
범한 사람이나 대통령·국회의원·지방의회의원·지방자치단체장으로서
그 재임 중 직무와 관련하여 형법('특정범죄가중처벌 등에 관한 법률' 제2
조에 따라서 가중처벌되는 때 포함) 제129조(수뢰, 사전수뢰) 내지 제132
조(알선수뢰)·'특정범죄가중처벌 등에 관한 법률' 제3조(알선수재)에 규
정된 죄를 범한 사람으로서, 100만 원 이상 벌금형 선고를 받고 그 형
이 확정된 후 5년이나 형의 집행유예 선고를 받고 그 형이 확정된 후
10년을 지나지 아니하거나 징역형 선고를 받고 그 집행을 받지 아니하
기로 확정된 후 또는 그 형의 집행이 종료되거나 면제된 후 10년을 지
나지 아니한 사람(형이 실효된 자도 포함), (ⅳ) 법원 판결이나 다른 법률
에 따라서 선거권이 정지되거나 상실된 사람은 선거권이 없다(공직선거
법 제18조).

선거사범으로서 선거권을 제한하는 것은 별론으로 하고 형사책임과
주권 행사를 결부시켜서 선거권을 제한하는 것은 위헌이라는 의심이 있
다. 그러나 헌법재판소는 수형자에게 선거권을 부여하지 않는 공직선거

법 제18조 제1항 제2호에 대해서 합헌결정을 내렸다(헌재 2004. 3. 25. 2002헌마411).

③ 집행유예자와 수형자의 선거권 제한

헌법재판소는 집행유예자와 수형자에 대해서 전면적·획일적으로 선거권을 제한하는 구 공직선거법 제18조 제1항 제2호는 그 입법목적에 비추어 보더라도, 구체적인 범죄의 종류나 내용과 불법성의 정도 등과 관계없이 일률적으로 선거권을 제한하여야 할 필요성이 있다고 보기는 어렵고, 범죄자가 저지른 범죄의 경중을 전혀 고려하지 않고 수형자와 집행유예자 모두의 선거권을 제한하는 것은 침해의 최소성원칙에 어긋나며, 특히 집행유예자는 집행유예 선고가 실효되거나 취소되지 않는 한 교정시설에 구금되지 않고 일반인과 같은 사회생활을 하므로, 그들의 선거권을 제한하여야 할 필요성이 크지 않으므로, 집행유예자와 수형자의 선거권을 침해하고, 보통선거원칙을 위반하여 집행유예자와 수형자를 차별 취급하는 것으로 평등원칙에 어긋나서 위헌이라고 하면서, 집행유예자에게는 단순위헌결정을, 수형자에게는 계속 적용 헌법불합치결정을 내렸다(헌재 2014. 1. 28. 2012헌마409등). 그리고 헌법재판소는 1년 이상 징역형 선고를 받고 그 집행이 종료되지 아니한 사람의 선거권을 제한하는 공직선거법 제18조 제1항 제2호 본문 중 "1년 이상의 징역의 형의 선고를 받고 그 집행이 종료되지 아니한 사람"에 관한 부분은 선거권을 침해하지 않는다고 하였다(헌재 2017. 5. 25. 2016헌마292등).

④ 재외국민의 선거권 제한

기존 공직선거법(제15조 제2항 제1호, 제37조 제1항, 제38조 제1항)은 선거구나 투표구에 주민등록이 되어 있는 사람에 한하여 투표권을 인정하였다. 이에 외국에 거주하는 재외국민뿐 아니라 국내에 거주하는 재외국민에게도 선거권이 인정되지 않았고, 외국 거주 국민은 부재자투표 기회도 없었다. 헌법재판소는 이들 규정에 대해서 재외국민에게 원칙적으로 선거권이 보장되어야 하고, 외국에 거주하여서 선거관리상 어려움이 있다는 기술적인 이유로 참정권을 제한하는 것이 정당성이 없다고 하면서 계속 적용 헌법불합치결정을 내렸다(헌재 2007. 6. 28. 2004헌마 644등). 그 후 공직선거법이 개정되어 재외국민에도 선거권을 부여한다. 다만, 재외국민 중 지역구 국회의원 선거권은 '재외동포의 출입국과 법적 지위에 관한 법률' 제6조 제1항에 따라 국내거소신고를 하고 국내거소신고인명부에 3개월 이상 계속하여 올라 있는 사람으로서 해당 국회 의원지역선거구 안에 국내거소신고가 되어 있는 사람에게, 지방자치단체의 의회의원과 장의 선거권은 국내거소신고인명부에 3개월 이상 계속하여 올라 있는 국민으로서 해당 지방자치단체 관할구역에 국내거소신고가 된 사람만 인정된다(공직선거법 제15조 제1항 제2호와 제2항 제2호).

주민등록이 되어 있는 사람으로서 (ⅰ) 사전투표기간 개시일 전 출국하여 선거일 후에 귀국이 예정된 사람과 (ⅱ) 외국에 머물거나 거주하여 선거일까지 귀국하지 아니할 사람 중 하나에 해당하여 외국에서 투표하려는 선거권자는 대통령선거와 임기 만료에 따른 국회의원선거를 실시하는 때마다 선거일 전 150일부터 선거일 전 60일까지 서면·전자우편이나 중앙선거관리위원회 홈페이지를 통해서 관할 구·시·군의 장에게 국외부재자 신고를 하여야 한다. 이때 외국에 머물거나 거주하는 사람은 공관을 경유하여 신고하여야 한다(공직선거법 제218조의4 제1항). 주민등록이 되어 있지 아니하고 재외선거인명부에 올라 있지 아니한 사람으로서 외국에서 투표하려는 선거권자는 대통령선거와 임기 만료에 따른 비례대표 국회의원선거를 실시하는 때마다 해당 선거의 선거일 전 60일까지 중앙선거관리위원회에 재외선거인 등록신청을 하여야 한다(공직선거법 제218조의5 제1항). 헌법재판소는 주민등록이 되어 있지 않고 국내거소신고도 하지 않은 재외선거인에게 국회의원 재선거 선거권을 인정하지 않은 것은 재외선거인의 선거권을 침해하지 않는다고 한다(헌재 2014. 7. 24. 2009헌마256등).

⑤ 외국인의 선거권

출입국관리법상 영주의 체류자격 취득일 후 3년이 지난 18세 이상의 외국인은 해당 지방자치단체장이나 지방의회의원의 선거에서 선거권이 있다(공직선거법 제15조 제2항 제3호). 이러한 외국인의 지방선거 선거권은 헌법상 권리가 아니라 법률상 권리에 불과하다(헌재 2007. 6. 28. 2004헌마644등).

2. 공무담임권

(1) 의의

공무담임권은 선출직 공무원을 비롯한 모든 국가기관에 취임하여 공직을 수행할 수 있는 권리이다(헌법 제25조)(헌재 2002. 8. 29. 2001헌마788등). 공무담임권은 각종 선거에 입후보하여 당선될 수 있는 피선거권(선출직 공무원)과 공직에 임명될 수 있는 공직취임권(선출직 공무원 이외의 공무원)을 포괄하는 개념(헌재 1996. 6. 26. 96헌마200)으로서 국민 누구나가 국정 담당자가 될 수 있는 길을 열어 놓은 참정권이다(헌재 1996. 6. 26. 96헌마200). 공무담임권에서 공무는 입법과 집행, 사법은 물론 지방자치단체 등을 포함하는 모든 국가사무를 말한다. 공무담임권은 주권자인 국민 자신이 직접 국정을 담당할 기회를 보장한다.

(2) 법적 성격

공무담임권은 현실적 권리가 아니다. 즉 모든 국민에게 공무담임권을 보장한다고 하여 모든 국민이 곧바로 공무를 담당할 수 있는 것은 아니다. 공무담임권은 공무담임 기회를 보장할 뿐이다. 즉 공무담임권은 법적 지위를 보장하는 것에 그친다. 따라서 국민은 법률이 정하는 바에 따라 선거에서 당선되거나 임명에 필요한 자격을 갖추거나 선발시험 등에 합격하고 나서 공무를 담임할 수 있다. 이러한 선거나 자격 및 선발시험이 공정하게 치러질 것도 공무담임권 내용에 포함될 수 있다. 그러므로 직업공무원은 이러한 공직취임 조건이 되는 자격과 선발시험은 임용희망자의 능력, 전문성, 적성, 품성을 기준으로 하는 이른바 능력주의나 성과주의를 바탕으로 하여야 할 것이 요구된다. 공무담임권이 공직에 평등하게 접근할 기회를 부여한다는 점에서 평등권의 특별한 형태로 볼 수 있다(헌재 2009. 7. 30. 2007헌마991).

(3) 내용

공무담임권은 선거에 후보자로 출마할 수 있는 자격인 피선거권과 선출직 이외의 공직에 취임할 수 있는 공직취임권을 아우른다. 그러나 공직에서 하는 활동(공무 수행)은 공권력 행사와 관련되는 것으로서 공무담임권 보호영역에 포함되지 않는다. 헌법재판소도 공무담임권은 피선거권과 공직취임의 균등한 기회만을 보장할 뿐이지, 일단 당선이나 임명된 공직에서 그 활동이나 수행의 자유를 보장하는 것은 아니라고 한다(헌재 1999. 5. 27. 98헌마214). 다만, 기왕 공직에 있는 사람이 공직에서 배제되면 공무담임에는 공직에 대한 진입(취임)뿐 아니라 공직에 계속 있을 권리와 공직에서 벗어날 권리도 포함된다(헌재 2002. 8. 29. 2001헌마788등). 따라서 공무담임권의 보호영역에는 공직취임 기회의 자의적 배제뿐 아니라 공무원 신분의 부당한 박탈이나 권한(직무)의 부당한 정지도 포함된다. 그러나 공무원의 승진 가능성은 공무담임권으로서 보호되지 않는다(헌재 2010. 3. 25. 2009헌마538). 보직, 승진과 같이 공직 안에서 이루어지는 인사권 행사는 해당 공무원의 의사나 이익에 어긋나더라도 공무담임권 제약은 아니다(헌재 2010. 3. 25. 2009헌마538). 그리고 공무원이 특정 장소에서 근무하는 것이나 특정 보직을 받아 근무하는 것을 포함하는 일종의 '공무수행의 자유'까지 그 보호영역에 포함되지 않는다(헌재 2008. 6. 26. 2005헌마1275).

(4) 제한

헌법은 모든 국민에게 공무담임권을 보장함으로써(헌법 제25조) 주권자인 국민에게 직접 국정 담당자로서 참정권을 행사할 길을 열어 놓는다. 하지만 공무담임권은 현실적인 권리가 아니고 기회보장적인 것이므로, 선거에서 당선, 공직채용시험 합격 등 주관적 전제조건, 즉 능력주의에 따라서 공무담임권이 제한되는 것은 당연한 제약이다. 이때도 헌법 제37조 제2항의 비례성원칙은 준수되어야 한다. 다만, 헌법의 기본원리나 특정조항에 비추어 능력주의에 대한 예외를 인정할 수 있다. 그러한 헌법원리로서는 헌법의 기본원리인 사회국가원리를 들 수 있고, 헌법조항으로는 헌법 제32조 제4항 내지 제6항, 헌법 제34조 제2항 내지 제5항을 들 수 있다.

① 피선거권 제한

피선거권은 선거권과 달리 직무에 따라 연령 제한을 둔다. 대통령 피선거권은 선거일 현재 40세 이상 국민에게 부여된다(헌법 제67조 제4항, 공직선거법 제16조 제1항). 국회의원 피선거권은 25세 이상 국민만 있다(헌법 제41조 제3항, 공직선거법 제16조 제2항). 지방의회의원과 지방자치단체장의 피선거권은 선거일 현재 25세 이상 국민에게 있다(공직선거법

제16조 제3항). 선출직이 아닌 공직 취임에 관해서는 각 해당 법률이 그 자격이나 임용요건과 절차 등에 관해서 상세히 규정한다.

선거일 현재 (i) 금치산선고를 받은 사람, (ii) 선거범, 정치자금법 제45조(정치자금부정수수죄)와 제49조(선거비용 관련 위반행위에 관한 벌칙)에 규정된 죄를 범한 사람이나 대통령 · 국회의원 · 지방의회의원 · 지방자치단체장으로서 그 재임 중의 직무와 관련하여 형법('특정범죄가중처벌 등에 관한 법률' 제2조에 따라서 가중처벌되는 때 포함) 제129조(수뢰, 사전수뢰) 내지 제132조(알선수뢰) · '특정범죄가중처벌 등에 관한 법률' 제3조(알선수재)에 규정된 죄를 범한 사람으로서, 100만 원 이상 벌금형 선고를 받고 그 형이 확정된 후 5년이나 형의 집행유예 선고를 받고 그 형이 확정된 후 10년을 지나지 아니하거나 징역형 선고를 받고 그 집행을 받지 아니하기로 확정된 후 또는 그 형의 집행이 종료되거나 면제된 후 10년을 지나지 아니한 사람(형이 실효된 자도 포함), (iii) 법원 판결이나 다른 법률에 따라서 선거권이 정지되거나 상실된 사람, (iv) 금고 이상의 형 선고를 받고 그 형이 실효되지 아니한 사람, (v) 법원 판결이나 다른 법률에 따라서 피선거권이 정지되거나 상실된 사람, (vi) 국회법 제166조(국회 회의 방해죄)의 죄를 범한 사람으로서 ⓐ 500만 원 이상의 벌금형 선고를 받고 그 형이 확정된 후 5년이 지나지 아니한 사람, ⓑ 형의 집행유예 선고를 받고 그 형이 확정된 후 10년이 지나지 아니한 사람, ⓒ 징역형 선고를 받고 그 집행을 받지 아니하기로 확정된 후 또는 그 형 집행이 종료되거나 면제된 후 10년이 지나지 아니한 사람의 어느 하나에 해당하는 사람(형이 실효된 자 포함), (vii) 공직선거법 제230조 제6항의 죄를 범한 사람으로서 벌금형 선고를 받고 그 형이 확정된 후 10년을 지나지 아니한 사람(형이 실효된 자도 포함)은 선거권이 없다(공직선거법 제19조).

선거일 현재 5년 이상 국내에 거주하여야(이때 공무로 외국에 파견된

기간과 국내에 주소를 두고 일정기간 외국에 체류한 기간은 국내거주기간으로 본다) 대통령 피선거권이 있다(공직선거법 제16조 제1항). 그리고 선거일 현재 60일 이상(공무로 외국에 파견되어 선거일 전 60일 후에 귀국한 사람은 선거인명부작성기준일부터 계속하여 선거일까지) 해당 지방자치단체 관할구역 안에 주민등록이 있어야 지방의회의원과 지방자치단체장의 피선거권이 있다(공직선거법 제16조 제3항). 헌법재판소는 지방자치단체의 피선거권에 거주요건을 요구하는 것은 헌법이 보장한 주민자치를 원리로 하는 지방자치제도에서 지연적 관계를 고려하여 해당 지역 사정을 잘 알거나 지역과 사회적·지리적 이해관계가 있어 해당 지역행정에 관한 관심과 애향심이 많은 사람에게 피선거권을 부여함으로써 지방자치행정의 민주성과 능률성을 도모함과 아울러 지방자치제도 정착을 위한 규정으로서, 그 내용이 공무담임권을 필요 이상으로 과잉제한하여 과잉금지원칙에 어긋나거나 공무담임권의 본질적인 내용을 침해하여 위헌적인 규정이라고는 볼 수 없다고 하였다(헌재 1996. 6. 26. 96헌마200). 그러나 헌법재판소는 지방선거 피선거권 부여에서 주민등록만을 기준으로 함으로써 주민등록이 불가능한 재외국민인 주민의 지방선거 피선거권을 부인하는 것은 헌법 제37조 제2항에 위반하여 국내 거주 재외국민의 공무담임권을 침해한다고 하였다(헌재 2007. 6. 28. 2004헌마644등).

국가공무원이나 지방공무원이 공직선거후보자가 되려면 선거일 전 90일까지 그 직을 사퇴하여야 한다. 다만, 대통령선거와 국회의원선거에서 국회의원이 그 직을 가지고 입후보하는 때와 지방의회의원선거 및 지방자치단체장의 선거에서 해당 지방자치단체의 의회의원이나 장이 그 직을 가지고 입후보하는 때는 그러하지 아니하다(공직선거법 제53조 제1항). 지방자치단체장은 선거구역이 해당 지방자치단체의 관할구역과 같거나 겹치는 지역구 국회의원선거에 입후보하고자 하는 때는 해당 선거의 선거일전 120일까지 그 직을 그만두어야 한다. 헌법재판소는 지방자치단체장이 해당 지방자치단체의 관할구역과 같거나 겹치는 선거구역에서 실시되는 지역구 국회의원선거에 입후보하고자 할 때 해당 선거의 선거일 전 180일까지 그 직을 사퇴하도록 규정하는 구 공직선거및선거부정방지법 제53조 제3항은 공무담임권을 침해하여 위헌이라고 선언하였다(헌재 2003. 9. 25. 2003헌마106). 그러나 지방자치단체장이 해당 지방자치단체의 관할구역과 같거나 겹치는 선거구역에서 실시되는 지역구 국회의원선거에 입후보하고자 할 때 해당 선거의 '선거일 전 120일까지' 그 직을 사퇴하도록 규정한 구 공직선거및선거부정방지법 제53조 제3항은 공무담임권을 침해하지 않는다고 하였다(헌재 2006. 7. 27. 2003헌마758등). 다만, 그 지방자치단체장이 임기가 만료되고 나서 그 임기만료일부터 90일 후에 실시되는 지역구 국회의원선거에 입후보하려는 때는 그러하지 아니하다(공직선거법 제53조 제5항). 국회의원이 대통령선거와 국회의원선거에 입후보하는 때 그리고 지방의회의원선거와 지방자치단체장의 선거에서 해당 지방의회의원이나 지방자치단체장이 입후보하는 때도 이러한 제한이 적용되지 않는다. 지방자치단체장이 임기 중 사퇴할 때 공직 출마를 금지하는 것은 피선거권을 침해한다(헌재 1999. 5. 27. 98헌마214).

기탁금제도는 헌법 제25조와 제37조 제2항에 근거한다. 기탁금은 필요한 최소한도의 공영비용부담금에 성실성 담보와 과열 방지를 위한 약간의 금액이 가산된 범위에서만 헌법상 정당성이 인정될 수 있다(헌재 1996. 8. 29. 95헌마108). 기탁금 액수와 그 반환기준은 선거문화와 풍토, 정치문화와 풍토, 국민경제적 여건 그리고 국민의 법감정 등 여러 가지 요소를 종합적으로 고려하여 입법자가 정책적으로 결정할 사항이다(헌재 2003. 8. 21. 2001헌마687등). 헌법재판소는 국회의원선거의 기탁금반환기준을 유효투표 총수의 100분의 20 이상으로 규정한 것은 군

소정당이나 신생정당의 정치 참여 기회를 제약하는 효과를 낳는다고 하여 위헌으로 선언하였다(헌재 2001. 7. 19. 2000헌마91등). 그러나 헌법재판소는 국회의원선거기탁금의 국가귀속기준을 유효투표 총수 100분의 5 이상으로 규정한 것(헌재 2003. 8. 21. 2001헌마687등)과 유효투표 총수의 100분의 15 이상을 득표하면 기탁금 전액을 반환하고, 유효투표 총수의 100분의 10 이상 100분의 15 미만을 득표하면 기탁금의 50%를 반환하도록 한 것(헌재 2011. 6. 30. 2010헌마542)은 합헌으로 판단하였다.

② 공직취임권 제한
(i) 피성년후견인이나 피한정후견인, (ii) 파산선고를 받고 복권되지 아니한 사람, (iii) 금고 이상의 실형을 선고받고 그 집행이 종료되거나 집행을 받지 아니하기로 확정된 후 5년이 지나지 아니한 사람, (iv) 금고 이상의 형을 선고받고 그 집행유예 기간이 끝난 날부터 2년이 지나지 아니한 사람(금고 이상의 형을 받고 집행유예 기간이 완료된 후 2년을 지나지 않은 것을 국가공무원 결격사유로 한 것이 공무담임권 침해가 아니라는 판례로는 헌재 1997. 11. 27. 95헌바14등), (v) 금고 이상 형의 선고유예를 받았으면 그 선고유예 기간에 있는 사람[헌법재판소는 선고유예 판결 확정에 따른 당연 퇴직 사유를 규정할 때 직업의 자유에 대한 제한을 최소화하기 위해서는 입법목적을 달성하는 데 반드시 필요한 범죄의 유형, 내용 등으로 그 범위를 가급적 한정하여 규정하거나 적어도 공무원법에 마련된 징계 등 별도의 제도로써도 입법목적을 충분히 달성할 수 있는 것으로 판단되면 당연퇴직 사유에서 제외시켜 규정하여야 한다고 하면서, 지방공무원(헌재 2002. 8. 29. 2001헌마788등), 군무원(헌재 2003. 9. 25. 2003헌마293등), 국가공무원(헌재 2003. 10. 30. 2002헌마684등), 경찰공무원(헌재 2004. 9. 23. 2004헌가12), 향토예비군 지휘관(헌재 2005. 12. 22.

2004헌마947), 군무원(헌재 2007. 6. 28. 2007헌가3)이 선고유예를 받은 경우 당연히 그 직을 상실하도록 규정한 조항들에 대하여 과잉금지원칙에 반하여 공무담임권을 침해하였다는 이유로 위헌으로 결정하였다. 같은 이유로 청원경찰이 금고 이상 형의 선고유예를 받으면 그 직에서 당연 퇴직하도록 한 청원경찰법 제10조의5 제1호도 직업의 자유를 침해하여 위헌이라고 선언하였다(헌재 2018. 1. 25. 2017헌가26)], (vi) 법원 판결이나 다른 법률에 따라 자격이 상실되거나 정지된 사람, (vii) 공무원으로 재직하는 기간에 직무와 관련하여 형법 제355조와 제356조에 규정된 죄를 범한 사람으로서 300만 원 이상 벌금형을 선고받고 그 형이 확정된 후 2년이 지나지 아니한 사람, (viii) 형법 제303조나 '성폭력범죄의 처벌 등에 관한 특례법' 제10조에 규정된 죄를 범한 사람으로서 300만 원 이상의 벌금형을 선고받고 그 형이 확정된 후 2년이 지나지 아니한 사람, (ix) 징계로 파면처분을 받은 때부터 5년이 지나지 아니한 사람, (x) 징계로 해임처분을 받은 때부터 3년이 지나지 아니한 사람의 어느 하나에 해당하는 사람은 공무원으로 임용될 수 없다(국가공무원법 제33조, 지방공무원법 제31조).

헌법재판소는 검찰총장은 퇴직일부터 2년 이내에는 공직에 임명될 수 없다고 규정한 구 검찰청법 제12조 제4항은 검찰총장 퇴임 후 2년 이내에는 법무부 장관과 내무부 장관직뿐 아니라 모든 공직 임명을 금지하므로 심지어 국·공립대학교 총·학장, 교수 등 학교의 경영과 학문연구직 임명도 받을 수 없고, 검찰총장이 재임 중 다른 직위에 연연하지 않고 정치적 중립성을 지켜 국민 전체에 대한 봉사자로서 그 직무를 공정하게 수행하며 균형 잡힌 검찰권을 행사하게 함으로써 형사사법의 공정과 국민의 기본적 인권을 보장하려는 입법목적에 비추어 보면 그 제한은 필요 최소한의 범위를 크게 벗어나 공무담임권을 침해하는 것으로서 헌법상 허용될 수 없다고 하였다(헌재 1997. 7. 16. 97헌마26).

비선출직 공무원, 특히 직업공무원 임용에서는 적극적으로 능력·전문성·적성·품성 등에 따라 균등하게 공직취임권이 보장되어야 한다. 다만, 이러한 능력주의도 사회적 약자를 배려하려고 어느 정도 예외가 인정될 수 있다. 채용시험에서 각종 가산점제도가 이러한 예외에 해당한다. 여기서 특별평등권이라는 공무담임권의 특수성이 드러난다. 헌법재판소는 교육공무원법이 중등교사 임용시험에서 동일지역 사범대학을 졸업한, 교원경력이 없는 사람에게 가산점을 부여하는 것(동일지역 출신 가산점제)(헌재 2007. 12. 27. 2005헌가11)이나 복수전공과 부전공 교원자격증 소지자에게 가산점을 부여하는 것(복수전공과 부전공 가산점제)(헌재 2006. 6. 29. 2005헌가13)은 공무담임권 침해가 아니라고 하였다. 그러나 국·공립학교 채용시험에서 국가유공자 가족에까지 응시할 때 만점의 10%를 가산하도록 한 것은 합헌(헌재 2001. 2. 22. 2000헌마25)에서 위헌(헌재 2006. 2. 23. 2004헌마675등)으로 견해를 바꾸었다. 그리고 사범계 출신에 대한 가산점제도는 포괄적 위임금지에 어긋난다고 하였다(헌재 2004. 3. 25. 2001헌마882).

공무취임권의 연령을 어떻게 규정할 것인지는 입법자가 입법목적 달성을 위한 선택 문제이고 입법자가 선택한 수단이 현저하게 불합리하고 불공정한 것이 아닌 한 재량에 속한다(헌재 1997. 6. 26. 96헌마89). 그러나 그 상한연령을 지나치게 낮추는 것은 허용되지 않는다.

공무원 정년제도는 공무원에게 정년연령까지 근무 계속을 보장함으로써 그가 앞날에 대한 확실한 예측을 하고 생활설계를 할 수 있게 하여 안심하고 직무에 전념하게 하고, 공무원 교체를 계획적으로 수행하는 것을 통해서 연령 구성 고령화를 방지하고 조직을 활성화하여 공무능률을 유지·향상하려는 것이다(헌재 1997. 3. 27. 96헌바86). 공무원 정년제도는 공무원의 신분보장과 직업공무원제 보완을 위한 공익목적에서 마련된 것이므로 그로 말미암아 공무담임권과 직업선택의 자유 및 행복추구권이 제한을 받더라도 그 제한은 목적에서 정당하고, 공무원 정년제도를 어떻게 구성할 것인지와 그 구체적인 정년연령은 몇 세로 할 것인지는 특별한 사정이 없으면 입법정책 문제로서 입법부에 광범위한 입법재량이나 형성의 자유가 인정되어야 할 사항이라서 입법권자로서는 정년제도의 목적, 국민의 평균수명과 실업률 등 사회경제적 여건과 공무원 조직의 신진대사 등 공직 내부 사정을 종합적으로 고려하여 합리적인 재량의 범위 안에서 이를 규정할 수 있다(헌재 1997. 3. 27. 96헌바86).

제6절 청구권적 기본권

Ⅰ. 일반론

1. 의의

청구권적 기본권은 국가에 대해서 일정한 적극적 작위를 청구할 수 있는 권리를 말한다. 청구권적 기본권은 다른 기본권 보호를 위한 기본권이라서 '기본권을 보장하기 위한 기본권', '권리구제를 위한 기본권', '수단적·절차적 기본권' 등으로도 부른다.

2. 법적 성격

① 청구권적 기본권은 국가내적인 실정법상 권리이다. 즉 청구권적 기본권은 전국가적 혹은 초국가적인 천부적 자연권이 아니다. ② 청구권적 기본권은 국민이 국가에 대해서 적극적으로 일정한 행위를 청구할 수 있는 권리라는 점에서 자유권이나 참정권과 다르다. 즉 청구권적 기본권은 국민의 적극적 지위에서 비롯하는 것으로 소극적·방어적 권리인 자유권과 능동적 권리인 참정권과 구별된다. ③ 청구권적 기본권은

이를 구체화하는 법률이 없더라도 헌법규정에 따라 소송 등을 통해서 직접 그 권리를 주장할 수 있다. 따라서 법률을 통해서 구체적 권리 내용이 형성되는 사회권과 다르다. 청구권적 기본권은 기본권 보장을 위한 기본권이라는 점에서 절차적 권리이다. 즉 실체법적 기본권인 다른 기본권을 실현하기 위한 기본권이다.

3. 주체

청구권적 기본권의 주체는 원칙적으로 국민이다. 그러나 기본권에 대한 절차적 보장의 성격이 강하여 외국인과 법인, 그 밖의 단체, 특히 공법인에게도 청구권적 기본권의 주체성이 인정될 수 있다.

4. 법률유보의 성격

국민은 '법률이 정하는 바에 의하여' 청구권적 기본권이 있다. 이러한 법률유보는 기본권구체화적 법률유보 중 기본권실현적 법률유보에 해당한다. 따라서 청구권적 기본권은 헌법규정만으로 이미 현실적·구체적 권리로서 인정된다. 법률은 청구권적 기본권의 행사방법과 절차 등을 구체화할 뿐이다.

Ⅱ. 청원권

1. 의의

청원권은 국민이 일정한 관심사나 고충을 해결하려고 국가기관에 대해서 작위나 부작위를 요청할 수 있는 권리이다(헌재 1994. 2. 24. 93헌마213등). 청원은 요청한다는 뜻이므로 단순한 통지, 충고, 비난, 칭찬 등과 같은 단순한 의사 표현은 청원이 아니다. 그리고 정보 청구나 서류 열람 청구는 청원과 마찬가지로 요청을 포함하나, 이는 청원권이 아니라

알권리(정보의 자유)를 통해서 보장된다. 국가는 청원을 심사하여 처리하고 그 결과를 통지할 의무가 있다(헌법 제26조 제2항, 청원법 제9조).

2. 주체

청원권의 주체는 헌법 제26조 제1항은 국민이라고 규정하지만, 자연인은 누구나 주체가 될 수 있다. 즉 외국인이나 무국적자도 주체가 될 수 있다. 미성년자도 당연히 기본권향유능력이 있지만, 청원인이 자기 생각을 청원 형식으로 표현할 수 있는 한 인정된다. 법인도 청원권의 주체가 된다. 사법인은 내국사법인이든 국내에 있는 외국사법인이든 상관없이 모두 주체가 될 수 있다. 공법인은 원칙적으로 주체가 될 수 없다. 하지만 공법인이 예외적으로 기본권주체가 되면 청원권의 주체가 될 수 있다. 지방자치단체도 자치사항과 관련하여서 청원권의 주체가 될 수 있다. 청원권 행사는 자신이 직접 할 수도 있고, 제3자인 중개인이나 대리인을 통해서 할 수도 있다(헌재 2005. 11. 24. 2003헌바108).

3. 내용

① 모든 국민은 권리 침해 여부와 상관없이 청원을 할 수 있다. 청원법 제4조를 따르면 청원이 허용되는 사항으로는 (i) 피해 구제, (ii) 공무원의 위법·부당한 행위에 대한 시정이나 징계의 요구, (iii) 법률·명령·규칙의 제정·개정 또는 폐지, (iv) 공공 제도나 시설 운영, (v) 그 밖의 국가기관 등의 권한에 속하는 사항이다. 그러나 이 사항들은 예시적이므로, 공공기관 권한에 속하는 사항에 관해서는 널리 청원이 인정된다. 다만, (i) 감사·수사·재판·행정심판·조정·중재 등 다른 법령에 따른 조사·불복 또는 구제절차가 진행 중일 때, (ii) 허위 사실로 타인이 형사처분이나 징계처분을 받게 하거나 국가기관 등을 중상모략하는 사항일 때, (iii) 사인 사이의 권리관계나 개인의 사생활에 관한

사항일 때, (iv) 청원인의 성명·주소 등이 불분명하거나 청원내용이 불명확할 때, (v) 법령에 어긋나는 내용일 때는 이를 수리하지 않는다(청원법 제5조 제1항, 국회법 제123조 제3항, 지방자치법 제86조). 그리고 다른 사람을 모해할 목적으로 허위 사실을 적시한 청원은 할 수 없다(청원법 제11조). 재판에 간섭하거나 국가기관을 모독하는 내용의 청원은 접수하지 않는다(국회법 제123조 제3항). ② 청원법 제26조 제1항은 청원할 수 있는 대상기관을 국가기관이라고만 규정한다. 그러나 청원 대상기관은 국가기관뿐 아니라 지방자치단체와 그 소속기관 그리고 법령에 따라서 행정권한이 있거나 행정권한을 위임 또는 위탁받은 법인·단체 또는 그 기관이나 개인도 청원 대상기관이다(청원법 제3조, 지방자치법 제85조). ③ 청원은 청원인의 성명과 주소나 거소를 기재하고 서명한 문서로 하여야 한다(청원법 제6조 제1항). 따라서 익명의 청원은 인정되지 않는다. 전자정부법 제2조 제7호에 따른 전자문서로도 청원할 수 있다. 그리고 여러 사람이 공동으로 청원할 때는 그 처리결과를 통지받을 3명 이하의 대표자를 선임하여 이를 청원서에 표시하여야 한다(청원법 제6조 제2항). 청원서에는 청원의 이유와 취지를 밝히고 필요하면 참고자료를 첨부할 수 있다(청원법 제6조 제3항). ④ 청원서는 청원사항을 관장하는 기관에 제출하여야 한다(청원법 제7조 제1항). ⑤ 국가기관은 청원서를 접수하고 심사할 의무가 있다(헌법 제26조 제2항). ⑥ 청원서가 정부에 제출되거나 청원내용이 정부 정책과 관계되는 사항이면 그 청원 심사는 국무회의 심의사항이 된다(헌법 제89조 제15호). 의장은 청원을 접수하면 청원요지서를 작성하여 각 의원에게 인쇄하거나 전산망에 입력하는 방법으로 배부하는 동시에 그 청원서를 소관위원회에 넘겨 심사를 하게 한다(국회법 제124조 제1항). 소관위원회가 그 처리결과를 의장에게 보고하면 의장은 청원인에게 통지하여야 한다(청원법 제125조 제8항). 국회가 채택한 청원으로서 정부가 처리함이 적당하다고 인정되는 청원은 의견서를 첨부하여 정부에 이송한다. 정부는 이 청원을 처리하고 그 처리결과를 국회에 보고하여야 한다(국회법 제126조). ⑦ 누구든지 청원하였다는 이유로 차별대우를 받거나 불이익을 강요당하지 않는다(청원법 제12조: 소극적 효과).

Ⅲ. 재판청구권

1. 의의

재판청구권은 누구든지 국가에 재판을 청구할 수 있는 권리, 즉 누구든지 권리가 침해되거나 분쟁이 발생하면 독립이 보장된 법원에서 법률이 정한 자격을 갖춘 법관에 의해서 객관적 법률에 따라 공정하고 신속하게 공개재판을 받을 권리를 말한다(헌재 1995. 9. 28. 92헌가11등).

2. 법적 성격

헌법재판소는 재판청구권을 절차적 기본권으로 이해한다(헌재 2005. 5. 26. 2003헌가7). 재판청구권의 주된 내용은 국가에 재판을 청구하는 것이고, 소극적 측면은 이러한 내용을 보장하기 위한 보충적 권리에 불과하므로 재판청구권의 법적 성격은 청구권으로 이해하여야 한다.

3. 주체

모든 국민뿐 아니라 무국적자를 포함한 외국인도 재판청구권의 주체가 될 수 있다. 법인도 내·외국법인을 가리지 않고 재판청구권의 주체가 될 수 있다. 권리능력 없는 사단도 재판청구권을 행사할 수 있다. 국가기관은 원칙적으로 재판청구권의 주체가 될 수 없다. 다만, 개인이 제기한 소에서 국가기관이 재판의 당사자이면 재판절차에서 절차법적 지위가 있어서 개인과 국가를 달리 취급할 합리적 이유가 없으므로, 이때는 국가기관도 재판청구권의 주체가 될 수 있다. 그리고 재산권과 언론의 자유처럼 국가기관이 실체적 기본권의 주체가 될 때 이러한 기본권을 방어하고 실현하는 수단으로서 재판 청구가 필요하면 국가기관도 재판청구권의 주체가 될 수 있다.

4. 내용

(1) '재판'을 받을 권리

재판을 받을 권리는 적극적으로는 국가에 재판을 청구할 권리이고, 소극적으로는 '독립이 보장된 법원에서 법관에 의해 법률에 따른 재판'을 제외하고는 재판을 받지 않을 권리이다. 구체적으로 재판을 받을 권리는 사실관계와 법률관계에 관해서 최소한 한 번의 재판을 받을 기회가 제공될 것을 국가에 요구할 권리를 뜻한다(헌재 1992. 6. 26. 90헌바25). 그러나 대법원이 법관에 대한 징계처분 취소청구소송을 단심으로 재판할 때는 법률심인 상고심으로서 사실 확정에는 관여하지 않는 다른 재판과 달리 심리 범위에 관하여 아무런 제한이 없어 사실 확정도 대법원의 권한에 속하므로, 법관에 의한 사실 확정 기회가 박탈되었다고 볼 수 없다(헌재 2012. 2. 23. 2009헌바34). 단지 법원에 제소할 수 있는 형식적인 권리나 이론적인 가능성만 제공할 뿐이지 권리구제 실효성이 보장되지 않는다면 이는 헌법상 재판청구권을 공허하게 만드는 것이므로 입법재량 한계를 일탈한 것이다(헌재 2002. 10. 31. 2001헌바40). 따라서 재판받을 기회에 접근하기 어렵게 제약이나 장벽을 쌓아서는 아니 된다(헌재 1992. 6. 26. 90헌바25). 여기서 재판은 권리가 침해되거나 분쟁이 발생하면 당사자 청구에 따라서 독립한 법관이 사법적 절차에 따라 구체적 사건에 관한 사실 확인과 그에 대한 법률의 해석·적용을 통해서 권위적·최종적으로 당사자가 주장하는 권리·의무의 존부를 확정하는 작용을 말한다. 헌법재판소는 "재판이라 함은 구체적 사건에 관하여 사실의 확정과 그에 대한 법률의 해석적용을 그 본질적인 내용으로 하는 일련의 과정이다."(헌재 1995. 9. 28. 92헌가11등)라고 한다. 재판 대상이 되려면 구체적이고 현실적인 권리 침해가 있거나 권리에 관한 분쟁이 있어야 한다(사건성이나 쟁송성). 재판을 청구하려면 자기의 권리나 이익이 현재 직접 침해되거나 관련되어야 하고(당사자적격이나 자기관련성), 그 재판을 통하여 당사자의 권리가 보호되는 이익이 있어야 한다 (권리보호이익). 재판을 받을 권리에는 민사재판, 형사재판, 행정재판과 헌법재판을 받을 권리가 모두 포함된다(헌재 2013. 8. 29. 2011헌마122). 법원은 재판청구권에 근거하여 법령이 정한 국민의 정당한 재판 청구에 따라서만 재판을 할 의무를 지고, 법령이 규정하지 아니한 재판 청구에 대해서까지 헌법상 재판청구권에서 비롯한 재판을 할 작위의무는 없다 (헌재 1994. 6. 30. 93헌마161). '피고인 스스로 치료감호를 청구할 수 있는 권리'뿐 아니라 '법원으로부터 직권으로 치료감호를 선고받을 수 있는 권리'는 피고인에게 권리를 더 효율적으로 보장하는 데 필요하지 않아서 헌법상 재판청구권의 보호범위에 포함되지 않는다(헌재 2021. 1. 28. 2019헌가24등).

하급심에서 잘못된 재판을 하였을 때 상소심을 통해서 이를 바로 잡게 하는 것은 재판청구권을 실질적으로 보장하는 방법이므로 심급제도는 재판청구권을 보장하기 위한 하나의 수단이다(헌재 1997. 10. 30. 97헌바37등). 상소권을 헌법 제27조 제1항 및 제101조 제1항과 제2항을 근거로 기본권으로 인정하는 견해와 심급제도는 제도보장에 불과하고 재판청구권 내용이 아니라는 견해가 대립한다. 헌법 제101조 제2항에 법원은 대법원과 각급 법원으로 조직되므로, 상소권도 재판청구권 내용으로 볼 수 있다. 다만, 상소권도 제한될 수 있으므로 단심제가 옹글게 (완벽하게) 배제되는 것은 아니다.

헌법재판소는 헌법이 대법원을 최고법원으로 규정하였다고 하여 대법원이 곧바로 모든 사건을 상고심으로서 관할하여야 한다는 결론이 당연히 도출되는 것은 아니고, "헌법과 법률이 정하는 법관에 의하여 법률에 의한 재판을 받을 권리"가 사건의 경중을 가리지 않고 모든 사건에 대하여 대법원을 구성하는 법관에 의한 균등한 재판을 받을 권리를 의미하거나 상고심 재판을 받을 권리를 의미하는 것이라고 할 수는 없고, 심급제도는 사법에 의한 권리 보호에 관한 한정된 법 발견 자원의 합리적인 분배 문제인 동시에 재판의 적정과 신속이라는 상반되는 두 가지 요청을 어떻게 조화시키느냐의 문제로 돌아가므로 원칙적으로 입법자의 형성의 자유에 속하는 사항이라고 한다(헌재 1997. 10. 30. 97헌바37등). 헌법 제101조 제2항이 법원 조직을 대법원과 각급 법원으로 구성한다고 규정하므로, 국민의 재판을 받을 권리는 대법원과 각급 법원에서 재판을 받을 권리로 보아야 하고, 헌법 제110조 제4항이 예외적으로 비상계엄 아래 군사재판을 일정한 때만 단심으로 할 수 있게 하면서 사형을 선고할 때는 예외로 둔 것과 헌법 제110조 제2항이 특별법원인 군사법원의 상고심을 대법원으로 한 것은 원칙적으로 대법원에서 재판을 받을 권리가 있음을 전제한 것으로 볼 수 있다. 따라서 국민은 원칙적으로 대법원에서 재판을 받을 권리가 있다고 보아야 한다. 1948년 헌법 아래 헌법위원회는 대법원의 재판을 받을 권리를 재판청구권의 보호영역으로 인정하였다(1952. 9. 9. 4285헌위1; 1952. 9. 9. 4285헌위2).

일반 국민은 원칙적으로 군사법원의 재판을 받지 아니할 권리가 있다. 다만, 중대한 군사상 기밀·초병·초소·유독음식물공급·포로·군용물에 관한 죄 중 법률이 정한 때와 비상계엄이 선포된 때는 예외적으로 군사법원의 재판을 받는다(헌법 제27조 제2항).

(2) '헌법과 법률이 정한 법관'에 의한 재판을 받을 권리

헌법과 법률이 정한 법관에 의한 재판을 받을 권리는 직업법관에 의

한 재판을 주된 내용으로 하므로, '국민참여재판을 받을 권리'는 헌법 제27조 제1항에서 규정한 재판을 받을 권리의 보호범위에 속하지 않는 다(헌재 2015. 7. 30. 2014헌바447). 헌법과 법률이 정한 법관에 의하여 재판을 받을 권리는 헌법과 법률이 정한 자격과 절차에 따라서 임명되고(헌법 제104조, 법원조직법 제41조 내지 제43조) 물적 독립(헌법 제103조)과 인적 독립(헌법 제106조, 법원조직법 제46조)이 보장된 법관에 의한 재판을 받을 권리이다(헌재 1992. 6. 26. 90헌바25). '헌법과 법률이 정한 법관'은 ① 헌법과 법률이 정한 자격을 갖추고(헌법 제101조 제3항에 따라 제정된 법원조직법 제42조 참조), ② 적법한 절차에 따라 임명되었으며(임명절차에 관해서는 헌법 제104조와 법원조직법 제41조 참조), ③ 임기·정년 및 신분이 보장된 법관일 뿐 아니라(헌법 제105조와 제106조 참조) ④ 직무상 독립이 보장되고(헌법 제103조 참조), ⑤ 제척 그 밖의 사유로 법률상 그 재판에 관여하는 것이 금지되지 아니한 법관을 말한다. 국민은 이러한 자격과 신분이 보장되지 아니한 사람에 의한 재판을 받지 않을 권리가 있다.

군인이나 군무원에 대한 군사법원의 '재판관'에 의한 재판은 헌법이 특별법원으로서 군사법원을 인정하고(제110조 제1항) 군사법원의 조직·권한 및 재판관의 자격을 법률로써 규정하도록 할 뿐 아니라 헌법 제27조 제2항은 군사법원의 예외적 재판을 허용하고 군사법원에 의한 재판의 상고심은 원칙적으로 대법원 관할이므로 '헌법과 법률이 정한 법관'에 어긋난다고 할 수 없다(헌재 1996. 10. 31. 93헌바25).

종래 배심원이 사실심에만 관여하고 법률심에 관여하지 않으면 헌법 제27조 제1항에 어긋나지 않으나, 참심원이 사실만이 아니라 법률심까지 관여하는 참심제는 헌법 제27조 제1항에 어긋난다고 하였다. '국민의 형사재판 참여에 관한 법률'을 따르면 같은 법 제5조가 규정한 사건에 대한 형사재판에서 피고인이 원하면(제8조) 만 20세 이상의 대한민국 국민(제16조)이 배심원으로 형사재판에 참여할 수 있게 되었다. 헌법재판소는 국민참여재판제도의 취지와 배심원의 권한 및 의무 등 여러 가지 사정을 종합적으로 고려하여 만 20세에 이르기까지 교육과 경험을 쌓은 사람이 배심원의 책무를 담당하도록 정한 것은 입법형성권 한계 안의 것으로 자의적인 차별이 아니라고 한다(헌재 2021. 5. 27. 2019헌가19). 이 법에 따라 국민은 일정한 범죄와 관련한 형사재판에서 배심재판을 요구할 수 있고, 배심원으로 형사재판에 참여할 권리와 의무가 있다. 배심원단은 사건 유형에 따라 5명, 7명, 9명으로 구성된다(제13조). 배심원단은 피고인의 유무죄에 관한 평결을 내릴 수 있고, 유죄 판단을 하면 양형에 관한 의견을 제시할 수 있다(제46조 제1항~제4항). 배심원단의 유무죄에 관한 평결과 양형에 관한 의견은 법원을 구속하지 않는다(제46조 제5항). 다만, 법원이 배심원단의 평결과 다른 재판을 할 때는 판결서에 그 이유를 기재하여야 하므로(제49조) 법원이 정당한 사유 없이 배심원단의 평결과 다른 재판을 할 수 없다.

지방법원, 지원, 시·군법원의 판사는 '즉결심판에 관한 절차법'에 따라서 피고인에게 20만 원 이하의 벌금, 구류 또는 과료에 처할 수 있다(제2조). 이 즉결심판은 '헌법과 법률이 정한 법관'에 의한 재판일 뿐 아니라 이 즉결심판에 대해서는 7일 이내에 정식재판을 청구할 수 있으므로(제11조 제1항) 위헌이 아니다. 가정법원의 가사심판, 지방법원 소년부, 가정법원 소년부의 소년보호처분도 헌법과 법률이 정한 법관에 의한 재판이다.

약식절차는 지방법원 관할에 속하는 사건으로서 벌금·과료 또는 몰수를 할 때만 서면심리로서 재판하여 형을 과하는 간이형사특별절차이다(형사소송법 제448조 이하). 약식명령을 받으면 이에 불복하는 검사나 피고인은 7일 이내에 정식재판을 청구할 수 있으므로(형사소송법 제453조) 재판을 받을 권리를 침해하지 않는다.

행정심판 결정이나 그 밖의 각종 행정적 결정 또는 사전재정은 준사법적 절차이지만 행정기관이 한다. 그러나 이는 재판의 전심절차로서 행정심판을 할 수 있는 헌법적 근거가 있고(제107조 제3항), 행정심판은 임의적 전치주의이며, 법원에 의한 정식재판이 가능하므로 헌법에 위반되지 않는다(헌재 2000. 6. 1. 98헌바8).

법관이 아닌 사법보좌관이 소송비용액 확정결정절차를 처리하도록 한 것은 동일 심급 안에서 법관에게서 다시 재판을 받을 수 있는 권리가 보장되므로, 헌법 제27조 제1항의 재판청구권을 침해하지 않는다(헌재 2009. 2. 26. 2007헌바8등).

재정범에 대해서 국세청장, 세무서장, 세관장, 전매청장 등이 부과하는 벌금, 과료 또는 몰수 등의 통고처분과 교통사범에 대한 경찰서장의 통고처분 등은 법관이 아닌 행정공무원의 처분이지만, 그 처분을 받은 당사자의 임의적 승복을 발효요건으로 하고 불응하면 정식재판 절차가 보장되므로 재판을 받을 권리를 침해하지 않는다. 헌법재판소는 통고처분은 상대방의 임의 승복을 그 발효요건으로 하므로 그 자체만으로는 통고 이행을 강제하거나 상대방에게 아무런 권리의무를 형성하지 않아서 행정심판이나 행정소송의 대상으로서 처분성을 부여할 수 없고, 통고처분에 대해서 이의가 있으면 통고내용을 이행하지 않음으로써 고발되어 형사재판절차에서 통고처분의 위법·부당함을 얼마든지 다툴 수 있어서 법관에 의한 재판받을 권리를 침해하지 않는다고 한다(헌재 1998. 5. 28. 96헌바4).

헌법과 법률이 정한 법관에 의하여 재판을 받을 권리는 구체적으로 개별 사건을 담당하는 법관이 법규범에 따라 사전에 정해져야 함을 뜻하고, 외부 세력이나 법원 내부의 압력 등에 따라 임의로 구성되는 것을 방지함을 가리킨다. 따라서 개별 사건의 담당법관 선정은 법원조직법, 소송법상 재판관할규정과 보완적 지침으로서 법원의 직무분담계획표에 따라서 사전에 일반적·추상적으로 예측할 수 있어야 한다. 그리고 법관의 사건에 관한 이해관계나 편파 우려 등으로 말미암아 재판의 공정성을 보장할 수 없을 때 국민이 그러한 법관을 배제할 수 있도록 하여 임의적 법원 구성을 실질적으로 예방하여야 한다.

(3) '법률에 의한' 재판을 받을 권리

법률에 의한 재판은 합헌적인 실체법과 절차법에 따라 하는 재판을 뜻한다(헌재 1995. 10. 26. 94헌바28). '법률에 의한' 재판은 헌법과 법률이 정한 법관이라도 자의적인 재판을 하여서는 아니 된다는 뜻이다(헌재 1992. 6. 26. 90헌바25). 따라서 재판절차를 규율하는 법률과 재판에서 적용될 실체적 법률이 모두 합헌적이어야 한다. 재판의 전제가 되는 법률이 위헌이면 그것은 국민의 재판청구권을 침해하는 것이 된다. 여기서 법률은 법률로서 원용할 수 있는 전체 법질서를 말하는 것으로 재판 유형에 따라 의미가 다르다. 형사재판에서 죄형법정원칙(죄형법정주의) 때문에 형식적 의미의 법률(헌법 제76조의 대통령의 긴급명령·긴급재정경제명령 포함)을 가리킨다. 그러나 민사재판과 행정재판에서는 형식적 의미의 법률뿐 아니라 관습법과 조리 등을 포함한 불문법도 아우른다. 모든 재판에서 절차법은 국회가 제정한 법률에 따라야 한다. 다만, 헌법 제108조에 따라 소송절차에 관해서 정하는 대법원규칙과 헌법 제113조 제2항에 따라 심판절차에 관해서 정하는 헌법재판소규칙은 예외이다. 헌법 제27조 제1항이 규정하는 '법률에 의한' 재판을 받을 권리를 보장하려면 입법자의 재판청구권의 구체적인 형성이 필요하지만, 이는 상당한 정도로 권리구제의 실효성이 보장되도록 하는 것이어야 한다(헌재 2001. 2. 22. 2000헌가1). 따라서 현대 사회의 복잡다단한 소송에서 법률전문가의 증대되는 역할, 민사법상 무기 대등의 원칙 실현, 헌법소송의 변호사강제주의 적용 등을 고려하면 교정시설 안 수용자와 변호사

사이의 접견교통권(변호사의 조력을 받을 권리) 보장은 헌법상 보장되는 재판청구권의 한 내용이나 거기서 파생하는 권리로 볼 수 있다(헌재 2004. 12. 16. 2002헌마478).

(4) '공정한' 재판을 받을 권리

공정한 재판은 헌법과 법률이 정한 자격이 있고, 헌법 제104조 내지 제106조에 정한 절차에 따라 임명되고 신분이 보장되어 독립하여 심판하는 법관에게서 헌법과 법률에 의하여 그 양심에 따라 적법절차에 따라서 이루어지는 재판을 가리킨다. 여기서 공개된 법정의 법관 앞에서 모든 증거자료가 조사·진술되고, 이에 대해서 검사와 피고인이 서로 공격·방어할 공평한 기회가 보장되는 재판을 받을 권리도 파생된다(헌재 2001. 8. 30. 99헌마496). 이에 비추어 공정한 재판을 받을 권리는 공정한 심리를 받을 권리를 뜻한다. 공정한 심리를 위해서 관할권이 있는 법원은 당사자주의와 구두변론주의에 입각하여 공개법정에서 당사자의 토론과 공격·방어를 충분히 전개할 권리를 보장하여야 한다(헌재 1996. 12. 26. 94헌바1). 권리·의무 확정을 다투는 소송사건에서는 이러한 대심구조가 실체적 진실 발견과 공정한 재판에 필수적이다. 그러나 실체적 권리·의무가 있음을 전제로 하여 법원이 후견적·감독적 입장과 합목적성의 견지에서 재량권을 행사하여 사인 사이의 법률관계 내용을 형성하는 절차를 뜻하는 비송사건절차·가사소송절차·파산절차 등에서는 비공개와 대심이 아닌 임의적 구두변론주의를 채택하더라도 그것은 공정한 재판을 받을 권리를 침해하지 않는다. 민사재판에서 법관이 당사자의 복장에 따라 불리한 심증을 갖거나 불공정한 재판 진행을 하게 되는 것이 아니므로, 민사재판의 당사자로 출석하는 수형자에 대해서 사복 착용을 불허하는 것이 공정한 재판을 받을 권리가 침해하는 것은 아니다(헌재 2015. 12. 23. 2013헌마712). 그리고 공정한 재판을 받을 권리에 외국에 나가 증거를 수집할 권리는 포함되지 않는다(헌재 2015. 9. 24. 2012헌바302).

⑸ '신속한 공개재판'을 받을 권리

모든 국민은 신속한 재판을 받을 권리가 있다(헌법 제27조 제3항 제1문). 신속한 공개재판을 요청하는 것도 권리구제 실효성을 위한 것이다. 지연된 재판은 결과적으로 재판을 통한 권리구제 실효성을 현저하게 감소시키므로, 재판의 신속성은 재판의 생명으로까지 평가된다. 재판의 지연은 아무리 공정한 재판일지라도 당사자에게는 무용지물이 될 수 있어서 재판의 거부와 다를 바 없다. 재판 지연 여부는 구체적 사건에 따라 달리 판단하여야 하며 지연 기간, 지연 원인, 심리 곤란 여부, 피고인에 대한 불리한 영향을 포함한 지연으로 말미암은 모든 이익의 침해 정도 등을 종합하여 판단하여야 한다. 다만, 재판의 신속만을 강조하여 재판의 공정성이 훼손되거나 재판 당사자 참여를 지나치게 제한할 수 없으므로 신속한 재판은 공정하고 적정한 재판을 하는 데 필요한 기간을 넘어 부당하게 지연됨이 없는 재판을 가리킨다.

신속한 재판을 받을 권리는 먼저 시간적 요소가 사법적 권리구제를 실효적이지 못하게 만들 때 침해된다. 구체적으로 ① 청구기간을 지나치게 짧게 설정하여 기간 안에 실질적인 권리구제 청구를 기대할 수 없을 때(그래서 재판 거부나 마찬가지일 때)(대법원 1966. 3. 29. 선고 65누169 판결), ② 권리구제 청구에 관한 실질적 심사를 부당하게 지연시키는 때(예를 들어 법원 아닌 기관에 의한 필요적 전심절차를 두면서 시간상 제한을 정하지 않아 사법적 권리구제를 장기간 지체하게 하는 때)(헌재 1992. 4. 14. 90헌마82), ③ 권리구제절차 자체, 즉 재판절차의 장기화이다.

형사피고인은 상당한 이유가 없는 한 바로 공개재판을 받을 권리가 있다(헌법 제27조 제3항 제2문). 공개재판은 재판의 공정성을 확보하기 위해서 재판의 심리와 판결을 제3자에게도 공개하는 것을 말한다. 재판의 공개는 재판의 객관성과 공정성을 확보하는 중요한 요소가 된다. 비밀재판을 배제하고 일반 국민 감시 아래에서 심리와 판결을 받음으로써 공정한 재판을 받을 수 있다. 헌법 제27조 제3항 제2문은 피고인만을 주체로 규정하나, 헌법 제109조는 "재판의 심리와 판결을 공개한다."라고 규정하므로 공개재판을 받을 권리는 모든 국민에게 인정된다. 다만, 심리는 국가의 안전보장이나 안녕질서를 방해하거나 신량한 풍속을 해할 염려가 있으면 법원의 결정으로 공개하지 아니할 수 있다(헌법 제109조 단서). 그러나 판결(선고)은 반드시 공개하여야 한다. 법원이 법정의 규모·질서의 유지·심리의 원활한 진행 등을 고려하여 방청을 희망하는 피고인들의 가족·친지, 그 밖의 일반 국민에게 미리 방청권을 발행하게 하고 그 소지자만 방청을 허용하는 것 등의 방법으로 방청인 수를 제한하는 조치를 취하는 것은 공개재판 취지에 어긋나지 않는다(대법원 1990. 6. 8. 선고 90도646 판결).

(6) 형사피해자의 재판절차진술권

형사피해자의 재판절차진술권은 모든 종류의 형사범죄로 말미암은 피해자가 해당 사건의 재판절차에 (증인으로) 출석하여 자신이 입은 피해의 상황과 내용 및 해당 사건에 관해서 의견을 진술할 수 있는 권리이다(헌법 제27조 제5항)(헌재 1997. 2. 20. 96헌마76). 이 권리는 피해자 자신의 증언을 청취하여 진실을 밝히고 피해 상황 등을 확인함으로써 유·무죄와 형량을 객관적으로 판단하려는 것이다. 헌법재판소가 이 권리를 인정한 취지는 법관이 형사재판을 할 때 피해자의 진술을 청취하여 적절하고 공평한 재판을 하여야 한다는 것을 뜻할 뿐 아니라 이에 더 나아가 형사피해자에게 법관이 적절한 형벌권을 행사하여 줄 것을 청구할 수 있는 사법절차적 기본권을 보장해 준 적극적 입장에 있는 것이라고 한다(헌재 1989. 4. 17. 88헌마3). 법원은 범죄로 말미암은 피해자의 신청이 있으면 그를 증인으로 신문하여야 한다(형사소송법 제294조의2). 재판절차진술권 주체인 형사피해자는 헌법 제30조 범죄피해자구조청구권의 범죄피해자보다 넓은 개념이다. 범죄피해자구조청구권의 범죄피해자는 생명과 신체에 중장해를 입은 사람에 한정되지만, 재판절차진술권의 형사피해자는 모든 범죄행위로 말미암은 피해자를 뜻하기 때문이다. 형사피해자 개념은 재판절차진술권을 독립한 기본권으로 인정한 취지에 비추어 넓게 해석하여야 한다. 반드시 형사실체법상 보호법익을 기준으로 한 피해자 개념에 의존하여 결정할 필요는 없다. 즉 형사실체법상 직접적인 보호법익 주체로 해석되지 않는 사람이라도 문제 되는 범죄 때문에 법률상 불이익을 받게 되는 사람이면 헌법상 형사피해자의 재판절차진술권 주체가 될 수 있다(헌재 1992. 2. 25. 90헌마91). 형사피해자를 약식명령 고지 대상자와 정식재판청구권자에서 제외하는 것은 형사피해자의 재판절차진술권을 침해하지 않는다(헌재 2019. 9. 26. 2018헌마1015).

5. 제한

군인이나 군무원에 대해서는 헌법 제110조 제1항에 규정된 특별법원인 군사법원에 의한 재판을 받도록 하고, 일반 국민도 중대한 군사상 기밀·초병·초소·유독음식물 공급·포로·군용물에 관한 죄 중 법률이 정한 때와 비상계엄이 선포된 때는 예외적으로 군사법원의 재판을 받는다(헌법 제27조 제2항). 그리고 법원을 최고법원인 대법원과 각급 법원으로 조직하고(헌법 제101조 제2항), 군사법원의 상고심을 대법원으로 하면서도(헌법 제110조 제2항), 비상계엄 아래 군사재판은 군인·군무원의 범죄나 군사에 관한 간첩죄와 초병·초소·유독음식물 공급·포로에

관한 죄 중 법률이 정한 때는 단심으로 할 수 있다. 다만, 사형을 선고
하면 그러하지 아니하다(헌법 제110조 제4항). 또한, 국회에서 한 의원에
대한 자격심사와 징계 및 제명의 처분의 대해서는 국회의 자율권을 존
중하는 취지에서 법원에 제소할 수 없다(헌법 제64조 제4항).

Ⅳ. 형사보상청구권

1. 의의

형사보상청구권은 형사피의자로서 구금되었던 사람이 불기소처분을
받거나 형사피고인으로 구금되었던 사람이 무죄판결을 받으면 잘못된
형사사법작용으로 말미암아 발생한 물질적 · 정신적 손실에 대해서 국가
에 보상을 청구할 수 있는 권리이다. 형사보상청구권을 통해서 형사사
법 잘못으로 입은 피해를 국가가 사후적으로 보상한다고 하여 침해된
기본권이 옹글게(완벽하게) 회복될 수는 없다. 하지만 보상을 통해서 기
본권을 보장하려는 것은 기본권 보장 차원에서 중요한 의미가 있다. 그
리고 형사보상청구권을 인정한다는 것은 공권력 남용에 대해서 경고하
는 의미도 있다.

2. 형사보상의 본질

형사보상의 본질과 관련하여 ① 형사보상은 객관적으로(고의 · 과실
결여) 위법한 행위에 대한 국가의 배상책임으로서 공무원의 불법행위에
따른 국가의 손해배상책임과 다를 바 없다는 손해배상설, ② 형사보상
은 적법한 형사사법작용에 따른 손실의 공평부담으로서 무과실손실보
상책임이라는 손실보상설, ③ 형사보상을 오판에 대한 보상과 피의자
구금에 대한 보상으로 나누어, 오판에 대한 보상은 손해배상이지만, 피
의자 구금에 대한 보상은 손실보상이라는 2분설이 주장된다. 국가배상

제도와 별도로 형사보상제도를 헌법이 규정하고, 고의·과실을 요건으로 하는 국가배상과 달리 형사보상은 고의·과실을 요건으로 하지 않으므로, 형사보상은 인신 구속으로 말미암은 손실 발생에 대해서 결과책임인 무과실손실보상책임을 인정한 것으로 보아야 한다.

3. 주체

형사보상청구권의 주체는 구금되었던 형사피고인과 형사피의자이다. 형사피의자는 범죄 혐의가 있어 수사 대상이 되었으나 공소제기 대상이 되지 않은 사람이고, 형사피고인은 공소제기된 사람이다. 하지만 본인이 청구하지 못하고 사망하면 상속인이 청구할 수 있다('형사보상 및 명예회복에 관한 법률' 제3조 제1항). 형법이 외국인에게도 적용될 수 있으므로 외국인도 내국인과 마찬가지로 형사보상청구권 주체가 될 수 있다. 그러나 법인과 그 밖의 단체는 구금 대상이 될 수 없으므로 성질상 주체가 될 수 없다.

4. 내용

① 형사보상청구권은 '형사피의자'로서 '구금되었던 자'가 법률이 정하는 '불기소처분'을 받거나(피의자보상) '형사피고인'으로서 '구금되었던 자'가 '무죄판결'을 받은 때(피고인보상)에 성립한다. ② 형사보상 청구는 형사피의자는 검사에게서 공소를 제기하지 아니하는 처분의 고지나 통지를 받은 날부터 3년 이내('형사보상 및 명예회복에 관한 법률' 제28조 제3항), 형사피고인은 무죄재판이 확정된 사실을 안 날부터 3년, 무죄재판이 확정된 때부터 5년 이내에('형사보상 및 명예회복에 관한 법률' 제8조) 하여야 한다. ③ 형사피의자는 공소를 제기하지 아니하는 처분을 한 검사가 소속된 지방검찰청(지방검찰청 지청 검사가 그러한 처분을 하면 그 지청이 속하는 지방검찰청)의 심의회에 보상을 청구하여야 한다('형

사보상 및 명예회복에 관한 법률' 제28조 제1항). 형사피고인은 무죄재판을 한 법원에 보상을 청구하여야 한다('형사보상 및 명예회복에 관한 법률' 제7조). ④ 형사피의자는 보상청구서에 공소를 제기하지 아니하는 처분을 받은 사실을 증명하는 서류를 첨부하여 제출하여야 한다('형사보상 및 명예회복에 관한 법률' 제28조 제2항). 형사피고인은 보상청구서에 재판서의 등본과 그 재판의 확정증명서를 첨부하여 법원에 제출하여야 한다('형사보상 및 명예회복에 관한 법률' 제9조 제1항). 보상청구서에는 청구자의 등록기준지, 주소, 성명, 생년월일과 청구 원인이 된 사실과 청구액을 기재하여야 한다('형사보상 및 명예회복에 관한 법률' 제9조 제2항). ⑤ 헌법 제28조는 '정당한 보상'을 규정한다. '정당한 보상'은 형사보상청구권자가 입은 손실액의 옹근(완벽한) 보상을 뜻한다. 재산적 손해, 정신적 고통 같은 구금 중에 받은 적극적 손해는 물론 구금되지 않았다면 얻을 수 있는 이익 상실과 같은 소극적 손해 모두 보상되어야 한다. ⑥ 형사보상에 대한 청구가 있으면 형사피의자는 지방검찰청의 보상심의회가 심사·결정하고, 이 심의회는 법무부 장관의 지휘·감독을 받는다('형사보상 및 명예회복에 관한 법률' 제27조 제3항과 제4항). 형사피고인의 배상 청구는 법원 합의부에서 재판한다('형사보상 및 명예회복에 관한 법률' 제14조 제1항). 보상결정에 관해서 이의가 있으면 피의자보상 청구에 대한 보상심의회 결정에 대해서는 행정심판을 청구하거나 행정소송을 제기할 수 있다('형사보상 및 명예회복에 관한 법률' 제28조 제4항). 형사피고인은 보상결정에 대해서는 1주일 이내에 즉시항고할 수 있고, 청구기각 결정에 대해서는 즉시항고를 할 수 있다('형사보상 및 명예회복에 관한 법률' 제20조). ⑦ 보상결정이 확정되면 법원은 2주일 안에 보상결정 요지를 관보에 게재하여 공시하여야 한다. 이때 보상을 받은 사람의 신청이 있으면 그 결정 요지를 신청인이 선택하는 두 종류 이상의 일간신문에 각각 한 번씩 공시하여야 하고, 그 공시는 신청일부터 30일 이내에 하여야 한다('형사보상 및 명예회복에 관한 법률' 제25조 제1항). ⑧ 형사보상법 규정은 군사법원에서 무죄재판을 받아 확정된 사람이나 군사법원에서 '형사보상 및 명예회복에 관한 법률' 제26조 제1항 각 호에 해당히는 재판을 받은 사람이나 군검찰부 군검사에게서 공소를 제기하지 아니하는 처분을 받은 사람에 대한 보상에 이를 준용한다('형사보상 및 명예회복에 관한 법률' 제29조 제2항).

Ⅴ. 국가배상청구권

1. 의의

국가배상청구권은 공무원의 직무상 불법행위로 손해를 입은 국민이 국가·공공단체에 그 배상을 청구할 수 있는 권리이다. 국가배상청구권은 법치국가의 한 요소로서 국가책임 추궁을 위한 절차적 기본권이다. 즉 국가배상청구권을 법치국가원리를 최종적으로 담보하는 수단이다. 국가가 불법행위를 하여 개인의 권리를 침해하면 먼저 개인은 행정소송을 통해서 이러한 불법 제거를 요구하고 행정소송으로 제거할 수 없는 국가불법 결과가 있다면 국가배상 청구를 통해서 그 궁극적인 제거를 요구한다.

2. 법적 성격

헌법 제29조의 "법률이 정하는 바에 의하여"를 어떻게 해석할 것인지와 관련하여 헌법 제29조가 "법률이 정하는 바에 의하여"라는 규정함을 강조하여, 이러한 법률유보로 말미암아 헌법에 따라서 추상적 권리만 발생하고 구체적인 권리는 법률에 따라서 비로소 생긴다는 입법방침규정설과 "법률이 정하는 바에 의하여"라는 국가배상청구권을 기본권으로 인정한다는 전제 아래 국가배상청구권의 행사절차나 구체적인 기준

또는 방법을 법률로 구체화한다는 의미라는 직접효력규정설이 대립한다. 대법원은 국가배상청구권의 구체적 권리성을 인정한다(대법원 1971. 6. 22. 선고 70다1010 전원합의체 판결).

국가배상청구권의 실질적 성격과 관련하여 국가배상청구권을 헌법 제23조 제1항이 규정하는 재산권의 한 내용으로 보는 재산권설도 주장되지만, 국가배상청구권이 재산 가치 있는 권리이기는 하지만(국가배상법 제8조 참조), 헌법이 재산권규정(제23조)과 별도로 규정한 점과 국가배상청구권의 기능상 중점이 권리구제수단임에 있다는 점에서 재산권과 구별하여야 하므로 청구권설이 타당하다. 헌법재판소는 국가배상청구권은 재산권적 성격과 청구권적 성격이 아울러 있다고 한다(헌재 1997. 2. 20. 96헌바24).

국가배상청구권의 실행방법과 관련하여 국가배상청구권이 헌법규정에 따라서 직접 효력이 있는 권리이고, 그 성질이 일반적인 사권과 달리 특정한 때는 양도나 압류의 대상이 되지 않으며(국가배상법 제4조), 그 주체가 외국인이면 상호주의에 입각한 제한이 있음(국가배상법 제7조)을 근거로 하는 공권설과 국가배상청구권이 국가가 사적인 사용자의 지위에서 지는 책임이고, 공권으로 이해하면 많은 제약이 따른다는 점을 근거로 하는 사권설이 다투어진다. 대법원은 공무원의 직무상 불법행위로 손해를 받은 국민이 국가나 공공단체에 배상을 청구할 때 국가나 공공단체에 그의 불법행위를 이유로 손해배상을 구함은 국가배상법이 정한 바에 따른다고 하여도 이는 민사상 손해배상 책임을 특별법인 국가배상법이 정한 데 불과하다고 하여(대법원 1972. 10. 10. 선고 69다701 판결) 사권설을 취한 것으로 볼 수 있다.

3. 주체

국가배상청구권의 주체는 모든 국민이다. 즉 위법한 공무집행으로 손해를 입은 국민은 모두 그 주체가 되고, 이때 자연인과 법인을 구별하지 않는다. 다만, 군인·군무원·경찰공무원 기타 법률이 정하는 자가 전투·훈련 등 직무집행과 관련하여 받은 손해에 대해서는 법률이 정하는 보상 외에 국가나 공공단체에 공무원의 직무상 불법행위로 말미암은 배상을 청구할 수 없다(헌법 제29조 제2항). 외국인이나 외국법인에 대해서는 상호주의원칙에 따라 상호 보증이 있는 때만 국가배상법이 적용된다(국가배상법 제7조). 한국에 주둔하는 미국 군대의 구성원, 고용원이나 한국증원부대 구성원(KATUSA)의 공무집행 중의 행위에 대해서도 국가배상법 절차에 따라서 한국 정부에 배상을 청구할 수 있다(한미행정협정 제23조 제5항).

4. 국가배상책임 성립요건

헌법 제29조 제1항과 국가배상법 제2조 제1항 본문을 따르면 국가나 지방자치단체는 공무원이 그 직무를 집행할 때 고의 또는 과실로 법령을 위반하여 타인에게 손해를 입히면 국가는 손해배상을 해주어야 한다. 따라서 국가배상청구권이 성립하려면 ① 공무원, ② 직무집행행위, ③ 불법행위, ④ 타인에게 손해 발생의 요건이 충족되어야 한다.

(1) 공무원

여기서 공무원은 실질적으로 공무를 수행하는 사람을 가리킨다. 따라서 공무원 신분이 있는 사람에 국한되지 않는다. 따라서 공무원은 국가공무원법과 지방공무원법상 공무원뿐 아니라 사실상 공무를 위탁받아 실질적으로 공무를 수행하는 모든 사람을 말한다. 공무원의 임용행위상 무효사유가 사후에 발견되더라도 그 이전까지의 행위에 대해서는 이른바 사실상 공무원으로서 이 사람의 행위에 대한 손해배상책임이 인정된다. 공무원은 기관구성원인 자연인을 뜻하지만, 기관 그 자체가 포함될 수도 있다. 그러나 외국공관원은 국가기관이 아니므로 국가는 외국공관원의 불법행위에 대해서 책임을 지지 않는다(대법원 1997. 4. 25. 선고 96다16940 판결).

(2) 직무집행행위

직무집행행위 범위와 관련하여 ① 행정작용 중 권력작용만 포함하는 견해(협의설), ② 권력작용과 관리작용만 포함하는 견해(광의설), ③ 권력작용과 관리작용 및 사경제작용을 포함하는 견해(최광의설)가 대립한다. 공무원의 직무집행행위에는 권력작용과 관리작용 및 사경제작용이 모두 포함되지만, 국가배상청구권의 성질을 공권으로 이해하면 사경제작용으로 말미암은 손해는 여기서 제외하여 민사상 배상책임으로 해결하는 것이 타당하다(대법원 1970. 11. 24. 선고 70다1148 판결). 즉 국가배상청구권에서 직무집행행위는 권력작용과 관리작용에 국한하여야 한다.

직무집행의 의미와 관련하여 해당 공무원의 주관적 의도와 목적으로 판단하여야 한다는 주관설과 직무집행으로서 외형으로 판단하여야 한다는 객관설이 대립한다. 국가배상청구권의 인정 취지에 비추어 직무집행으로서 외형을 갖추는 모든 행위가 직무집행으로 보아야 한다(대법원 1969. 3. 22. 선고 66다117 판결).

(3) 불법행위

불법행위는 고의나 과실로 법령을 위반한 행위를 말한다. 불법행위는 작위나 부작위에 의해서 발생할 수 있다. 고의나 과실을 요구한다는 점에서 고의나 과실을 요건으로 하지 않는 형사보상청구권이나 영조물의 설치나 관리상 하자로 말미암은 손해에 대한 배상청구권과 구별된다. 불법행위의 증명책임은 피해자에게 있다. 가해자 특정 자체는 요건이 아니라서 누구의 행위인지가 판명되지 않더라도 공무원의 행위에 의한 것인 이상 국가는 배상책임을 진다. 법령은 법률과 명령, 규칙, 조례 등의 성문법은 물론 관습법과 같은 불문법도 아우른다. 법령을 위반한 행위 내용은 넓게 해석되며 신의성실원칙 등 법일반원칙 위반일 때도 법령을 위반한 것으로 해석되나 행정규칙 위반의 행정행위에 따른 손해 발생에 대해서는 행정규칙의 법규성 인정 여하에 따라 위법성 인정 여부가 결정된다.

(4) 타인에게 손해 발생

타인은 가해공무원과 위법한 직무행위 가담자 이외의 모든 사람을 가리킨다. 손해는 위법한 직무행위로 피해자가 입은 모든 불이익으로서 재산적 손해, 비재산적 손해, 적극적 손해, 소극적 손해(기대이익)를 불문한다. 위법한 직무행위와 손해 발생 사이에는 상당인과관계가 있어야 한다.

5. 국가배상책임의 본질과 선택적 청구 인부

(1) 배상책임자

배상책임자를 헌법 제29조는 '국가 또는 공공단체', 국가배상법 제2조는 '국가 또는 지방자치단체'로 서로 다르게 규정한다. 따라서 공공단체로서 지방자치단체가 아닌 공공기관(예를 들어 공공조합, 영조물법인)은 민법 규정에 따라서 배상책임 의무를 진다(국가배상법 제8조 참조). 공무원 선임·감독자와 비용부담자가 서로 다르면(국가배상법 제6조 제1항) 비용부담자도 손해배상 책임이 있다. 따라서 이때 피해자는 선임·감독자와 비용부담자 어느 쪽에 대해서도 배상청구를 할 수 있다. 고의나 과실 요구는 가해자인 공무원을 기준으로 검토하는 것이라서 이들 배상책임자가 지는 책임은 무과실책임이다. 이러한 점에서 국가배상법이 배상책임자를 축소한 것은 위헌 의심이 있다. 민법상 사용자책임은 사용자가 선임·감독에 있어 주의의무를 다하면 면제되어서(민법 제756조 제1항) 피해자 보호라는 측면에서 문제가 생길 수 있기 때문이다.

(2) 구상권 행사

국가나 지방자치단체가 피해자가 손해를 배상할 때 가해공무원에게 고의나 중대한 과실이 있으면 국가나 지방자치단체는 가해공무원에게 구상권을 행사할 수 있다(국가배상법 제2조 제2항). 여기서 공무원의 중과실은 공무원에게 통상 요구되는 정도의 상당한 주의를 하지 않더라도 약간의 주의를 한다면 손쉽게 위법·유해한 결과를 예견할 수 있는데도 만연히 이를 간과함과 같은 거의 고의에 가까운 현저한 주의를 결여한 상태를 말한다(대법원 2003. 2. 11. 선고 2002다65929 판결). 경과실이 있는 가해공무원에게는 구상권을 행사할 수 없다. 이는 공무원이 직무집행에서 소극적이거나 사기가 저하될 것을 우려한 정책적 배려이다. 가해공무원을 선임·감독한 자와 비용을 부담하는 자가 같지 않으면 손해를 배상한 자가 내부관계에서 손해를 배상할 책임이 있는 자에게 구상권을 행사할 수 있다(국가배상법 제6조 제2항). 내부관계에서 손해를 배상할 책임이 있는 자는 가해공무원을 선임·감독한 자이다.

(3) 국가배상책임의 본질

배상책임자가 지는 책임, 즉 국가배상책임의 본질과 관련하여 국가 등의 배상책임은 피해자를 보호하려고 가해공무원을 대신하여 지는 일종의 사용자책임이라는 대위책임설, 국가배상책임은 자기 행위에 스스로 책임지는 것이라는 자기책임설, 가해공무원에 대한 국가의 구상권 존재 여부를 기준으로, 공무원의 고의나 중과실로 말미암은 행위는 국가의 구상권이 인정되므로 대위책임이나, 경과실로 말미암은 행위는 구상권이 인정되지 않으므로 국가 스스로 책임지는 자기책임으로 이해하는 절충설이 대립한다. 대법원은 절충설을 따르는 것으로 보인다(대법원 1996. 2. 15. 선고 95다38677 판결).

(4) 공무원 개인에 대한 선택적 청구 가능성(공무원 개인의 외부적 책임)

먼저 피해자가 빈틈없이 손해배상을 받을 수 있고, 헌법 제29조 제1항 단서는 명시적으로 가해공무원의 책임을 인정한다는 점을 근거로 피해자인 개인은 국가와 공무원을 상대로 선택적으로 손해배상 청구가 가능하다는 견해가 있는데, 선택 청구 긍정설에는 경과실, 중과실, 고의를 따지지 않고 공무원 개인의 외부적 책임을 인정하는 전면긍정설과 고의나 중과실만 공무원 개인의 외부적 책임을 인정하는 제한적 긍정설이 있다. 경제적 부담능력이 있는 국가가 손해배상을 하면 피해자 구제는 완벽하게 이루어지고, 공무원의 직무집행을 보호하여야 한다는 것을 근거로 선택적 청구를 부정하는 견해도 있다. 대법원은 공무원이 경과실이면 선택적 청구를 부정하면서 공무원이 고의·중과실이면 선택적 청구를 긍정한다(대법원 1996. 2. 15. 선고 95다38677 판결).

6. 배상청구절차와 배상 범위(배상액)

(1) 배상청구절차

국가나 지방자치단체에 대한 배상신청사건을 심의하기 위해서 법무부에 본부심의회를 둔다. 다만, 군인이나 군무원이 다른 사람에게 입힌 손해에 대한 배상신청사건을 심의하기 위해서 국방부에 특별심의회를 둔다(국가배상법 제10조 제1항). 본부심의회와 특별심의회는 대통령령으로 정하는 바에 따라 지구심의회를 둔다. 당사자는 배상심의회에 배상신청을 하여 그 결과에 불복하면 소를 제기할 수도 있고, 배상신청을 하지 아니하고 바로 법원에 소를 제기할 수도 있다(국가배상법 제9조).

배상심의회 결정에 불복하거나 배상심의회에 배상신청을 하지 않고 바로 소를 제기하면 일반적인 재판절차를 거치게 된다. 이때 국가배상청구 자체를 소송대상으로 하는 일반절차와 다른 소 제기에 배상청구소송을 병합하는 특별절차의 방법이 있다. 일반절차를 따르면 국가배상청구권의 성질에 따라 소송유형이 달라진다. 이를 공권으로 보면 행정소송으로서 공법상 당사자소송, 이를 사권으로 보면 민사소송을 따르게 된다. 재판실무는 민사소송으로 처리한다. 특별절차를 따르면 취소소송과 병합하여 처리하게 된다(행정소송법 제10조 제1항).

(2) 배상 범위

손해배상은 정당한 배상으로서(헌법 제29조 제1항) 해당 불법행위와 상당인과관계가 있는 모든 손해가 배상이 되어야 한다. 이때 배상기준으로 국가배상법 제3조는 일정한 내용을 규정한다. 그러나 이는 그 성격상 기준에 불과한 것이고, 배상의 상한선을 제시하는 한정적인 의미가 없다(대법원 1970. 1. 29. 선고 69다1203 전원합의체 판결).

(3) 양도와 압류 금지

생명·신체의 침해로 말미암은 국가배상청구권은 양도하거나 압류하지 못한다(국가배상법 제4조).

7. 제한

(1) 기본권주체의 헌법직접적 제한

종래 헌법규정 자체에 대해서는 위헌심사가 불가능하다는 전제 아래 헌법 제29조 제2항이 있는 한 국가배상법 제2조 제1항 단서는 합헌으로 볼 수밖에 없다는 견해가 지배적이었다. 이러한 견해는 결국 헌법이나 국가배상법이 개정되어야 한다는 입법론으로 이어지곤 하였다. 이러한 전통적 견해에 대해서 헌법 제29조 제2항을 이른바 '위헌적 헌법규범'이라고 하면서 헌법규정에 대해서도 위헌심사가 가능하다는 적극적인 견해가 주장되어 확산하고 있다. 그러나 헌법재판소는 헌법규정에 대한 위헌심사는 불가능하므로 국가배상법 제2조 제1항 단서는 합헌이라는 전통적 견해를 견지한다(헌재 1996. 6. 13. 94헌마18).

(2) 일반적 법률유보에 따른 제한

국가배상청구권은 헌법 제37조 제2항에 따라 국가안전보장, 질서유지 또는 공공복리를 위해서 필요하면 법률로써 제한할 수 있다. 그리고 국가배상법 적용을 배제하는 특별법을 통해서 국가배상청구권이 제한될 수도 있다. 예를 들어 우편법(제5장 제38조 내지 제45조), 철도사업법(제24조), 전기통신사업법(제33조, 제55조) 등이 그러한 특별법이다. 이러한 행정작용은 국민에 대해서 일정한 급부를 대량으로 반복해서 제공하는 성질이 있는 것이므로 통상적인 행정작용과 구별되는 특성이 있다.

(3) 소멸시효

헌법재판소는 국가배상청구권에도 소멸시효에 관한 민법 규정을 따르도록 한 국가배상법 제8조, 국가에 대한 금전채권의 소멸시효기간을 5년으로 정한 구 예산회계법 제96조 제2항, 국가재정법 제96조 제2항, 피해자나 법정대리인이 손해 및 가해자를 안 날부터 3년 및 불법행위를 한 날로부터 10년을 불법행위로 말미암은 손해배상청구권의 소멸시효로 규정한 민법 제766조 제1항, 제2항에 대해서 합헌으로 결정한 바 있다(헌재 1997. 2. 20. 96헌바24). 그러나 헌법재판소는 '진실·화해를 위한 과거사정리 기본법' 제2조 제1항 제3호에 규정된 '민간인 집단 희생

사건', 제4호에 규정된 '사망·상해·실종사건 그 밖에 중대한 인권침해사건과 조작의혹사건'의 특수성을 고려하지 아니한 채 민법 제166조 제1항, 제766조 제2항의 객관적 기산점이 그대로 적용되도록 규정하는 것은, 소멸시효제도를 통한 법적 안정성과 가해자 보호만을 지나치게 중시한 나머지 합리적 이유 없이 이러한 사건 유형에 관한 국가배상청구권의 보장 필요성을 외면한 것으로서 입법형성의 한계를 일탈하여 청구인들의 국가배상청구권을 침해하므로 헌법에 위반된다고 하였다(헌재 2018. 8. 30. 2014헌바148등).

Ⅵ. 범죄피해자구조청구권

1. 의의

범죄피해자구조청구권은 본인에게 귀책사유가 없는 다른 사람의 범죄로 말미암아 생명을 잃거나 신체상 피해를 본 국민이나 그 유족이 가해자에게서 충분한 보상을 받지 못할 때 국가에 구조(나 보상)를 청구할 수 있는 권리이다.

2. 범죄피해자구조의 본질

① 국가는 범죄 발생을 예방하고 진압할 책임이 있으므로 범죄로 말미암아 피해를 본 국민에게 배상책임을 져야 한다는 국가(배상)책임설, ② 범죄로 말미암은 피해를 피해자에게만 전담시키지 않고 국가가 그를 도와줌으로써 사회국가 이념을 실현하여야 한다는 사회보장설, ③ 범죄피해자구조는 세금을 통한 보험 형식으로 범죄로 말미암은 피해를 국가가 사회구성원에게 분담시키는 것이라는 사회분담설 그리고 국가는 범죄의 예방과 진압책임이 있어서 살상 등 중대한 범죄피해가 발생하면 그 책임 일부를 국가가 부담하는 것은 당연하고(국가책임적 측면), 범죄

자 대부분은 피해를 배상할 재력이 없으므로, 사회국가 이념에 비추어 사회보장적이나 사회보험적 사회정책의 하나로 범죄피해자 피해를 구조해 주어야 하며(사회보장적 측면) 범죄피해자구조제도는 사회보장적 성격과 국가책임직 성격이 아울러 있는 복합적 성격의 제도로 이해하여야 한다는 견해가 대립한다.

3. 법적 성격

① 범죄피해자구조청구권은 국가에서 '범죄피해의 구조'라는 일정한 행위를 요구할 수 있는 청구권적 기본권이라는 견해, ② 범죄피해자구조는 사회국가를 실현하는 하나의 방법으로 사회보장적 차원에서 인정된다는 견해, ③ 범죄피해자구조청구권은 국가책임의 성질과 사회보장적 성질에 근거를 둔 청구권적 기본권이라는 견해 그리고 ④ 범죄피해자구조제도는 국가배상적, 사회보장적 그리고 사회보험적 성격이 있으므로 범죄피해자구조청구권은 국가배상청구권적 성격과 사회권적 성격이 모두 있고, 이렇게 볼 때 범죄피해자구조청구권은 국가배상적 사회보장청구권으로 볼 수 있다는 견해가 대립한다. 헌법재판소는 범죄피해자구조청구권을 생존권적 기본권으로서의 성격이 있는 청구권적 기본권이라고 한다(헌재 2011. 12. 29. 2009헌마354).

헌법 제30조 규정상 재해보상청구권을 규정한 것인지 사회국가적 입법의무를 규정한 것인지 명확하지 않다. 범죄피해자구조청구권을 국가배상청구권으로 보면 직접효력규정으로 볼 수 있으나, 이를 사회권의 하나로 보면 입법방침규정으로 볼 수도 있다. 이 규정을 복합적 성격의 국가배상적 사회보장청구권으로 보면 이를 직접효력규정이라고 볼 수 있다.

4. 주체

범죄피해자구조청구권 주체는 다른 사람의 범죄행위로 말미암아 중장해를 당한 사람이나 그 유족이다. 범죄피해 방지와 범죄피해자 구조활동으로 피해를 본 사람도 범죄피해자에 속한다('범죄피해자 보호법' 제3조 제2항). 피해자가 사망하면 그 유족이 구조금을 청구하고, 중장해를 당하면 본인이 청구한다. 구조금을 받을 수 있는 유족은 피해자의 사망 당시 피해자 수입으로 생계를 유지하던 사람으로서 ① 배우자(사실상 혼인관계 포함)와 구조피해자 사망 당시 구조피해자 수입으로 생계를 유지하는 구조피해자 자녀, ② 구조피해자 사망 당시 구조피해자 수입으로 생계를 유지하는 구조피해자의 부모, 손자·손녀, 조부모와 형제자매, ③ ①과 ②에 해당하지 아니하는 구조피해자의 자녀, 부모, 손자·손녀, 조부모 및 형제자매이다('범죄피해자 보호법' 제18조 제1항). 유족 범위에서 태아는 구조피해자가 사망할 때 이미 출생한 것으로 본다('범죄피해자 보호법' 제18조 제2항). 외국인은 상호보증이 있는 때만 그 주체가 된다('범죄피해자 보호법' 제23조).

5. 내용

① 범죄피해자구조청구권은 '다른 사람의 범죄행위로 말미암아 생명·신체에 대한 피해'를 받은 사람이 '가해자의 불명이나 무자력'의 사유로 말미암아 피해의 전부나 일부를 배상받지 못하거나 자기나 다른 사람의 형사사건 수사나 재판에서 고소·고발 등 수사단서를 제공하거나 진술, 증언 또는 자료 제출을 하다가 구조피해자가 된 때 성립한다('범죄피해자 보호법' 제16조). ② 구조금은 유족구조금·장해구조금 및 중상해구조금으로 구분한다('범죄피해자 보호법' 제17조 제1항). 유족구조금은 구조피해자가 사망하였을 때 맨 앞 순위인 유족(순위가 같은 유족

이 2명 이상이면 똑같이 나누어 지급)에게 지급하고('범죄피해자 보호법' 제17조 제2항), 장해구조금과 중상해구조금은 해당 구조피해자에게 지급한다('범죄피해자 보호법' 제17조 제3항). ③ 구조피해자나 유족이 해당 구조대상 범죄피해를 원인으로 국가배상법이나 그 밖의 법령에 따른 급여 등을 받을 수 있으면 대통령령으로 정하는 바에 따라 구조금을 지급하지 아니한다('범죄피해자 보호법' 제20조). 그리고 국가는 구조피해자나 유족이 해당 구조대상 범죄피해를 원인으로 손해배상을 받았으면 그 범위에서 구조금을 지급하지 아니한다('범죄피해자 보호법' 제21조 제1항). 국가는 지급한 구조금 범위에서 해당 구조금을 받은 사람이 구조대상 범죄피해를 원인으로 가지는 손해배상청구권을 대위한다('범죄피해자 보호법' 제21조 제2항). 따라서 범죄피해자는 결과적으로 가해자가 불명하거나 자력이 없어서 피해의 전부나 일부를 배상받지 못할 때만 보충적으로 구조금을 받을 수 있다.

제7절 사회권

Ⅰ. 일반론

1. 의의

사회권은 인간의 존엄과 가치가 실질적으로 보장되도록 국민이 인간다운 생활을 할 조건을 마련해 주도록 국가에 요구할 수 있는 권리이다. 사회권은 수익권, 생활권적 기본권, 생존권적 기본권, 생활권, 사회적 기본권, 사회국가적 기본권이라고도 부른다. 시민사회에서 기본권은 시민 계급의 생명, 자유, 재산을 보호하는 시민의 자유와 권리를 뜻하였다. 시민사회 형성에 따라 산업사회로 급속하게 발전하면서 수많은 무산노동대중이 발생하였고, 산업사회 근로대중에게 이러한 자유권 중심의 기본권은 공허한 구호에 지나지 않았다. 이들에게는 '생존 보장, 완전고용, 노동력 보존'과 같은 새로운 권리 보장이 필요하였다. 사회권은 경제적·사회적 약자와 소외계층, 특히 산업사회에서 대량으로 발생한 무산근로대중의 인간다운 생활을 보장하고, 정의로운 사회질서를 형성하려고 규정된 기본권이다. 경제적·사회적 약자와 소외계층을 보호하고 이들의 인간다운 생활을 보장함으로써 정의로운 사회질서를 형성하려는 데 사회권의 의의가 있다. 진정한(실질적) 자유는 생존에 필요한 최소한도의 물질적 보장 없이 있을 수 없다. 이러한 의미에서 사회권은 자유의 실질적 조건이며 기초이다.

2. 특성

(1) 국가의 적극적 활동 필요성

자유권은 국가권력 침해에 대한 소극적인 방어만으로 보호될 수 있지만, 사회권은 국가의 적극적 급부와 배려를 통해서 비로소 보장될 수 있다. 따라서 자유권은 국가권력의 개입이나 간섭을 배제하지만, 사회권은 국가의 개입과 간섭이 필수적이다.

(2) 내용의 불명확성

사회권 내용은 매우 불명확하다는 특성이 있다. 법규정의 불명확성이나 모호성은 사회권에 국한된 문제는 물론 아니다. 그러나 사회권은 그 구체적 내용과 구조를 확정하는 데 필요하고 충분한 기준을 내포하지 못한 특수성이 있다. 물론 헌법은 사회권의 내용을 구체적이고 분명하게 규정하여 개인에게 급부청구권을 부여해 줄 수 있다. 그러나 이때 그 내용이 방대해질 뿐 아니라 헌법 개정 곤란성 때문에 바뀌는 경제적 현실과 사회적 상황에 탄력적으로 대응하기 어렵다는 문제가 생긴다. 따라서 사회권을 헌법에 규정할 때 이를 불명확하게 규정할 수밖에 없다.

(3) 입법적 구체화 필요성

사회권 내용은 불확정적이므로 사회권을 실현하려면 법적 구체화가
필요하다. 즉 사회권은 입법자가 그 내용을 구체적으로 형성하고 이를
기초하여 행정 집행이 이루어져야 비로소 실현된다. 사회권은 법률이 구
체화하지 않으면 그 자체로는 사법적 소구가 '원칙적으로' 불가능하다.

(4) 국가의 재정적 능력

사회권은 국가의 재정적 지원 없이는 실현될 수 없다. 따라서 사회권
은 국가의 경제적 여건과 재정적 능력에 따라 실현 여부와 정도가 결정
될 수밖에 없는 권리이다. 이러한 의미에서 모든 사회적 급부청구권은
가능성 유보 아래 있다.

(5) 다른 사람의 자유 침해 가능성

사회권 실현은 다른 사람의 자유 침해를 초래할 수 있다. 그리고 사
회권 실현을 위한 비용은 다른 사람에게 부과한 조세에 의존할 수밖에
없다. 그뿐 아니라 사회권 실현은 다른 권리와 충돌할 수 있다.

3. 법적 성격

① 사회권은 정치적 강령(프로그램)에 불과한 것으로서 국가권력에
대한 법적 구속력과 주관적 권리성이 인정되지 않는다는 프로그램 규정
설, ② 사회권에 어느 정도의 법적 구속력을 인정하나 주관적 권리성은
법률이 구체화할 때만 그 법률과 결합하여 구체적 권리로서 인정된다는
추상적 권리설, ③ 사회권은 원칙적으로 구체적 권리이지만 헌법이 불
완전한 형식으로 권리를 보장한 것이므로 국가의 입법의무 수행에 따라

서 구체적 내용이 규정된다는 불완전한 구체적 권리설, ④ 법규정에서 직접 구체적 권리가 도출된다고 보아 여타 다른 기본권과 같이 파악하는 구체적 권리설, ⑤ 모든 사회권은 일단 잠정적으로 개인에게 주관적 권리를 부여하지만, 이 권리는 형량을 거치고 나서야 비로소 확정적인 권리가 된다는 원칙모델에 따른 권리설, ⑥ 사회권규정을 국가목표규정이나 입법위임규정 등 객관법적 규정으로만 보아 법적 구속력은 인정하나 주관적 권리성은 인정하지 않는 객관설, ⑦ 권리가 보장하는 급부의 가능한 수준을 단계별로 나누어 그에 맞추어 법적 성격을 프로그램에서 구체적 권리까지 단계화하여 인정하자는 단계화설, ⑧ 사회권을 개별 기본권별로, 개별 기본권도 보장내용이나 보장수준별로 각각 법적 성격을 달리한다는 개별화설이 대립한다. 헌법재판소는 '최소한의 물질적 생활 유지'를 위한 때는 구체적 권리성을 인정할 수도 있지만, 그 수준을 넘어서면 구체적 입법이 요구되고, 이때 입법자에게는 광범위한 입법형성권이 인정된다고 한다(헌재 1997. 5. 29. 94헌마33).

4. 주체

사회권 주체는 국민이다. 자연인이 아닌 법인은 사회권 주체가 될 수 없다. 사회권은 개인이 생존에 필요한 급부를 국가에 대해서 청구할 수 있는 권리이기 때문이다. 외국인은 원칙적으로 사회권 주체가 될 수 없으나, 예외적으로 법률이 정하면 사회권 주체가 될 수 있다.

Ⅱ. 인간다운 생활을 할 권리

1. 헌법 제34조 규정체계

인간의 존엄과 가치는 기본권 보장의 최고이념이다. 이는 자유권과 사회권을 비롯한 개별 기본권을 통해서 실현된다. 존엄권이 자유권의 기초로서 자유권에서 절대 침해할 수 없는 최소한의 보호영역을 보장하는 것처럼 인간다운 생활을 할 권리는 인간적 생존의 최소한을 확보하게 한다. 따라서 헌법 제34조 제1항은 인간의 존엄과 가치를 실현하는 사회권을 규정하고, 이러한 사회권은 모든 사회권의 기초를 이룬다. 구체적으로 인간다운 생활을 할 권리는 그 자체로 구체적인 사회권이면서 다른 사회권의 목표와 해석방향 그리고 해석기준을 제시하는 이념적 성격도 있다. 인간다운 생활을 할 권리는 이념적 성격에서 ① 국가는 개인에게 감당할 수 없는 사회적 위험이 발생하여 소득을 상실하여서 기존의 정상적인 생활을 유지할 수 없는 상황일 때 개인을 보호하여야 하는데, 이를 위해서 사회적 위험 발생을 방지하고, 적어도 사회적 위험이 가져오는 경제적 파급효과를 최소화하여야 하며, ② 국가는 사회적 위험이 발생하였을 때 개인의 기존 생활수준을 어느 정도 유지할 수 있도록 보장하여야 하고, ③ 국가는 일정한 기준에 따라 개인이 평등하게 사회보장법적 보호를 받을 수 있어야 하며, ④ 국가는 모든 국민에게 인간다운 최저생활을 보장하여야 한다. 헌법 제34조 제1항이 규정하는 인간다운 생활을 할 권리는 생활무능력자의 최저한도 물질적 생활을 보장하려는 것이다. 이는 사회권 보장의 기초로서 법률로 제한할 수 없다. 헌법 제34조 제2항부터 제6항까지는 인간다운 생활을 할 권리의 보장범위와 관련하여 국가의 사회정책적 확대의무를 규정한다. 즉 이러한 조항들은 사회국가적 (정책)목표를 설정한다. 그리고 헌법 제34조 제1항이 규정하는 인간다운 생활을 할 권리는 다른 사회권에 관한 헌법규정의 이념으로서도 기능한다(헌재 1995. 7. 21. 93헌가14).

2. 개인의 인간다운 생활을 할 권리(헌법 제34조 제1항)

(1) 의의

인간다운 생활을 할 권리는 헌법 제34조 제1항이 보장하는 인간다운 생활을 할 권리는 인간의 존엄에 상응하는 최소한의 물질적인 생활의 유지에 필요한 급부를 요구할 수 있는 권리이다(헌재 2020. 4. 23. 2017 헌바244). 국가는 이에 상응하는 의무를 진다. 인간은 생존에 필요한 최소한의 물질적 수요를 확보하지 못하면 인간다운 생활이 불가능할 뿐 아니라 존엄성이 있는 인간으로서 인격을 자유롭게 발현할 수 없다. 국가가 모든 국민에게 물질적인 최저 생활을 보장해 줌으로써 모든 국민에게 자율적인 생활 형성의 바탕을 마련해 준다는 데 인간다운 생활을 할 권리의 의의가 있다.

(2) 주체

인간다운 생활을 할 권리의 주체는 국민이다. 이때 국민에는 자연인만이 포함되고 법인은 포함되지 않는다. 외국인은 원칙적으로 그 주체가 될 수 없으나, 예외적으로 법률이 정하는 바에 따라 그 주체로 인정될 수 있다. 사회보장기본법 제8조를 따르면 국내에 거주하는 외국인에게 사회보장제도를 적용할 때는 상호주의원칙에 따르되, 관계 법령에서 정하는 바에 따른다.

(3) 내용

인간의 존엄성에 상응하는 최소한의 수준과 관련하여 ① 인간의 존엄성에 상응하는 건강하고 문화적인 생활이라는 견해, ② 물질적 궁핍에서 해방을 주내용으로 하는 물질적 최저생활권이라는 견해, ③ 인간의 존엄성은 인간의 개인으로서 물질적 생존뿐 아니라 최소한의 사회적 관련성을 유지하는 생존을 요청하므로 최저한의 물질적 보장 외에 최소한의 사회생활적 수요가 충족되어야 할 것이라는 견해가 대립한다. 헌법재판소는 인간다운 생활권의 보호 영역을 '최소한의 물질적인 생계유지에 필요한 급부'와 그 이상의 급부로 파악하고 전자에 대해서만 구체적 권리성을 인정한다(헌재 1997. 5. 29. 94헌마33).

(4) 제한

인간다운 생활을 할 권리는 그 자체로서 권리의 성격이 있는 때를 제외하면 그 내용은 법률을 통해서 구체화하여야 비로소 구체적·현실적 권리가 된다. 법률로 일단 성립된 (기본권을 구체화한) 권리가 축소되거나 소멸하면 제한 문제가 발생한다. 따라서 인간다운 생활을 할 권리도 헌법 제37조 제2항에 따라서 제한될 수 있다. 헌법 제37조 제2항도 모든 자유와 권리라고 하여서 모든 기본권을 제한 대상으로 삼는다. 다만, 법률을 통한 보장범위가 인간의 존엄성에 상응하는 정도라면 제한은 허용될 수 없다. 그러나 헌법재판소는 명백성심사를 하는 데 그친다(헌재 2020. 4. 23. 2017헌마103).

3. 국가의 사회보장적 (정책)의무(사회보장수급권, 사회보장권)

(1) 의의

헌법은 제34조 제2항부터 제6항까지에 걸쳐 제34조 제1항의 인간다운 생활의 구체화와 증진을 위한 국가의 의무를 규정한다. 즉 모든 국민의 인간다운 생활을 보장하기 위해서 국가에 사회보장과 사회복지의 증진에 노력할 의무(헌법 제34조 제2항)를 비롯하여 여자의 권익과 복지 향상을 위해서 노력할 의무(헌법 제34조 제3항), 노인과 청소년의 복지 향상을 위한 정책을 실시할 의무(헌법 제34조 제4항), 신체장애자 및 질병·노령 기타의 사유로 생활능력이 없는 국민을 보호할 의무(헌법 제34조 제5항), 재해 예방과 그 위험에서 국민을 보호하기 위해서 노력할 의무(헌법 제34조 제6항)를 부과한다. 그로 말미암아 국가는 사회보장제도를 확립하고 이를 실시할 의무를 진다. 사회보장은 모든 국민이 인간다운 생활을 할 수 있도록 최저생활을 보장하고 국민 개개인이 생활수준을 향상할 수 있도록 제도와 여건을 조성하여, 그 시행에서 형평과 효율의 조화를 기함으로써 복지사회를 실현하는 것을 기본이념으로 한다(사회보장기본법 제2조).

(2) 내용

사회보장은 사회보장기본법 제3조 제1호를 따르면 출산, 양육, 실업, 노령, 장애, 질병, 빈곤 및 사망 등의 사회적 위험에서 모든 국민을 보호하고 국민 삶의 질을 향상하는 데 필요한 소득·서비스를 보장하는 사회보험, 공공부조, 사회서비스를 말한다. 국가가 헌법 제34조 제2항부터 제6항까지의 사회보장적 의무를 이행하여 법률을 만들면 국민은 사회보장수급권이 생긴다(헌재 2005. 7. 21. 2004헌바2).

(3) 국가 사회보장의 한계

국가의 사회보장은 자유의 조건을 마련하거나 자유를 증대하려는 것이어야지 오히려 자유를 감소시키고 자유의 대가로서 의미가 있게 되면 이미 사회국가 실현의 방법적 한계를 일탈한 것이다. 그리고 헌법국가에서 사회보장은 국민 스스로 인간다운 생활을 실현할 수 있도록 도와주는 것에 그쳐야지 국가가 국민을 대신하여 인간다운 생활을 실현하여서는 아니 된다(사회보장의 보충성).

Ⅲ. 교육을 받을 권리

1. 의의

교육을 받을 권리는 교육을 받을 수 있도록 국가의 적극적인 배려를 요구할 수 있는 권리이다. 넓은 뜻의 교육을 받을 권리는 개개인이 능력에 따라 균등하게 교육을 받을 수 있는 수학권(헌재 1992. 11. 12. 89

헌마88)뿐 아니라 학부모가 그 자녀에게 적절한 교육 기회를 제공하여 주도록 요구할 수 있는 교육기회제공청구권까지 아우른다. 부모의 자녀에 대한 교육권은 자녀의 교육받을 권리를 실질적으로 보장해준다는 의미에서 헌법 제31조 제1항에서 보장받는 기본권이다(헌재 1995. 2. 23. 91헌마204).

교육은 원래 부모가 자녀의 친권자로서 사적 시설에서 양육 및 보호·감독의 하나로 하는 사교육이었다. 그러나 근대사회의 정치·경제·사회·문화가 급진적으로 발달하고 다원화하면서 사교육만으로는 교육수요를 감당할 수 없게 되었다. 이에 공공의 교육전문시설에서 교육전문가가 조직적·계획적으로 교육을 할 필요성이 생겼다. 학교는 이러한 배경 아래 생겨난 공교육기관이다. 국가나 공공단체가 헌법이 보장한 국민의 수학권을 실질적으로 보장하려고 적극적·능동적으로 주도하고 관여하는 교육체계가 공교육제도이다(헌재 1992. 11. 12. 89헌마88). 교육을 받을 권리에서 교육은 기본적으로 공교육제도에서 이루어지는 교육이다.

학교교육에서 교사의 가르치는 권리를 수업권이라고 한다. 수업권은 자연법적으로 학부모에게 속하는 자녀에 대한 교육권을 신탁받은 것이고, 실정법상으로는 공교육 책임이 있는 국가 위임에 따른 것이다. 수업권은 교사 지위에서 생기는 학생에 대한 1차적인 교육상 직무권한(직권)이지만, 학생의 수학권 실현을 위해서 인정되는 것으로서 양자는 상호협력관계에 있다. 하지만 그것이 왜곡되지 않고 올바로 행사될 수 있게 하려는 범위 안에서 수업권도 어느 정도 범위 안에서 제약을 받지 않으면 안 된다. 초·중·고교의 학생은 대학생이나 사회의 일반 성인과는 달리 다양한 가치와 지식에 대해서 비판적으로 취사선택할 수 있는 독자적 능력이 부족하므로 지식과 사상·가치의 자유시장에서 주체적인 판단에 따라 스스로 책임지고 이를 선택하도록 만연히 내버려 둘 수 없기 때문이다(헌재 1992. 11. 12. 89헌마88).

2. 주체

교육을 받을 권리의 주체는 학령아동만이 아니라 중·고등학생, 대학생, 일반 시민을 포함하는 모든 국민이다. 외국인도 국내에서 교육을 받을 수 있으나 외국인은 교육을 받을 권리의 주체는 아니다. 교육을 받을 권리의 성격상 자연인만이 그 주체가 되며, 법인은 그 주체가 될 수 없다.

교육의 주체와 관련하여 국민 개개인은 그 자녀를 이상적으로 교육할 수 없으므로 개개의 국민은 국가에 자녀의 교육을 부탁할 수밖에 없어서, 국가는 교육내용에 관여할 수 있다고 하며 국가는 교육의 주체가 된다는 국가교육권(주체)설과 어린이가 앞날에 충분히 인간성을 계발할 수 있도록 스스로 학습하고 사물을 알며 이를 바탕으로 스스로 성장하게 하는 것을 어린이의 타고난 권리로 보고, 학부모를 중심으로 한 국민 전체는 자녀교육의 의무를 지며 국민 전체가 교육의 주체가 된다는 국민교육권(주체)설이 갈린다.

아동과 청소년은 되도록 국가의 방해를 받지 아니하고 자신의 인격, 특히 성향이나 능력을 자유롭게 발현할 수 있는 권리가 있다. 아동과 청소년은 인격 발전을 위해서 어느 정도 부모와 학교의 교사 등 다른 사람의 결정을 필요로 하는 아직 성숙하지 못한 인격체이지만, 부모와 국가의 단순한 보호 대상이 아닌 독자적인 인격체이며, 그의 인격권은 성인과 마찬가지로 인간의 존엄성과 행복추구권을 보장하는 헌법 제10조에 따라서 보호된다. 따라서 헌법이 보장하는 인간의 존엄성과 행복추구권은 국가의 교육권한과 부모의 교육권의 범주 안에서 아동에게도 자신의 교육(환경)에 관하여 스스로 결정할 권리(즉 자유롭게 교육을 받을 권리) 그리고 자유롭게 문화를 향유할 권리를 부여한다(헌재 2000. 4.

27. 98헌가16등).

교육은 공교육과 사교육을 아우르므로 국민과 국가 모두 교육의 주체가 된다고 보아야 한다. 따라서 국가는 교육내용에 관해서 필요하고도 상당하다고 인정되는 범위 안에서 결정권이 있고, 부모의 교육의 자유, 사학교육에서 교사의 교육의 자유도 일정한 범위에서 인정된다고 보아야 한다. 헌법재판소는 "자녀의 양육과 교육에 있어서 부모의 교육권은 교육의 모든 영역에서 존중되어야 하며, 다만, 학교교육의 범주내에서는 국가의 교육권한이 헌법적으로 독자적인 지위를 부여받음으로써 부모의 교육권과 함께 자녀의 교육을 담당하지만, 학교 밖의 교육영역에서는 원칙적으로 부모의 교육권이 우위를 차지한다."라고 한다(헌재 2000. 4. 27. 98헌가16등).

3. 내용

(1) '능력에 따라'

능력에 따라 교육을 받을 권리에서 '능력'은 수학에 필요한 주관적 조건으로 요구되는 것으로서 정신적이거나 육체적인 일신전속적 능력이다. 성별·종교·경제력·사회적 지위 등 비전속적인 능력은 여기에 포함되지 않는다. 그러므로 능력에 따른 교육은 정신적·육체적 능력에 상응하는 적절한 교육을 말하고, 이러한 능력을 무시하고 균등한 교육을 받지 않는다는 것을 뜻한다. 교육과 관련하여 능력은 주로 지적 능력을 말하므로 입학에서 공개경쟁시험을 치르는 것은 능력에 따른 교육을 위한 하나의 방법이라고 할 수 있다. 대법원은 대학입학지원서가 모집정원에 미달하여도 대학이 정한 수학능력이 없는 사람에 대해 불합격처분을 한 것은 교육법 제111조 제1항에 위반되지 아니하여 무효라고 할 수 없다고 하였다(대법원 1983. 6. 28. 선고 83누193 판결). 정신지체인 등 능력이 떨어지는 사람은 그에 상응하는 교육을 받을 권리가 있으므로 이들의 교육을 경시하거나 무시하여서는 아니 된다. 그러나 학부모가 자녀의 수학능력에 따라 학교를 선택할 권리는 국가가 제공하는 현존하는 학교유형과 교육과정 중에서 자녀의 능력과 개성에 따라 학교를 선택할 권리일 뿐이지 수학능력이나 성적에 따라 맞춤형 교육을 받을 권리나 우수한 학생이 별도로 분리되어 교육받을 권리 혹은 동질적인 학습집단 안에서 질 높은 교육을 받을 권리를 그 내용으로 하지 않는다(헌재 2009. 4. 30. 2005헌마514).

(2) '균등하게'

'균등'하게 교육을 받을 권리가 있다고 할 때 '균등'은 먼저 능력에 따른 차별 이외에 성별·종교·경제력·사회적 지위 등에 따라서 교육을 받을 기회를 차별하지 않는다는 것을 뜻한다. 그러나 여기서 '균등'은 이러한 소극적 차별 금지에 그치지 않고, 더 나아가 국가가 모든 국민에게 균등한 교육을 받을 수 있도록 각종 교육시설을 설치·운영하고, 특히 능력은 있으나 경제적 사정이 어려운 사람들이 실질적인 평등교육을 받을 수 있도록 장학정책 등을 적극적으로 시행하여야 한다는 것이다(헌재 1994. 2. 24. 93헌마192).

균등하게 교육을 받을 권리는 구체적으로 먼저 취학기회 평등을 뜻한다. 따라서 능력 이외의 사유에 따른 취학기회 부여 차별은 금지된다. 그러나 중·고등학교를 남학교와 여학교로 나누고 합리적인 범위 안에서 교과목에 차이를 두는 것은 균등한 교육을 받을 권리에 어긋나지 않는다. 그리고 특수상황에 있는 사람(예를 들어 농·어촌학생, 독립유공자 자녀, 효행자, 재외국민과 외국인)의 예외적인 대학입학 허용도 균등한 교육을 받을 권리에 어긋나지 않는다. 다음으로 균등한 교육을 받을 권리는 수학기회(수학조건) 평등도 요구한다. 따라서 각 단계 교육에 참여하는 모든 사람에게 능력 이외의 사유에 따른 차별이 이루어지지 아니하도록 교육시설을 설치·운용할 것이 요구된다. 그래서 신체적·정신적·지적 장애 등으로 특별한 교육적 배려가 필요한 사람을 위한 교육(특수교육: 교육기본법 제18조)과 학문·예술이나 체육 등의 분야에서 재능이 특히 뛰어난 사람의 교육(영재교육: 교육기본법 제19조)을 하여야 하고, 경제적 이유로 교육받기 곤란한 사람을 위한 장학제도와 학비보조제도를 수립·실시하여야 한다(교육기본법 제28조). 끝으로 균등한 교육을 받을 권리는 국가나 지방자치단체에 교육의 기회균등을 보장하도록 적극적 정책을 시행할 의무를 부과한다.

(3) '교육을 받을 권리'

교육을 받을 권리 대상이 되는 '교육'은 가정교육, 학교교육, 사회교육, 공민교육 등을 아우르는 넓은 뜻의 교육을 뜻한다. 그중에서도 교육체계가 제도적으로 갖춰진 학교교육이 가장 중요하다. 여기서 학교는 국·공립학교와 사립학교를 모두 포함한다. 학교 밖의 공교육은 평생교육(헌법 제31조 제5항)이나 (학교교육에 버금가는 수준의 교육이 담보된다면) 예외적으로 재택교육[홈스쿨링(homeschooling)]을 고려할 수 있다. 비인가 대안학교, 학원에서 받는 교육이나 교습, 그 밖의 공교육체계 밖의 사교육의 자유는 헌법 제10조와 제36조를 근거로 인정된다. 유아교육은 보육과 교육이 혼재되긴 하지만, 초기 교육의 중요성과 공공성에 비추어 교육에 포함된다.

5. 자녀가 의무교육을 받게 할 부모의 의무와 의무교육제도의 제도적 보장

의무교육은 모든 국민의 자녀가 국가에서 일정한 기간의 교육을 받게 하고 이에 필요한 시설을 설치·운영하도록 하는 국민기초교육을 말한다. 그러나 의무교육은 자녀를 반드시 공립학교에 취학하도록 요구하지는 않는다. 의무교육제도는 교육의 자주성·전문성·정치적 중립성 등을 지도원리로 하여 국민의 교육을 받을 권리를 뒷받침하기 위한, 헌법상 교육기본권에 부수되는 제도보장이다(헌재 1991. 2. 11. 90헌가27).

의무교육을 받을 권리 주체는 원래 취학연령에 있는 미성년자이다. 그런데 이들은 독립하여 생활할 수 없는 사람들이므로 의무교육을 받을 권리를 실효성 있게 행사할 수 있게 하려고 그 보호자에게 교육을 받게 할 의무를 부과한다(헌법 제31조 제2항). 교육의무의 주체는 교육을 받아야 할 자녀가 있는 국민, 즉 학령아동의 친권자니 후견인이다. 그 의무 내용은 학령아동을 일정한 학교, 즉 공립학교나 사립학교에 취학시킬 의무이다(초·중등교육법 제13조 취학의무). 질병·발육 상태 등 부득이한 사유로 취학할 수 없는 의무교육대상자에 대해서는 취학 의무를 면제하거나 유예할 수 있다(초·중등교육법 제14조, 초·중등교육법 시행령 제28조). 국가는 의무교육을 하여야 하고, 이를 위한 시설을 확보하는 것 등 필요한 조치를 마련하여야 한다(초·중등교육법 제12조 제1항). 지방자치단체는 그 관할 구역의 의무교육대상자를 모두 취학시키는 데 필요한 초등학교, 중학교와 초등학교·중학교 과정을 교육하는 특수학교를 설립·경영하여야 한다(초·중등교육법 제12조 제2항). 의무교육은 공민교육이라서 학령아동을 보호하는 외국인은 교육의무의 주체가 아니다.

헌법 제31조 제2항에 따라 '초등교육과 법률이 정하는 교육'은 의무적이다. 모든 국민은 교육기본법 제8조에 따라 6년의 초등교육과 3년의 중등교육을 받을 권리뿐 아니라 의무도 있다. 헌법 제31조 제2항은 초등교육 이외에 어느 범위의 교육을 의무교육으로 할 것인지는 입법자에게 위임한다. 이러한 점에서 무상으로 실시되어야 할 의무교육의 확대 문제는 국가의 재정사정과 국민의 소득수준 등을 고려하여 입법정책으로 해결하여야 할 문제이다(헌재 1991. 2. 11. 90헌가27).

의무교육은 무상이다(헌법 제31조 제3항). 의무교육의 무상성 때문에 개인은 입학금과 수업료 등을 면제받을 수 있는 헌법상 권리가 있다. 국가나 지방자치단체는 의무교육 시행을 위해서 필요한 학교의 설립과 운영 및 필요한 경비를 책임진다(초·중등교육법 제12조)(헌재 2005. 3. 31. 2003헌가20). 국·공립학교의 설립자·경영자와 의무교육대상자의 교육을 위탁받은 사립학교의 설립자·경영자는 의무교육을 받는 사람에 게서 수업료와 학교운영지원비를 받을 수 없다(초·중등교육법 제12조 제4항). 학교용지 확보를 위하여 공동주택 수분양자들에게 학교용지부 담금을 부과하는 것은 의무교육 무상원칙에 어긋난다(헌재 2005. 3. 31. 2003헌가20).

의무교육의 무상 범위와 관련하여 ① 무상 범위에 관해서는 법률이 정하는 바에 따른다는 무상범위법정설, ② 수업료 면제만을 뜻한다는 수업료무상설, ③ 수업료 이외에 교재·학용품 지급과 급식 무상까지 포함한다는 취학필수비무상설이 대립한다. 헌법재판소는 학교급식 비 용과 관련된 입법에 관해서는 입법자에게 입법형성의 재량이 인정된다 고 한다(헌재 2012. 4. 24. 2010헌바164). 국·공립학교가 수용능력이 있 는데도 사립학교를 선택하면 무상 혜택을 포기한 것이라서 무상 혜택을 받을 수 없다. 그리고 학교급식은 의무교육의 실질적인 균등보장을 위 한 본질적이고 핵심적인 부분은 아니라서 의무교육 대상인 학생의 학부 모에게 급식 관련 비용 일부를 부담하도록 하는 것은 의무교육의 무상 원칙에 어긋나지 않는다(헌재 2012. 4. 24. 2010헌바164).

6. 국가의 평생교육진흥의무

급속하게 전문화하고 바뀌는 현대사회에서 전통적인 청소년기의 정 규학교교육이나 생활 속에서 개인이 습득하는 지식만으로는 적절하게 대응하기 어렵다. 그래서 정규학교교육 이외에 사회교육, 성인교육, 직업교육, 청소년교육 등이 평생에 걸쳐 요구된다. 체계적이고 조직적인 평생교육 실시는 국가를 통해서만 가능하다. 그러므로 헌법은 국가에 평생교육의 의무를 부과한다(헌법 제31조 제5항).

7. 교육제도의 제도보장 내용

(1) 교육의 자주성 · 전문성 · 정치적 중립성 보장

① 교육의 자주성은 교육이 타의 간섭 없이 그 전문성과 특수성에 비추어 독자적인 견지에서 교육 본래의 목적에 따라 운영 · 실시되는 것을 말한다. 교육의 자주성은 교육 본래의 기능을 충분히 이행하려면 교육 스스로가 방향을 잡고 존속 · 유지되어야 한다는 것이고, 국가권력에서 교육 독립을 그 핵심으로 한다. 그렇다고 교육의 자주성(과 정치적 독립성)이 국가 감독을 배제하는 것을 뜻하지 않는다. 오늘날 교육은 공교육을 중심으로 하며 공교육은 국가 감독을 받지 않을 수 없다. 다만, 국가 감독이 합리적이고 필요한 범위를 넘어 교육의 자주성을 침해하는 것이 되어서는 아니 된다. 교육의 자주성을 보장하려면 자주입법권, 자주재정권, 자주집행권이 보장되어야 한다. 특히 교사의 교육시설자 · 교육감독자에서 자유, 교육관리기구의 공선제 등이 중요하다.

② 교육의 전문성은 교육정책이나 그 집행은 될 수 있으면 교육전문가가 담당하거나 적어도 그들의 참여 아래 이루어져야 함을 말한다. 즉 교육은 특수한 자격을 갖춘 전문가가 운영하고, 교육정책의 수립과 집행에 이러한 교육전문가를 참여시킬 때 교육의 전문성은 보장될 수 있음을 말한다.

③ 교육의 정치적 중립성은 교육이 국가권력이나 정치적 세력에서 부당한 간섭을 받지 아니할 뿐 아니라 그 본연의 기능을 벗어나 정치 영역에 개입하지 않아야 한다는 것을 말한다. 정치적 세력뿐 아니라 사회적 · 종교적 세력 등도 교육의 중립성을 침해할 수 있다. 교육의 중립

성을 보장하려면 교육내용의 중립, 교사의 중립, 교육행정(조직과 제도)의 중립성이 보장되어야 한다. 교육의 중립성을 확보하려고 교육기본법(제6조 제1항, 제14조 제4항)과 교육공무원법(제51조)은 교원의 정치적 활동을 금지한다. 헌법재판소는 초·중등학교의 교육공무원이 정치단체 결성에 관여하거나 이에 가입하는 행위를 금지한 국가공무원법 제65조 제1항 중 '국가공무원법 제2조 제2항 제2호의 교육공무원 가운데 초·중등교육법 제19조 제1항의 교원은 그 밖의 정치단체의 결성에 관여하거나 이에 가입할 수 없다.' 부분은 정치적 표현의 자유와 결사의 자유를 침해하여 헌법에 위반된다고 하였다(헌재 2020. 4. 23. 2018헌마551). 정당법 제6조는 대학교원의 정치활동을 예외적으로 허용한다.

(2) 대학의 자율성(대학 자치 보장)

대학의 자율성은 대학 운영에 관한 모든 사항을 외부 간섭 없이 자율적으로 결정할 수 있는 자유를 말한다. 대학의 자율성은 곧 대학 자치를 뜻한다. 대학 자치 없이 자유로운 연구와 교수라는 대학 본연의 임무는 실현될 수 없기 때문이다. 따라서 대학 자치는 그 제도 자체로서 보장된다. 대학 자치는 이미 헌법 제22조 제1항의 학문의 자유를 통해서 당연히 보장되는 내용이다. 헌법 제31조 제4항이 교육을 받을 권리를 규정하면서 대학의 자율성을 규정한 것은 학문의 자유의 내용인 대학의 자유, 즉 대학 자치를 재확인한 것이다. 다만, 대학 자치는 헌법 제22조 제1항에서는 자유권적 측면에서, 헌법 제31조 제4항에서는 사회권적 측면에서 보장된다는 차이가 있다.

(3) 교육제도·교육재정·교원지위 법정주의

헌법 제31조 제6항은 교육제도에 관한 기본적인 사항을 법률로 정하도록 한다. 이렇게 함으로써 교육을 일시적인 정치세력이 좌우하거나 집권자 마음대로 수시로 변경하는 것을 방지하고 일관성 있는 교육을 하기 위해서이다(헌재 1991. 2. 11. 90헌가27). 교육은 국가백년대계의 기초이기 때문이다. 교육제도의 기본적인 사항인 교육의 기본방침과 내용, 교육행정의 조직, 교육과 그 감독 등은 법적 규정 대상이다.

보통교육 과정에 있는 학생은 사물의 시비, 선악을 합리적으로 분별할 능력이 미숙하여서 가치편향적이거나 왜곡된 학문적 논리에 대해서 스스로 이를 비판하여 선별 수용할 것을 기대하기 어려우므로, 공교육 책임을 지는 국가가 어떤 형태로든 이에 관여하는 깃은 불가피하나. 다만, 교과서제도에 관해서 국가가 어느 정도까지 관여할 수 있느냐 하는 정도와 한계의 문제는 초 · 중 · 고교 교육의 단계와 교과과목에 따라 달라질 수 있고, 국가가 관여할 때도 정부가 지방의 교육자치체제를 어느 정도로 허용하느냐에 따라 다양한 모습을 지닐 수 있다(헌재 1992. 11. 12. 89헌마88). 현재 초 · 중 · 고교에서는 국가가 저작권을 가지거나 교육부 장관이 검정하거나 인정한 교과용 도서를 사용하여야 한다(초 · 등 교육법 제29조 제1항). 그러나 국정교과서제도는 국가의 교육과제를 통해서 정당화하기 어렵다. 국사 분야처럼 헌법질서 안에서 다양한 해석이 가능하면, 국가에 저작권이 있는 국정교과서는 피교육자에게 특정 역사관을 주입할 위험성이 있어서 헌법 제31조 제4항의 교육기본원칙에 합치하기 어렵다(헌재 1992. 11. 12. 89헌마88).

헌법은 교원지위에 관한 기본적인 사항, 즉 교원의 자격과 특별신분 보장에 관한 사항은 법률로 정하도록 한다(헌법 제31조 제6항). 헌법이 교육의 물적 기반인 교육제도 이외에 인적 기반인 교원지위를 특별히 국회가 제정하는 법률로 정하도록 한 것은 그에 관한 사항을 집행부 결정에 맡겨두거나(국 · 공립학교 교원) 전적으로 사적 자치 영역에만 귀속시킬 수(사립학교 교원) 없을 만큼, 교육을 담당하는 교원지위에 관한 문제가 교육 본연의 사명을 완수할 때 중요하기 때문이다(헌재 2003. 2.

27. 2000헌바26).

법률로 정하여야 하는 교원지위에 관한 '기본적인 사항'은 다른 직종 종사자의 지위와 비교해서 특별히 교원지위를 법률로 정하도록 한 헌법 규정 취지나 교원이 수행하는 교육이라는 직무상 특성에 비추어 보면 교원이 자주적 · 전문적 · 중립적으로 학생을 교육하는 데 필요한 중요한 사항을 말한다. 그러므로 입법자가 법률로 정하여야 할 기본적인 사항에는 무엇보다도 교원 신분이 부당하게 박탈되지 않도록 하는 최소한의 보호의무에 관한 사항이 포함된다. 교원 신분이 공권력, 사립학교의 설립자나 그 밖의 임면권자의 자의적인 처분에 노출되면 교원이 피교육자인 학생을 교육할 때 임면권자의 영향을 물리치기 어렵고, 그렇게 되면 교육이 외부세력의 정치적 영향에서 벗어나 교육자나 교육전문가가 주도하고 관할하여야 한다는 헌법원칙(교육의 자주성 · 전문성 · 정치적 중립성)에 어긋나는 결과를 초래할 수 있기 때문이다(헌재 2003. 2. 27. 2000헌바26). 헌법재판소는 교원지위 법정주의에 따라서 교원의 권리뿐 아니라 의무에 관한 사항도 정할 수 있다고 본다(헌재 1991. 7. 22. 89헌가106).

교원의 노동운동을 제한하는 법률의 합헌성과 관련하여 대법원(대법원 1990. 9. 11. 선고 90도1356 판결)과 헌법재판소(헌재 1991. 7. 22. 89헌가106)는 모두 합헌으로 판시하였다. 그러나 국회는 '교원의 노동조합 설립 및 운영 등에 관한 법률'을 제정하여 이러한 판결을 번복하고 초 · 중등교원의 단결권과 단체교섭권을 보장한다. 다만, 태업이나 파업 등 단체행동권은 금지한다. 최근 헌법재판소는 '교원의 노동조합 설립 및 운영 등에 관한 법률'의 적용대상을 초 · 중등교육법 제19조 제1항의 교원이라고 규정함으로써 고등교육법에서 규율하는 대학 교원의 단결권을 일절 인정하지 않는 '교원의 노동조합 설립 및 운영 등에 관한 법률' 제2조 본문이 대학 교원의 단결권을 침해한다는 이유로 헌법불합치결정을 내렸다(헌재 2018. 8. 30. 2015헌가38).

Ⅳ. 근로의 권리

1. 의의

근로의 권리는 인간이 자신의 의사와 능력에 따라 근로관계를 형성하고, 타인의 방해를 받음이 없이 근로관계를 계속 유지하며, 근로의 기회를 얻지 못하면 국가에 근로 기회를 제공히여 줄 것을 요구할 수 있는 권리이다(헌재 2007. 8. 30. 2004헌마670). 근로의 권리에는 '일할 자리에 관한 권리'뿐 아니라 '일할 환경에 관한 권리'도 포함되고, 일할 환경에 관한 권리는 인간의 존엄성에 대한 침해를 막으려는 권리로서 건강한 작업환경, 정당한 보수, 합리적 근로조건 보장 등을 요구할 수 있는 권리까지 포함한다(헌재 2007. 8. 30. 2004헌마670). 근로는 헌법 제32조 제1항에서 고용과 적정임금, 최저임금제 등을 통해서 사용자와 맺는 관계를 전제로 한다는 점에서 근로자가 사용자에게서 임금을 받는 대가로 제공하는 육체적·정신적 활동을 말한다. 따라서 생활에 필요한 소득(임금)을 위한 일(활동)이 아닌 단순한 취미로 하는 일은 근로의 개념에 포함되지 않는다.

2. 주체

근로의 권리 주체는 원칙적으로 모든 국민이다. 근로능력과 근로의사가 있는 국민의 권리이므로, 미성년자도 예외적으로 주체가 될 수 있다. 근로의 권리는 국가의 경제질서 형성과 밀접한 관련이 있으므로 외국인은 주체가 될 수 없다(대법원 1995. 7. 11. 선고 94도1814 판결). 그러나 헌법재판소는 근로의 권리에 포함된 일할 환경에 관한 권리에 대해서는 외국인의 기본권주체성이 인정될 수 있다고 한다(헌재 2007. 8. 30. 2004

헌마670). 근로의 권리는 근로활동을 하는 개인을 대상으로 하므로 법인은 그 성질상 근로의 권리 주체가 될 수 없다. 헌법재판소는 근로의 권리는 근로자를 개인 차원에서 보호하기 위한 권리로서 개인인 근로자가 근로의 권리 주체가 되는 것이고, 노동조합은 그 주체가 될 수 없다고 한다(헌재 2009. 2. 26. 2007헌바27).

3. 내용

(1) 근로 기회 보장(일자리에 관한 권리)

근로의 권리는 먼저 근로의사와 근로능력이 있는데도 취업 기회를 얻지 못한 사람이 국가에 대해서 근로 기회를 제공하여 주도록 요구하는 것을 내용으로 한다. 그리고 개인이 자유로이 일할 기회를 가지는 것을 국가가 방해·제한하여서는 아니 된다는 것도 근로의 권리의 내용이다. 그러나 근로의 권리는 국가에 직접 일할 자리를 요구할 수 있는 청구권을 포함하지 않는다. 헌법재판소는 근로의 권리를 직접적인 일자리 청구권으로 이해하는 것은 사회주의적 통제경제를 배제하고, 사기업 주체의 경제상 자유를 보장하는 헌법의 경제질서나 기본권규정들과 조화될 수 없으므로, 근로의 권리는 국가에 대해서 직접 일자리(직장)를 청구하거나 일자리에 갈음하는 생계비지급청구권을 의미하는 것이 아니라 고용 증진을 위한 사회적·경제적 정책을 요구할 수 있는 권리에 그친다고 한다(헌재 2002. 11. 28. 2001헌바50).

(2) 합리적인 근로조건 형성 보장

근로의 권리는 합리적인 근로조건 형성도 보장한다. 그에 따라서 근로의 권리는 근로계약을 체결할 때 계약자유의 한계가 된다. ① 적정임금은 근로자와 그 가족이 인간의 존엄성에 상응하는 건강하고 문화적인 생활을 영위하는 데 필요한 정도의 임금수준을 말한다. 따라서 적정임금은 물질적인 최저한을 보장하는 최저임금과 다르고, 최저임금보다 고액이어야 한다. 임금은 사용자가 근로 대상으로 근로자에게 지급하는 모든 금품이므로 파업기간 중의 무노동에 대해서는 임금을 지급하지 않는 것이 논리적으로 당연하다. 이 무노동·무임금 원칙에 대해서 대법원은 과거 임금 내용을 교환적 부분과 생활보장적 부분으로 구별하여 근로 대가로 받는 교환적 부분은 무노동·무임금 원칙에 따르지만, 근로자 신분 때문에 받는 생활보장적 부분은 파업기간 중에도 지급하여야 한다는 견해를 취하였다(대법원 1992. 3. 27. 선고 91다36307 판결). 그러나 대법원은 이러한 무노동·부분임금에서 무노동·완전무임금으로 판례를 바꾸었다(대법원 1995. 12. 21. 선고 94다26721 전원합의체 판결). 헌법재판소는 근로기준법의 퇴직금무제한우선변제규정이 저당권 등의 본질적 내용을 침해할 소지가 있다고 보아 헌법불합치결정을 내렸다(헌재 1997. 8. 21. 94헌바19등). 이에 국회는 근로기준법을 개정하여 최종 3년의 퇴직금만 먼저 갚도록 하였다. ② 최저임금제는 국가가 임금의 최저한도를 정하고 사용자는 그 이하의 임금으로 근로자를 고용하지 못하도록 함으로써 열악한 지위에 있는 근로자의 물질적인 최저한의 생활을 보장하려는 제도를 말한다. 최저임금은 인간다운 생활을 영위하는 데 필요한 정도의 임금수준을 말한다. ③ 헌법 제32조 제3항은 근로조건 기준에 관한 법정주의를 채택하였고, 이에 기초하여 근로기준법이 제정되었다. 이로써 근로기준법이 적용되는 사업장의 사용자와 근로자는 근로기준법에 어긋나는 근로조건에 관해서 근로계약을 체결할 수 없고, 그러한 계약은 무효이다. ④ 여자의 근로는 신체조건 차이(예를 들어 생리적인 차이), 모성 보호 필요성 등 때문에 특별한 보호가 요청된다. 그리고 여자의 근로는 여성이라는 이유 때문에 고용·임금 및 근로조건에서 부당한 차별을 받지 아니한다. 이 내용은 헌법 제32조 제1항과 제3항 및 제11조 제1항(평등조항)을 통해서 보장되는데, 헌법 제32조 제4

항이 또다시 규정하여 다시 한 번 강조한다. ⑤ 연소자 근로에 대해서 특별보호를 규정한 것(헌법 제32조 제5항)은 과거 연소자의 비인간적 근로조건 아래 장시간 노동, 임금 착취 등의 경험에서 비롯한다.

Ⅴ. 근로3권(단결권 · 단체교섭권 · 단체행동권)

1. 의의

근로3권은 근로자가 근로조건의 유지·향상을 위해서 자주적으로 단체를 조직하고 단체의 이름으로 사용자와 교섭을 하며 그 교섭이 원만하게 이루어지지 못하면 자기주장을 관철할 목적으로 단체행동을 할 수 있는 권리이다. 근로자에게 근로3권을 인정하는 것은 노사 사이의 근로계약에서 근로자에게 단체교섭권을 인정함으로써 근로자의 지위를 향상하자는 데 있다. 그리고 단결권은 단체교섭권 행사를 위하여 필요하고 단체행동권은 실력행사를 통한 단체교섭의 실효성 확보를 위해서 필요한 것이다. 그러므로 단결권이나 단체행동권은 단체교섭에서 노사의 대등관계를 실현하여 단체교섭을 유리하게 인도하기 위한 수단이라서 단결권이나 단체행동권은 단체교섭권을 떠나서는 아무런 의미도 없다. 이러한 점에서 근로3권은 단체교섭권을 중심으로 한 한 묶음의 권리로서 보장되어야만 비로소 온전한 권리로서 힘이 있게 된다. 따라서 근로3권은 단결권, 단체교섭권, 단체행동권 각각의 권리를 규정한 것이 아니라 경제적 약자인 근로자에게 사용자와 대등한 지위를 보장하기 위한 일체적인 근로기본권으로 파악하여야 한다(헌재 2009. 10. 29. 2007헌마1359).

2. 내용

(1) 단결권

① 단결권은 근로조건의 유지·개선을 위해서 사용자와 대등한 교섭

력을 가질 목적으로 자주적으로 단체를 조직하고 이에 가입·활동할 권리를 말한다. 여기서 단체는 일시적인 쟁의단체도 포함하지만, 일반적으로 단결권은 노동조합을 조직하고 이에 가입할 권리를 뜻한다. 즉 단결권에서 단체는 목적성과 자주성을 갖추는 것으로 충분하고 계속성은 필요하지 않다. ② 단결권의 주체는 먼저 근로자 개개인과 그들의 집단이다. 근로자에는 현재 실업 중인 사람이나 구직 중인 사람도 근로3권을 보장할 필요성이 있으면 포함된다(대법원 2004. 2. 27. 선고 2001두8568 판결). 그리고 외국인 근로자나 취업자격이 없는 근로자도 근로자에 포함된다(대법원 2015. 6. 25. 선고 2007두4995 전원합의체 판결). 공무원인 근로자는 법률이 정하는 사람만 단결권·단체교섭권 및 단체행동권이 있다(헌법 제33조 제2항). 자영업자(영세사업자)나 자유직업종사자는 경제적 약자일지라도 근로자가 아니다. 사용자는 단결권 주체가 아니라 단결권 주체의 상대방에 불과하다. 단결권 주체는 근로자 개개인만이 아니라 단결체 자체도 주체가 된다. 이때 단결체에는 법인격이 불필요하다. 사용자단체 결성은 헌법 제33조 제1항 단결권이 아니라 헌법 제21조 제1항 일반적 결사의 자유에 근거한다. ③ 단결권은 근로자가 단결체를 조직할 권리와 그에 가입하고 거기에 머무를 권리뿐 아니라 단결체 자체의 존립과 활동에 관한 권리도 포함하는 2중적 기본권이다. 따라서 단결권은 개인적 단결권과 집단적 단결권을 모두 아우른다. 개인적 단결권은 근로자 개인이 노동조합과 같은 단체의 조직·가입·탈퇴에서 국가나 사용자의 부당한 개입이나 간섭을 받지 아니할 권리를 말한다. 이러한 개인적 단결권은 무엇보다도 근로자가 노동조합을 조직할 수 있는 권리와 그가 원하는 기존 노동조합 중에서 선택하여 가입하고 그 조합에 머물면서 조합의 활동에 참여할 수 있는 권리를 말한다. 소극적 단결권은 근로자가 단결하지 않을 권리, 즉 단결체에 가입하지 않을 권리나 단결체에서 자유롭게 탈퇴할 권리를 말한다. 소극적 단결권은 원칙적으로 인정되어야 한다. 그러나 헌법재판소는 헌법 제33조 제1항에서 소극적 단결권이 포함되지 않는다고 한다(헌재 2005. 11. 24. 2002헌바95등). 집단적 단결권은 단체존속의 권리, 단체자치의 권리와 단체활동의 권리를 말한다. 단체존속의 권리는 단체의 존립, 유지, 발전, 확장 등을 할 수 있는 권리를 말하고, 단체자치의 권리는 근로자단체의 조직과 의사형성절차를 자주적으로 결정할 권리를 말한다. 단체활동의 권리는 근로조건의 유지와 향상을 위한 활동, 즉 단체교섭, 단체협약 체결, 단체행동, 단체의 선전과 단체 가입 권유 등을 할 권리를 말한다.

(2) 단체교섭권

① 단체교섭권은 근로조건의 유지·개선을 위해서 단체 이름으로 사용자나 사용자단체와 자주적으로 교섭하는 권리이다. 단체교섭권에는 단체협약체결권이 포함된다(헌재 1998. 2. 27. 94헌바13등). ② 단체교섭권은 근로자가 개별적으로 행사할 수 있는 권리가 아니라 단결체의 권리이다. 단체교섭 대상은 근로자 전체와 관련된 근로조건 전반에 관한 사항이기 때문이다. 따라서 단체교섭에서 근로자 측의 주체는 근로자의 단결체이다. 즉 노동조합의 자격이 있는 근로자의 단결체는 모두 단체교섭을 요구할 수 있는 권리가 있다('노동조합 및 노동관계조정법' 제29조 제1항과 제30조 제2항 참조). ③ 단체교섭은 근로조건의 유지·개선을 위한 것이므로 근로조건과 무관한 사항은 단체교섭 대상에서 제외된다. 헌법재판소는 두 가지 예외를 제외하고 사용자가 노동조합의 운영비를 원조하는 행위를 부당노동행위로 금지하는 '노동조합 및 노동관계조정법' 제81조 제4호 중 '노동조합의 운영비를 원조하는 행위'에 관한 부분은 노동조합의 단체교섭권을 침해한다고 한다(헌재 2018. 5. 31. 2012헌바90). 그리고 단체교섭에서는 각 근로자의 개별 문제를 교섭 대상으로

하는 것이 아니라 근로자 전체와 관련된 근로조건 전반에 관한 사항만을 그 대상으로 한다. 그러나 사용자가 독점적으로 갖는 경영권·인사권·이윤취득권에 속하는 사항은 원칙적으로 단체교섭 대상이 될 수 없다. 다만, 근로자의 근로조건이나 지위와 직접 관련되거나 그것에 중대한 영향을 미치는 경영·인사사항은 그 한도 안에서 단체교섭 대상이 될 수 있다. 단체교섭은 노동조합의 본래적이고 핵심적인 기능이므로 단체교섭권은 헌법적으로 보장된다. 따라서 노동조합은 단체교섭을 요구할 수 있는 권리가 있고, 사용자는 이에 응할 의무가 있다. 단체교섭 권한이 있는 사람(노동조합 대표)은 사용자와 단체교섭을 할 때, 단순한 사실행위로서 단체교섭행위 외에 단체교섭 결과를 단체협약으로 체결할 권한도 있다('노동조합 및 노동관계조정법' 제29조와 제30조)(헌재 1998. 2. 27. 94헌바13등).

(3) 단체행동권

① 단체행동권은 노동쟁의가 발생할 때 쟁의행위를 할 수 있는 권리이다. 노동쟁의는 노동조합과 사용자나 사용자단체 사이에 임금·근로시간·복지·해고 기타 대우 등 근로조건 결정에 관한 주장의 불일치로 말미암아 발생한 분쟁상태를 말한다. 이때 주장 불일치는 당사자들이 합의를 위해 계속 노력을 하여도 더는 자주적 교섭에 따른 합의 여지가 없는 때를 말한다('노동조합 및 노동관계조정법' 제2조 제5호). 쟁의행위는 파업·태업·직장폐쇄 기타 노동관계 당사자가 그 주장을 관철할 목적으로 하는 행위와 이에 대항하는 행위로서 업무의 정상적인 운영을 저해하는 행위를 말한다('노동조합 및 노동관계조정법' 제2조 제6호). 단체행동권은 노동쟁의를 전제로 하여서만 허용되고 단체교섭을 성공하게 하는 최후수단으로서 매우 중요한 권리이다. ② 단체행동권의 주체는 근로자 개개인이다. 그러나 근로자는 다른 근로자와 단결하여 쟁의

행위를 하는 것이 일반적이므로, 실제로 단체행동권의 주체는 노동조합이나 근로자단체이다. 사용자는 '노동조합 및 노동관계조정법'에 따라 쟁의행위의 당사자가 된다. 하지만 사용자의 직장폐쇄는 근로자 측의 부당한 쟁의행위에 대항하는 수단으로서 노사균형론에서 인정되는 것에 불과하다. ③ 단체행동권은 단체교섭내용을 관철하기 위한 집단적인 실력 행사, 즉 쟁의행위를 그 내용으로 한다. 먼저 근로자 측의 집단적인 실력 행사의 구체적 방법으로는 파업, 태업, 불매운동(boycott), 감시행위(picketting), 생산관리 등이 있다. 그리고 사용자 측의 쟁의행위 수단으로는 직장폐쇄 이외에 임금을 공제하는 행위나 근로자의 위법한 쟁의행위에 대해서 책임을 추구하는 행위 등을 들 수 있다. ④ 정당한 쟁의행위는 민사상·형사상 책임을 발생시키지 않는다. 근로3권 행사에 대한 민사면책과 형사면책은 헌법 제33조의 근로3권에 당연히 포함되고, '노동조합 및 노동관계조정법'은 오로지 확인하는 의미만 있다. (ⅰ) 단체교섭 주체로 될 수 있는 사람이 (ⅱ) 근로조건 향상을 위해서 (ⅲ) 폭력적이거나 파괴적이 아닌 수단이나 방법으로 (ⅳ) 절차를 준수할 때 근로자의 단체행동은 정당하다(헌재 1996. 12. 26. 90헌바19등).

4. 제한

(1) 공무원의 근로3권 제한

헌법 제33조 제2항을 따르면 공무원인 근로자는 법률이 정하는 사람만 단결권·단체교섭권 및 단체행동권이 있다. 헌법재판소는 청원경찰 복무에 관해서 국가공무원법 제66조 제1항을 준용함으로써 노동운동을 금지하는 청원경찰법 제5조 제4항 중 국가공무원법 제66조 제1항 가운데 '노동운동' 부분을 준용하는 부분은 국가기관이나 지방자치단체 이외의 곳에서 근무하는 청원경찰의 근로3권을 침해한다고 하였다(헌재 2017. 9. 28. 2015헌마653). 헌법재판소는 사립학교 교원의 복무에 관해서는 국·공립학교 교원에 관한 규정을 준용하도록 규정하는 사립학교법 제55조와 정치운동이나 노동운동을 할 때 해당 교원을 면직할 수 있도록 규정하는 사립학교법 제58조 제1항 제4호에 관한 위헌심판에서 교육의 목적과 교원 직무의 특수성, 교원법제의 동질성, 교원의 근로관계 특수성 등을 이유로 합헌결정을 내렸다(헌재 1991. 7. 22. 89헌가106). 그러나 '교원의 노동조합 설립 및 운영 등에 관한 법률'을 따르면 초·중등교육법에서 규정하는 교원은 근로3권이 보장된다(제2조). 하지만 이 법에 따른 근로3권 보장 대상이 되는 노동조합과 그 조합원은 파업·태업 기타 업무의 정상적인 운영을 저해하는 모든 쟁의행위를 할 수 없다(제8조). 헌법재판소는 ① 국민의 봉사자라는 점, ② 직무의 공공성, ③ 공무원 처우 개선의 법률상·예산상 제한을 근거로 공무원의 근로3권 제한의 타당성을 인정한다(헌재 1992. 4. 28. 90헌바27등).

(2) 방위산업체근로자의 단체행동권 제한

헌법 제33조 제3항을 따르면 법률이 정하는 주요방위산업체에 종사하는 근로자의 단체행동권은 법률이 정하는 바에 의하여 이를 제한하거나 인정하지 않을 수 있다. 이에 따라 '노동조합 및 노동관계조정법' 제41조 제2항은 방위사업법이 지정한 주요방위산업체에 종사하는 근로자 중 전력, 용수 및 주로 방산물자를 생산하는 업무에 종사하는 사람은 쟁의행위를 할 수 없다고 규정한다. 주요방위산업체에 종사하는 근로자도 단결권과 단체교섭권은 제한되지 않는다. 단체행동권 제한도 '주요' 방위산업체 근로자에 국한되고 주요방위산업체가 아니면 단체행동권이 제한되지 않는다.

Ⅵ. 환경권

1. 의의

환경권은 인간이 건강하고 쾌적한 생활을 유지하는 데 필요한 조건을 충족하는 환경을 누릴 수 있는 권리이다. 환경의 범위와 관련하여 ① 환경을 사람의 자연적 생활 근거에 한정하는 협의설, ② 자연환경을 기본으로 물리적 인공환경도 그 대상이 되지만, 사회적·문화적 환경은 그 대상이 되지 않는다는 광의설, ③ 환경을 협의, 광의의 것은 물론이고, 사회·문화·경제 제도 등을 포함하는 각종의 국가적·사회적 제도와 더불어 사람 개체를 둘러싼 외부적 조건 모두를 뜻한다고 보는 최광의설이 있다. 대법원은 교육적 환경(대법원 1995. 9. 15. 선고 95다23378 판결)과 종교적 환경(대법원 1997. 7. 22. 선고 96다56153 판결)도 환경권에 포함된다고 한다. 헌법재판소는 환경권의 보호대상이 되는 환경에는 자연환경뿐 아니라 인공적 환경과 같은 생활환경도 포함된다고 하였다(헌재 2008. 7. 31. 2006헌마711).

2. 법적 성격

대법원은 환경권에 관한 헌법 제35조의 규정이 개개의 국민에게 직접 구체적인 사법상 권리를 부여한 것이라고 보기는 어렵고, 사법상 권리인 환경권이 인정되려면 그에 관한 명문의 법률규정이 있거나 관계 법령의 규정 취지 및 조리에 비추어 권리의 주체, 대상, 내용, 행사방법 등이 구체적으로 정립될 수 있어야 한다고 함으로써 환경권을 사회권으로 보고, 그 법적 성격에 관해서는 추상적 권리설을 따르는 것으로 보인다(대법원 1995. 9. 15. 선고 95다23378 판결).

헌법재판소는 헌법 제35조 제1항 소정의 환경권은 개별 법령에 따라서 구체화하는 과정을 통해 실현될 수 있는 권리로서 국민 개개인이 헌법에 직접 근거하여 그 보호를 구할 수 있는 권리는 아니라고 하면서도 (헌재 2003. 1. 30. 2001헌마579) "환경권의 내용과 행사는 법률에 의해 구체적으로 정해지는 것이기는 하나(헌법 제35조 제2항), 이 헌법조항의 취지는 특별히 명문으로 헌법에서 정한 환경권을 입법자가 그 취지에 부합하도록 법률로써 내용을 구체화하도록 한 것이지 환경권이 완전히 무의미하게 되는데도 그에 대한 입법을 전혀 하지 아니하거나, 어떠한 내용이든 법률로써 정하기만 하면 된다는 것은 아니다. 그러므로 일정한 요건이 충족될 때 환경권 보호를 위한 입법이 없거나 현저히 불충분하여 국민의 환경권을 과도하게 침해하고 있다면 헌법재판소에 그 구제를 구할 수 있다고 해야 할 것이다."라고 하였다(헌재 2008. 7. 31. 2006헌마711).

3. 주체

환경권의 주체는 자연인이다. 건강하고 쾌적한 환경에서 생활할 권리는 자연인만이 누릴 수 있기 때문이다. 국가가 미래세대를 보호할 의무를 진다는 것은 별론으로 하고, 아직 태어나지도 않은 미래세대가 환경보호권의 주체가 된다는 것은 현실적으로 불가능하므로 인정할 수 없다. 자연을 권리의 객체가 아니라 주체로 인정할 수 없다(대법원 2006. 6. 2.자 2004마1148, 1149 결정). 결국, 자연은 인간을 통해서 권리를 행사할 수밖에 없기 때문이다. 환경권은 성질상 법인에 적용될 수 없다. 즉 법인은 환경권 주체가 될 수 없다.

4. 내용

(1) 건강하고 쾌적한 환경에서 생활할 권리

건강하고 쾌적한 환경에서 생활할 권리는 먼저 국가·공공단체나 사인이 각종 개발·건설·사업 등을 시행할 때 공해가 발생하지 않도록 미리 예방하여 건강한 좋은 환경을 유지·보전하도록 국가에 대해서 청구할 수 있는 권리, 즉 환경침해예방청구권이나 환경보전청구권을 내용으로 한다. 다음으로 건강하고 쾌적한 환경에서 생활할 권리는 국가·공공단체나 사인이 수인한도를 초과하여 환경을 오염시키고 공해를 발생시키면 이를 배제하여 달라고 청구할 수 있는 권리, 즉 환경침해배제청구권이나 환경복구청구권을 내용으로 한다. 환경침해배제청구권은 먼저 국가의 환경오염이나 환경파괴행위에 대해서 이를 배제하여 줄 것을 요구할 수 있는 권리이다. 헌법재판소는 일상생활에서 소음을 제거·방지하여 '정온한 환경에서 생활할 권리'가 환경권의 한 내용을 구성한다고 한다(헌재 2008. 7. 31. 2006헌마711).

(2) 쾌적한 주거생활권

헌법 제35조 제3항은 모든 국민이 쾌적한 주거생활을 할 수 있도록 국가에 주택개발정책 등의 의무를 부과한다. 주거의 권리는 원래 인간다운 생활을 위해 필수적인 주거를 국가에 대해서 요구할 수 있는 전형적인 사회권이다. 헌법 제35조 제3항을 함께 고려할 때 제35조 제1항의 환경권에 근거하여 국민은 국가에 대해서 ① 쾌적한 주거를 개발하고 공급할 주택정책 수립을 요구할 권리, ② 쾌적한 주거생활에 필수적인 '환경조성'을 요구할 권리, ③ '양질의 주택'에서 건강하고 문화적인 주거생활을 영위할 수 있도록 국가에 대해서 요구할 권리가 있다. 환경조성청구권은 국가에 대해서 건강하고 쾌적한 환경을 조성해 줄 것을 적극적으로 요구할 수 있는 권리를 말한다.

VII. 혼인 · 가족 · 모성에 관한 국가적 보호

1. 의의

헌법 제36조 제1항은 "혼인과 가족생활은 개인의 존엄과 양성의 평등을 기초로 성립되고 유지되어야 하며, 국가는 이를 보장한다."라고 규정하여 혼인 및 가족생활을 보호할 국가의 의무를 규정한다. 혼인과 이를 기초로 구성되는 가족은 인간의 기본적인 사적 생활공동체로서 국가공동체 기반을 이룬다. 혼인과 가족생활의 유지는 개인의 행복추구에 이바지할 뿐 아니라 국가공동체를 형성하고 유지하는 데도 중요하다. 헌법 제36조 제1항은 혼인과 가족생활은 개인의 존엄과 양성의 평등을 기초로 하여야 한다고 함으로써, 가부장 중심으로 형성된 전통적 혼인과 가족을 거부하고, 독립적 인격으로 대우받지 못한 여성의 지위를 존중할 것을 명확하게 밝힌다.

2. 주체

혼인과 가족생활을 할 수 있는 주체는 자연인이므로 자연인만 주체가 되고, 법인, 그 밖의 단체는 주체가 될 수 없다. 국민이든 외국이든 무국적자이든 가리지 않고 모든 자연인은 주체가 된다.

3. 혼인과 가족의 보호

(1) 혼인 보호

혼인은 한 남자와 한 여자가 평생의 동거를 목표로, 포괄적이고 원칙적으로 해소할 수 없는 생활공동체를 형성하는 것이다(헌재 2014. 8. 28. 2013헌바119). 혼인은 ① 원칙적으로 해소할 수 없는 생활공동체로 남자와 여자가 결합한 사실적 상태(혼인공동체 실체)가 있는 것을 바탕으로, ② 이에 대해서 국가의 법적 승인이 있을 때 인정된다. 두 요소 중 생활공동체라는 사실상태가 법적 승인·법적 상황보다 우선한다. 따라서 혼인이 성립하여도 생활공동체가 없으면(위장결혼) 헌법 제36조 제1항의 보호를 받지 못한다. 그리고 어느 순간부터 생활공동체가 더는 없으면(혼인 파탄) 이혼이 헌법상 허용된다.

① 남자와 여자, 즉 이성 사이의 동거라는 점에서 동성애적 동거나 결합은 헌법상 혼인으로 인정되지 않는다. 헌법재판소(헌재 2005. 2. 3. 2001헌가9등)와 대법원(대법원 2011. 9. 2. 자 2009스117 전원합의체 결정)도 헌법 제36조 제1항의 '양성'을 '남녀'로 이해한다. 그러나 이것이 동성혼을 금지한다는 뜻은 아니다. 따라서 법률로 동성혼을 혼인에 포함하는 것은 가능하다. ② 한 남자와 한 여자의 동거라는 점에서 일부일처제를 전제로 하며 일부다처제나 다처일부제, 다처다부제는 허용되지 않는다. ③ 혼인은 양 당사자 사이에 자유로운 의사 합치에 따른 생활공동체이어야 한다. 따라서 모든 국민은 스스로 혼인할 것인지 말 것인지를 결정할 수 있고, 혼인할 때도 그 시기는 물론 상대방을 자유로이 선택할 수 있다(헌재 1997. 7. 16. 95헌가6등). 국가를 비롯하여 부모 등 다른 사람의 혼인 강제는 허용되지 않는다. 그래서 인신매매적 혼인과 강제혼은 혼인이 아니다. 혼인하지 않은 생활공동체는 헌법상 혼인 보호를 받지 못한다. 그러나 이러한 공동체도 행복추구권을 통해서 보호받을 수 있다. 국가는 혼인하지 아니하고 공동생활할 자유를 간섭하지 못한다. 다만, 국가는 혼인을 장려할 수는 있다. ④ 평생 동거를 목표로 하므로(혼인 성립 시점에는 대체로 그래서) 해약고지권은 인정되지 않는다. 이혼은 별개 문제이다. ⑤ 혼인이 법적으로 승인된 생활공동체라는 점에서 혼인법이 전제된다. 입법자는 혼인법을 헌법에 맞게 형성할 권한과 의무가 있다. 민법이 채택하는 법률혼주의를 따르면 사실혼(헌재 2014. 8. 28. 2013헌바119), 종교혼 등은 혼인으로 인정되지

않는다.

헌법 제36조 제1항은 국가에 혼인과 가족의 특별한 보호를 명령한다. ① 방어권적 측면으로 혼인과 가족생활을 스스로 결정하고 형성할 수 있는 자유를 보장한다(헌재 2012. 5. 31. 2010헌바87). 혼인의 자유, 자녀를 낳고 양육할 자유, 자녀교육권이 여기에 속한다. ② 제도보장적 측면으로 혼인과 가족의 헌법적 개념에서 나오는 본질적 요소(당사자의 자유의사 합치, 법적으로 승인된 결혼, 양성의 생활공동체, 일부일처제)를 입법자는 함부로 처분할 수 없다(헌재 2014. 7. 24. 2011헌바275). ③ 원칙규범으로서 혼인과 가족에 대한 차별을 특별히 금지한다(헌재 2002. 8. 29. 2001헌바82). ④ 급부청구권으로서 국가는 적절한 조치를 통해서 혼인과 가족을 지원할 과제를 부담한다(헌재 2008. 10. 30. 2005헌마1156).

① 헌법 제36조 제1항은 혼인공동체나 가족공동체를 한국 안에서 통일적으로 유지하는 것을 보장하지 않는다. 그리고 헌법 제36조 제1항에서 배우자인 외국인의 체류권도 나오지 않고 오히려 전제한다. 따라서 한국인이나 국내 체류 자격이 있는 외국인과 결혼한 외국인의 입국을 불허하거나 강제추방할 수 있다. 국내든 외국이든 어디에서건 혼인·가족공동체를 구성할 수 있으면, 외국인 배우자 추방은 헌법 위반이 아니다. ② 누구도 혼인을 하였다거나 가족이 있다는 이유로 부당하게 불이익한 처우를 받아서는 안 된다(국가의 보호의무의 소극적 측면). 그리고 기혼자가 같은 상황에서 미혼자보다 불이익한 처우를 받아서는 안 된다(불이익이 오로지 '혼인을 하였다는 징표'에 연결될 때 문제). 헌법재판소는 자산소득합산과세 대상이 되는 혼인한 부부에게 혼인하지 않은 부부나 독신자보다 더 많은 조세 부담을 지우는 것은 헌법상 정당하지 않다고 한다(헌재 2002. 8. 29. 2001헌바82). ③ 세액 산정 때 양 배우자의 소득을 단순히 합산할 것이 아니라 전체 세액이 양 배우자가 혼인하기 전에 개별적으로 산정된 액보다 높으면 안 된다. 혼인 여부(기혼이냐 미혼이

냐)가 조세를 창설하거나 조세를 증가시켜서는 안 된다. 사회보장 혜택 감소도 혼인을 이유로 하여서는 안 된다. 차별이 혼인이 아닌 다른 이유에서라면 문제가 달라진다. ④ 부모가 자녀의 이름을 지어주는 것은 자녀의 양육과 가족생활을 위하여 필수적인 것이고, 가족생활의 핵심적 요소라 할 수 있으므로, '부모가 자녀의 이름을 지을 자유'는 혼인과 가족생활을 보장하는 헌법 제36조 제1항과 행복추구권을 보장하는 헌법 제10조에 따라서 보호받는다(헌재 2016. 7. 28. 2015헌마964). ⑤ 친양자 입양에도 헌법 제36조 제1항은 친양자로 될 자가 그의 의사에 따라서 스스로 입양 대상이 될 것인지 말 것인지를 결정할 수 있는 자유, 나아가 친생부모가 사실상 부모로서 자격을 상실하였거나 양육 의지가 없으면 입양이라는 제도를 통해 열악한 양육환경에서 적극적으로 벗어나 양부모에 의해 양육받을 수 있는 자유를 보장하고, 국가는 그러한 개인의 자유가 최대한 보장되도록 입양제도를 형성할 의무가 있다(헌재 2012. 5. 31. 2010헌바87).

혼인 당사자가 생활공동체 존속을 더는 원하지 않으면 헌법 제36조 제1항의 혼인 보호는 다른 당사자의 의사에 반하여서까지 이루어질 수는 없다. 혼인의 개념요소인 '해소할 수 없음'은 객관적인 것이 아니라 주관적인 것으로 이해된다. 혼인을 해소할 때는 양 배우자 사이의 이익형량이 필요하다. 이혼희망 배우자의 개인적 사적 영역도 헌법 제36조 제1항에 따라서 보호된다. 혼인법은 혼인을 유지하는 요소를 포함하여야 한다. 다른 한편 원치 않는 혼인에 영구히 붙잡혀 있게 하는 것은 이혼희망자의 개인적 사적 영역에 대한 침해이다. 재혼 이상의 혼인도 헌법 제36조 제1항의 보호를 받는다. 해소된 혼인은 기본권적 보호가 필요하지 않다. 그러나 국가가 혼인이 해소되었음을 이유로 사후적으로 혼인에 간섭하거나 여전히 혼인상태에 있었더라면 처했을 상태보다 더 나쁜 상태로 만드는 것은 허용되지 않는다(예를 들어 혼인 해소 후 증언

거부권을 소급하여 부인하는 것은 헌법상 허용되지 않는다). 혼인 종료 후 300일 이내에 출생한 자를 전남편의 친생자로 추정하는 것은 모의 가정생활과 신분관계에서 누려야 할 인격권 및 혼인과 가족생활에 관한 기본권을 침해한다(헌재 2015. 4. 30. 2013헌마623).

(2) 가족(생활) 보호

① 가족은 부모와 자녀의 포괄적 공동체로서 부모에게는 무엇보다도 자녀 양육과 교육의 권리와 의무가 부여되는 공동체이다. 가족은 먼저 부모와 자녀의 공동체를 말하고, 가족은 계자(의붓자식), 서자, 양자 등도 포함한다. 이렇게 보면 가족은 혼인·혈연이나 입양의 형태로 결합하여 동거하면서 서로 협동하는 비교적 영구적인 생활공동체를 말한다. ② 혼인은 양 당사자의 자유로운 결정에 기초하는 것과 비교해서 가족은 모든 참여당사자의 자유의사에 따른 공동체가 아니라는 사실이 결정적으로 다르다. 특히 자에게 가족 성립은 운명적인 것이다. 그러나 진실한 혈연관계에 부합하지 아니하고 당사자가 원하지도 아니하는 친자관계를 부인할 기회를 충분히 주지 아니하고, 친생부인권을 극히 단기간 안에 상실하게 하고, 나아가서 자에 대한 부양의무를 비롯한 그 밖의 법적 지위를 계속 유지하도록 강요하는 것은 개인의 존엄과 양성의 평등에 기초한 혼인과 가족생활에 관한 기본권을 침해한다(헌재 1997. 3. 27. 95헌가14등). ③ 부모의 자에 대한 부양 및 교육권은 부모의 2중적 지위에서 비롯한다. 즉 제3자에 대해서 자의 권리를 행사할 때 부모는 자의 법정대리인이지만, 자에 대해서 일정한 태도를 요구할 권리는 부모의 교육권에 근거한다. 다만, 부모는 신탁적 지위에 있는 것으로 자의 복지를 위해서 부양 및 교육권을 행사하여야 한다. 이에 대해서 국가의 감시가 필요하다. 이러한 점에서 혼인은 국가에서 자유로운 공동체이지만, 가족은 아동 관점에서 강제(로 성립된)공동체이다.

① 헌법 제36조 제1항은 먼저 혼인과 가족이라는 제도의 기본형태를 헌법적으로 보장한다. 입법자를 포함하는 어떤 국가권력도 이러한 기본형태를 변경할 수 없다. 이러한 혼인과 가족제도의 기본형태를 벗어나는 사실상 각종 생활공동체 등은 비록 금지되지는 않지만, 헌법 제36조 제1항의 보호를 받지 못한다. 그러나 이들은 행복추구권을 주장할 수는 있다. ② 헌법 제36조 제1항은 혼인과 가족제도라는 외적 기본형태를 규율하고 보호하지만, 그 내부영역은 사적 영역에 속하므로 자유로운 형성 영역으로 보호되어야 한다. 그러나 헌법은 명시적으로 혼인과 가족생활은 개인의 존엄과 양성평등을 기초로 성립되고 유지되어야 한다고 규정하므로 혼인과 가족의 성립과 유지에서, 즉 사적 영역인 내부영역에서도 개인의 존엄과 양성평등을 존중하여야 한다. (ⅰ) 개인의 존엄과 양성평등에 기초한 혼인은 당사자 사이의 자유롭고 순수한 합의에 따라서 혼인공동체가 성립되는 것을 말한다. 즉 혼인할 것인지나 혼인하지 않을 것인지 자체를 결정하는 것과 배우자 선택 그리고 혼인 시기를 선택할 자유는 개인적 결단의 문제이고 어떠한 형태로든 혼인을 강제할 수 없다. (ⅱ) 가족생활의 내부 영역은 원칙적으로 사적인 영역으로서 자유로운 형성 영역에 속한다. 그러나 사적인 가족생활 영역에서도, 특히 개인의 존엄과 양성평등은 존중되어야 하고 규율 대상이 된다. 개인의 존엄과 양성평등은 먼저 부부 사이에 적용되어서 부부 사이의 상호 인격 존중과 평등을 뜻한다. 하지만 성립사적으로 보면 특히 여성의 인격을 존중하고 남성과 동등한 권리를 인정하여야 한다는 것을 가리킨다. 개인의 존엄과 양성평등은 부모와 자녀(그 밖의 가족 구성원) 사이의 관계에서 그리고 자녀 서로 간의 관계에서도 적용된다.

4. 모성 보호

① 헌법 제36조 제2항의 모성은 자녀가 있는 어머니뿐 아니라 어머

니가 될 잠재성이 있는 모든 여성을 아우른다. 모성 보호는 곧 가족, 특히 자녀 보호를 뜻하는데, 자녀가 자라 다음 세대가 된다는 점에서 결국 다음 세대 국민을 위한 보호이다. 따라서 임신, 출산, 양육, 교육에 대한 국가적 배려가 필요하다. 모성 보호는 국가의 연속성을 보장하려는 것으로 국가공동체 존립과 발전에 필수적이라서 평등원칙에 벗어나면서까지 특별히 보호한다. ② 국가의 모성보호의무는 모성 편에서는 국가에 대해서 모성 보호를 요구할 수 있는 권리를 뜻한다. 국가의 모성보호의무는 국가의 모성 침해를 방어할 수 있는 권리이면서 국가에 대해서 모성 보호를 요구할 수 있는 사회권적 성격이 있다. ③ 헌법 제36조 제2항의 모성 보호는 모든 여성이 어머니가 될 권리가 있다는 것을 전제하므로, 모성 보호의 우선적 내용은 임신을 중절하고 어머니가 될 수 없도록 압력을 행사하는 것을 금지한다. 그리고 모성 보호는 모성의 건강을 보호하는 것뿐 아니라 모성을 경제적·사회적으로 보호하는 것을 포함한다. 구체적으로 (ⅰ) 모성의 건강은 특별히 보호되어야 한다. 여성 자신과 태아의 건강이 함께 보호되어야 한다. 이를 위해서 산모 진료, 출산 및 그에 따른 건강보호조치가 필요하다. 임신중절에 따른 건강 보호도 챙겨야 한다. (ⅱ) 모성을 이유로 사회적·경제적 불이익이 있어서는 아니 된다. (ⅲ) 모성은 적극적으로 특별히 보호되어야 한다. 모성 보호는 모성에 대한 차별 철폐에 그치는 것이 아니라 오히려 역차별을 통해서 적극적으로 보호하여야 한다. 특히 임신, 출산 및 요양기간과 관련하여 특별히 발생하는 모성 부담을 덜어주는 것이 중요하다.

VIII. 보건권

1. 의의

보건권은 국민이 자기 건강을 보호받을 권리로서 자기 건강을 유지하는 데 필요한 국가의 배려와 급부를 요구할 수 있는 권리이다. 이를 건강권이라고도 한다.

2. 주체

보건권의 주체는 권리의 성질상 국민이다. 이때 국민은 자연인에 한하고, 법인, 그 밖의 단체는 제외된다. 외국인은 원칙적으로 보건권의 주체가 되지 못한다.

3. 내용

헌법재판소는 보건권이 국가가 국민의 건강을 소극적으로 침해하여서는 아니 될 의무를 질 뿐 아니라 나아가 적극적으로 국민의 보건을 위한 정책을 수립하고 시행하여야 할 의무를 진다는 것을 뜻한다고 한다(헌재 1995. 4. 20. 91헌바11). 그러나 신체를 훼손당하지 아니할 권리는 신체의 건강과 정신적·영적 건강도 보호한다. 그래서 보건권의 소극적 내용으로 주장되는 것은 신체를 훼손당하지 아니할 권리에 포함된다. 따라서 보건권에는 소극적 내용이 없다고 보는 것이 타당하다.

보건권은 국가가 적극적으로 국민보건을 위해서 필요하고 적절한 정책을 수립하고 이를 수행할 의무를 부과한다. 국가는 국민 건강을 보호하기 위해서 적극적으로 활동하여야 할 의무를 지고, 국민은 자기 건강 보호를 위해서 국가에 적극적인 배려와 급부를 요구할 권리가 있다. 물론 국가에 적극적인 배려와 급부를 요구할 국민의 권리는 가능성 유보

아래 있다. 보건문제는 모든 국민과 관련된 것으로서 일회성에 그치는 것이 아니라 반복하여 나타난다는 점에 비추어 보건권에서는 의료의 공공성이 반드시 고려되어야 한다.

제3장

기본의무론

제3장 기본의무론

제1절 기본의무 일반이론

I. 기본의무의 의의

① 기본의무는 국민이 국가에 대해서 지는 의무이다. 기본의무는 국민 일부가 아니라 모든 국민이 지는 의무이다. 물론 실제로 모든 국민이 기본의무를 지는 것은 아니지만, 최소한 국민이 일정한 요건을 충족하면 동등하게 기본의무를 진다. 이는 기본의무는 평등한 자유를 누리는 국민이 공평하게 나누어지는 부담이고, 기본의무가 서로 다른 요구와 갈등을 조정하는 기능이 있기 때문이다. 다음으로 ② 기본의무는 기본권을 보장하는 국가공동체의 존립과 활동을 위해서 모든 국민이 마땅히 지는 것을 뜻한다. 따라서 기본의무 이행은 특별한 희생이 아니고, 기본의무 이행에 대해서는 반대급부가 없다. 기본의무와 관련된 헌법규정도 국민이 의무를 진다고만 규정할 뿐이지 어떠한 반대급부나 조건을 달지 않는다. 그래서 기본의무는 반대급부 없이 응당 지는 부담이다(헌재 1999. 12. 23. 98헌마363). 끝으로 ③ 기본의무는 헌법적 의무이다. 기본의무는 실제로 강제되어야 하므로, 정치적 및 윤리적 의무가 아니라 법적 의무이다. 법적 의무 중에서도 기본의무 부과는 헌법적 가치인 기본권에 한계를 설정하므로 기본의무는 헌법적 의무일 수밖에 없다. 따라서 국민 서로 간에 지는 의무와 국가기관의 의무 그리고 (개별 법률에서 기본의무라는 용어를 사용하더라도) 법률적 의무는 기본의무가 아니다. 그러나 헌법이 의무라고 명시하는 모든 것이 언제나 기본의무인 것도 아니다. 요컨대 기본의무는 '국가공동체의 존립과 활동을 위해서 국

민이 국가에 대하여 반대급부 없이 지는 개별적·구체적인 헌법적 부담'
이라고 정의할 수 있다.

Ⅱ. 기본의무의 분류

1. 고전적 기본의무와 현대적 기본의무?

기본의무를 등장한 시기에 따라 고전적 기본의무와 현대적 기본의무
로 나누는 것이 일반적인 분류빙법이다. 그러나 이러한 구분은 등장시
기 이외에 기본의무들 사이의 공통점을 명확하기 찾기 어렵다는 점에
서 분류방법으로서 문제가 있다. 따라서 이러한 분류방법은 포기하여
야 한다.

2. 국가유지적 기본의무와 기본권보완적 기본의무

기본의무는 그 기능에 따라서 국가유지적 기본의무와 기본권보완적
기본의무로 나눌 수 있다. 국가유지적 기본의무는 국가의 존속·유지에
'직접' 이바지하는 기본의무로서 납세의무와 국방의무가 이에 속한다.
기본권보완적 기본의무는 특정 기본권의 충실한 실현에 이바지하는 기
본의무로서 재산권 행사의 공공복리적합의무, 보호자녀를 교육받게 할
의무, 근로의무가 여기에 포함된다. 기본권보완적 기본의무는 국가의
존속과 유지와 밀접한 관련이 있는 특정 기본권의 충실한 실현을 위해
서 국가와 국민이 공동으로 헌법적 부담을 질 때가 있는데, 이때 국민
이 지는 헌법적 부담이 기본권보완적 기본의무이다. 기본권보완적 기본
의무의 목적은 헌법적으로 매우 중요한 것으로 결국 국가공동체의 존립
및 활동과 밀접한 관련을 맺는다. 따라서 기본권보완적 기본의무도 간
접적으로는 (그러나 다른 의무나 부담보다는 더 밀접하게) 국가의 존속과
유지에 이바지한다. 국가유지적 기본의무는 자유권에 한계를 설정하는

역할을 하지만, 기본권보완적 기본의무는 사회권을 실질화하고 실현하는 역할을 한다.

Ⅲ. 기본의무 주체

기본의무 주체는 본래 국민이지만, (물론 헌법이나 법률이 직접 규정하는 때에 한하여) 외국인과 무국적자도 기본의무의 주체가 될 수 있다. 그리고 사법인도 기본권주체가 될 수 있고, 국가공동체의 일원으로서 국가활동의 한 축을 담당한다는 점에서 기본의무의 성질에 어긋나지 않는다면 사법인도 기본의무 주체가 될 수 있다.

Ⅳ. 기본의무를 구체화하는 법률의 위헌성 심사기준

헌법재판소 법정의견은 기본의무를 구체화하는 법률을 기본권을 제한하는 법률처럼 헌법 제37조 제2항의 비례성원칙에 따라 위헌심사를 하여야 한다는 것으로 보인다. 그러나 ① 오늘날 법치주의 헌법 아래에서 모든 국가작용은 국민의 기본권적 가치를 실현하기 위한 수단이라는 한계 안에서 발동되고 형성되어야 하고, 이러한 점에서는 국민의 의무 영역을 형성하는 국가작용도 예외가 될 수 없으므로, 헌법상 기본의무를 국가작용이 국민의 기본권을 제한하는 때는 헌법 제37조 제2항이 선언하는 비례성원칙을 준수하여야 한다는 소수의견이 있다(헌재 2010. 10. 28. 2008헌마638). ② 기본의무를 구체화하는 법률이 관련 기본권의 본질적 내용을 침해하는지만을 심사하여야 한다는 소수의견도 있다(헌재 2004. 8. 26. 2002헌가1). 그리고 ③ 기본의무를 구체화하는 법률의 위헌성을 자의금지원칙을 기준으로 심사하여야 한다는 소수의견이 있다(헌재 2004. 8. 26. 2002헌가1). 또한, ④ 기본의무를 구체화하는 법률의 위헌심사기준으로 (ⅰ) 국가의 유지·보존을 위한 필요성의 목적, (ⅱ) 부과내용의 합리성과 타당성, (ⅲ) 부과방법의 공평성을 제시하는 소수의견도 있다(헌재 2010. 10. 28. 2009헌바67).

제2절 개별기본의무론

Ⅰ. 납세의무

1. 의의

납세의무는 국방의무와 더불어 근대헌법 이래 양대 기본의무이다. 납세의무는 국가가 존립하고 그 과제를 이행하는 데 필요한 비용을 충당하기 위해서 국가공동체 구성원이 부담하여야 하는 경제적인 기여의무이다. 납세는 조세 납부를 말한다. 여기서 조세는 국가나 지방자치단체 등 공권력 주체가 과세권에 기초하여 재정조달 목적으로 반대급부 없이 국가공동체 구성원에게 강제적으로 부과하는 경제적 부담을 말한다(헌재 1990. 9. 3. 89헌가95). 따라서 특정한 재화나 행정서비스 제공에 대한 반대급부에 해당하는 사용료, 수수료, 분담금 등은 조세가 아니다.

2. 주체

납세의무는 원칙적으로 국민이 진다. 여기서 국민은 자연인뿐 아니라 법인도 아우른다. 납세의무에 대응하는 과세권은 통치권 일부이므로, 외국인도 국내에 재산이 있거나 과세대상 행위를 하면 납세의무를 진다. 다만, 치외법권이 있거나 조약에 특별한 규정이 있으면 외국인은 납세의무를 지지 않는다.

3. 조세부과원칙

국가는 헌법 제38조와 제59조에 따라서 국회가 제정한 법률을 통해서만 조세를 부과할 수 있다[조세법률원칙(조세법률주의) - 조세의 합법률성 원칙]. 따라서 조세의 요건과 그 부과·징수절차는 국민의 대표기관인 국회가 제정한 법률에 따라서 규정되어야 하고, 나아가 그 법률집행에서도 이것이 엄격하게 해석·적용되어야 하며, 행정편의적인 확장해석이나 유추는 허용되지 않는다(헌재 1990. 9. 3. 89헌가95). 그리고 평등원칙(헌법 제11조 제1항)의 세법적 구현으로서 조세의 부과와 징수를 납세자의 담세능력에 상응하여 공정하고 평등하게 하여야 하고 합리적인 이유 없이 특정 납세의무자를 불리하게 차별하거나 우대하는 것은 허용되지 않는다[조세평등원칙(조세평등주의) - 조세의 합형평성 원칙]. 헌법재판소는 조세 우대나 그 밖에 조세에 관한 특별조치가 과연 불합리한 차별대우로서 조세공평주의와 평등원칙에 위배되는지를 판단하려면 ① 그 조치를 통하여 달성하려고 하는 정책목표가 합리적인지 ② 그 목표달성하는 데 그러한 조치가 유효한지 ③ 그 조치로 말미암아 발생하는 차별 정도가 어느 정도로 중한지 등의 제반 요소들을 모두 종합적으로 검토하여야 한다고 한다(헌재 1995. 6. 29. 94헌바39). 조세평등원칙이 요구하는 이러한 담세능력에 따른 과세원칙(능력에 따른 부담 원칙: 응능부담원칙)은 한편으로 같은 소득은 원칙적으로 같이 과세할 것을 요청하고(수평적 조세 정의), 다른 한편으로 소득이 다른 사람들 사이의 공평한 조세부담 배분을 요청한다(수직적 조세 정의). 그러나 이러한 담세능력에 따른 과세원칙이 예외 없이 절대적으로 관철되어야 하는 것은 아니라서 합리적 이유가 있으면 납세자 사이의 차별 취급도 예외적으로 허용될 수 있다. 세법 내용을 어떻게 정할 것인지는 입법자에게 광범위한 형성의 자유가 인정되고, 더욱이 오늘날 조세입법자는 조세 부과를 통해서 재정수입 확보라는 목적 이외에도 국민경제적·재정정책적·사회정책적 목적 달성을 위해서 여러 가지 관점을 고려할 수 있기 때문이다(헌재 1999. 11. 25. 98헌마55).

4. 국가의 과세와 재산권 보장의 관계

기본의무인 납세의무는 기본권, 구체적으로 재산권 제약을 전제하므로 납세의무를 구체화하는 법률은 재산권의 보호영역을 건드리는 재산권 제한이 아니라 헌법 세23조 제1항에 따라 납세자의 '재산권의 내용과 한계'를 정하는, 즉 재산권의 보호영역을 확정하는 것이다. 따라서 국가의 과세는 재산권 제한과 관련이 없다. 그러나 헌법재판소는 "조세의 부과·징수는 국민의 납세의무에 기초하는 것으로서 원칙으로 재산권의 침해가 되지 않는다고 하더라도 그로 인하여 납세의무자의 사유재산에 관한 이용, 수익, 처분권이 중대한 제한을 받게 되는 경우에는 그것도 재산권의 침해가 될 수 있"다고 한다(헌재 1997. 12. 24. 96헌가19 등).

Ⅱ. 국방의무

1. 의의

국방의무는 외침에서 국가의 존립과 안전 및 영토 보존을 수호하여 국가의 정치적 독립성과 완전성을 수호하는 데 필요한 역무를 제공하거나 그 밖의 국방상 필요한 군사적 조치에 협력할 의무이다(헌재 1995. 12. 28. 91헌마80). 국방의무는 적극적으로는 국민이 주권자로서 국가를 외적에게서 방위한다는 적극적 성격과 자의적인 징집에 따른 신체의 자유 침해를 방지한다는 소극적 성격이 있다. 국방의무는 납세의무와 달리 다른 사람의 대체적 이행이 불가능한 일신전속적 성격이 있다. 민주

국가에서 병역의무는 납세의무와 더불어 국가라는 정치적 공동체의 존립·유지를 위하여 국가 구성원인 국민에게 그 부담이 돌아갈 수밖에 없는 것으로서, 병역의무 부과를 통해서 국가방위를 도모하는 것은 국가공동체에 필연적으로 내재하는 헌법적 가치이다(헌재 2004. 8. 26. 2002헌바13).

2. 주체

국방의무의 주체는 원칙적으로 국민이다. 다만, 상황에 따라 외국인도 국방의무에 협력하고 동참하여야 할 때가 있다. 직접적인 병력제공의무는 남자만 진다(병역법 제3조 제1항 전문). 헌법재판소는 성별을 기준으로 병역의무자의 범위를 정한 것은 자의금지원칙에 위배하여 평등권을 침해하지 않는다고 하였다(헌재 2010. 11. 25. 2006헌마328). 여자는 지원을 통해서 현역과 예비역으로 복무할 수 있다(병역법 제3조 제1항 후문). 이중국적자인 남자는 제1국민역에 편입되기 이전(만 20세 전에 복수국적자가 되면 만 22세까지, 만 20세 이후에 복수국적자가 되면 2년 안, 제1국민역에 편입되면 3개월 이내)에 국적선택을 하여야 한다(국적법 제12조 제1항과 제2항). 다만, 대한민국에서 외국 국적을 행사하지 않겠다고 법무부 장관에게 서약하면 그러하지 아니하다(국적법 제12조 제1항 단서). 복수국적자가 국적 선택을 하지 않으면, 법무부 장관은 복수국적자에게 국적선택 명령을 할 수 있다(국적법 제14조의2).

3. 내용

국방의무의 내용은 법률을 통해서 구체화하여야 하지만, 국방에 필요한 병력을 직접적으로나 간접적으로 제공하여야 할 의무가 그 기본적 내용이다. 여기서 직접적인 병력형성의무는 군인으로서 징집연령에 달하면 징집에 따를 의무이고, 간접적인 병력형성의무는 그 밖의 국방상

필요한 군사적 조치에 협력할 의무(예를 들어 예비군복무의무, 민방위대
소집 응소의무, 전시 군수품 지원을 위한 노력동원의무, 군작전상 불가피한
재산권의 수용·사용·제한, 거주·이전의 제한 등을 수인할 의무)이다. 병
력 형성 이후 군작전명령에 복종하고 협력하여야 할 의무도 국방의무에
속한다(헌재 1995. 12. 28. 91헌마80). 병역법 제3조 제1항은 남자의 징
병제와 여자의 지원병제를 규정한다. 예비군제도는 국방의무를 이중으
로 강제한다고 볼 수 없다.

입법자는 국가의 안보상황, 재징능력 등의 여러 가지 사정을 고려하
여 국가의 독립을 유지하고 영토를 보전하는 데 필요한 범위 안에서 법
률로 국방의무를 구체적으로 형성할 수 있다. 국민에게 병역의무를 부
과하면, 그 의무자의 기본권은 여러 가지 면에서(일반적 행동자유권, 신
체의 자유, 거주·이전의 자유, 직업의 자유, 양심의 자유 등) 제약을 받는
다. 그러므로 법률에 따른 병역의무 형성에도 헌법적 한계가 있으니 헌
법의 일반원칙, 기본권보장의 정신에 따른 한계를 준수하여야 한다(헌
재 1999. 2. 25. 97헌바3).

4. 병역의무 이행으로 말미암은 불이익한 처우 금지

누구든지 병역의무 이행으로 말미암아 불이익한 처우를 받지 아니한
다(헌법 제39조 제2항). 그래서 병역의무 이행을 직접적 이유로 차별적
불이익을 가하거나 병역의무를 이행한 것이 결과적·간접적으로 그렇지
아니할 때보다 오히려 불이익을 받는 결과를 초래하여서는 아니 된다
(헌재 1999. 2. 25. 97헌바3). 그러나 병역의무를 이행하면서 입은 불이
익은 병역의무 이행으로 말미암은 불이익이 아니다(헌재 1999. 2. 25. 97
헌바3). 헌법재판소는 국가정보원이 주관하는 공무원 경쟁시험에서 '남
자는 병역을 필한 자'로 제한한 것이 군 미필자의 공무담임권을 침해한
것으로 볼 수 없고, 현역군인 신분자의 시험응시기회를 제한하나 이는

병역의무 그 자체를 이행하느라 받는 불이익으로서 병역의무 중에 입는 불이익에 해당할 뿐이지, 병역의무 이행을 이유로 한 불이익은 아니므로 헌법 제39조 제2항에서 금지하는 '불이익한 처우'라고 볼 수 없다고 하였다(헌재 2007. 5. 31. 2006헌마627). 불이익한 처우금지조항은 병역의무를 이행한 사람에게 보상조치를 취할 의무를 국가에 지우는 것이 아니라 병역의무 이행을 이유로 불이익한 처우를 금지한다. 헌법재판소는 제대군인가산점과 같은 고용상 적극적인 혜택은 헌법에 근거가 없다고 하였다(헌재 1999. 12. 23. 98헌바33). 여기서 불이익한 처우는 단순한 사실상·경제상 불이익을 모두 포함하는 것이 아니라 법적인 불이익을 말한다(헌재 1999. 12. 23. 98헌바33). 대법원은 군 복무로 말미암은 휴직 기간을 법무사시험의 공무원 근무경력에 넣지 않는 것은 병역의무 이행으로 말미암은 불이익처우금지에 위배되지 않는다고 하였다(대법원 2006. 6. 30. 선고 2004두4802 판결). 그리고 헌법재판소는 병역의무 이행을 위해서 군법무관으로 복무한 사람이 전역 후 변호사로 개업할 때 개업지 제한을 받는 것은 병역의무 이행으로 말미암은 불이익한 처우에 해당한다고 하였다(헌재 1989. 11. 20. 89헌가102). 그러나 헌법재판소는 현역병으로 입영한 사람을 전투경찰로 전환한 것(헌재 1995. 12. 28. 91헌마80)과 병역의무 이행으로 졸업연도가 늦어져 병역의무를 이행하지 않은 동급생들과 달리 교원임용에서 구제를 받지 못한 것(헌재 2006. 5. 25. 2005헌마715)은 병역의무 이행으로 말미암은 불이익이 아니라고 보았다. 그리고 전투경찰순경으로서 대간첩작전 수행도 넓은 뜻의 국방의무를 이행하는 것이라서 병역의무 이행으로 말미암은 불이익한 처우로 볼 수 없다고 하였다(헌재 1995. 12. 28. 91헌마80). 또한, 경찰대학 입학 연령을 21세 미만으로 제한하는 것(헌재 2009. 7. 30. 2007헌마991)과 영내에 거주하는 현역 군인이 그 소속부대가 소재한 지역에 주민등록을 하지 못하는 것(헌재 2011. 6. 30. 2009헌마59)도 불이익한 처우가 아니라고 하였다.

찾아보기

저자 소개

○ 학력
고려대학교 법학과 학사/석사
독일 뮌헨대학교 법학과 박사(Dr. jur.)

○ 경력
성균관대학교 BK21 글로컬(Glocal) 과학기술법전문가 양성사업단 박사후연구원(2008.
　9. ~ 2010. 2.)
고려대학교 법학연구원 연구교수(2010. 5. ~ 2011. 4.)
헌법재판소 헌법재판연구원 책임연구관(2011. 5. ~ 2016. 8.)
(현) 전남대학교 법학전문대학원 부교수
(현) 한국공법학회 기획이사
(현) 전남대학교 법학연구소 공익인권법센터 센터장
(현) 광주광역시 정보공개심의회 위원장
(현) 전라남도 인권보장 및 증진위원회 부위원장
(현) 전남대학교 생명윤리위원회 위원
(현) 세계인권도시포럼 추진위원회 위원
(현) 광주광역시 제5기 인권증진시민위원회 위원
(현) 광주광역시 제4기 북구 인권위원회 위원
(현) 광주광역시 인권옴부즈맨
한국공법학회 신진학술상 수상(2016. 12.)
전남대학교 제23회 용봉학술상 수상(2019. 6.)
전남대학교 우수신임교수상 수상(2019. 6.)
헌법재판소 헌법논총 우수논문상 수상(2019. 11.)

○ 저서
헌법재판소 결정이 입법자를 구속하는 범위와 한계, 전남대학교출판문화원, 2017
헌법재판소 결정의 효력, 전남대학교출판문화원, 2019
헌법소송법, 박영사, 2019
헌법사례연습, 박영사, 2019
헌법 으뜸편 - 기본권론 -, 박영사, 2020
기본권 3각관계, 전남대학교출판문화원, 2020
간추린 헌법소송법, 박영사, 2021

허완중 외 13명, 알기 쉬운 헌법, 헌법재판소 헌법재판연구원, 2012(1쇄)/2014(2쇄)
허완중 외 9명, 통일과 헌법재판 4, 헌법재판소 헌법재판연구원, 2017
김현철/남복현/손인혁/허완중, 헌법불합치결정의 기속력과 개선입법의 구제범위에 대한
　연구(헌법재판연구 제28권), 헌법재판소, 2017
허완중 외 8명, 통일과 헌법재판 3, 헌법재판소 헌법재판연구원, 2018
허완중 책임편집, 김현귀/손상식/손인혁/이장희/정영훈/허완중, 우리를 위해서 우리가 만
　든 우리 헌법, 박영사, 2019(초판)/2021(개정판)
김현철/남복현/손인혁/허완중, 헌법소송의 특수성과 다른 소송법령 준용의 범위 및 한계
　에 대한 검토(정책개발연구 제11권), 헌법재판소, 2019

간추린 헌법 으뜸편 – 기본권론

초판발행	2021년 8월 20일
중판발행	2022년 9월 10일
지은이	허완중
펴낸이	안종만·안상준
편 집	양수정
기획/마케팅	이후근
표지디자인	이미연
제 작	고철민·조영환
펴낸곳	(주) **박영사**
	서울특별시 금천구 가산디지털2로 53, 210호(가산동, 한라시그마밸리)
	등록 1959. 3. 11. 제300-1959-1호(倫)
전 화	02)733-6771
f a x	02)736-4818
e-mail	pys@pybook.co.kr
homepage	www.pybook.co.kr
ISBN	979-11-303-3979-5 93360

copyright©허완중, 2021, Printed in Korea

* 파본은 구입하신 곳에서 교환해 드립니다. 본서의 무단복제행위를 금합니다.
* 저자와 협의하여 인지첩부를 생략합니다.

정 가	22,000원